浙江省普通话水平测试教程

浙江省语言文字工作委员会
浙江省语言文字工作者协会 编写

ZHEJIANG UNIVERSITY PRESS
浙江大学出版社

图书在版编目（CIP）数据

浙江省普通话水平测试教程／浙江省语言文字工作
委员会，浙江省语言文字工作者协会编写. —杭州：浙江
大学出版社，2012.3(2023.8 重印)
ISBN 978-7-308-09725-3

Ⅰ.①浙… Ⅱ.①浙… ②浙… Ⅲ.①普通话－水平
考试－教材 Ⅳ.①H102

中国版本图书馆 CIP 数据核字（2012）第 037723 号

浙江省普通话水平测试教程

浙江省语言文字工作委员会
浙江省语言文字工作者协会　编写

责任编辑	柯华杰	
封面设计	刘依群	
出版发行	浙江大学出版社	
	（杭州市天目山路 148 号　邮政编码 310007）	
	（网址：http://www.zjupress.com）	
排　　版	杭州青翙图文设计有限公司	
印　　刷	杭州杭新印务有限公司	
开　　本	787mm×1092mm　1/16	
印　　张	15.25	
字　　数	390 千	
版 印 次	2012 年 3 月第 1 版　2023 年 8 月第 55 次印刷	
书　　号	ISBN 978-7-308-09725-3	
定　　价	25.00 元	

目　　录

第一章　普通话水平测试概论

第一节　普通话水平测试概述

一　什么是普通话

普通话是中华人民共和国的国家通用语言,它以北京语音为标准音,以北方话为基础方言,以典范的现代白话文著作为语法规范。

普通话不等于北京话。普通话以北京语音为标准,指的是北京语音系统,不包括北京土音。普通话的词汇主要来源于北方话,但是并不能把所有的北方话词汇都看成普通话词汇。"现代白话文"指的是五四以来的白话文,"著作"是指普通话的书面形式,而不以北方话或北京话的口语为标准。"典范"是指具有广泛代表性的著作,排除不具代表性的现代白话文著作。

大力推广和积极普及普通话,是我国的基本语言政策。新中国成立后,党和政府十分重视这项工作,1982年修订的《中华人民共和国宪法》第十九条明确规定"国家推广全国通用的普通话",从法律上确立了普通话的地位和作用。2001年1月1日施行的《国家通用语言文字法》,对推广普通话工作进一步提出了具体要求。推广普通话是经济和社会发展的需要,在经济活动日益频繁的今天,推广普通话比以往任何时候显得更为重要和突出。推广普通话是信息社会发展的需要。要使人机对话更顺利地进行,就需要掌握好普通话。推广普通话更是国家、民族统一的需要。语言的融合和统一可以促进国家与民族的融合、统一。

二　什么是普通话水平测试

普通话水平测试是一种测试对象广泛、测试参照标准明确、采用纯口试和主观性评价方式、有法律作依托的国家级考试。测试的直接目的是评定应试人的普通话规范程度、熟练程度,认定其普通话水平等级,根本目的是推广普通话。

《普通话水平测试大纲》明确提出:"普通话水平测试测查应试人的普通话规范程度、熟练程度,认定其普通话水平等级,属于标准参照性考试。"

三　普通话水平测试方针政策

普通话水平测试是我国现阶段普及普通话工作的一项重大举措。在一定范围内对某些岗位的人员进行普通话水平测试,并逐步实行持普通话等级证书上岗制度,标志着我国普及普通话工作发展到了制度化、规范化、科学化的新阶段。国务院在《批转国家语委〈关于当前语言文字工作请示〉的通知》(国发〔1992〕63号文件)中强调指出,推广普通话对于改革开放和社会主义现代化建设具有重要意义,必须给予高度重视。为加快普及进程,不断提高全社会普通话水平,国家语言文字工作委员会、国家教育委员会和广播电影电视部发布了《关于开展普通话水平测试工作的决定》(国语〔1994〕43号文件),明确提出了普通话水平测试的对象、目标和等级要求。目前,普通话水平测试工作正在向纵深方向发展。

继广播、电影、电视、话剧和教育等领域成功地开展了大规模普通话水平测试工作之后,1999年5月,人事部、教育部、国家语委又联合发出了《关于开展国家公务员普通话培训的通知》。《通知》明确规定:通过培训,原则要求1954年1月1日以后出生的公务员达到普通话三级甲等以上水平;对1954年1月1日以前出生的公务员不作硬性要求,但鼓励其努力提高普通话水平。同时,最高人民检察院办公厅、中央金融工委、铁道部、国家邮政局等部门分别与教育部、国家语委等联合发文,要求对检察机关、金融系统、铁路系统、邮政系统等部门的工作人员进行普通话培训与测试,并提出了相应的等级达标要求。

2000年10月31日,第九届全国人民代表大会常务委员会第十八次会议通过《中华人民共和国国家通用语言文字法》,并于2001年1月1日起正式实施。它是我国第一部语言文字方面的专项法律,它体现了国家的语言文字方针、政策,科学地总结了新中国成立50多年来语言文字工作的成功经验,第一次以法律的形式明确了普通话和规范汉字作为国家通用语言文字的地位,对国家通用语言文字的使用作出了规定。这项法律再次明确"国家推广普通话"(参见第三条),并载入了有关普通话水平测试的条款。该法第十九条明确规定了必须进行普通话培训和测试的人员范围。该法在第三章"管理和监督"中的第二十六条还明确了对违反该法的处理意见:"本法第十九条第二款规定的人员用语违反本法第二章有关规定的,有关单位应当对直接责任人员进行批评教育;拒不改正的,由有关单位作出处理。"该法在第二十四条还规定:"国务院语言文字工作部门颁布普通话水平测试等级标准。"这个规定说明普通话水平测试执行全国统一的等级标准。

2007年4月1日起施行的《浙江省实施〈中华人民共和国国家通用语言文字法〉办法》第九条对六类人员的普通话水平提出了达标要求。

四 普通话水平测试管理

(一)管理机构

普通话水平测试组织管理系统是国家测试管理系统中较为完备的组织结构形式。整个系统分为三个层面:国家语言文字工作职能部门、国家测试机构;省级语言文字工作职能部门、省级测试机构;地(市)级语言文字工作职能部门、地(市)级测试机构、高校测试机构。

1. 国家语言文字工作部门和国家测试机构

按照现行的管理体系,国家语言文字工作部门对测试工作进行宏观管理,制定测试的政策、规划,对测试工作进行组织协调、指导监督和检查评估,负责颁布测试等级标准、测试大纲、测试规程和测试工作评估办法。

国家语委普通话培训测试中心是全国普通话培训测试的业务管理机构,在国家语言文字工作部门的领导下开展全国普通话水平培训测试的科学研究和业务培训工作,对测试业务工作进行指导,对测试质量进行监督和检查。

2. 省级语言文字工作部门和省级测试机构

省级语言文字工作部门对本辖区测试工作进行宏观管理,制定测试工作规划、计划,对测试工作进行组织协调、指导监督和检查评估。规划和实施测试工作网络建设。认定省级测试员资格并颁发资格证书,管理测试专家委员会,聘任测试视导员,颁发和管理普通话水平等级证书。

省级测试机构接受省级语言文字工作部门及其办事机构的行政管理和国家测试机构的业务指导,实施本省普通话培训测试规划和计划,培训普通话师资和省级测试员。聘任和管理本省国家级和省级测试员。对本省普通话培训测试工作进行业务指导、考务管理和质量检查,管理测试工作档案,组织开展普通话水平测试的业务交流和科学研究。

3.地方测试机构

省级语言文字工作部门根据需要设立地方测试机构。各市、地、高校、行业普通话培训测试机构的性质、任务与省普通话培训测试中心相对应。接受同级语言文字工作部门的领导和省级普通话培训测试中心的业务指导,并定期向省、市语委办和省测试中心报告工作。各市、地、高校、行业测试机构根据工作需要聘任测试员并颁发有一定期限的聘书。

(二)测试员

普通话水平测试员分国家级测试员和省级测试员两类。申请者须经过培训考核取得相应的测试员证书。

1.申请省级测试员资格者,一般应具有大专以上学历,三年以上工龄;熟悉语言文字工作方针政策和普通话语音基础理论;熟练掌握《汉语拼音方案》和常用国际音标;熟悉本地方言与普通话的对应规律,有较强的听辨音能力;普通话水平达到一级。身体健康,作风正派,有高度的事业心、责任感和工作热情。

2.申请国家级测试员资格者,除须具备省级测试员同样条件外,还须具备中级以上专业技术职务和两年以上省级测试员资历。

3.申请省级测试员资格者,通过省级测试机构的培训考核后,由省级语言文字工作部门颁发省级测试员证书;经省级语言文字工作部门推荐的申请国家级测试员资格者,通过国家测试机构的培训考核后,由国家语言文字工作部门颁发国家级测试员证书。

4.测试员应遵守测试工作各项规定和纪律,保证测试质量。测试员在测试中须客观、公正,如涉及亲属、教考等关系,应予回避;测试员及考点工作人员不得擅自把测试成绩告诉受测人。

(三)测试规程

普通话水平测试须由测试机构组织实施,由测试员依照测试规程评审。目前,普通话水平测试评审有测试员现场评测(每个测试试场由2~3名测试员共同执行测试,直接评审)、网络评测(测试系统采集语料,测试机构上传语料,测试员通过网络进行评审)、人测机助(普通话评测系统自动评审前三题,测试员评测说话题)三种方式。人测机助将是今后的发展方向。

在实施普通话水平测试时,必须严格遵守国家语言文字工作部门颁布的《普通话水平测试规程》,还要注意以下几点:

1.参加普通话水平测试坚持自愿的原则,测试向全社会开放。原则上属地管理。

2.应试人凭有效证件通过网络、现场等方式向指定测试机构报名,并按照规定交纳测试费,报名后测试费不予退还。

3.应试人须带有效身份证件按规定时间到候试地点报到,在工作人员引领下进入抽签室随机抽签,准备10分钟后进入测试室进行测试。抽签后超过30分钟未参加测试者不得参加测试。应试人作弊则当场取消测试成绩,并提请其所在单位给予行政处分,视情节轻重1至3年内不得参加测试。

4.测试进行全程录音,并接受省语委、省普通话培训测试中心的复查。

5.受测人对测试结果有异议,可向执行测试机构或上级测试机构提出申诉。

6.考点不得以任何形式给测试员施加压力,严禁任何人因非工作原因进入试场。

7.试卷由省普通话培训测试中心提供。试卷由考点负责领取并保管,测试前15分钟交测试员当场拆封试卷袋,考试结束后统一封存,试卷保存期为两年。

(四)等级证书

1.测试成绩由执行测试的测试机构认定,报省普通话培训测试中心审核(复审),经审核后的成绩方为有效。

2.测试等级证书由国家语言文字工作部门统一印制,由省级语言文字工作办事机构编号并加盖印章后颁发。原则上测试65个工作日后颁发证书。

3.普通话水平测试等级证书全国通用。等级证书遗失,可向原发证单位申请办理成绩证明单。伪造或变造的普通话水平测试等级证书、成绩证明单无效,并视情节对相关人员给予处理。

4.经测试评定,普通话达到二级、三级,报省普通话培训测试中心备案并核发证书;测试评定的普通话达到一级乙等,需报经省级普通话培训测试中心复审备案,复审成绩达到一级乙等者颁发相应等级证书;测试评定的普通话达到一级甲等,需报经国家普通话培训测试中心复审,复审成绩达到一级甲等者,由国家普通话培训测试中心盖章并颁发证书。

第二节 普通话水平测试的内容及等级评定

一 测试内容

测试内容包括四个部分,满分100分。

(一)读单音节字词

读单音节字词(100个音节,不含轻声、儿化),限时3.5分钟,共10分。

测试目的:测查应试人声母、韵母、声调读音的标准程度。

评分依据:每错1个字的声母、韵母或声调扣0.1分;读音有缺陷每个字扣0.05分;超时1分钟以内,扣0.5分;超时1分钟以上(含1分钟)扣1分。

(二)读多音节词语

读多音节词语(100个音节),限时2.5分钟,共20分。

测试目的:测查应试人声母、韵母、声调和变调、轻声、儿化读音的标准程度。

评分依据:每错1个字的声母、韵母或声调扣0.2分;读音有缺陷每个字扣0.1分;超时1分钟以内,扣0.5分;超时1分钟以上(含1分钟)扣1分。

(三)朗读短文

朗读短文(1篇,400个音节),限时4分钟,共30分。

测试目的:测查应试人使用普通话朗读书面作品的水平。在测查声母、韵母、声调读音标准程度的同时,重点测查连读音变、停连、语调以及流畅程度。

评分依据:每错1个音节、漏读或增读1个音节,扣0.1分;声母或韵母的系统性语音缺陷,视程度扣0.5分、1分;语调偏误、停连不当或朗读不流畅(包括回读),视程度各扣0.5分、

1 分、2 分;超时扣 1 分。

(四)命题说话

命题说话,限时 3 分钟,共 40 分。

测试目的:测查应试人在无文字凭借的情况下说普通话的水平,重点测查语音标准程度、词汇语法规范程度和自然流畅程度。

评分依据:

(1)语音标准程度,共 25 分。分六档:

一档:语音标准,或极少有失误。扣 0 分、0.5 分、1 分、1.5 分、2 分。

二档:语音错误在 10 次以下,有方音但不明显。扣 3 分、4 分。

三档:语音错误在 10 次以下,但方音比较明显;或语音错误在 10~15 次之间,有方音但不明显。扣 5 分、6 分。

四档:语音错误在 10~15 次之间,方音比较明显。扣 7 分、8 分。

五档:语音错误超过 15 次(16~45 次),方音明显。扣 9 分、10 分、11 分。

六档:语音错误多(45 次以上),方音重。扣 12 分、13 分、14 分。

(2)词汇语法规范程度,共 10 分。分三档:

一档:词汇、语法规范。扣 0 分。

二档:词汇、语法偶有(1~3 次)不规范的情况。扣 1 分、2 分。

三档:词汇、语法屡有(4 次及以上)不规范的情况。扣 3 分、4 分。

(3)自然流畅程度,共 5 分。分三档:

一档:语言自然流畅。扣 0 分。

二档:语言基本流畅,口语化较差,有背稿子的表现。扣 0.5 分、1 分。

三档:语言不连贯,语调生硬。扣 2 分、3 分。

(4)说话不足 3 分钟,酌情扣分:

缺时 0~1 分钟(含 1 分钟),扣 1 分、2 分、3 分。

缺时 1 分 01 秒至 2 分 29 秒,扣 4 分、5 分、6 分。

说话不满 30 秒(含 30 秒),扣 40 分。

说话离题,酌情扣 3~5 分。

二 等级评定

按照评分标准对应试人的四项测试进行评分,根据应试人的总得分评定其普通话水平等级。

普通话水平等级划分为三个级别,每个级别内划分为两个等次。其中:

97 分及其以上,为一级甲等;

92 分及其以上但不足 97 分,为一级乙等;

87 分及其以上但不足 92 分,为二级甲等;

80 分及其以上但不足 87 分,为二级乙等;

70 分及其以上但不足 80 分,为三级甲等;

60 分及其以上但不足 70 分,为三级乙等。

三 普通话水平测试试卷

普通话水平测试命题的主要依据是国家语委《普通话水平测试实施纲要》。

试卷中的单音节字词选自本教材"附录:普通话水平测试常用词语"中的"一、普通话水平测试用常用单音节字词"(其中,选自"表一"的一般占70%,选自"表二"的一般占30%)。

试卷中的多音节词语选自本教材"附录:普通话水平测试常用词语"中的"二、普通话水平测试用常用多音节词语"(其中,选自"表一"的与"表二"的词语比例为7:3)、"三、普通话水平测试用必读轻声词语"、"四、普通话水平测试用重次轻格式词语"、"五、普通话水平测试用儿化词语"。

试卷中的"朗读短文"由电脑随机选定2篇作品,应试者选择其中1篇作为测试内容。作品从"附录:普通话水平测试用朗读作品"中选用。

试卷中的"命题说话"由电脑随机选定2个说话题目,应试者选择其中1个作为测试内容。说话题目从"附录:普通话水平测试用话题"中选用。

以下为普通话水平测试样卷。

普通话水平测试试卷(1号卷)

一、读单音节字词(100个)

矮 蜡 歇 拔 眉 刑 菜 脓 鸭 抄 贫 秧 簸 防 耕 砌 羽 惹 紫 伞
赚 慌 识 穴 肩 投 拳 肯 卧 驴 棒 净 条 总 编 矿 碗 内 茶 留
围 零 存 膜 夏 化 瞪 您 项 滚 店 碰 雄 盖 粉 权 云 而 复 日
印 额 沟 善 遭 朵 坏 税 者 底 黯 掰 挫 掺 堤 扼 饵 吠 缸 罕
揪 窟 怜 恋 萌 挪 癖 怯 蕊 腮 渗 舔 猁 捂 惜 癣 冶 凿 掷 揍

二、读多音节词语(100个音节)

自由	处理	最初	概括	飞行	塑料	小说儿	原则	日益
合同	认为	多么	贡献	破坏	而且	顺利	商量	老乡
剖面	补偿	包干儿	考古	蓬勃	口语	存款	灯泡儿	全民
卓越	差点儿	当做	化肥	投产	恩赐	夸奖	虐待	网球
瓦解	寻觅	均等	穷尽	辖区	考究	法权	僧尼	阳性
辩证法	所有制	海市蜃楼						

三、朗读短文(2选1)

作品5号　《读书人是幸福人》

作品30号　《陶行知的"四块糖果"》

四、命题说话(2选1)

我的业余生活

谈谈卫生与健康

普通话水平测试试卷(2号卷)

一、读单音节字词(100个)

司 鳌 吵 黄 淮 刮 薛 攻 明 皱 妥 愤 爱 族 虫 设 全 口 定 罢
破 铁 娘 穷 势 税 刺 袖 腾 彻 桃 狼 趣 衡 概 绢 腔 彩 迷 锤
翁 嫩 履 洪 君 柯 鬃 寸 每 调 够 觉 终 唱 早 愿 烦 先 封 念
机 知 竹 人 酸 竖 峦 幕 峡 寻 跪 裘 肩 滑 筛 瞟 按 驳 琴 伙
略 狂 蕊 牢 豆 毡 皮 吨 甜 甲 证 查 字 渔 耍 勒 歪 尔 熊 飞

二、读多音节词语(100个音节)

签署	嘴巴	似乎	登场	存根	忘却	儿童	模特儿	鉴定
反而	宣传	宠爱	费解	外国	原因	名牌儿	牛奶	花甲
阳光	条件	美容	贷款	裁决	板凳儿	袜子	交叉	运用
总理	僧俗	加倍	粉刷	凑合	评奖	允许	得罪	贫穷
释放	自然	驳斥	破坏	拼命	挑选	扣押	告别	老板
共和国	农作物	冰天雪地						

三、朗读短文(2选1)

作品3号 《达瑞的故事》
作品16号 《坚守你的高贵》

四、命题说话(2选1)

我喜爱的动物
谈谈科技发展与社会生活

第二章　普通话水平测试语音概要

第一节　普通话语音基础

一　语音的性质

语音是由人的发音器官发出的、用于表示一定意义的声音,它具有物理、生理和社会三个属性。

(一)语音的物理属性

语音属于一种物理的运动,所以具有物理属性。从这一属性来分析,语音具有音高、音强、音长、音色四个要素。

音高指声音的高低,它取决于发音体振动的快慢。振动得快,音高就高,反之音高就低。人可以通过调节声带的松紧改变音高,声带松时发音较低,而声带紧时发音较高。但是,发音时如果用力不当,可能会造成声带的损害,尤其是发高音时,喉部肌肉不要过于用力,以免声带拉伤。

音强指声音的强弱,取决于发音体发音时振幅的大小。振幅越大,声音越强,反之则越弱。音强有时可以用来区别意义。汉语中的轻重音就是以音强作为其主要特征来区别意义的。例如:"liánzi"重音在前,轻声在后,表示是"帘子";"liánzǐ"前读中音,后读重音,表示是"莲子"。

音长是指声音的长短,由发音时物体振动持续时间的长短所决定。发音体振动时间长,音长就长,否则就短。音长与音强有一定关系。比如重读音节以音强作为主要特征,音强较强,音长也比较长,而轻声音节音强较弱,音长也比较短。例如:"东西南北"中"西"的发音音长较长,而"东西丢了"中"西"的发音音长较短。音长与音高也有一定的联系。普通话的声调以音高为主要特征,音长只作为伴随性特征出现。上声调值为214,音长较长;去声调值为51,音长较短。

音色也叫音质,指声音的本质特征,是一个音与其他音互相区别的最根本的特征。音色取决于发音时的音波形式,音波形式不同,音色就不同;而音波形式取决于发音体、发音方法、共鸣器形状三个方面。所有的音都可以根据音色分为两种,即纯音与复合音。只有一个单纯频率的音是纯音。由许多不同频率、不同振幅的音混合而成的音叫复合音。复合音中,有一个频率最低的音,叫基音,其他的音都是陪音。音色可以分为乐音与噪音。一般来说,语音中的元音都是乐音,而辅音则大多是噪音。乐音是指基音与陪音的频率成整数倍关系的复合音,乐音的声波有周期性,听起来和谐悦耳。噪音是指基音与陪音在频率上没有整数倍关系的复合音,噪音的声波杂乱,没有规律,缺少周期性,听起来比较刺耳。

(二)语音的生理属性

语音是由人的发音器官发出来的,因此具有生理属性。人类的发音器官可以分成三个部分:提供发音原动力的肺和气管;作为发音体的喉头和声带;作为共鸣器的口腔、鼻腔和咽腔。

(三)语音的社会属性

语音都是含有一定意义、作为意义的载体而起交际作用的,这就决定了语音具有社会的属性。这也是语音区别于自然界其他声音的最根本的性质。

语音与意义的结合是由社会决定的。一个语音表达一个什么样的意义,是由使用这种语言的社会在使用中约定俗成地固定下来的。比如"太阳",汉语中有的方言叫 tàiyáng(太阳),有的方言叫 rìtou(日头),有的方言叫 lǎoyézi(老爷子);英语叫 sun,日语叫 hi(日)。

同一个音也可以表示不同的意义。如[i],汉语中表示"衣"、"移"、"以"、"义"等多种意义;日语则表示"胃"、"井"、"意"等意义。

语音的社会属性是它区别于其他声音的本质属性。

二 语音单位

(一)音素与音节

1.音素

音素是最小的语音单位。例如,汉语"汉"的读音[xan]是由三个单位组成的:[x]、[a]、[n]。这三个单位各自具有不同的音质,并且不能再划分成更小的单位。这就是三个音素。"汉"的声调(去声)属于音高范畴,不能作为音素。

音素可以分为元音和辅音两类。

元音又叫"母音"。发音时气流振动声带,在口腔、咽腔不受阻碍。

发元音时,可以通过舌和唇的位置形状的变化,改变口腔共鸣的大小形状,从而发出不同的元音。如舌头可前可后、可高可低;嘴唇可开可闭、可展可圆。如:发[a]时,舌头位置较低,口较开;发[i]时舌头位置较高,口较闭。即使在发舌位较高口形较闭的元音时,尽管气流通道较为狭窄,但仍没有形成阻碍的部位,气流可以自由地流出。

普通话有 10 个元音:a、o、e、ê、i、u、ü、er、-i(前)、-i(后)。

辅音又叫"子音",是发音时气流受到阻碍形成的音。如汉语"点"[tien]中的[t]和[n]。

人们可以通过调整口腔内的牙、舌、小舌以及唇、喉壁、声带等相对位置形成对气流的阻碍。有的相互接触,堵塞气流通道,使气流受到阻碍;有的相互靠拢但不接触,使气流通道变狭,气流受阻后摩擦而出;有的则以其他方式对气流加以阻碍,需要冲破阻碍或摩擦阻碍的部位才能逸出。

普通话有 22 个辅音:b、p、m、f、d、t、n、l、g、k、ng、h、j、q、x、zh、ch、sh、r、z、c、s。

2.音节

音节是最自然的语音单位。如:汉语"历史"(lìshǐ)一词,我们是作为两个单位来发出的,听到的也只是两个单位,而不是"l、i、sh、i"四个单位。只有语音学家在分析语音时,才会把它们分成四个更小的单位(音素),一般人都是把它们作两个单位来说和听的。所以,它们是两个音节。

一般来说,汉语中用一个汉字来代表一个音节。只有"花儿"之类的儿化韵常在后面加一个"儿"表示儿化,其实"花儿"两个汉字只记录一个音节。

普通话有 400 多个基本(不带调)音节。

(二)声母、韵母、声调

传统的语音学研究把汉语的一个音节分成声母、韵母和声调三个部分。

1.声母

声母,指音节开头的辅音,如果音节开头没有辅音,则称为零声母。如汉语的"村庄"cūnzhuāng,其声母分别是"c"和"zh";而"昂"áng则没有开头辅音,即为零声母。

辅音和声母是从不同的角度分析出来的,是不同的两个概念。辅音经常充当声母,也可以充当韵尾,如"难"nán中,n在前充当声母,在后充当韵尾。

普通话有21个辅音声母,还有1个零声母。

b 把包半	p 破剖碰	m 木每名	f 佛发分	d 德带段	t 提铁疼
n 耐懦囊	l 落楼龙	g 各过刚	k 哭靠矿	h 喝后昏	j 及叫进
q 起却群	x 西下先	zh 知捉章	ch 吃愁穿	sh 湿甩身	r 日绕容
z 资早增	c 次才村	s 丝搜酸			

零声母:饿与袄有暗眼望远用

普通话22个声母中有21个由辅音充当,我们可以根据辅音的发音部位和发音方法给声母分类。

(1)按发音部位分类

普通话辅音声母按发音部位可分为以下七类:

①双唇音:上唇与下唇闭合,构成阻碍(b、p、m)。

②唇齿音:上齿接近下唇,留一条窄缝,构成阻碍(f)。

③舌面音:舌面前部向硬腭接触或接近,构成阻碍(j、q、x)。

④舌根音:舌面后部向硬腭和软腭的交界处接触或接近,构成阻碍(g、k、h)。

⑤舌尖前音:舌尖向上门齿背接触或接近,构成阻碍(z、c、s)。

⑥舌尖中音:舌尖和上齿龈(即上牙床)接触,构成阻碍(d、t、n、l)。

⑦舌尖后音:舌尖向硬腭的最前端接触或接近,构成阻碍(zh、ch、sh、r)。

(2)按发音方法分类

普通话辅音声母的发音方法有以下五种:

①塞音:成阻时发音部位完全形成阻塞;持阻时气流积蓄在阻碍的部位之后;除阻时受阻部位突然解除阻塞,使积蓄的气流透出,爆发成声(b、p、d、t、g、k)。

②擦音:成阻时发音部位之间接近,形成适度的间隙;持阻时气流从窄缝中间摩擦成声;除阻时发音结束(f、h、x、s、sh、r)。

③塞擦音:以"塞音"开始,以"擦音"结束。由于塞擦音的"塞"和"擦"是同部位的,"塞音"的除阻阶段和"擦音"的成阻阶段融为一体,两者结合得很紧密(j、q、z、c、zh、ch)。

④鼻音:成阻时发音部位完全闭塞,封闭口腔通路;持阻时,软腭下垂,打开鼻腔通路,声带振动,气流到达口腔和鼻腔,气流在口腔受到阻碍,由鼻腔透出而成声;除阻时口腔阻碍解除。鼻音是鼻腔和口腔的双重共鸣形成的。鼻腔是不可调节的发音器官。不同音质的鼻音是由于发音时在口腔的不同部位阻塞,造成不同的口腔共鸣状态而形成的(m、n)。

⑤边音:舌尖与上齿龈(上牙床)稍后的部位接触,使口腔中间的通道阻塞;持阻时声带振动,气流从舌头两边与上腭两侧、两颊内侧形成的夹缝中通过,透出成声;除阻时发音结束(l)。

普通话的辅音声母还可以分为"送气音"与"不送气音"、"清音"与"浊音"等类别。

普通话只有塞音和塞擦音区分送气音和不送气音。

送气音:发音时气流送出比较快和持久,由于除阻后声门大开,流速较快,在声门以及声门以上的某个狭窄部位造成摩擦,形成"送气音"(p、t、k、q、c、ch)。

不送气音:发音时,送出的气流较弱,没有送气特征,同送气音形成对立的音(b、d、g、j、z、zh)。

普通话有四个浊辅音声母:m、n、l、r;其他的辅音声母都是清音:b、p、f、d、t、g、k、h、j、q、x、z、c、s、zh、ch、sh。

◆ **声母的发音训练**

b   双唇不送气清塞音

双唇闭合,同时软腭上升,关闭鼻腔通路;气流到达双唇后蓄气;凭借积蓄在口腔中的气流突然打开双唇成声:北边 běibiān、标本 biāoběn、卑鄙 bēibǐ。

p   双唇送气清塞音

成阻和持阻阶段与 b 相同。除阻时,声门(声带开合处)大开,从肺部呼出一股较强气流冲开双唇成声:拼盘 pīnpán、批判 pīpàn、排炮 páipào。

m   双唇浊鼻音

双唇闭合,软腭下垂,打开鼻腔通路;声带振动,气流同时到达口腔和鼻腔,在口腔的双唇后受到阻碍,气流从鼻腔透出而成声:弥漫 mímàn、美满 měimǎn、明媚 míngmèi。

f   齿唇清擦音

下唇向上门齿靠拢,形成间隙;软腭上升,关闭鼻腔通路;使气流从齿唇形成的间隙摩擦通过而成声:芳菲 fāngfēi、发奋 fāfèn、反复 fǎnfù。

d   舌尖中不送气清塞音

舌尖抵住上齿龈,形成阻塞;软腭上升,关闭鼻腔通路;气流到达口腔后蓄气,突然解除阻塞成声:导弹 dǎodàn、抖动 dǒudòng、断定 duàndìng。

t   舌尖中送气清塞音

成阻、持阻阶段与 d 相同。除阻阶段声门大开,从肺部呼出一股较强的气流冲开阻塞部位成声:吞吐 tūntǔ、谈天 tántiān、厅堂 tīngtáng。

n   舌尖中鼻音

舌尖抵住上齿龈,形成阻塞;软腭下垂,打开鼻腔通路;声带振动,气流同时到达口腔和鼻腔,在口腔受到阻碍,气流从鼻腔透出而成声:南宁 nánníng、袅娜 niǎonuó、农奴 nóngnú。

l   舌尖中边音

舌尖抵住上齿龈的后部,阻塞气流从口腔中路通过的通道;软腭上升,关闭鼻腔通路,声带振动;气流到达口腔后从舌头跟两颊内侧形成的空隙通过而成声:联络 liánluò、劳力 láolì、玲珑 línglóng。

g   舌根不送气清塞音

舌面后部隆起抵住硬腭和软腭交界处,形成阻塞;软腭上升,关闭鼻腔通路;气流在形成阻塞的部位后面积蓄;突然解除阻塞而成声:骨干 gǔgàn、规格 guīgé、广告 guǎnggào。

k   舌根送气清塞音

成阻、持阻阶段与 g 相同。除阻阶段声门大开,从肺部呼出一股较强气流成声:宽阔 kuānkuò、可靠 kěkào、困苦 kùnkǔ。

h   舌根送气清擦音

舌面后部隆起接近硬腭和软腭的交界处,形成间隙;软腭上升,关闭鼻腔通路;使气流从形成的间隙摩擦通过而成声:合乎 héhū、辉煌 huīhuáng、后悔 hòuhuǐ。

j   舌面前不送气清塞擦音

舌尖抵住下门齿背,使舌面前部贴紧前硬腭,软腭上升,关闭鼻腔通路;在阻塞的部位后面积蓄气流,突然解除阻塞时,在原形成阻塞的部位之间保持适度的间隙,使气流从间隙透出而成声:经济 jīngjì、解决 jiějué、坚决 jiānjué。

q 舌面前送气清塞擦音

成阻阶段与 j 相同。与 j 不同的是当舌面前部与前硬腭分离并形成适度间隙,一般较强的气流从空隙摩擦通过而成声:亲切 qīnqiè、请求 qǐngqiú、情趣 qíngqù。

x 舌面前清擦音

舌尖抵住下齿背,使舌面前部接近硬腭前部,形成适度的间隙,气流从空隙摩擦通过而成声:学习 xuéxí、现象 xiànxiàng、虚心 xūxīn。

z 舌尖前不送气清塞擦音

舌尖抵住上门齿背形成阻塞,在阻塞的部位后积蓄气流;同时软腭上升,关闭鼻腔通路;突然解除阻塞时,在原形成阻塞的部位之间保持适度的间隙,使气流从间隙透出而成声:在座 zàizuò、总则 zǒngzé、栽赃 zāizāng。

c 舌尖前送气清塞擦音

成阻阶段与 z 相同。与 z 不同的是,在突然解除阻塞时,声门开启,同时伴有一股较强的气流从间隙中透出而成声:催促 cuīcù、苍翠 cāngcuì、参差 cēncī。

s 舌尖前清擦音

舌尖接近上门齿背,形成间隙;同时软腭上升,关闭鼻腔通路;气流从间隙摩擦通过而成声:思索 sīsuǒ、诉讼 sùsòng、色素 sèsù。

zh 舌尖后不送气清塞擦音

舌头前部上举,舌尖抵住硬腭前端,同时软腭上升,关闭鼻腔通路;在形成阻塞的部位后积蓄气流,突然解除阻塞时,在原形成阻塞的部位之间保持适度的间隙,使气流从间隙透出而成声:抓住 zhuāzhù、政治 zhèngzhì、挣扎 zhēngzhá。

ch 舌尖后送气清塞擦音

成阻阶段与 zh 相同。与 zh 不同的是,在突然解除阻塞时,声门开启,同时伴有一股较强的气流从间隙中透出而成声:齿唇 chǐchún、橱窗 chúchuāng、惆怅 chóuchàng。

sh 舌尖后清擦音

舌头前部上举,接近硬腭前端,形成适度的间隙;同时软腭上升,关闭鼻腔通路;气流从间隙摩擦通过而成声:实施 shíshī、手术 shǒushù、上升 shàngshēng。

r 舌尖后浊擦音

舌头前部上举,接近硬腭前端,形成适度的间隙;同时软腭上升,关闭鼻腔通路;声带振动,气流从间隙摩擦通过而成声:忍让 rěnràng、柔韧 róurèn、仍然 réngrán。

零声母也是一种声母。普通话零声母可以分成两类:一类是开口呼零声母;一类是非开口呼零声母。

非开口呼零声母即除开口呼以外的齐齿呼、合口呼、撮口呼三种韵母自成音节的起始方式,实际发音都带有轻微的摩擦。

【读一读】
黄金无足色,白璧有微瑕。
飘飘何所似,天地一沙鸥。
漠漠帆重来,冥冥鸟去迟。
淅淅风吹面,纷纷雪积身。

梨花院落溶溶月,柳絮池塘淡淡风。

江南可采莲,莲叶何田田。

袅袅城边柳,青青陌上桑。

离离原上草,一岁一枯荣。

月黑见渔灯,孤光一点萤。

客散青天月,山空碧水流。

夕阳无限好,只是近黄昏。

天平山上白云泉,云自无心水自闲。

谁言寸草心,报得三春晖。

一道残阳铺水中,半江瑟瑟半江红。

虹搭的桥不能走,蛇扮的绳不能抓。

勇气长一寸,困难缩一尺。

宁为大众死,不为个人生。

甘甜知于口渴时,良友知于患难日。

啾啾常有鸟,寂寂更无人。

留连戏蝶时时舞,自在娇莺恰恰啼。

枯藤老树昏鸦,小桥流水人家,古道西风瘦马。夕阳西下,断肠人在天涯。

2.韵母

韵母是指音节中声母后边的音素,它可以是一个元音,也可以是元音的组合,也可以是元音和辅音的组合,如:"八"bā,韵母是a,单元音;"叫"jiào,韵母是iao,元音的组合;"行"xíng,韵母是ing,元音和辅音的组合。

普通话的韵母共有39个。

		i	壹低几吸	u	屋亩湖素	ü	鱼徐曲律
a	阿马沙辣	ia	牙家下俩	ua	挖挂爪耍		
e	额割特蛇	ie	夜接写列			üe	月靴学虐
o	噢破佛播			uo	蜗说多驮		
ai	爱海晒奶			uai	外坏摔踹		
ei	黑贼类北			uei	威对锐睡		
ao	嗷少曹岛	iao	腰叫庙鸟				
ou	偶某手豆	iou	优修流牛				
an	安南站敢	ian	烟显连棉	uan	完团算船	üan	远全娟选
en	跟盆身嫩	in	进新林亲	uen	温滚婚准	ün	云寻军群
ang	肮杭上胖	iang	样蒋亮乡	uang	网光窗双		
eng	能冷承正	ing	应性灵名	ueng	翁瓮		
ong	孔龙送容	iong	勇琼匈洄				
ê							
-i(前)	自辞四						
-i(后)	只尺时日						
er	而耳二						

普通话的39个韵母主要由元音构成,还有一部分韵母是由元音带上鼻辅音构成的。

韵母可以按不同的标准分类。韵母按结构可以分为单韵母、复韵母、鼻韵母三类。韵母由韵头、韵腹、韵尾三个部分组成,韵头有i、u、ü三个。按韵头的情况可以分为开口呼(不是由

i、u、ü领头的韵母)、齐齿呼(由 i 领头的韵母)、合口呼(由 u 领头的韵母)、撮口呼(由 ü 领头的韵母)四类,简称"四呼"。

◆ **韵母的发音训练**

(1)单韵母的发音训练

单韵母由单元音构成。单韵母发音时舌位和唇形始终不变。普通话有 10 个单韵母。

a　央低不圆唇元音

口大开,舌尖微离下齿背,舌面中部微微隆起与硬腭后部相对。发音时声带振动,软腭上升,关闭鼻腔通路:大妈 dàmā、刹那 chànà、哪怕 nǎpà。

o　后半高圆唇元音

上下唇自然拢圆,舌身后缩,舌面后部稍隆起与软腭相对,舌位介于半高半低之间。发音时声带振动,软腭上升,关闭鼻腔通路:泼墨 pōmò、磨破 mópò、伯伯 bóbo。

e　后半高不圆唇元音

口半闭,展唇,舌身后缩,舌面后部稍隆起与软腭相对,比元音 o 略高而偏前。发音时,声带振动,软腭上升,关闭鼻腔通路:客车 kèchē、色泽 sèzé、割舍 gēshě。

ê　前中不圆唇元音

口自然打开,展唇,舌尖抵住下齿背,使舌面前部隆起与硬腭相对。发音时,声带振动,软腭上升,关闭鼻腔通路。这个韵母单独注音只有一个叹词"欸"。ê 的主要用途是与 i、ü 组成复韵母。

i　前高不圆唇元音

口微开,两唇呈扁平形;上下齿相对(齐齿),舌尖接触下齿背,使舌面前部隆起与硬腭前部相对。发音时,声带振动,软腭上升,关闭鼻腔通路:离奇 líqí、谜底 mídǐ、立即 lìjí。

u　后高圆唇元音

两唇收缩成圆形,略向前突出;舌后缩,舌面后部隆起与软腭相对。发音时,声带振动,软腭上升,关闭鼻腔通路:除阻 chúzǔ、瀑布 pùbù、督促 dūcù。

ü　前高圆唇元音

两唇拢圆,略向前突出;舌尖抵住下齿背,使舌面前部隆起与硬腭相对。发音时,声带振动,软腭上升,关闭鼻腔通路:旅居 lǚjū、絮语 xùyǔ、豫剧 yùjù。

er　卷舌元音

口自然打开,舌位不前不后不高不低,舌前、中部上抬,舌尖向后卷,与硬腭前端相对。发音时,声带振动,软腭上升,关闭鼻腔通路。这个韵母虽用两个字母标写,但仍然是单韵母,其中 r 只是表示卷舌动作的字母,不是辅音韵尾。er 不与声母相拼而独自成音节:而 ér、二 èr、耳 ěr、饵 ěr、尔 ěr。

-i(前)　舌尖前不圆唇元音

口略开,展唇,舌尖与上齿背相对,保持适当距离。发音时,声带振动,软腭上升,关闭鼻腔通路。这个韵母在普通话里只出现在 z、c、s 声母的后面:刺丝 cìsī、四次 sìcì、自私 zìsī。

-i(后)　舌尖后不圆唇元音

口略开,展唇,舌前端抬起与前硬腭相对。发音时,声带振动,软腭上升,关闭鼻腔通路。这个韵母在普通话里只出现在 zh、ch、sh、r 声母的后面:值日 zhírì、实质 shízhì、支持 zhīchí。

【读一读】

手怕不用,脑怕不动。

要打当面鼓，莫敲背后锣。

种瓜得瓜，种豆得豆。

煮饭要放米，说话要讲理。

真话一句值千金，谎话千句如粪土。

机中织锦秦川女，碧纱如烟隔窗语。

忠言逆耳利于行，良药苦口利于病。

天不言自高，地不言自厚。

甜言夺志，糖食坏齿。

(2)复韵母的发音训练

复韵母由两个或三个元音构成。普通话复韵母有 13 个。复韵母发音的特点是由前一个元音的发音状态逐渐过渡到后一个元音的发音状态，气流不中断，整个发音过程形成一个整体。复韵母中各个元音的响度不同，其中开口度最大的音是主要元音，发音既清晰又响亮。根据主要元音所处的位置，复韵母可以分成三类：

①前响复韵母

发音时前一个元音开口度较大，清晰响亮，音值较固定；后面一个元音较含混，音值不稳定。

ai　是前元音的音素复合，动程宽。a 比单韵母 a 舌位偏前，叫做"前 a"，要念得长而响；接着舌位向 i 的方向滑动升高，i 轻而短，实际发音比单韵母 i 低一点儿：开采 kāicǎi、爱戴 àidài、彩排 cǎipái。

ei　起点元音是前半高不圆唇元音 e，比 ê 的舌位稍高一些，实际发音舌位介于 e 和 ê 之间，念得长而响，舌位从 e 开始升高向 i 的方向往前往高滑动；i 轻而短，实际发音比单韵母 i 低一点儿。ei 是普通话中动程较短的复合元音：肥美 féiměi、配备 pèibèi、蓓蕾 bèilěi。

ao　是后元音音素的复合，起点元音比单元音 a 的位置靠后，是后低不圆唇元音，可简称为"后 a"，发音时，舌头向后缩，念得响而长；o 比单韵母 o 舌位稍高，双唇自然收拢，发 o、u 之间的音，轻而短：高潮 gāocháo、报告 bàogào、跑道 pǎodào。

ou　其中的 o 不圆唇，是 o 和 e 之间的音，只在向 u 过渡时略圆，念得响而长；u 轻短含糊，未到 u 的高度：兜售 dōushòu、收购 shōugòu、漏斗 lòudǒu。

②后响复韵母

主要元音前面加韵头 i、u、ü，起音轻短而清晰，后音明确而响亮。

ia　起音 i 紧而短，舌位向央 a 下滑，a 响而长：下牙 xiàyá、恰恰 qiàqià、加价 jiājià。

ie　起音 i 紧而短，舌位下滑到 ê，ê 响而长：结业 jiéyè、贴切 tiēqiè、歇业 xiēyè。

ua　起音 u 紧而短，舌位下滑到央 a，a 响而长：挂花 guàhuā、耍滑 shuǎhuá、花袜 huāwà。

uo　起音 u 紧而短，舌位下滑到 o，o 响而长，口由合到开但唇呈圆形：哆嗦 duōsuō、阔绰 kuòchuò、硕果 shuòguǒ。

üe　起音 ü 紧而短，舌位下滑到 ê，ê 响而长，唇略圆：雀跃 quèyuè、决绝 juéjué、约略 yuēlüè。

③中响复韵母

由三个元音音素构成，发音时中间的韵腹清晰响亮，前面的韵头较轻短，后面的韵尾较含糊，音值不太稳定，仅表示舌位运动的方向。

iao　发音时，舌位由 i 下滑到后 a，a 响而长，再由后 a 向 o[u]滑升。发音过程中，舌位先降后升,由前到后,曲折幅度大:巧妙 qiǎomiào、小鸟 xiǎoniǎo、缥缈 piāomiǎo。

iou(iu)　发音时,舌位由 i 下滑到央 e,再由央 e 向 u 滑升。发音过程中,舌位先降后升,由前到后,曲折幅度较大:优秀 yōuxiù、久留 jiǔliú、求救 qiújiù。

uai　发音时,舌位由 u 下滑到前 a,a 响而长,再由前 a 向 i[ɪ]滑升。发音过程中,舌位先降后升,由后到前,曲折幅度大,唇形由圆到展:外快 wàikuài、摔坏 shuāihuài、外踝 wàihuái。

uei(ui)　发音时,舌位由 u 下滑到央 e(偏前),e 响而长,再由 e 向 i[ɪ]滑升。发音过程中,舌位先降后升,由后到前,曲折幅度较大,唇形从圆到展:归队 guīduì、水位 shuǐwèi、追随 zhuīsuí。

【读一读】

河边树成排,不怕洪水来。

菜没盐无味,田没肥无谷。

水利修好,收成稳保。

谷雨前后,种瓜点豆。

远上寒山石径斜,白云深处有人家。

好雨知时节,当春乃发生。

落红不是无情物,化作春泥更护花。

凡事适时做,明日不待我。

千山鸟飞绝,万径人踪灭。

春眠不觉晓,处处闻啼鸟。

问君能有几多愁,恰似一江春水向东流。

半亩方塘一鉴开,天光云影共徘徊。

西塞山前白鹭飞,桃花流水鳜鱼肥。

(3)鼻韵母的发音训练

鼻韵母由一个或两个元音和鼻辅音构成。普通话有 16 个鼻韵母。鼻韵母的发音特点是由元音的发音状态逐渐过渡到鼻音的发音状态,最后形成鼻音。鼻韵母可以分成前鼻韵母(-n)和后鼻韵母(-ng)。发好鼻韵母的关键是找准鼻韵尾的发音部位,前鼻韵尾-n 的发音部位是舌尖与上齿龈,如同声母 d、t 的发音部位。前鼻韵母发音时,发出前面的元音后,舌尖马上抵住上齿龈,构成阻碍,使气流从鼻腔透出,形成前鼻韵尾。后鼻韵尾-ng 的发音部位是舌根与软腭,即是发声母 g、k、h 的部位。发后鼻韵母时,先发前面的元音,最后舌根上抬,软腭下降构成阻碍,使气流从鼻腔透出,形成后鼻韵尾。

an　其中 a 是前 a,响亮。接着舌尖上举抵住上齿龈发 n,轻短:肝胆 gāndǎn、泛滥 fànlàn、谈判 tánpàn。

en　其中 e 比单韵母 e 靠前,响亮。然后舌尖上举抵住上齿龈发 n,轻短:振奋 zhènfèn、根本 gēnběn、深沉 shēnchén。

in　先发 i,然后舌尖抵向上齿龈发 n:辛勤 xīnqín、拼音 pīnyīn、引进 yǐnjìn。

ün　先发 ü,然后舌尖抵向上齿龈发 n:均匀 jūnyún、循循 xúnxún、军训 jūnxùn。

ang　其中 a 是后 a,响亮。接着舌头后缩,舌根抬起,软腭下垂,挡住气流,发 ng,气流从鼻腔透出,轻短:张榜 zhāngbǎng、长廊 chángláng、苍茫 cāngmáng。

eng　其中 e 比单韵母 e 偏低,然后向 ng 过渡:更正 gēngzhèng、登程 dēngchéng、丰盛 fēngshèng。

ing　先发 i,然后向 ng 过渡:姓名 xìngmíng、蜻蜓 qīngtíng、叮咛 dīngníng。

ong　其中 o 比单韵母 o 高,近乎 u,然后向 ng 过渡:从容 cóngróng、隆重 lóngzhòng、空洞 kōngdòng。

ian　先发 i,较短,然后向 a 方向过渡,但不到位,大约到 ê 的位置,紧接着发 n:棉田 miántián、艰险 jiānxiǎn、简便 jiǎnbiàn。

uan　先发 u,较短,接着发 an:转换 zhuǎnhuàn、贯穿 guànchuān、专断 zhuānduàn。

üan　先发 ü,较短,接着向 an 过渡:源泉 yuánquán、全权 quánquán、轩辕 Xuānyuán。

uen(un)　先发 u,较短,接着发 en:昆仑 Kūnlún、温顺 wēnshùn、春笋 chūnsǔn。

iang　先发 i,较短,然后向 ang 过渡:想象 xiǎngxiàng、两样 liǎngyàng、响亮 xiǎngliàng。

uang　先发 u,较短,然后向 ang 过渡:双簧 shuānghuáng、状况 zhuàngkuàng、狂妄 kuángwàng。

ueng　先发 u,较短,然后向 eng 过渡:嗡嗡 wēngwēng、蓊郁 wěngyù、老翁 lǎowēng。

iong　i 受后面音素圆唇的影响,一开始发音就圆唇了,较短,然后向 ong 过渡,其中 o 偏高,接近 u:汹涌 xiōngyǒng、炯炯 jiǒngjiǒng、熊熊 xióngxióng。

【读一读】

白米饭好吃田难种。

冬耕耕得深,庄稼肯长根。

近水知鱼性,近山识鸟音。

春风又绿江南岸,明月何时照我还。

清明时节雨纷纷,路上行人欲断魂。

万壑树参天,千山响杜鹃。

楚山秦山皆白云,白云处处长随君。

门前屋后栽桑,养起蚕来不忙。

养得一年蜂,能抵半年粮。

即从巴峡穿巫峡,便下襄阳向洛阳。

秋风吹不尽,总是玉关情。

床前明月光,疑是地上霜。

王师北定中原日,家祭无忘告乃翁。

三年不选种,增产要落空。

生当为人杰,死亦为鬼雄。

3.声调

声调指音节的高低升降变化。声调的变化,附着于整个音节。普通话中"闪"shǎn 是上声调,调值是 214,即先降后升,由 2 降到 1,再上升到 4。

在汉语里,声调具有区别词义的作用。例如:柱子 zhùzi、竹子 zhúzi、珠子 zhūzi、主子 zhǔzi、铸字 zhùzì,这五个词各音节的声母、韵母都相同,但词义不同,这是声调不同所造成的。

普通话共有四个声调。

阴平	55	ˉ	高天开诗
阳平	35	ˊ	平穷神含
上声	214	ˇ	古走水努

| 去声 | 51 | ` | 对怕放世 |

◆ **声调的发音训练**

　　阴平　是高平调,调值55。发音高而平,即由5度到5度,大体上没有明显变化。全调的时值比上声、阳平略短,比去声长:关 guān、心 xīn、东 dōng、风 fēng、青 qīng、春 chūn。

　　阳平　是中升调,调值35。发音由中升到高音,即由3度升到5度。阳平调的调头比阴平低,逐渐升高,升到最高。全调的时值比上声略短,比阴平、去声略长:豪 háo、情 qíng、昂 áng、扬 yáng、其 qí、实 shí。

　　上声　是降升调,调值214。发音时声音由半低先降到低音,然后再升到半高音,即由2度降到1度再升到4度。全调的时值在四个声调中最长:剪 jiǎn、纸 zhǐ、产 chǎn、品 pǐn、党 dǎng、委 wěi。

　　去声　是高降调,调值51。声音由高音降到低音,即由5度降到1度。全调的时值在四个声调中最短:对 duì、照 zhào、世 shì、界 jiè、变 biàn、化 huà。

【读一读】

春天花开	珍惜光阴	江山多娇	居安思危	粮棉农林	儿童文学	严格执行
人民团结	产品展览	火腿米酒	水果海产	美好可口	运动大会	爱护备至
创造纪录	胜利闭幕	中华语调	高扬起降	张王李赵	酸甜苦辣	妙手回春
弄巧成拙	字里行间	破釜沉舟				

防止——放置——防治——纺织——仿制——方知——方志

编制——编织——变质——贬值——便知——编址

共识——公式——工时——公示——公使——攻势——共事——公事——工事

水光潋滟晴方好,山色空濛雨亦奇。欲把西湖比西子,淡妆浓抹总相宜。

故人西辞黄鹤楼,烟花三月下扬州。孤帆远影碧空尽,惟见长江天际流。

孤山寺北贾亭西,水面初平云脚低。几处早莺争暖树,谁家新燕啄春泥。

乱花渐欲迷人眼,浅草才能没马蹄。最爱湖东行不足,绿杨阴里白沙堤。

三　《汉语拼音方案》

　　《汉语拼音方案》于1957年11月1日国务院全体会议第60次会议通过,1958年2月11日第一届全国人大第五次会议批准。

　　《汉语拼音方案》的主要作用:给汉字注音,用于推广普通话,用来音译人名、地名、科学术语等,为少数民族创制文字提供参照。

　　《汉语拼音方案》的主要内容:字母表、声母表、韵母表、声调符号、隔音符号。

　　《汉语拼音方案》的特点:基本符号26个,数量较少,便于使用;采用拉丁字母,利于国际通行;字母记录汉语音位,简洁而实用。

汉 语 拼 音 方 案

一　字母表

字母：	A a	B b	C c	D d	E e	F f	G g
名称：	ㄚ	ㄅㄝ	ㄘㄝ	ㄉㄝ	ㄜ	ㄝㄈ	ㄍㄝ
	H h	I i	J j	K k	L l	M m	N n
	ㄏㄚ	ㄧ	ㄐㄧㄝ	ㄎㄝ	ㄝㄌ	ㄝㄇ	ㄋㄝ
	O o	P p	Q q	R r	S s	T t	
	ㄛ	ㄆㄝ	ㄑㄧㄡ	ㄚㄦ	ㄝㄙ	ㄊㄝ	
	U u	V v	W w	X x	Y y	Z z	
	ㄨ	ㄪㄝ	ㄨㄚ	ㄒㄧ	ㄧㄚ	ㄗㄝ	

V 只用来拼写外来语、少数民族语言和方言。

字母的手写体依照拉丁字母的一般书写习惯。

二　声母表

	b	p	m	f		d	t	n	l
	ㄅ玻	ㄆ坡	ㄇ摸	ㄈ佛		ㄉ得	ㄊ特	ㄋ讷	ㄌ勒
	g	k	h			j	q	x	
	ㄍ哥	ㄎ科	ㄏ喝			ㄐ基	ㄑ欺	ㄒ希	
	zh	ch	sh	r		z	c	s	
	ㄓ知	ㄔ蚩	ㄕ诗	ㄖ日		ㄗ资	ㄘ雌	ㄙ思	

在给汉字注音的时候，为了使拼式简短，zh ch sh 可以省作 ẑ ĉ ŝ。

三　韵母表

	i ㄧ 衣	u ㄨ 乌	ü ㄩ 迂
a ㄚ 啊	ia ㄧㄚ 呀	ua ㄨㄚ 蛙	
o ㄛ 喔		uo ㄨㄛ 窝	
e ㄜ 鹅	ie ㄧㄝ 耶		üe ㄩㄝ 约
ai ㄞ 哀		uai ㄨㄞ 歪	
ei ㄟ 欸		uei ㄨㄟ 威	
ao ㄠ 熬	iao ㄧㄠ 腰		
ou ㄡ 欧	iou ㄧㄡ 忧		
an ㄢ 安	ian ㄧㄢ 烟	uan ㄨㄢ 弯	üan ㄩㄢ 冤

	i 丨 衣	u ㄨ 乌	ü ㄩ 迂
en ㄣ 恩	in 丨ㄣ 因	uen ㄨㄣ 温	ün ㄩㄣ 晕
ang ㄤ 昂	iang 丨ㄤ 央	uang ㄨㄤ 汪	
eng ㄥ 亨的韵母	ing 丨ㄥ 英	ueng ㄨㄥ 翁	
ong (ㄨㄥ)轰的韵母	iong ㄩㄥ 雍		

(1)"知、蚩、诗、日、资、雌、思"等七个音节的韵母用 i,即:知、蚩、诗、日、资、雌、思等字拼作 zhi,chi,shi,ri,zi,ci,si。

(2)韵母儿写成 er,用作韵尾的时候写成 r。例如:"儿童"拼作 ertong,"花儿"拼作 huar。

(3)韵母ㄝ单用的时候写成 ê。

(4)i 行的韵母,前面没有声母的时候,写成 yi(衣),ya(呀),ye(耶),yao(腰),you(忧),yan(烟),yin(因),yang(央),ying(英),yong(雍)。

　　u 行的韵母,前面没有声母的时候,写成 wu(乌),wa(蛙),wo(窝),wai(歪),wei(威),wan(弯),wen(温),wang(汪),weng(翁)。

　　ü 行的韵母,前面没有声母的时候,写成 yu(迂),yue(约),yuan(冤),yun(晕);ü 上两点省略。

　　ü 行的韵母跟声母 j,q,x 拼的时候,写成 ju(居),qu(区),xu(虚),ü 上两点也省略;但是跟声母 n,l 拼的时候,仍然写成 nü(女),lü(吕)。

(5)iou,uei,uen 前面加声母的时候,写成 iu,ui,un。例如 niu(牛),gui(归),lun(论)。

(6)在给汉字注音的时候,为了使拼式简短,ng 可以省作 ŋ。

四　声调符号

阴平	阳平	上声	去声
-	´	ˇ	`

声调符号标在音节的主要母音上。轻声不标。例如:

妈 mā	麻 má	马 mǎ	骂 mà	吗 ma
(阴平)	(阳平)	(上声)	(去声)	(轻声)

五　隔音符号

　　a,o,e 开头的音节连接在其他音节后面的时候,如果音节的界限发生混淆,用隔音符号(')隔开,例如:pi'ao(皮袄)。

四　音　节

(一)音节的结构

汉语普通话的音节由声母、韵母和声调构成,其主要特点是:

(1)一个音节最多包含四个音素,如"间"(jiān),最少要有一个音素,如"啊"(ā)。

(2)每一个音节都有声调。

(3)每一个音节都必须有元音,例外是鼻辅音有时可以单独充当音节,如"嗯"(ng)。一个音节最多可以有三个元音,如"有"(yǒu)、怀(huái),分别有"i、o、u"三个元音和"u、a、i"三个元音。

(4)一个音节中可以没有辅音,也可以有一个或两个辅音,但没有相连的辅音(复辅音)。

(二)普通话声韵拼合规律

普通话的声韵拼合规律主要有以下几方面:

(1)双唇音 b、p、m 只能拼开口呼、齐齿呼,不能拼撮口呼,除 u 以外,其他的合口呼都不能拼。

(2)唇齿音 f 只能拼开口呼,不能拼齐齿呼、撮口呼,除 u 以外,其他的合口呼都不能拼。

(3)舌尖中音 d、t 能拼开口呼、齐齿呼、合口呼,而不能拼撮口呼。n、l 能拼开、齐、合、撮四呼。

(4)舌面音 j、q、x 只能拼齐齿呼、撮口呼,不能拼开口呼、合口呼。

(5)舌尖前音 z、c、s,舌尖后音 zh、ch、sh、r,舌根音 g、k、h 只能拼开口呼、合口呼,不能拼齐齿呼、撮口呼。

(6)零声母四呼都有音节。

普通话声韵配合简表

韵母\声母		开口呼	齐齿呼	合口呼	撮口呼
双唇音	b、p、m	+	+	只跟 u 相拼	
唇齿音	f	+		只跟 u 相拼	
舌尖中音	d、t	+	+	+	
	n、l	+	+	+	+
舌面音	j、q、x		+		+
舌根音	g、k、h	+		+	
舌尖后音	zh、ch、sh、r	+		+	
舌尖前音	z、c、s	+		+	
零声母	∅	+	+	+	+

(三)音节的拼写

1. y 与 w 的使用

(1)零声母音节中,如果韵头是 i、u,则改 i 为 y,改 u 为 w。如:ia→ya(压)、ie→ye(页)、iao→yao(腰)、iou→you(优)、ian→yan(烟)、iang→yang(阳)、ua→wa(挖)、uo→wo(窝)、uai→wai(歪)、uei→wei(微)、uan→wan(玩)、uen→wen(温)、uang→wang(汪)、ueng→weng(翁)。

(2)零声母音节中,如果韵腹是 i、u,则前加 y 和 w。如:i→yi(一)、in→yin(因)、ing→ying(英)、u→wu(乌)。

(3)非零声母音节中,撮口呼一律在 ü 前加 y,同时省掉 ü 上的两点。如:ü→yu(鱼)、üe→yue(约)、üan→yuan(渊)、ün→yun(晕)。

2. 隔音符号的用法

以"a、o、e"开头的零声母音节,由于前面没有"y、w"等字母,容易产生混淆,必要时可加隔音符号" ' "隔开。如:gu'ai(骨癌)——guai(怪)、ti'an(提案)——tian(田)、xin'an

（心安）——xinan（西南）。

3．省写

（1）韵母 iou、uei、uen 的省写。iou、uei、uen 在前面有声母的时候写成 iu、ui、un。如：d＋iōu→diū（丢）、q＋iōu→qiū（丘）、z＋uěi→zuǐ（嘴）、k＋uéi→kuí（奎）、h＋uèn→hùn（混）、c＋uēn→cūn（村）。

（2）ü 上两点的省略。n、l 两个声母能拼 u 和 ü，形成对立，所以，它们拼 ü 时不能省略上面的两点。其他声母拼 ü 时，都可以省略上面的两点。如：nú（奴）——nǔ（女）、lǔ（鲁）——lǚ（吕）、j＋ù→jù（句）、q＋úan→quán（全）、x＋ün→xùn（讯）。

4．标调法

（1）声调符号要标在一个音节的韵腹上。如：fān（翻）、jié（杰）、lǚ（吕）、dì（地）。

（2）在韵腹符号省略的 iu、ui 中，调号标在后一个元音符号上。如：niú（牛）、huǐ（毁）。

（3）调号位于 i 上时，省略上面的点。如：jī（鸡）、lì（立）、qí（其）。

（4）轻声不标调。如：de（的）、ma（吗）、zhe（着）。

（5）文章标题中经常不标调。如：LUN XIN MINZHU ZHUYI（论新民主主义）。

5．音节连写

同一个词的几个音节要连写，词与词分写。如：Zhōngguó shì yī gè wěidà de guójiā.（中国是一个伟大的国家。）

6．大写规则

（1）专用名词的开头字母要大写。如：Nánjīng（南京）、Lǔ Xùn（鲁迅）、Zhōngguó Lìshǐ Bówùguǎn（中国历史博物馆）、Zhōngguó Dàbǎikē Quánshū（《中国大百科全书》）。

（2）文章标题可以全部大写，也可以每词开头字母大写，其他字母小写。如：TUIGUANG PUTONGHUA GOUTONG NI WO TA 或 Tuiguang Putonghua Goutong Ni Wo Ta（推广普通话　沟通你我他）。

第二节　音　变

在语流中，语音有时会发生各种临时变化，这种变化有别于语音经过一段时间而产生的历史变化，这种音变叫做语流音变。普通话中的语流音变主要有变调、轻声、儿化、"啊"的音变等。

一　变　调

变调指在语流中所产生的声调变化现象。普通话中常见的变调有以下几种：

（一）上声变调

上声的变调，一般是位于别的声调之前，而单独念时，或位于其他音节之后时，不发生变调。上声变调的主要类型有：

（1）上声（214）＋上声（214）→阳平（35）＋上声（214）

| 好马 | 理解 | 美好 | 洗脸 | 讲演 | 乳品 | 打水 | 保险 | 许久 |
| 想买 | 水果 | 影响 | 我俩 | 友好 | 耳语 | 予以 | 起点 | 彩礼 |

（2）上声（214）＋非上声（阴平、阳平、去声）→半上（21）＋非上声

| 首都 | 统一 | 武装 | 好说 | 与其 | 等于 | 彩云 | 语言 | 举行 |
| 只是 | 努力 | 伟大 | 许诺 | 打退 | 两样 | 统计 | 比赛 | 捣乱 |

(3)上声同轻声连读,有两种情况,以读半上居多:

上声(214)+轻声→半上(21)+轻声

| 姐姐 | 小子 | 椅子 | 奶奶 | 宝宝 | 婶婶 | 耳朵 | 马虎 | 枕头 |
| 水仙 | 比方 | 孔雀 | 牡丹 | 口袋 | 伙计 | 喜欢 | 女婿 | 苦头 |

上声(214)+轻声→阳平(35)+轻声

| 法子 | 响起 | 把手 | 哪里 | 讲法 | 写起 | 眼里 | 水里 | 可以 |
| 老虎 | 想想 | 走走 | 洗洗 | 小姐 | 给你 | 想法 | 老鼠 | 打死 |

(4)三个上声字连读,有两种情况:

上声+(上声+上声)→半上(21)+阳平(35)+上声(214)

| 好总理 | 小老虎 | 很勇敢 | 李小姐 | 厂党委 | 纸雨伞 | 补语法 |
| 好种马 | 老领导 | 孔乙己 | 小拇指 | 母老虎 | 有小雨 | 柳厂长 |

(上声+上声)+上声→阳平(35)+阳平(35)+上声(214)

| 展览馆 | 雨伞厂 | 种马场 | 洗脸水 | 讲演稿 | 哺乳品 | 九九表 |
| 保险锁 | 虎骨酒 | 选举法 | 几百米 | 小组长 | 矮脚虎 | 两米五 |

在快读的条件下,这两种情况都可以读成"阳平+阳平+上声"。

(二)"一""不"的变调

"一""不"由于它们都来源于中古的清声母入声字,所以具有独特的变调方式,其变调规律如下:

(1)"一"单念或用在词句末尾,以及在序数中声调不变,念阴平

| 统一 | 单一 | 大年初一 | 第一节 | 一号楼 | 六一节 | 一五一十 | 一一道来 |

(2)"一、不"+去声(51)→阳平(35)+去声(51)

| 一次 | 一句 | 一下 | 一件 | 一样 | 一向 | 一阵 | 一律 | 一致 | 一片 |
| 不去 | 不像 | 不用 | 不对 | 不妙 | 不会 | 不但 | 不必 | 不大 | 不信 |

(3)"一、不"+非去声(阴平、阳平、去声)→去声(51)+非去声

| 一年 | 一米 | 一伙 | 一斤 | 一回 | 一枚 | 一天 | 一行 | 一层 | 一晚 |
| 不仅 | 不如 | 不该 | 不和 | 不符 | 不喊 | 不通 | 不改 | 不灵 | 不美 |

(4)"一""不"在重叠的词中间变轻声

| 说一说 | 看一看 | 想一想 | 问一问 | 笑一笑 | 试一试 | 整一整 |
| 肯不肯 | 来不来 | 去不去 | 好不好 | 疼不疼 | 差不多 | 了不起 |

(三)形容词重叠的变调

(1)单音形容词重叠,无论是何声调,后一音节读阴平,这时多伴有儿化

| 快快儿 | 饱饱儿 | 慢慢儿 | 好好儿 | 远远儿 | 满满儿 | 稳稳儿 |

(2)"ABB"式的形容词,后边的叠音后缀都读成阴平

| 慢腾腾 | 红彤彤 | 绿油油 | 懒洋洋 | 明晃晃 | 甜蜜蜜 | 笑盈盈 |
| 油腻腻 | 直统统 | 笑吟吟 | 孤零零 | 亮堂堂 | 血淋淋 | 水灵灵 |

(3)"AABB"式重叠后的形容词,第二音节读轻声,后两个音节读阴平

| 老老实实 | 规规矩矩 | 模模糊糊 | 马马虎虎 | 仔仔细细 | 别别扭扭 |
| 结结实实 | 厚厚实实 | 漂漂亮亮 | 整整齐齐 | 和和气气 | 支支吾吾 |

二 轻 声

(一)轻声的表现

轻声是指在一定条件下，音节失去其原来的声调，而读成又轻又短的调子。轻声是一种复杂的语音现象，它牵涉到音强、音长、音高和音质四个方面。一般说来，轻声音强比较弱，音长比较短，音高则由前面的音节的声调所决定，大体情形如下：

阴平字＋轻声字→2(半低)　　桌子　星星　吃着　酸的
阳平字＋轻声字→3(中)馒头　德性　梨子　红的
上声字＋轻声字→4(半高)椅子　码头　喜欢　美的
去声字＋轻声字→1(低)面子　看头　绿的　护士

轻声在音色方面的影响，可以表现在声母和韵母上。

声母方面表现为使不送气的清塞音、塞擦音浊化，如"哥哥"[kɤkɤ]变为[kɤgɤ]，"我的"[uo tɤ]变为[uo dɤ]。

韵母方面表现为元音央化和失落。央化的例子如"棉花"[mian hua]变为[mian hu]，失落的例子如"意思"[isɿ]变为[is]。

(二)轻声音节的出现范围

(1)助词"的、地、得、着、了、过"
红的　卖菜的　悄悄地　说得　唱着　来了　听过
(2)语气词"吧、嘛、呢、啊"等
玩吧　好嘛　他呢　谁啊
(3)叠音词、重叠式构词和动词重叠形式的后音节
猩猩　姥姥　妹妹　讲讲　学习学习　合计合计
(4)后缀"子、头"和词尾"们"
金子　底子　竹子　椅子　想头　骨头　木头　它们　孩子们　学生们
(5)名词、代词后面表方位的词或语素
脚上　桌子上　被子里　抽屉里　这里　那里　家里
(6)用于动词、形容词后面作补语的趋向动词
穿上　放下　拿出来　推进去　扎起来　说下去　热起来　冷下去
(7)量词"个"常读轻声
五个　十个　四个
(8)习惯轻声，一般出现在双音词和多音词的后音节
月亮　书记　云彩　西瓜　清楚　白菜　鼓捣　力量　意思　运气　便宜　位置

(三)轻声的作用

1.区别意义
孙子(重)——古代的军事家　　孙子(轻)——儿子的儿子
老子(重)——古代的哲学家　　老子(轻)——父亲
上头(重)——喝酒过量而头晕　　上头(轻)——上面
这种情形有很多：
鸭头——丫·头　　文字——蚊·子　　狼头——榔·头　　东西——东·西

虾子——瞎·子　　龙头——笼·头　　孢子——包·子　　本事——本·事

2.区别词性

地道(重)——地下通道,名词　　地道(轻)——纯正,形容词

买卖(重)——动词　　　　　　买卖(轻)——名词

这种情形也有很多:

对头——对·头　　利害——厉·害　　大爷——大·爷　　报仇——报·酬

3.区别结构

打死(重)人——"打"与"死人"构成动宾关系

打死(轻)人——"打死"与"人"构成动宾关系

想起来(重)——"想"与"起来"构成动宾关系

想起来(轻)——"想"与"起来"构成动补关系

4.必读轻声词训练

柴火	帮手	拨弄	簸箕	称呼	裁缝	凑合	打扮	打算	打量	提防
风筝	福气	高粱	膏药	胳膊	骨头	寡妇	官司	规矩	核桃	厚道
胡琴	活泼	脊梁	架势	将就	交情	戒指	窟窿	困难	老实	连累
凉快	眉毛	蘑菇	木匠	能耐	暖和	牌楼	铺盖	勤快	石榴	招牌
清楚	行李	养活	云彩	扎实	折腾	祖宗	挖苦	难为	稀罕	实在

三　儿　化

单韵母 er,虽不可以前拼声母,但却能自成音节。如:"而、二、耳"等;在普通话中"儿"还可以被添加在其他词的后面,使这些词成为带儿尾的词,这里的"儿"经过长期的极其流利的连读,与前面的一个音节融合成了一个音节,"儿"失去了独立性,只保留了一个卷舌的动作与音色,这就是儿化现象,被儿化的韵母就叫儿化韵。儿化韵在拼写时只在原音节末尾加"-r"表示。例如"没门儿"写作 méiménr。

(一)儿化的作用

(1)表示喜欢的心情和温和的态度。如:老头儿、小鞋儿、小床儿、小脸儿、小嘴儿、山歌儿、鲜花儿、小孩儿、大伙儿、慢慢儿(走)、豆芽儿、小兔儿、蝴蝶儿、花篮儿、脸盆儿。

(2)形容细小、轻微的性质或形状。如:头发丝儿、小金鱼儿、小猫儿、小狗儿。

(3)区别词性和词义。区别词性,如:滚(动词)/滚儿(名词)、个(量词)/个儿(名词)、盖(动词)/盖儿(名词)、破烂(形容词)/破烂儿(名词)。区别词义,如:一块(数量)/一块儿(一起)、鞋里(鞋子里面)/鞋里儿(鞋子里层)、头(脑袋)/头儿(领导者)、空(kòng 腾出)/空儿(kòngr 时间)、信(书信)/信儿(消息)、白面(白的面粉,一般指小麦的面粉)/白面儿(毒品海洛因)。

(二)儿化的读法

(1)音节末尾音素是 a、o、e、ê、u,便于卷舌,直接加 r:号码儿、山坡儿、风车儿、半截儿、白兔儿、花儿、卷毛儿。

(2)音节末尾音素是 i、n(in、ün 除外),不便卷舌,就去掉 i、n 加 r:鞋带儿、一会儿、小孩儿、走神儿、名单儿、笔尖儿。

(3)音节末尾音素是 ng,丢掉 ng,使前面的元音鼻化(气流从口腔透出的同时有一小部分从鼻腔透出)并加 r:板凳儿、帮忙儿、有空儿、蛋黄儿、小床儿、小熊儿。ing 是例外,因丢掉 ng

后,前面 i 仍不能卷舌,所以要加 e,再加 r:电影儿、眼镜儿、花瓶儿。

(4)韵母是 i、ü,加 er:小米儿、小鸡儿、小旗儿、马驹儿、毛驴儿、唱曲儿。

(5)韵母是 -i(前、后),去掉 -i(前、后),加上 er:铁丝儿、棋子儿、没事儿、橘汁儿、鸡子儿、吃食儿。

(6)韵母是 in、ün,去掉 n,加 er:脚印儿、树林儿、围裙儿。

(三)必读儿化词训练

手套儿	跳高儿	跑调儿	开窍儿	小偷儿	大伙儿	小说儿	垫底儿
花瓶儿	眼镜儿	人影儿	模特儿	唱歌儿	有数儿	在这儿	纳闷儿
走神儿	打盹儿	没准儿	挑刺儿	花盆儿	牙签儿	笑话儿	手绢儿
号码儿	找茬儿	小孩儿	药方儿	掉价儿	照片儿	聊天儿	人缘儿

四 "啊"的音变

(一)"啊"的音变规律

语气词"啊"经常位于其他词的后面,发音受前面音节影响,产生音变。其音变的类型主要是增音,具体情形如下:

(1)a、o、e、i、ü、ê+a→ya 呀

鸡呀、鱼呀、说呀、回家呀、泼呀、哥呀、妈呀、鞋呀

(2)u+a→wa 哇

路哇、流哇、好哇

(3)n+a→na 哪

天哪、看哪、办哪

(4)ng+a→nga 啊

行啊、听啊、想啊

(5)-i[后]、er+a→ra 啊

是啊、儿啊、治啊

(6)-i[前]+a→za 啊

字啊、词啊、撕啊

(二)"啊"的音变训练

原来是他啊! 手艺真不错啊!

这样做可不成啊,要认真学习啊。

有没有啊? 这事可不好办啊!

唱得多好啊!

世界真奇妙啊,好大的东西啊!

这是谁的孩子啊? 怎么在这儿撒野啊!

没错儿啊,今天他值日啊!

心口啊莫要这么厉害地跳,灰尘啊莫把我的眼睛挡住了。

第三节　普通话语音难点训练

一　声母难点

(一)b、p、d、t

保留成套的古浊音声母,这是我们方言声母的一个显著特点。普通话声母中除了 m、n、l、r 四个浊音声母外,其余均为清辅音声母。故学习普通话声母时,首先要把方言中读浊辅音的改读为清辅音:"部"不能读成[bu]、"调"不能读成[dio]、"其"不能读成[dʑi]、"范"不能读成[vɛ]、"社"不能读成[dʐo]等。另外送气与不送气也不能混淆:"遍地"不读"骗地"、"乒乓"不读"冰帮"。现在,我们选择 b、p、d、t 四个声母来进行浊音清化的练习。浊辅音发音时振动声带,而清辅音不振动声带。在发音时,我们不仅要把握声母的正确的发音部位,还要做到使喉头与声带处于略松弛的状态;解除阻碍后,气流要均匀地呼出,并在关闭声门时注意消除浊音浊流。

1. 声母、音节练习

b　p　d　t　bā　pā　dā　tā
b—p　　d—t　　b—p　　d—t　　b—p—d—t

下面两组所选取的字词在我们的方言里大都读浊辅音,请注意在练习中辨正。

2. 单音节字词练习

抱 bào	白 bái	拔 bá	办 bàn	备 bèi	鼻 bí	败 bài
牌 pái	陪 péi	盘 pán	旁 páng	棚 péng	凭 píng	盆 pén
待 dài	大 dà	地 dì	毒 dú	度 dù	敌 dí	盗 dào
头 tóu	提 tí	逃 táo	抬 tái	徒 tú	投 tóu	团 tuán

3. 双音节词语练习

被动 bèidòng	辨别 biànbié	病情 bìngqíng	部队 bùduì	导弹 dǎodàn
电路 diànlù	定期 dìngqī	动物 dòngwù	腐败 fǔbài	调皮 tiáopí
徒步 túbù	蛋白 dànbái	条件 tiáojiàn	大道 dàdào	并排 bìngpái
田地 tiándì	同期 tóngqī	童话 tónghuà	特定 tèdìng	题材 tícái
逃避 táobì	排除 páichú	疲惫 píbèi	皮球 píqiú	渡船 dùchuán
地步 dìbù	敌视 díshì	暴动 bàodòng	代办 dàibàn	笨蛋 bèndàn
便条 biàntiáo	白白 báibái	陶瓷 táocí	逮捕 dàibǔ	平凡 píngfán
评定 píngdìng	排场 páichǎng	旁白 pángbái	提拔 tíbá	停办 tíngbàn

4. 语句练习

(1)这就是白杨树,西北极普通的一种树,然而决不是平凡的树。

(2)世间有诸多的不平等,财富的不平等,权利的不平等,而阅读能力的拥有或丧失却体现为精神的不平等。

(3)我去爬山那天,正赶上个难得的好天,万里长空,云彩丝儿都不见。素常,烟雾腾腾的山头,显得眉目分明。

5. 绕口令练习

(1)冰棒和瓶:半盆冰棒半盆瓶,冰棒碰盆盆碰瓶,盆碰冰棒盆不怕,冰棒碰瓶瓶必崩。

（2）白猫和白帽：白庙外蹲着一只白猫，白庙里有一顶白帽，白庙外的白猫看见了白庙里的白帽，叼着白庙里的白帽跑出了白庙。

（3）洞庭山：东洞庭，西洞庭，洞庭山上一条藤，藤上挂铜铃。风吹藤动铜铃动，风停藤停铜铃停。

（二）zh、ch、sh

翘舌音是我们学习普通话声母的难点和重点，因为我们的方言里没有 zh、ch、sh、r 这组声母。翘舌音的发音关键是要找准部位：舌尖对准硬腭前端。找硬腭前端的方法：先用舌尖舔到上齿龈（上牙床），接着向后移动，碰到一条略有高低不平的凸出的棱儿，再继续后缩，对着这条棱儿的内缘发音。此外，发 zhi、chi、shi 等音节时尤其要注意唇形，这几个音节发音的正确的唇形是自然展开的，而不是圆唇的。翘舌音的错误类型有二：一是把翘舌音读成平舌音："纸张"读成"紫脏"、"迟到"读成"词到"、"是否"读成"四否"；二是把翘舌音读成舌面前音 j、q、x 或发成与它们接近的舌叶音，如把"正好"读成"竟好"、"深刻"读成"新刻"、"专门"读成"居门"、"出来"读成"区来"等。故在学习时，除了要把握翘舌音正确的发音部位外，还要注意区分平、翘舌音字。

1. 平、翘舌音字的区分方法

（1）利用形声字的声旁来辨记

①记住形声字的声旁进行类推。在现行汉字中，形声字占了很大比例，我们可以利用形声字的声旁来记住平翘舌音字："中"是一个翘舌音字，那么以"中"为声旁的字一般来说是翘舌音字，例如：种、钟、肿、盅、忠、衷、仲、舯、冲、忡等；"曾"是一个平舌音字，那么以"曾"为声旁的字一般来说也是平舌音字：蹭、噌、增、赠、憎、缯、甑、罾。

常用翘舌音代表字：

声母为 zh 的代表字：丈、止、专、支、中、长、正、主、占、召、只、执、至、贞、朱、旨、争、折、者、直、知、珍、真、章、啄、翟、詹、朝、爪、枕、之、治、周、州、撞、卓、乍、斩、庄、壮、佳、遮。

声母为 ch 的代表字：叉、斥、出、池、产、场、成、抄、辰、呈、昌、垂、春、喘、厨、筹、查、搀、颤、尝、撤、乘、橙、丞、尺、虫、愁、车、吹、刍。

声母为 sh 的代表字：少、市、申、生、式、师、舒、诗、叔、尚、受、舍、刷、删、稍、率、善、暑、衫、闸、勺、舌、失、十、史、寿、疏、属、栓、说。

②利用汉字声旁的声母 d、t 判断。声旁的声母虽不读平、翘舌音，但如果以 d、t 作声旁的，也可以帮助我们记住平、翘舌音，例如：滞、阐、蝉、查、召、终、昼、坠、橙、侈、说等的声旁的声母都是 d、t，这些字在普通话中都读翘舌音；又如：纯、治、撞、蛇、社、始、幢等的声旁的声母都是 t，这些字在普通话中也都读翘舌音。

③声旁的声母虽不读 d、t 的，但它与 d、t 的字有关，这样的字，也读翘舌音。"也"，是一个零声母字，但它可以作"拖、他、地"等的声旁，这些字的声母是 d 或 t，所以，"也"作声旁的其他字，一般也读翘舌音，如：施、池、弛、驰等。"寺"的声旁是 s，它构成的字有：等、待，这两个字的声母是 d，所以，"寺"构成的其他字，一般读翘舌音，如：诗、持、痔、峙等。

（2）利用声母和韵母的拼合规律

普通话中的 21 个声母并不是与 39 个韵母中任何一个都能相拼的，故我们可以利用声母与韵母的某些拼合规律来帮助记忆平、翘舌音字。

①平舌音 z、c、s 不与韵母 ua、uai、uang 相拼，如：抓、拽、装、踹、窗、刷、摔、双等都是翘舌音字。

②平舌音 z、c、s 与前鼻韵 en 相拼的字极少,常用的只有:怎、森、岑、参(参差)等几个;其他与 en 相拼的字,如:真、阵、臣、尘、晨、沉、趁、伸、深等都是翘舌音字。

(3)记少不记多原则

在平舌音与翘舌音中,翘舌音占了大部分,首先记住常用的平舌音字,然后在使用时进行排除法推算,即在分辨平、翘舌音字时,假如碰到没有把握的字,又不是自己所记住的常用的平舌音字范围中的字,那一般就是翘舌音字了。

(4)对少部分字音特殊的字进行强化记忆

我们可以利用声旁和声韵拼合规律等进行类推,这固然能解决大部分的平、翘舌音字的区分问题。但是,还有一小部分字是比较特殊的,如声旁是翘舌音的,字却是平舌音的:速、作、昨、擦、嚓、诉、窜、蜥、暂、惭、脏、赃、钻等;声旁是平舌音的,字却是翘舌音的:崇、铡、删、珊、跚、瘦、捉、疮、创、怆等。这些字,需要我们逐一记忆。

2. 声母、音节练习

z zh c ch s sh z ch c sh s zh

z—ch s—zh c—sh zhā—zā chā—cā shā—sā

3. 单音节字词练习

照 zhào	债 zhài	滞 zhì	轴 zhóu	捉 zhuō	珠 zhū	遮 zhē
抽 chōu	初 chū	虫 chóng	吹 chuī	抄 chāo	扯 chě	迟 chí
湿 shī	税 shuì	树 shù	刷 shuā	收 shōu	烧 shāo	帅 shuài

4. 双音节词语练习

子孙 zǐsūn	自在 zìzài	祖宗 zǔzōng	色彩 sècǎi	思索 sīsuǒ
诉讼 sùsòng	素材 sùcái	塑造 sùzào	所在 suǒzài	操作 cāozuò
操纵 cāozòng	层次 céngcì	词组 cízǔ	存在 cúnzài	彩色 cǎisè
战士 zhànshì	招生 zhāoshēng	照射 zhàoshè	侦察 zhēnchá	征收 zhēngshōu
指出 zhǐchū	中枢 zhōngshū	主持 zhǔchí	追逐 zhuīzhú	周转 zhōuzhuǎn
长城 chángchéng	产生 chǎnshēng	尝试 chángshì	车站 chēzhàn	船只 chuánzhī
垂直 chuízhí	初中 chūzhōng	沉着 chénzhuó	充实 chōngshí	超出 chāochū
山水 shānshuǐ	闪烁 shǎnshuò	上升 shàngshēng	稍稍 shāoshāo	时常 shícháng
受伤 shòushāng	实质 shízhì	生殖 shēngzhí	实施 shíshī	少数 shǎoshù
职责 zhízé	至此 zhìcǐ	制造 zhìzào	中子 zhōngzǐ	著作 zhùzuò
场所 chángsuǒ	沉思 chénsī	创作 chuàngzuò	纯粹 chúncuì	称赞 chēngzàn
身材 shēncái	识字 shízì	收缩 shōusuō	蔬菜 shūcài	氏族 shìzú
杂志 zázhì	暂时 zànshí	遭受 zāoshòu	自杀 zìshā	最初 zuìchū
辞职 cízhí	次数 cìshù	从事 cóngshì	挫折 cuòzhé	措施 cuòshī
散射 sǎnshè	丧失 sàngshī	速成 sùchéng	四肢 sìzhī	虽说 suīshuō
直辖市 zhíxiáshì	中世纪 zhōngshìjì	私有制 sīyǒuzhì	重工业 zhònggōngyè	

5. 词语对比练习

自愿 zìyuàn—支援 zhīyuán   语词 yǔcí—浴池 yùchí   私欲 sīyù—食欲 shíyù
阻力 zǔlì—助理 zhùlǐ   粗气 cūqì—初期 chūqī   肃立 sùlì—输理 shūlǐ
造就 zàojiù—照旧 zhàojiù   粗浅 cūqiǎn—出钱 chūqián   搜集 sōují—手迹 shǒujì

物资 wùzī—无知 wúzhī　　　推辞 tuīcí—推迟 tuīchí　　　私人 sīrén—世人 shìrén
早稻 zǎodào—找到 zhǎodào　　残品 cánpǐn—产品 chǎnpǐn　　桑叶 sāngyè—商业 shāngyè

6. 语句练习

(1)一道残阳铺水中,半江瑟瑟半江红。

(2)大雪整整下了一夜。今天早晨,天放晴了,太阳出来了。推开门一看,嗬!好大的雪啊!山川、河流、树木、房屋,全都罩上了一层厚厚的雪,万里江山,变成了粉妆玉砌的世界。

(3)十年,在历史上不过是一瞬间。只要稍加注意,人们就会发现:在这一瞬间里,各种事物都悄悄经历了自己的千变万化。

(4)欢欣,这是一种青春的、诗意的情感。它来自面向着未来伸开双臂奔跑的冲力,它来自一种轻松而又神秘、朦胧而又隐秘的激动,它是激情即将到来的预兆,它是大雨过后的比下雨还要美妙得多也久远得多的回味……

7. 绕口令练习

(1)四和十:四是四,十是十,十四是十四,四十是四十。要想说对四和十,得靠舌头和牙齿,要想说对四,舌头碰牙齿;要想说对十,舌头别伸直。要想说对常练习,十四、四十、四十四。

(2)报纸和抱子:报纸是报纸,抱子是抱子,报纸抱子两回事,抱子不是报纸,看报纸不是看抱子,只能抱子看报纸。

(三)r、n、l

r 与 l、n 与 l 也是两组易混读的声母。

r、l 母字有互相混读的情况,而大都是把 r 常常发成 l:"人民"读成"棱民"。r 是翘舌音,发音时舌尖对准硬腭前端并要振动声带发成浊擦音。可以由 sh 开始练习,因为 r 和 sh 的发音部位和基本方法都一致,只是 r 是个浊音。练习时,先发 sh,然后延长该音并保持原来的舌位,再振动声带,即声带部分用力就是 r 了。r 与韵母相拼时容易发成 l 的原因有二:一是舌尖与硬腭前端抵得太紧,这样就难以发成擦音;二是发接下来的韵母时,口一打开,舌尖也跟着迅速弹平了,气流不是从舌尖与硬腭间摩擦而出而是从舌尖的两边透出了。所以,听到的声母是一个 l。要发准 r 母,不仅要掌握其发音方法,而且还要注意发韵母时,舌尖不要快速放平,而要等听到一个较为清晰的 r 母后再接着发韵母。初练时可以用夸张的发音方法,即放慢发音速度,延长音节。

分辨 n 和 l,可从发音方法中的共鸣方法入手。n 和 l 的发音部位相同,都是舌尖与上齿龈构成阻碍,也都是浊音。但 n 是鼻音,故解除阻碍时,气流由鼻腔透出;l 是边音,解除阻碍时,气流是从舌的两边透出的,在训练是要仔细体会和分辨。在普通话声母的学习中,n 和 l 的发音方法其实并不难掌握,倒是这两个声母的字的区分显得更为重要。

1. 声母、音节练习

l　r　lá—rá　lè—rè　lán—rán　lēng—rēng　làng—ràng

l　n　lā—nā　lán—nán　lí—ní　lù—nù　lǔ—nǔ

2. 单音节字词练习

让 ràng　　绕 rào　　热 rè　　认 rèn　　日 rì　　容 róng　　如 rú

蜡 là　　来 lái　　蓝 lán　　狼 láng　　捞 lāo　　泪 lèi　　离 lí

拿 ná　　闹 nào　　内 nèi　　你 nǐ　　农 nóng　　牛 niú　　男 nán

3. 双音节词语练习

仍然 réngrán	柔弱 róuruò	冉冉 rǎnrǎn	容忍 róngrěn	柔软 róuruǎn
人人 rénrén	软弱 ruǎnruò	荣辱 róngrǔ	忍让 rěnràng	柔韧 róurèn
理论 lǐlùn	联络 liánluò	轮流 lúnliú	料理 liàolǐ	罗列 luóliè
男女 nánnǚ	袅袅 niǎoniǎo	恼怒 nǎonù	南宁 Nánníng	奶牛 nǎiniú
燃料 ránliào	热流 rèliú	例如 lìrú	蜡染 làrǎn	羸弱 léiruò
人类 rénlèi	热烈 rèliè	燃料 ránliào	容量 róngliàng	锐利 ruìlì
内力 nèilì	年龄 niánlíng	农林 nónglín	奴隶 núlì	女郎 nǚláng
留念 liúniàn	老农 lǎonóng	烂泥 lànní	冷暖 lěngnuǎn	岭南 lǐngnán
若无其事 ruòwúqíshì	如释重负 rúshìzhòngfù	老百姓 lǎobǎixìng		

4. 词语对比练习

乐了 lèle—热了 rèle　　兔笼 tùlóng—兔绒 tùróng　　卤汁 lǔzhī—乳汁 rǔzhī

出路 chūlù—出入 chūrù　　立论 lìlùn—利润 lìrùn　　陆路 lùlù—录入 lùrù

诬赖 wūlài—无奈 wúnài　　黄历 huánglì—黄泥 huángní　　水流 shuǐliú—水牛 shuǐniú

意念 yìniàn—依恋 yīliàn　　女客 nǚkè—旅客 lǚkè　　南宁 Nánníng—兰陵 Lánlíng

5. 语句练习

(1)近来观看世界杯,忽然从中得到了答案:是由于一种无上崇高的精神情感——国家荣誉感。

(2)地球上的人都会有国家的概念,但未必时时都有国家的感情。往往人到异国,思念家乡,心怀故国,这国家概念就变得有血有肉,爱国之情来得非常具体。

(3)在每一场比赛前,还高唱国歌以宣誓对自己祖国的挚爱与忠诚。一种血缘情感开始在全身的血管里燃烧起来,而且立刻热血沸腾。

(4)夕阳落山不久,西方的天空,还燃烧着一片橘红色的晚霞。大海,也被这霞光染成了红色,而且比天空的景色更要壮观。

(5)在这幽美的夜色中,我踏着软绵绵的沙滩,沿着海边,慢慢地向前走去。海水,轻轻地抚摸着细软的沙滩,发出温柔的刷刷声。

6. 绕口令练习

烈日炎炎热如火,昨日热今日仍然热,一日比一日热,白日热夜里仍然热。安然对天热,天热人不热。

(四)f、h、w

把"保护"读作"保副",这就是所谓 f、h 不分的现象。分辨 f、h 可从发音部位入手:f 是气流在上齿和下唇之间受到阻碍;h 是舌根与软腭构成阻碍。f、h 的分辨其实不难,难的是区分 f、h 声母的字,可利用形声字的声旁进行类推记忆。同时,还要注意 h 母字与 w 开头零声母字的区分,比如:"老黄"不能读成"老王"。

1. 声母、音节练习

f　　h　　w(u)　　fā　　hā　　wā　　f—h　　h—w(u)

fǒu—hǒu　　fēi—hēi　　hán—wán　　huáng—wáng

2. 单音节字词练习

凡 fán　　　方 fāng　　　飞 fēi　　　佛 fó　　　伏 fú　　　否 fǒu　　　乏 fá

害 hài　　话 huà　　坏 huài　　户 hù　　汉 hàn　　黑 hēi　　红 hóng

瓦 wǎ　　挽 wǎn　　王 wáng　　吴 wú　　微 wēi　　我 wǒ　　问 wèn

3. 双音节词语练习

纷繁 fēnfán　　方法 fāngfǎ　　仿佛 fǎngfú　　夫妇 fūfù　　非凡 fēifán

航海 hánghǎi　　缓和 huǎnhé　　绘画 huìhuà　　混合 hùnhé　　行会 hánghuì

文物 wénwù　　外围 wàiwéi　　玩味 wánwèi　　王位 wángwèi　　忘我 wàngwǒ

分化 fēnhuà　　符号 fúhào　　发挥 fāhuī　　返航 fǎnháng　　绯红 fēihóng

耗费 hàofèi　　后悔 hòuhuǐ　　呼喊 hūhǎn　　后方 hòufāng　　花粉 huāfěn

维护 wéihù　　文化 wénhuà　　外号 wàihào　　忘怀 wànghuái　　舞会 wǔhuì

方法论 fāngfǎlùn　　发动机 fādòngjī　　合作社 hézuòshè　　化合物 huàhéwù

4. 词语对比练习

诽谤 fěibàng—毁谤 huǐbàng　　　　热敷 rèfū—热乎 rèhu

饭馆 fànguǎn—涵管 hánguǎn　　　　烧饭 shāofàn—烧焊 shāohàn

五分 wǔfēn—五荤 wǔhūn　　　　　　幅度 fúdù—弧度 húdù

工会 gōnghuì—公费 gōngfèi　　　　混乱 hùnluàn—纷乱 fēnluàn

开花 kāihuā—开发 kāifā　　　　　　护士 hùshi—复试 fùshì

电焊 diànhàn—典范 diǎnfàn　　　　硝磺 xiāohuáng—消防 xiāofáng

弧度 húdù—无度 wúdù　　　　　　　护理 hùlǐ—物理 wùlǐ

湖笔 húbǐ—无比 wúbǐ　　　　　　　开会 kāihuì—开胃 kāiwèi

老黄 lǎohuáng—老王 lǎowáng　　　晃动 huàngdòng—妄动 wàngdòng

5. 语句练习

(1)为了在生活中努力发挥自己的作用,热爱人生吧!

(2)享受幸福是需要学习的,当它即将来临的时刻需要提醒。人可以自然而然地学会感官的享乐,却无法天生地掌握幸福的韵律。

(3)世上有预报台风的,有预报蝗灾的,有预报瘟疫的,有预报地震的。没有人预报幸福。

6. 绕口令练习

(1)两只饭碗:红饭碗,黄饭碗,红饭碗盛满碗饭,黄饭碗盛半碗饭,黄饭碗添半碗饭,像红饭碗一样满碗饭。

(2)画凤凰:粉红墙上画凤凰,凤凰画在粉红墙,红凤凰,黄凤凰,粉红凤凰花凤凰。

(五)j、q、x

j、q、x 的读音常发生以下问题:一是发音部位易靠前,即类似轻度尖音的现象,ji、qi、xi 的 i 与 zi、ci、si 中的 i 其实不是同一个音,前者是[i]后者是[ɿ],普通话中的 zi、ci、si 是不能与[i]相拼的,如果相拼了,就成了所谓的尖音。克服尖音现象的方法是发音时始终牢记 j、q、x 是舌面前音,因此,是舌面在起作用。发音过程中,舌尖放松,舌面前部用力(紧张),而不要让舌尖碰到门齿背。二是常把 ji、qi、xi 与 zi、ci、si 这两组音节的字混淆,而在普通话里:鸡≠资、喜≠死、全≠窜(阳平)、进≠怎(去声)、秦≠岑。解决这个问题主要是要留心区分这两个声母的字。同时,还要留心 x 与 y 的区分,例如:"贤淑"不能读成"炎淑"等。

1. 声母、音节练习

j　　q　　x　　jiā　　qiā　　xiā　　jiē　　qiē　　xiē

j—q—x   z—c—s   j—z   q—c   x—s

2. 单音节字词练习

基 jī	肩 jiān	江 jiāng	皆 jiē	较 jiào	举 jǔ	加 jiā
骑 qí	千 qiān	强 qiáng	桥 qiáo	球 qiú	去 qù	群 qún
席 xí	虾 xiā	先 xiān	乡 xiāng	鞋 xié	胸 xiōng	销 xiāo
牙 yá	沿 yán	羊 yáng	移 yí	又 yòu	欲 yù	员 yuán

3. 双音节词语练习

焦急 jiāojí	机警 jījǐng	基建 jījiàn	积极 jījí	寄居 jìjū
嫁接 jiàjiē	肩胛 jiānjiǎ	奖金 jiǎngjīn	艰巨 jiānjù	解决 jiějué
悄悄 qiāoqiāo	侵权 qīnquán	情趣 qíngqù	请求 qǐngqiú	确切 quèqiè
漆器 qīqì	齐全 qíquán	崎岖 qíqū	恰巧 qiàqiǎo	欠缺 qiànquē
习性 xíxìng	想像 xiǎngxiàng	下旬 xiàxún	显现 xiǎnxiàn	详细 xiángxì
小型 xiǎoxíng	心血 xīnxuè	星系 xīngxì	学习 xuéxí	宣泄 xuānxiè
激情 jīqíng	机枪 jīqiāng	极其 jíqí	军区 jūnqū	前夕 qiánxī
前景 qiánjǐng	缺陷 quēxiàn	急切 jíqiè	健全 jiànquán	起见 qǐjiàn
新陈代谢 xīnchéndàixiè		决定性 juédìngxìng		千方百计 qiānfāngbǎijì

4. 语句练习

(1)对于一个在北平住惯的人,像我,冬天要是不刮风,便觉得是奇迹;济南的冬天是没有风声的。对于一个刚由伦敦回来的人,像我,冬天要能看得见日光,便觉得是怪事;济南的冬天是响晴的。

(2)雄浑的大桥敞开胸怀,汽车的呼啸、摩托的笛音、自行车的叮铃,合奏着进行交响乐;南来的钢筋、花布,北往的柑橙、家禽,绘出交流欢悦图……

(3)生活对于任何人都非易事,我们必须有坚忍不拔的精神。最要紧的,还是我们自己要有信心。

5. 绕口令练习

西巷一个漆匠,七巷一个锡匠;西巷的漆匠偷了七巷的锡匠的锡,七巷的锡匠偷了西巷漆匠的漆;西巷的漆匠为七巷的锡匠偷漆而生气,七巷的锡匠因西巷的漆匠偷锡受刺激。一个生气,一个受刺激,岂不知你俩都目无法纪。

二 韵母难点

(一)a、o、e、er

a、o、e 都是单元音韵母,学习单韵母的发音首先应做到发音时唇形与舌位始终保持一致,即不能动。所以在学习 a、o、e 这三个韵母时,要防范发生单元音的复合化,a、o、e 都不能发成类似复韵母 ou 的音,如:"大人"不能读成"豆人","小河"不能读成"小侯","波浪"也不能读成"bou 浪"。并要注意这三个单韵母之间的分辨:a 韵不要念成 o(也包含 uo)韵:"可怕"不能读成"可破";e 韵不要念成 o 韵,"车子"不能读成"搓子"等。

单韵母 er 是单韵母发音的一个难点,容易读成 e,"二胡"不能读成"饿胡"、"而且"也不能读作"额且"。er 韵的发音要领:在发央 e 的同时把舌尖往上一卷,既是央 e 的唇形,又要有卷舌的音色。

1. 韵母、音节练习

o　e　mā　me　mō　lā　lo　lē

a—ou　e—ou　o—ou　a—o　e—o　e—er

2. 单音节字词练习

八 bā	法 fǎ	拿 ná	马 mǎ	他 tā	洒 sǎ	擦 cā
播 bō	婆 pó	佛 fó	模 mó	咯 lo	破 pò	磨 mó
额 é	涩 sè	歌 gē	河 hé	科 kē	特 tè	则 zé
斗 dòu	凑 còu	否 fǒu	够 gòu	厚 hòu	抠 kōu	楼 lóu
二 èr	鹅 é	而 ér	饿 è	耳 ěr	儿 ér	蛾 é

3. 双音节、多音节词语练习

大麻 dàmá	哪怕 nǎpà	邋遢 lātā	刹那 chànà	砝码 fǎmǎ
磨破 mópò	泼墨 pōmò	魄力 pòlì	博士 bóshì	摩擦 mócā
割舍 gēshě	特赦 tèshè	色泽 sèzé	客车 kèchē	隔阂 géhé
兜售 dōushòu	口头 kǒutóu	漏斗 lòudǒu	欧洲 Ōuzhōu	佝偻 gōulóu
沙漠 shāmò	撒泼 sāpō	差错 chācuò	打破 dǎpò	发火 fāhuǒ
拉手 lāshou	拿走 názǒu	把手 bǎshou	拔河 báhé	茶色 chásè
博览 bólǎn	菠萝 bōluó	搏杀 bóshā	摸索 mōsuǒ	没落 mòluò
特别 tèbié	得手 déshǒu	色素 sèsù	策划 cèhuà	哲理 zhélǐ
丑恶 chǒuè	否则 fǒuzé	柔和 róuhé	手法 shǒufǎ	搜查 sōuchá
刹车 shāchē	河马 hémǎ	透射 tòushè	豆沙 dòushā	后妈 hòumā
而且 érqiě	尔后 ěrhòu	儿童 értóng	二流 èrliú	耳机 ěrjī
儿女 érnǚ	耳目 ěrmù	儿戏 érxì	耳垂 ěrchuí	阿拉伯语 Ālābóyǔ
芭蕾舞 bālěiwǔ	茶话会 cháhuàhuì	个体户 gètǐhù	核武器 héwǔqì	

4. 词语对比练习

骂 mà—默 mò	芭 bā—拨 bō	杀 shā—收 shōu	辣 là—漏 lòu
克 kè—阔 kuò	歌 gē—郭 guō	贺 hè—厚 hòu	特 tè—透 tòu
河 hé—猴 hóu	摸 mō—谋 móu	泼 pō—剖 pōu	佛 fó—否 fǒu

5. 语句练习

(1)未来是光明而美丽的,爱它吧,向它突进,为它工作,迎接它,尽可能地使它成为现实吧!

(2)没有伟大的品格,就没有伟大的人,甚至也没有伟大的艺术家,伟大的行动者。

(3)有德行的人之所以有德行,只不过受到的诱惑不足而已;这不是因为他们生活单调刻板,就是因为他们专心一意奔向一个目标而无暇旁顾。

(二)i、u、ü

这三个单韵母的学习要关注两个问题:一是相互混淆。单韵母 u 韵字错读为 o 韵,如:"拖、督、服、扑、促"都不能读成"o"韵;有的方言中没有 ü 韵母,所以 ü 韵字常常读成 i 韵字,如:"对于"读成"对移"、"驴子"读成"离子"(或"炉子")、"根据"读成"根记"等。二是防止 i 和 u 的复合化。例如,i 韵母字读作 ie 韵:"出席"读成"出鞋";u 韵母字读成 ou、ai 韵母:"母亲"读成"某亲"、"负债"读成"否(去声)债"、"亩产"读成"买产"等。单韵母复合化的防范是要求在发音时唇形舌位始终保持一致,尤其是在发音将尽未尽时更要注意保持唇形和舌位的不变,如此,方能发好每一个单元音韵母。

1. 韵母、音节练习

i u yu lǐ lǔ lǚ ní nú nǚ bī bū tī tū

jī jū xī xū u—o ü—i i—ie u—ou u—ai

2. 单音节字词练习

积 jī   犁 lí   米 mǐ   泥 ní   堤 dī   劈 pī   七 qī

污 wū   住 zhù   初 chū   素 sù   读 dú   土 tǔ   古 gǔ

与 yǔ   句 jù   许 xǔ   去 qù   女 nǚ   铝 lǚ   举 jǔ

3. 双音节、多音节词语练习

汽笛 qìdí   利息 lìxī   习题 xítí   地理 dìlǐ   低级 dījí

主妇 zhǔfù   出租 chūzū   无辜 wúgū   孤独 gūdú   逐步 zhúbù

絮语 xùyǔ   雨具 yǔjù   旅居 lǚjū   须臾 xūyú   区域 qūyù

地区 dìqū   机遇 jīyù   急剧 jíjù   给予 jǐyǔ   继续 jìxù

聚集 jùjí   据悉 jùxī   具体 jùtǐ   距离 jùlí   必须 bìxū

闭幕式 bìmùshì   帝国主义 dìguó zhǔyì   基督教 Jīdūjiào   计算机 jìsuànjī

录音机 lùyīnjī   穆斯林 mùsīlín   普通话 pǔtōnghuà   图书馆 túshūguǎn

西红柿 xīhóngshì   无所谓 wúsuǒwèi   畜产品 xùchǎnpǐn   羽毛球 yǔmáoqiú

4. 词语对比练习

你 nǐ—女 nǚ   写 xiě—雪 xuě   金 jīn—君 jūn

医 yī—迂 yū   鸡 jī—居 jū   梨 lí—驴 lú

洗 xǐ—许 xǔ   习 xí—斜 xié   起 qǐ—且 qiě

宜人 yírén—渔人 yúrén   移树 yíshù—余数 yúshù   抑制 yìzhì—预制 yùzhì

妓院 jìyuàn—剧院 jùyuàn   猎取 lièqǔ—掠取 lüèqǔ   办理 bànlǐ—伴侣 bànlǚ

席位 xíwèi—些微 xiēwēi   机智 jīzhì—节制 jiézhì   气体 qìtǐ—切题 qiètí

5. 语句练习

(1)山泉:哪里寻找山泉的足迹,听,处处有叮咚的旋律,股股溪流汇聚在一起,结成紧密的集体。不留恋身旁的花红草绿,奔腾的生命永不停息,向着江河,向着大海,坚定信念,忠贞不渝。

(2)瀑布在襟袖之间,但是我的心中已没有瀑布了。我的心随潭水的绿而摇荡。那醉人的绿呀!仿佛一张极大极大的荷叶铺着,满是奇异的绿呀。

(三)ao、ou、iao、iou

受方音影响,复韵母 ao、iao 的单纯化现象在学习普通话时较为普遍:把 ao 发成 a 或 o,把 iao 发成 ia 或 io,或者虽有动程但不到位。前面谈到过,ao、iao 中的 a 是后 a,也即发音时舌头应后缩,开口度也较大,而 ao、iao 中的 o 并不是个 o,而是一个接近另外 u 的音,所以,在发了后 a、ia 后,要向 u 的方向滑动,而不是向 o 的方向滑动,在这两个复韵母的发音结尾时,有合口的感觉。

ou、iou 韵也有单纯化现象,ou 读成 e 韵:"能够"读"能各"、"今后"读"今贺";ou 韵读成 u 韵:"都走了"读"嘟走了"。iou 读作 ü 韵:"优秀"读"欲序"、"黄酒"读"黄举"、"秋天"读"区天"。

1. 韵母、音节练习

u ao u iao tāo gāo jiāo e ou ou iou
hóu shòu xiū liú o-ao io-iao ou-e iou-ü

2. 单音节字词练习

包 bāo　　跑 pǎo　　涛 tāo　　少 shǎo　　老 lǎo　　找 zhǎo　　靠 kào
药 yào　　叫 jiào　　桥 qiáo　　料 liào　　鸟 niǎo　　苗 miáo　　钓 diào
藕 ǒu　　剖 pōu　　谋 móu　　漏 lòu　　口 kǒu　　搜 sōu　　后 hòu
有 yǒu　　酒 jiǔ　　秋 qiū　　修 xiū　　牛 niú　　谬 miù　　流 liú

3. 双音节、多音节词语

操劳 cāoláo　　　号召 hàozhào　　　高潮 gāocháo　　　报考 bàokǎo
逃跑 táopǎo　　　巧妙 qiǎomiào　　　教条 jiàotiáo　　　吊桥 diàoqiáo
逍遥 xiāoyáo　　　飘摇 piāoyáo　　　守候 shǒuhòu　　　口头 kǒutóu
丑陋 chǒulòu　　　瘦肉 shòuròu　　　抖擞 dǒusǒu　　　悠久 yōujiǔ
求救 qiújiù　　　绣球 xiùqiú　　　九牛 jiǔniú　　　优秀 yōuxiù
报销 bàoxiāo　　　潦草 liáocǎo　　　骄傲 jiāo'ào　　　教导 jiàodǎo
草料 cǎoliào　　　忧虑 yōulù　　　有趣 yǒuqù　　　由于 yóuyú
邮局 yóujú　　　鱿鱼 yóuyú　　　高血压 gāoxuèyā　　　劳动力 láodònglì
茅台酒 máotáijiǔ　　购买力 gòumǎilì　　教研室 jiàoyánshì　　小数点 xiǎoshùdiǎn
小提琴 xiǎotíqín　　小学生 xiǎoxuéshēng　　少先队 shàoxiānduì　　候选人 hòuxuǎnrén
收音机 shōuyīnjī　　手榴弹 shǒuliúdàn　　了如指掌 liǎorúzhǐzhǎng

4. 词语对比练习

考试 kǎoshì—口试 kǒushì　遭到 zāodào—走道 zǒudào　牢房 láofáng—楼房 lóufáng
不吵 bùchǎo—不丑 bùchǒu　稻子 dàozi—豆子 dòuzi　少数 shǎoshù—手术 shǒushù
烧心 shāoxīn—手心 shǒuxīn　消息 xiāoxi—休息 xiūxi　躁动 zàodòng—走动 zǒudòng

5. 语句练习

(1)每当一排排波浪涌起的时候,那映照在浪峰上的霞光,又红又亮,简直就像一片片霍霍燃烧着的火焰,闪烁着,消失了。而后面的一排,又闪烁着,滚动着,涌了过来。

(2)真的,济南的人们在冬天是面上含笑的。他们一看那些小山,心中便觉得有了着落,有了依靠。

(3)水手们把它带到舱里,给它"搭铺",让它在船上安家落户,每天,把分到的一塑料桶淡水匀给它喝,把从祖国带来的鲜美的鱼肉分给它吃,天长日久,小鸟和水手的感情日趋笃厚。

6. 绕口令练习

(1)老猫和小猫:老猫毛短戴毛帽,小猫毛长戴草帽。老猫毛帽戴不牢,毛帽换成老礼帽。小猫草帽戴不好,老猫帮它来戴牢。老猫礼帽,小猫草帽。老猫、小猫哈哈笑。

(2)姥姥和娇娇:老姥姥问姥姥,姥姥老问老姥姥。小娇娇吃饺饺,娇娇老吃小饺饺。

(四)ai、ei、uai、uei

学习这四个韵母容易出现的问题有两个方面:一是 ai、uai 韵舌位高化并开口度变小,错读成 ei、uei 韵,如:"外面"错读为"未面"、"代表"错读为"得(去声)表";另外 ei 韵也有读成 i 韵的:"肺"读"fì";还有读做 ai 韵的:"媒体"读作"霾体"。二是防范韵头(介音)的丢失:"最好"

读成"贼(去声)好"、"推动"读成"忒动"等,在训练时要仔细分辨。

1. 韵母、音节练习

ai ei uai uei gǎi gěi huài huì ai—ei ei—i

2. 单音节字词练习

败 bài	猜 cāi	戴 dài	该 gāi	害 hài	来 lái	迈 mài
被 bèi	陪 péi	美 měi	非 fēi	类 lèi	内 nèi	得 děi
拐 guǎi	筷 kuài	拽 zhuài	怀 huái	乖 guāi	帅 shuài	块 kuài
堆 duī	归 guī	亏 kuī	回 huí	最 zuì	催 cuī	岁 suì

3. 双音节、多音节词语练习

晒台 shàitái	海带 hǎidài	灾害 zāihài	拍卖 pāimài
爱戴 àidài	彩带 cǎidài	开采 kāicǎi	白菜 báicài
彩排 cǎipái	采摘 cǎizhāi	外快 wàikuài	摔坏 shuāihuài
怀揣 huáichuāi	怪话 guàihuà	快乐 kuàilè	北美 Běiměi
肥美 féiměi	黑霉 hēiméi	蓓蕾 bèilěi	配备 pèibèi
悲哀 bēiāi	飞快 fēikuài	回嘴 huízuǐ	鬼怪 guǐguài
毁坏 huǐhuài	卑鄙 bēibǐ	飞机 fēijī	配比 pèibǐ
废气 fèiqì	美丽 měilì	艾滋病 àizībìng	百分比 bǎifēnbǐ
开玩笑 kāiwánxiào	开夜车 kāiyèchē	炊事员 chuīshìyuán	水蒸汽 shuǐzhēngqì
唯物论 wéiwùlùn	唯心主义 wéixīn zhǔyì	怪不得 guàibude	外向型 wàixiàngxíng
外祖母 wàizǔmǔ	外祖父 wàizǔfù	紫外线 zǐwàixiàn	肺活量 fèihuóliàng

4. 词语对比练习

来电 láidiàn—雷电 léidiàn　　分派 fēnpài—分配 fēnpèi　　卖力 màilì—魅力 mèilì

耐用 nàiyòng—内用 nèiyòng　　开外 kāiwài—开胃 kāiwèi　　安排 ānpái—安培 ānpéi

改了 gǎile—给了 gěile　　卖唱 màichàng—没唱 méichàng　　稗子 bàizi—被子 bèizi

5. 语句练习

(1)生命在海洋里诞生绝不是偶然的,海洋里的物理和化学性质,使它成为孕育原始生命的摇篮。

(2)在星的怀抱中我微笑着,我沉睡着。我觉得自己是一个小孩子,现在睡在母亲的怀里了。

(3)天空的霞光渐渐地淡下去了,深红的颜色变成了绯红,绯红又变为浅红。最后,当这一切红光都消失了的时候,那突然显得高而远了的天空,则呈现出一片肃穆神色。

(4)水是新陈代谢的重要媒介,没有它,体内的一系列生理和生物化学反应就无法进行,生命也就停止。因此,在短时期内动物缺水要比缺少食物更加危险。水对今天的生命是如此重要,它对脆弱的原始生命,更是举足轻重了。

6. 绕口令练习

(1)小白把"卖"读成买,小拜把"买"读成卖。是买还是卖?是卖还是买?卖卖、买买,买买、卖卖,买买、卖卖;东西少了就要买,东西多了拿去卖。

(2)麦子和梅子:梅大妹,卖梅子,卖了梅子买麦子;梅小妹,卖麦子,卖了麦子买梅子。大妹和小妹,互相做买卖,大妹卖、小妹买,小妹卖、大妹买。不知谁卖了梅子买麦子,又是谁卖了麦子买梅子。

(五)ua、uo、ia、ie

　　ua、uo、ia、ie 是后响复韵母,发音时,唇形均由小到大。ua、uo 起始韵头是圆唇的 u,然后向 a、o 的方向滑动;ia、ie 的起始韵头是展唇的 i,然后向 a、ê 的方向滑动。在学习这四个韵母时容易出现的问题是:ua 韵错读为 uo 韵:"变化"读成"变或"。uo 与 ou 有互相混淆的情况:ou 韵读成 uo 韵,"看透"读"看睡"、"山沟"读"山郭";还有把 uo 韵读成 ou 韵:"坐下"读"揍下"、"多少"读"兜少"。uo 还有单纯化现象,读成 u 韵:"措施"读"醋施"、"过去"读"顾去";读成 o 韵:"落实""略实";读成 e 韵:"过去"读"各去"等等。

　　1.韵母、音节练习

ua uo ia ie guā guō jiā jiē shuā shuō qià qiè

ia ie ua uo ua—uo uo—ou uo—o uo—e

　　2.单音节字词练习

挖 wā	刮 guā	挎 kuà	话 huà	抓 zhuā	花 huā	耍 shuǎ
窝 wō	或 huò	果 guǒ	阔 kuò	捉 zhuō	戳 chuō	落 luò
押 yā	恰 qià	下 xià	家 jiā	俩 liǎ	霞 xiá	价 jià
夜 yè	妾 qiè	写 xiě	接 jiē	捏 niē	憋 biē	瞥 piē

　　3.双音节、多音节词语练习

花袜 huāwà	耍滑 shuǎhuá	画画 huàhuà	挂花 guàhuā
夸瓜 kuāguā	蹉跎 cuōtuó	过错 guòcuò	懦弱 nuòruò
阔绰 kuòchuò	着落 zhuóluò	家家 jiājiā	下牙 xiàyá
压价 yājià	恰恰 qiàqià	家鸭 jiāyā	贴切 tiēqiè
铁鞋 tiěxié	结业 jiéyè	乜斜 miēxie	结节 jiéjié
喉头 hóutóu	过后 guòhòu	国有 guóyǒu	落后 luòhòu
叩头 kòutóu	过河 guòhé	作乐 zuòlè	说客 shuōkè
作则 zuòzé	挫折 cuòzhé	捕捉 bǔzhuō	如果 rúguǒ
胡说 húshuō	度过 dùguò	怒火 nùhuǒ	锅炉 guōlú
国度 guódù	所属 suǒshǔ	做主 zuòzhǔ	错处 cuòchu
国际法 guójìfǎ	螺丝钉 luósīdīng	说不定 shuōbudìng	所有制 suǒyǒuzhì
拖拉机 tuōlājī	所得税 suǒdéshuì	国务院 guówùyuàn	

　　4.语句练习

　　(1)别人夸,一枝花;自己夸,烂冬瓜。

　　(2)它不像汉白玉那样的细腻,可以刻字雕花,也不像大青石那样的光滑,可以供来浣纱捶布。

　　(3)我爱月夜,但我也爱星天。从前在家乡七八月的夜晚在庭院里纳凉的时候,我最爱看天上密密麻麻的繁星。

　　5.绕口令练习

　　娃娃画蛤蟆:一个胖娃娃,画了三个大花活蛤蟆;三个胖娃娃,画不出一个大花活蛤蟆。画不出一个大花活蛤蟆的三个胖娃娃,真不如画了三个大花活蛤蟆的一个胖娃娃。

（六）an、ang、uan、uang

普通话中 an、ian、uan、üan 可简称为"an 组韵"。在学习普通话韵母时，如果没有发好这一组音，对整体语感影响极大。所以，要注意辨正，在发音时要特别留心收全鼻韵尾。就 an、uan 而言，容易出现以下的问题：首先是 an、uan 韵读成 ang、uang 韵："盼子"读作"胖子"，"管道"读作"广道"；此外，an 韵也时常被读成 ai 韵、ei 韵："提案"读成"提爱"，"半月"读成"倍月"；还有误读为[ɛ]、[i]韵的："感"读[kɛ]，"看"读[k'i]；另外，an 韵不要添加韵头读成 uan 韵："占领"不读"赚领"等。uan 韵也时常出现如下失误：丢失了鼻韵尾变成了 uai 韵："断"读成[tuai]、"船"读成[ts'uai]；还有读成 u 韵 或 u 韵带鼻化的现象："习惯"读作"习顾"；uan 还误作 ue 韵的："关"读成[kue]（阴平）等。

受方音影响，后鼻韵母 ang、uang 易发成鼻化音："方"不要读成[fɔ̃]、"双"不要读成[sɔ̃]；uang 还要防止丢失韵头并鼻化："窗"不要读成[ts'ɔ̃]。ang 与 an 一样不能添加韵头："表彰"不要读成"表装"。

1. 韵母、音节练习

an　ang　uan　uang　uang　bān－bāng　zhuān－zhuāng
an－ai　uan－uai　an－ei　an－ê　an－i　uan－u　ang－uang

2. 单音节字词练习

安 ān	惨 cǎn	丹 dān	返 fǎn	盘 pán	三 sān	兰 lán
昂 áng	狼 láng	尚 shàng	汤 tāng	刚 gāng	盲 máng	杭 háng
弯 wān	团 tuán	酸 suān	乱 luàn	关 guān	暖 nuǎn	换 huàn
望 wàng	荒 huāng	桩 zhuāng	窗 chuāng	光 guāng	矿 kuàng	双 shuāng

3. 双音节、多音节词语

灿烂 cànlàn	反感 fǎngǎn	贪婪 tānlán	汗衫 hànshān
懒汉 lǎnhàn	帮忙 bāngmáng	厂长 chǎngzhǎng	当场 dāngchǎng
刚刚 gānggāng	方糖 fāngtáng	贯穿 guànchuān	专断 zhuānduàn
婉转 wǎnzhuǎn	万端 wànduān	转换 zhuǎnhuàn	狂妄 kuángwàng
状况 zhuàngkuàng	双簧 shuānghuáng	网状 wǎngzhuàng	黄庄 Huángzhuāng
繁忙 fánmáng	反常 fǎncháng	反抗 fǎnkàng	赶上 gǎnshàng
战场 zhànchǎng	档案 dàngàn	抗旱 kànghàn	杠杆 gànggǎn
畅谈 chàngtán	伤残 shāngcán	长短 chángduǎn	慌乱 huāngluàn
偿还 chánghuán	矿山 kuàngshān	傍晚 bàngwǎn	安排 ānpái
感慨 gǎnkǎi	旱灾 hànzāi	看待 kàndài	淡菜 dàncài
代办 dàibàn	改善 gǎishàn	贷款 dàikuǎn	海岸 hǎi'àn
百般 bǎibān	关怀 guānhuái	宦海 huànhǎi	款待 kuǎndài
专横 zhuānhèng	传话 chuánhuà	半边天 bànbiāntiān	办公室 bàngōngshì
参议院 cānyìyuàn	繁体字 fántǐzì	关节炎 guānjiéyán	当事人 dāngshìrén
伤脑筋 shāngnǎojīn	惯用语 guànyòngyǔ	专业户 zhuānyèhù	党中央 dǎngzhōngyāng

4. 词语对比练习

赞颂 zànsòng—葬送 zàngsòng　　　　木船 mùchuán—木床 mùchuáng

顽固 wángù—亡故 wánggù　　　　　　天坛 tiāntán—天堂 tiāntáng

开饭 kāifàn—开放 kāifàng　　　　烂漫 lànmàn—浪漫 làngmàn

黑板 hēibǎn—黑白 hēibái　　　　担子 dànzi—带子 dàizi

怠慢 dàimàn—代脉 dàimài　　　　鸡蛋 jīdàn—几代 jǐdài

站台 zhàntái—债台 zhàitái　　　　山外 shānwài—塞外 sàiwài

5. 语句练习

(1)自大不值钱,虚心受人赞;水上漂油花,有油也有限。

(2)三年前在南京我住的地方有一道后门,每晚我打开后门,便看见一个静寂的夜。

(3)我们在漆黑的河上又划了很久。一个个峡谷和悬崖,迎面驶来,又向后移去,仿佛消失在茫茫的远方,而火光却依然停在前头,闪闪发亮,令人神往——依然是这么近,又依然是那么远……

(4)他们由天上看到山上,便不知不觉地想起:明天也许就是春天了吧?这样的温暖,今天夜里山草也许就绿起来了吧?就是这点儿幻想不能一时实现,他们也并不着急,因为这样慈善的冬天,干什么还希望别的呢!

(七)en、eng、uen、ueng

en、eng、uen、ueng、ong 的发音,首先是要了解其中的 e 与单韵母的 e 的差异(参见本章第一节),初学时可以把它当作央元音 e 来发,即发音时舌头不前也不后,自然地放在中间。其次是注意 en 与 eng、uen 与 ueng 的分辨,这是两对非常容易混淆的鼻韵母,例如:"跟"与"耕"不分,"温"与"翁"不分。再次,还要注意 uen 韵的韵头的丢失,如:"讨论"读"讨楞"、"存在"读"层在"等。此外,eng 与 ong 不要混淆,它们的区别在于韵腹 e 与 o 的唇形不同,前者唇形是略展开的,后者呈圆形。

1. 韵母、音节练习

en　eng　uen　wēng　gōng　zhōng　shēn—shēng　chún—chén

2. 单音节字词练习

恩 ēn　　喷 pēn　　门 mén　　坟 fén　　嫩 nèn　　跟 gēn　　真 zhēn

绷 bēng　棚 péng　盟 méng　逢 féng　能 néng　耕 gēng　声 shēng

滚 gǔn　荤 hūn　捆 kǔn　伦 lún　尊 zūn　村 cūn　笋 sǔn

春 chūn　翁 wēng　嗡 wēng　瓮 wèng　蓊 wěng　雍 wèng　众 zhòng

虫 chóng　送 sòng　农 nóng　龙 lóng　同 tóng　东 dōng　公 gōng

3. 双音节、多音节词语练习

本身 běnshēn　　沉闷 chénmèn　　恩人 ēnrén　　根本 gēnběn

门诊 ménzhěn　　更正 gēngzhèng　冷风 lěngfēng　生成 shēngchéng

奉承 fèngchéng　整风 zhěngfēng　温顺 wēnshùn　昆仑 Kūnlún

论文 lùnwén　　春笋 chūnsǔn　　伦敦 Lúndūn　老翁 lǎowēng

嗡嗡 wēngwēng　渔翁 yúwēng　　水瓮 shuǐwèng　蓊郁 wěngyù

公众 gōngzhòng　轰动 hōngdòng　总统 zǒngtǒng　从容 cóngróng

笼统 lǒngtǒng　本能 běnnéng　　人称 rénchēng　神圣 shénshèng

真正 zhēnzhèng　奔腾 bēnténg　　诚恳 chéngkěn　登门 dēngmén

缝纫 féngrèn　　胜任 shèngrèn　　承认 chéngrèn　根据地 gēnjùdì

门市部 ménshìbù　人民币 rénmínbì　甚至于 shènzhìyú　乘务员 chéngwùyuán

混凝土 hùnníngtǔ　　生命力 shēngmìnglì 文学家 wénxuéjiā　　圣诞节 Shèngdàn Jié
混合物 hùnhéwù　　生产力 shēngchǎnlì 根深蒂固 gēnshēn-dìgù

4. 词语对比练习

盆 pén—朋 péng　　　　门 mén—萌 méng　　　份 fèn—奉 fèng
深 shēn—声 shēng　　　真 zhēn—睁 zhēng　　晨 chén—成 chéng
棍 gùn—亘 gèn　　　　准 zhǔn—针 zhēn　　　审视 shěnshì—省事 shěngshì
陈旧 chénjiù—成就 chéngjiù 深思 shēnsī—生丝 shēngsī 木盆 mùpén—木棚 mùpéng
瓜分 guāfēn—刮风 guāfēng 清真 qīngzhēn—清蒸 qīngzhēng

5. 语句练习

(1)对人不尊敬，首先就是对自己的不尊敬。

(2)他偶然有一个和非常成功的商人谈话的机会。当他对商人讲述了自己的"破产史"后，商人给了他两个重要的建议：一是尝试为别人解决一个难题；二是把精力集中在你知道的、你会的和你拥有的东西上。

(3)大街上的积雪足有一尺多深，人踩上去，脚底下发出咯吱咯吱的响声。一群群孩子在雪地里堆雪人，掷雪球儿。那欢乐的叫喊声，把树枝上的雪都震落下来了。

(4)具有阅读能力的人，无形间获得了超越有限生命的无限可能性。

6. 绕口令练习

(1)陈程不同姓：姓陈不能说成姓程，姓程不能说成姓陈。禾木是程，耳东是陈。如果陈程不分，就会认错人。

(2)盆碰棚：老彭拿着一个盆，路过老陈住的棚，盆碰棚，棚碰盆，棚倒盆碎棚压盆。老陈要赔老彭的盆，老彭不要老陈来赔盆。老陈陪着老彭去补盆，老彭帮着老陈来修棚。

(八)ian、iang、in、ing

ian、in、iang、ing 的练习，首先是分清前鼻韵母 ian、in，后鼻韵母 iang、ing。在方言中 ian 与 iang、in 与 ing 是极易混淆的："前"和"强"不分，"亲"与"轻"不分。同时，ian 的发音还应该注意如下问题：ian 韵读成 in 韵："接见"读"接进"、"线条"读"莘条"；ian 还有丢失韵腹和韵尾发成 i 韵的："海边"读"海逼"、"浅在"读"起在"等。

1. 韵母、音节练习

ian　　in　　iang　　ing　　jiàn　　jìn　　jiāng　　jīng
ian—iang　in—ing　ian—in　ian—i　xiān—xiāng　xìn—xìng

2. 单音节字词练习

烟 yān　　　先 xiān　　年 nián　　连 lián　　边 biān　　篇 piān　　棉 mián
因 yīn　　　琴 qín　　　临 lín　　　进 jìn　　　民 mín　　　濒 bīn　　　品 pǐn
英 yīng　　清 qīng　　灵 líng　　性 xìng　　形 xíng　　令 lìng　　静 jìng
央 yāng　　亮 liàng　　娘 niáng　江 jiāng　　墙 qiáng　　想 xiǎng　　讲 jiǎng

3. 双音节、多音节词语练习

变迁 biànqiān　　　偏见 piānjiàn　　　电线 diànxiàn　　　连绵 liánmián
前言 qiányán　　　临近 línjìn　　　　尽心 jìnxīn　　　　殷勤 yīnqín
金银 jīnyín　　　　引进 yǐnjìn　　　　想像 xiǎngxiàng　　粮饷 liángxiǎng

将相 jiàngxiàng　　踉跄 liàngqiàng　　强项 qiángxiàng　　经营 jīngyíng
零星 língxīng　　　宁静 níngjìng　　　平行 píngxíng　　　情形 qíngxing
民警 mínjǐng　　　聘请 pìnqǐng　　　银杏 yínxìng　　　心灵 xīnlíng
新兴 xīnxīng　　　进行 jìnxíng　　　灵敏 língmǐn　　　迎新 yíngxīn
影印 yǐngyìn　　　领巾 lǐngjīn　　　健将 jiànjiàng　　现象 xiànxiàng
牵强 qiānqiáng　　坚强 jiānqiáng　　岩浆 yánjiāng　　讲演 jiǎngyǎn
乡间 xiāngjiān　　想念 xiǎngniàn　　强健 qiángjiàn　　扬言 yángyán
冰淇淋 bīngqílín　病虫害 bìngchónghài　静悄悄 jìngqiāoqiāo　明信片 míngxìnpiàn

4. 词语对比练习

民 mín—名 míng　　今 jīn—京 jīng　　信 xìn—性 xìng　　亲 qīn—轻 qīng
金鱼 jīnyú—鲸鱼 jīngyú　　红心 hóngxīn—红星 hóngxīng　信服 xìnfú—幸福 xìngfú
人民 rénmín—人名 rénmíng　弹琴 tánqín—谈情 tánqíng　亲近 qīnjìn—清净 qīngjìng
信心 xìnxīn—行星 xíngxīng　园林 yuánlín—园陵 yuánlíng　金银 jīnyín—经营 jīngyíng
寝室 qǐnshì—请示 qǐngshì　聘书 pìnshū—评书 píngshū　缤纷 bīnfēn—冰峰 bīngfēng

5. 语句练习

(1)我常想读书人是世间幸福人,因为他除了拥有现实的世界之外,还拥有另一个更为浩瀚也更为丰富的世界。

(2)一个人的一生,只能经历自己拥有的那一份欣悦,那一份苦难,也许再加上他亲自闻知的那一些关于自身以外的经历和经验。

(3)如今在海上,每晚和繁星相对,我把它们认得很熟了。我躺在舱面上,仰望天空。深蓝的天空里悬着无数半明半昧的星。船在动,星也在动,它们是这样低,真是摇摇欲坠呢!

6. 绕口令练习

巾金睛景要分清:小金到北京看风景,小京到天津买纱巾。看风景,用眼睛,还带一个望远镜;买纱巾,带现金,到了天津把商店进。买纱巾,用现金,看风景,用眼睛,巾、金、睛、景要分清。

(九)üan、ün、iong

üan、ün 是两个以圆唇的 ü 起头的前鼻韵母,把 iong 与它们放在一起练习,是因为 iong 的起始韵头 i 受到后面韵腹 o 的圆唇影响,也成了圆唇音,所以,它的实际音值是 ü。学习 iong 并不困难,因为方言中有与其十分接近的韵母。而 üan、ün 的学习应该注意下面两个问题:一是 üan 容易丢失韵腹与韵尾发成单韵母 ü:"动员"读"动鱼"、"小娟"读"小居"、"劝说"读"去说"等;二是 ün 易错读成 iong:"群众"读"穷众"、"军队"读"窘(阴平)队"等。

1. 韵母、音节练习

üan　　　ün　　　iong　　juān　　jūn　　jiǒng
xuán　　xún　　yōng　　üan—ü　　ün—iong

2. 单音节字词练习

冤 yuān　　悬 xuán　　劝 quàn　　远 yuǎn　　捐 juān　　院 yuàn　　选 xuǎn
韵 yùn　　军 jūn　　熏 xūn　　群 qún　　讯 xùn　　俊 jùn　　匀 yún
用 yòng　　窘 jiǒng　　穷 qióng　　胸 xiōng　　迥 jiǒng　　琼 qióng　　兄 xiōng

3．双音节、多音节词语练习

源泉 yuánquán	渊源 yuānyuán	全选 quánxuǎn	圆圈 yuánquān
涓涓 juānjuān	军训 jūnxùn	云云 yúnyún	均匀 jūnyún
逡巡 qūnxún	韵母 yùnmǔ	汹涌 xiōngyǒng	熊熊 xióngxióng
穷凶 qióngxiōng	炯炯 jiǒngjiǒng	茕茕 qióngqióng	痊愈 quányù
选取 xuǎnqǔ	全区 quánqū	捐躯 juānqū	选举 xuǎnjǔ
运用 yùnyòng	群众 qúnzhòng	军用 jūnyòng	运送 yùnsòng
军容 jūnróng	原材料 yuáncáiliào	圆珠笔 yuánzhūbǐ	原子能 yuánzǐnéng
运动会 yùndònghuì	运动员 yùndòngyuán	胸有成竹 xiōngyǒuchéngzhú	

4．词语对比练习

疲倦 píjuàn—批件 pījiàn　权限 quánxiàn—前线 qiánxiàn　宣传 xuānchuán—先前 xiānqián
一圈 yīquān—一千 yīqiān　拳头 quántóu—前头 qiántóu　悬梁 xuánliáng—贤良 xiánliáng

5．语句练习

(1)我们爱我们的民族,这是我们自信心的源泉。

(2)冬天已经到来,春天还会远吗?

(3)祖国,我永远忠于你,为你献身,用我的琴声永远为你歌唱和战斗。

(4)人活着,最要紧的是寻觅到那片代表着生命绿色和人类希望的丛林,然后选一高高的枝头站在那里观览人生,消化痛苦,孕育歌声,愉悦世界。

(十)前鼻韵母字与后鼻韵母字的区分方法

1．辨记鼻韵母 an(uan)和 ang(uang)

(1)根据字的偏旁进行类推

(韵母是 an 的)反——饭返贩畈版板扳阪坂钣舨

　　　　　　　半——拌伴绊判畔叛("胖"例外,音 pang)

(韵母是 ang 的)方——放房防纺芳访仿坊妨肪邡枋钫舫鲂彷

　　　　　　　昌——唱倡猖菖鲳娼

　　　　　　　亢——抗炕伉闶杭吭颃沆航

(2)利用声母和韵母的拼合规律

普通话中韵母 uang 不拼平舌音 z、c、s,故下列字均是前鼻韵 uan:钻、窜、蹿、篡、氽、酸、算、蒜、狻。

韵母 uang 不拼 d、t、n、l,故下列字均是前鼻韵 uan:段、短、断、端、锻、团、湍、暖、乱、卵、滦、恋、孪、挛。

2．辨记 en、eng 和 in、ing 两对鼻韵母

(1)根据字的偏旁进行类推

真——镇缜稹填慎	因——茵姻洇铟烟恩摁	更——梗埂哽鲠绠
申——伸婶神审绅砷呻胂	今——妗芩衾琴吟	生——胜甥牲笙性姓
艮——跟根茛哏很狠恨痕	林——淋琳霖啉禁襟噤	青——请清情晴氰圊蜻鲭
壬——任妊饪纴衽	斤——近靳芹新欣掀	平——评萍苹坪枰鲆
辰——晨震振宸赈	民——抿芪岷泯珉	京——惊鲸憬影凉晾谅椋

(2)利用方音辨记

浙江方言大部分都有 ong 韵,这个 ong 韵拼唇音声母的字,普通话都读 eng 韵,如:碰、捧、蓬、篷、蒙、蠓、风、封、逢、蜂、丰、枫、疯、冯、奉、讽、凤、峰、锋、烽、棒;浙江方言 f 声母拼 eng 韵的字,普通话一般读前鼻韵 en,如:分、份、芬、粉、坟、奋、愤、纷、忿、粪、酚、焚、吩、氛、汾。

(3)利用普通话声母与韵母的拼合规律来辨记

普通话中 d、t、n、l 不拼 en("嫩"除外),故下列字都是后鼻音 eng 韵:等、灯、邓、登、澄、瞪、凳、蹬、噔、疼、藤、腾、誊、滕、能、冷、棱、楞、塄、愣。

普通话中 d、t、n 不拼 in("您"除外),故下列字都是后鼻音 ing 韵:顶、定、盯、订、叮、丁、钉、鼎、锭、仃、啶、玎、腚、碇、疔、耵、酊、町、铤、听、停、挺、厅、亭、艇、庭、廷、汀、婷、梃、蜓、霆、町、铤、拧、凝、宁、柠、狞、泞、佞、咛、甯、聍。

三 声调难点

(一)阴平、阳平

阴平与阳平训练中应防范出现的缺陷:阴平,一是不能达到调值 55 的高度,有的读成 44 或 33 的调值;二是出现前后高低高度不一致的现象,即在四个声调自然分布的普通话水平测试的第一题单音节字词的朗读时,阴平忽高忽低,音高不稳定。阳平的问题也有两个:一是升调带曲势,即通俗所谓"拐弯"的现象;二是为避免"拐弯"而发声急促,影响了普通话应有的舒展的语感。

1. 阴平练习

(1)全阴平练习

丹 dān	吨 dūn	装 zhuāng	机 jī	颁 bān
操 cāo	趴 pā	薪 xīn	发出 fāchū	干杯 gānbēi
呼吸 hūxī	几乎 jīhū	沙滩 shātān	期间 qījiān	贪污 tānwū
悄悄 qiāoqiāo	弯曲 wānqū	分工 fēngōng	春天花开 chūntiān huākāi	
江山多娇 jiāngshān duōjiāo	珍惜光阴 zhēnxī guāngyīn			

(2)阴平在前的词语练习

凄凉 qīliáng	清查 qīngchá	今年 jīnnián	珊瑚 shānhú	山河 shānhé
安稳 ānwěn	班长 bānzhǎng	包裹 bāoguǒ	参考 cānkǎo	缺点 quēdiǎn
机构 jīgòu	家教 jiājiào	开办 kāibàn	科室 kēshì	勘探 kāntàn

(3)阴平在后的词语练习

儿孙 érsūn	繁多 fánduō	国家 guójiā	寒暄 hánxuān	胡说 húshuō
保温 bǎowēn	把关 bǎguān	厂家 chǎngjiā	处方 chǔfāng	打击 dǎjī
旱灾 hànzāi	假期 jiàqī	间接 jiànjiē	抗击 kàngjī	客观 kèguān

2. 阳平练习

(1)全阳平练习

才 cái	蝉 chán	随 suí	言 yán	权 quán
敌 dí	成 chéng	人 rén	吉祥 jíxiáng	扛活 kánghuó
来由 láiyóu	离奇 líqí	茫然 mángrán	然而 rán'ér	神奇 shénqí
熟人 shúrén	杂文 záwén	颓唐 tuítáng	豪情昂扬 háoqíng ángyáng	

回国华侨 huíguó huáqiáo　　　人民团结 rénmín tuánjié

(2)阳平在前的词语

麻花 máhuā	南方 nánfāng	泥坑 níkēng	旁边 pángbiān	其间 qíjiān
毒品 dúpǐn	而且 érqiě	罚款 fákuǎn	烦恼 fánnǎo	国有 guóyǒu
鼻涕 bítì	白炽 báichì	裁判 cáipàn	常见 chángjiàn	答案 dá'àn

(3)阳平在后的词语练习

超额 chāo'é	当局 dāngjú	单词 dāncí	阿谀 ēyú	恩情 ēnqíng
椭圆 tuǒyuán	网球 wǎngqiú	委员 wěiyuán	整洁 zhěngjié	主持 zhǔchí
课程 kèchéng	破除 pòchú	那时 nàshí	内容 nèiróng	漫长 màncháng

(二)上声、去声

上声,其调值是214,它是普通话四个声调里最不易学好的。常见的缺陷有六:一是调头太高(读314);二是调尾太高(读215);三是调尾太低(读212或213);四是整个声调偏高(几乎无曲势,读324);五是声调中断(读21－4);六是声调曲折生硬。去声的主要问题是缺乏音高概念,不是从最高降到最低,而是加大音强并读成调值31或53。

1. 上声练习

(1)全上声练习

扰 rǎo	保 bǎo	笔 bǐ	管 guǎn	奖 jiǎng	党 dǎng	此 cǐ
损 sǔn	紧 jǐn	所 suǒ	产 chǎn	港 gǎng	品 pǐn	打 dǎ
委 wěi	粉 fěn	赶 gǎn	鼓 gǔ	舞 wǔ	海 hǎi	守 shǒu
感 gǎn	主 zhǔ	使 shǐ				

(2)上声在前的词语练习(上声读为半上211,这属于上声的变调现象)

海滨 hǎibīn	口腔 kǒuqiāng	假装 jiǎzhuāng	检修 jiǎnxiū	可观 kěguān
法人 fǎrén	改革 gǎigé	果实 guǒshí	海拔 hǎibá	广博 guǎngbó
倘若 tǎngruò	损耗 sǔnhào	体力 tǐlì	统治 tǒngzhì	往日 wǎngrì

(3)上声在后的词语练习

撒谎 sāhuǎng	三角 sānjiǎo	听讲 tīngjiǎng	贪嘴 tānzuǐ	微小 wēixiǎo
如果 rúguǒ	食品 shípǐn	神勇 shényǒng	田野 tiányě	提审 tíshěn
窃取 qièqǔ	入口 rùkǒu	授予 shòuyǔ	特点 tèdiǎn	外语 wàiyǔ

2. 去声练习

(1)全去声练习

件 jiàn	滥 làn	事 shì	布 bù	器 qì
告 gào	侧 cè	面 miàn	腊月 làyuè	浪漫 làngmàn
目录 mùlù	面貌 miànmào	那样 nàyàng	耐力 nàilì	怄气 òuqì
确定 quèdìng	锐利 ruìlì	售货 shòuhuò	日夜变化 rìyèbiànhuà	
运动大会 yùndòngdàhuì		胜利闭幕 shènglìbìmù		

(2)去声在前的词语练习

爱心 àixīn	报销 bàoxiāo	弊端 bìduān	刺激 cìjī	扩张 kuòzhāng
个人 gèrén	汉学 hànxué	好奇 hàoqí	价格 jiàgé	鉴别 jiànbié
号码 hàomǎ	见解 jiànjiě	教养 jiàoyǎng	电子 diànzǐ	矿井 kuàngjǐng

(3)去声在后的词语练习

帆布 fānbù　　干脆 gāncuì　　关注 guānzhù　　黑夜 hēiyè　　呵斥 hēchì
敌对 díduì　　额外 éwài　　然后 ránhòu　　扶助 fúzhù　　泊位 bówèi
讨论 tǎolùn　　水利 shuǐlì　　请假 qǐngjià　　品质 pǐnzhì　　暖气 nuǎnqì

(三)消除入声训练

1. 消除入声调

普通话没有入声。古入声字都分派到普通话的阴、阳、上、去四声里了,其中派到去声里的最多,约占一半以上;三分之一派到阳平;派入上声的最少。许多方言里都有入声。浙江吴方言里的入声后面几乎都带有塞音韵尾,读音短促。学习普通话声调时,这种短促的入声调的残留将会明显影响普通话整体语调,所以要特别注意消除入声调。以下的字调在方言里都读入声,请注意四声的确认与发音的准确。

(1)古入声今阴平字词

只 zhī　　失 shī　　逼 bī　　踢 tī　　漆 qī　　吸 xī　　哭 kū
搭 dā　　剥削 bōxuē　　压缩 yāsuō　　激发 jīfā　　揭发 jiēfā　　突击 tūjī

(2)古入声今阳平字词

职 zhí　　急 jí　　竹 zhú　　福 fú　　察 chá　　哲 zhé　　革 gé
国 guó　　及格 jígé　　白族 Báizú　　觉察 juéchá　　实习 shíxí

(3)古入声今上声字词(个别非上声)

尺 chǐ　　匹 pǐ　　乙 yǐ　　骨 gǔ　　塔 tǎ　　渴 kě　　雪 xuě
北 běi　　铁索 tiěsuǒ　　脚蹼 jiǎopǔ　　法则 fǎzé　　笔译 bǐyì　　甲壳 jiǎqiào

(4)古入声今去声字词

质 zhì　　赤 chì　　必 bì　　迹 jì　　抑 yì　　腹 fù　　束 shù
促 cù　　目的 mùdì　　迫切 pòqiè　　确切 quèqiè　　设立 shèlì　　物质 wùzhì

2. 声调对比练习

更改 gēnggǎi—梗概 gěnggài　　　　　香蕉 xiāngjiāo—橡胶 xiàngjiāo
题材 tícái—体裁 tǐcái　　　　　　　禁区 jìnqū—进取 jìnqǔ
凋零 diāolíng—调令 diàolìng　　　　保卫 bǎowèi—包围 bāowéi
欢迎 huānyíng—幻影 huànyǐng　　　　春节 chūnjié—纯洁 chúnjié
班级 bānjí—班机 bānjī　　　　　　　焚毁 fénhuǐ—分会 fēnhuì
肥料 féiliào—废料 fèiliào　　　　　安好 ānhǎo—暗号 ànhào
联系 liánxì—练习 liànxí—怜惜 liánxī
城市 chéngshì—诚实 chéngshí—瞠视 chēngshì
承包 chéngbāo—城堡 chéngbǎo—呈报 chéngbào
地址 dìzhǐ—地质 dìzhì—抵制 dǐzhì—地支 dìzhī
语言 yǔyán—渔谚 yúyàn—预言 yùyán—预演 yùyǎn

3. 四声练习

三皇五帝　　区别好记　　深谋远虑　　兵强马壮　　高朋满座　　英雄好汉
万里长征　　背井离乡　　弄巧成拙　　戏曲研究　　痛改前非　　暮鼓晨钟

4. 定谱练习

(1)五字句:书箱不太沉。专心学数学。几出都看过。有事先去吧。足球占优势。

（2）六字句：编写名人小传。我要整理诗稿。每日打扫喷水。史料赶紧清点。

（3）七字句：努力学好普通话。本地人口几千万。过年后，有话再说。为熟悉，每日必听。唐诗评注未完成。齐心合力建桥梁。田间油菜快成熟。明天南院篮球赛。

四　音变难点

（一）变调

1. 上声的变调

（1）两个上声相连

保管 bǎoguǎn	彼此 bǐcǐ	场所 chǎngsuǒ	产品 chǎnpǐn	打扰 dǎrǎo
老板 lǎobǎn	领土 lǐngtǔ	蚂蚁 mǎyǐ	美好 měihǎo	奶粉 nǎifěn
起码 qǐmǎ	请柬 qǐngjiǎn	往返 wǎngfǎn	永远 yǒngyuǎn	早已 zǎoyǐ

（2）三个上声相连

①词语的结构是单双格

好总理 hǎo zǒnglǐ	纸老虎 zhǐ lǎohǔ	苦水井 kǔ shuǐjǐng
小两口 xiǎoliǎngkǒu	老首长 lǎo shǒuzhǎng	撒火种 sǎ huǒzhǒng
厂党委 chǎng dǎngwěi	老保守 lǎo bǎoshǒu	水产品 shuǐchǎnpǐn

②词语的结构是双单格

展览馆 zhǎnlǎnguǎn	洗脸水 xǐliǎnshuǐ	手写体 shǒuxiětǐ
管理组 guǎnlǐzǔ	蒙古语 Měnggǔyǔ	跑马场 pǎomǎchǎng
选举法 xuǎnjǔfǎ	水手长 shuǐshǒuzhǎng	保管好 bǎoguǎn hǎo

（3）上声的后面是阴平、阳平、去声

卡车 kǎchē	老师 lǎoshī	领先 lǐngxiān	响声 xiǎngshēng	某些 mǒuxiē
哪些 nǎxiē	脑筋 nǎojīn	手巾 shǒujīn	审批 shěnpī	委托 wěituō
品行 pǐnxíng	马达 mǎdá	免除 miǎnchú	偶然 ǒurán	抢劫 qiǎngjié
谴责 qiǎnzé	几何 jǐhé	首席 shǒuxí	使节 shǐjié	挺拔 tǐngbá
努力 nǔlì	考试 kǎoshì	审定 shěndìng	保健 bǎojiàn	产业 chǎnyè
打仗 dǎzhàng	法律 fǎlǜ	粉碎 fěnsuì	广告 guǎnggào	朴素 pǔsù

（4）上声的后面是轻声

①该轻声由上声变来

打起 dǎqi	可以 kěyi	小姐 xiǎojie	走走 zǒuzou	把手 bǎshou

②该轻声由阴平、阳平、去声变来（也包括一部分上声）

冷清 lěngqing	洒脱 sǎtuo	老实 lǎoshi	火候 huǒhou	本事 běnshi
姐姐 jiějie	谱子 pǔzi	椅子 yǐzi	宝宝 bǎobao	马虎 mǎhu

2."一"、"不"的变调

（1）"一"、"不"在去声前

一样 yíyàng	一向 yíxiàng	一定 yídìng	一片冰心 yípiànbīngxīn
不要 búyào	不料 búliào	不看 bú kàn	不破 bú pò	不立 bú lì

（2）"一"、"不"在非去声前

一般 yìbān	一年 yìnián	一手 yìshǒu	一帆风顺 yìfānfēngshùn
不听 bù tīng	不走 bù zǒu	不成 bù chéng	不假思索 bùjiǎsīsuǒ

(3)"一"、"不"夹在词中

想一想 xiǎngyixiǎng	坐一坐 zuòyizuò	管一管 guǎnyiguǎn	谈一谈 tányitán
来不来 láibulai	肯不肯 kěnbuken	看不清 kànbuqīng	打不开 dǎbukāi

(二)轻声

1. 按词义分类练习(带点表示轻声)

(1)有规律的轻声词语

①重叠式名词、动词

哥哥 gēge	姑姑 gūgu	星星 xīngxing	娃娃 wáwa
试试 shìshi	看看 kànkan	劝劝 quànquan	等等 děngdeng
打听打听 dǎtingdǎting	解释解释 jiěshijiěshi	收拾收拾 shōushishōushi	

②双音节形容词重叠为"A 里 AB"式后,其中的虚语素"里"

啰里啰嗦 luōliluōsuō	糊里糊涂 húlihútu	邋里邋遢 lālilātā

③肯定否定相叠的动词或形容词的后面两个音节

去不去 qùbuqu	好不好 hǎobuhao

④语气词、量词"个"

是啊 shì a	走吗 zǒu ma	你呢 nǐ ne	去吧 qù ba
他呀 tā ya	三个 sān ge	一个人 yī ge rén	一百个 yībǎi ge
五十个 wǔshí ge			

⑤结构助词、时态助词

唱歌的 chànggē de	轻轻地 qīngqīng de	好得很 hǎo de hěn	站着 zhànzhe
去了 qùle	来过 láiguo		

⑥表示方位、趋向的语素

桌上 zhuō shang	山下 shān xia	城里 chéngli	外面 wàimian
地底下 dì dǐxia	进来 jìnlai	出去 chūqu	上来 shànglai
下去 xiàqu	说出来 shuō chulai		

⑦名词后缀、人称代词和个别疑问代词的后缀

儿子 érzi	袜子 wàzi	石头 shítou	尾巴 wěiba
我们 wǒmen	你们 nǐmen	什么 shénme	怎么 zěnme

⑧作宾语的人称代词

等你 děng ni	叫我 jiào wo	找他 zhǎo ta

(2)无规律的轻声词语

还有一批常用的双音节词语,习惯上也读轻声。这些词语除了具有较明显的口语色彩和部分是联绵词之外,似乎没有更多的特点,所以可把它们看做是无规律的轻声词语,训练时需要加强记忆。

胳膊 gēbo	快活 kuàihuo	脑袋 nǎodai	亮堂 liàngtang
拾掇 shíduo	吩咐 fēnfu	萝卜 luóbo	葫芦 húlu
唠叨 lāodao	馄饨 húntun	风筝 fēngzheng	玻璃 bōli
明白 míngbai	窗户 chuānghu	商量 shāngliang	

2. 按声调分类练习

(1)前一音节是阴平的,轻声音节读中调(2度)

杯子 bēizi   先生 xiānsheng   吓唬 xiàhu   休息 xiūxi   舒服 shūfu

(2)前一音节是阳平的,轻声音节读中高调(3度)

蓝的 lánde   拳头 quántou   行李 xíngli   亭子 tíngzi   勤快 qínkuai

(3)前一音节是上声的,轻声音节读半高调(4度)

码头 mǎtou   点心 diǎnxin   晚上 wǎnshang   喇叭 lǎba   耳朵 ěrduo

(4)前一音节是去声的,轻声音节读低调(1度)

睡了 shuìle   爸爸 bàba   客人 kèren   豆腐 dòufu   刺激 cìji

3. 对比练习

东西 dōngxī—东西 dōngxi   大意 dàyì—大意 dàyi   人家 rénjiā—人家 rénjia

地道 dìdào—地道 dìdao   兄弟 xiōngdì—兄弟 xiōngdi   摆设 bǎishè—摆设 bǎishe

(三)儿化

1. 按韵母归类练习

(1)主要元音读作 ar

ar: 刀把儿 dāobàr   小孩儿 xiǎoháir   笔杆儿 bǐgǎnr   帮忙儿(鼻化)bāngmángr

iar:豆芽儿 dòuyár   一点儿 yīdiǎnr   唱腔儿(鼻化)chàngqiāngr

uar:鲜花儿 xiānhuār   一块儿 yīkuàir   好玩儿 hǎowánr   蛋黄儿(鼻化)dànhuángr

üar:圆圈儿 yuánquānr

(2)主要元音读作 er,或者加上 er

er:椅子背儿 yǐzibèir   窍门儿 qiàoménr   板凳儿(鼻化)bǎndèngr   棋子儿 qízǐr
     没事儿 méishìr

ier:小街儿 xiǎojiēr   小鸡儿 xiǎojīr   脚印儿 jiǎoyìnr   电影儿(鼻化)diànyǐngr

uer:麦穗儿 màisuìr   花纹儿 huāwénr

üer:木橛儿 mùjuér   金鱼儿 jīnyúr   红裙儿 hóngqúnr

(3)主要元音或韵尾读作 ur、or

ur: 白兔儿 báitùr   眼珠儿 yǎnzhūr   雏儿 chúr

our:小猴儿 xiǎohóur   衣兜儿 yīdōur

iour:打球儿 dǎqiúr   蜗牛儿 wōniúr

or: 山坡儿 shānpōr   小虫儿(鼻化)xiǎochóngr   闹钟儿(鼻化)nàozhōngr

uor:干活儿 gànhuór   书桌儿 shūzhuōr   被窝儿 bèiwōr

aor:符号儿 fúhàor   笔帽儿 bǐmàor

iaor:小鸟儿 xiǎoniǎor   麦苗儿 màimiáor

iōr:小熊儿(鼻化)xiǎoxióngr

2. 按声调归类练习

(1)儿化韵是阴平:包干儿、兜儿、聊天儿。

(2)儿化韵是阳平:干活儿、好玩儿、活儿、老头儿、面条儿、闹着玩儿、年头儿、玩儿、沿儿。

(3)儿化韵是上声:差点儿、大伙儿、好好儿、墨水儿、心眼儿、烟卷儿、一点儿、有点儿。

(4)儿化韵是去声:冰棍儿、带儿、个儿、光棍儿、画儿、空儿、纳闷儿、玩意儿、馅儿、一个劲儿、一会儿、一块儿、一下儿、这会儿、座儿。

第四节 普通话语音规范

一 普通话与北京语音

普通话以北京语音为标准音,是指以北京语音系统为标准音。北京话属于汉语方言,有其独特的方言语音现象,普通话在语音标准的确立时,并不是不加分析、不加取舍地全盘采用北京话语音,而是在统一规范的原则下进行取舍和选择。

北京话里的土音成分需要剔除。如:

1.个别字的读音特殊,如"太好了"读成"tuīhǎole","弄死了"读成"nèngsǐle","没法儿说"读成"méi fār shuō",都应该剔除。

2.北京话里过多的轻声、儿化、变调现象,如"找地方"说成"找地儿","现在"、"闹意见"等词语第一个音节变阳平等现象,这些都应剔除。

二 异读词的读音规范

异读词是指一个词有几个不同的读音,但表示相同的意义。普通话审音委员会曾于1957年到1962年分三次发表了《普通话异读词审音表初稿》,并于1963年辑录成《普通话异读词三次审音总表初稿》。1985年12月,国家语委、国家教委、广播电视部联合发布《普通话异读词审音表》,作为读音规范标准推广使用。

下面列举常见的例词:

昂(áng)扬	山坳(ào)	同胞(bāo)	庇(bì)护	麻痹(bì)	波(bō)动
傣(Dǎi)族	追悼(dào)	堤(dī)坝	敷(fū)衍	疾(jí)病	陈迹(jì)
困窘(jiǒng)	酷(kù)似	蓓蕾(lěi)	收敛(liǎn)	掠(lüè)夺	哀戚(qī)
谬(miù)论	酝酿(niàng)	琵琶(pá)	河畔(pàn)	剖(pōu)析	撞(zhuàng)车
潜(qián)伏	镶嵌(qiàn)	雪橇(qiāo)	怯(qiè)懦	虽(suī)说	框(kuàng)架
蜕(tuì)化	蜿(wān)蜒	违(wéi)章	熟悉(xī)	袭(xí)击	挟(xié)持
倒映(yìng)	荫(yìn)凉	文娱(yú)	暂(zàn)时	穿凿(záo)	沼(zhǎo)泽
召(zhào)唤	蛰(zhé)居	脂(zhī)肪	胡诌(zhōu)	笨拙(zhuō)	卓(zhuó)越
商埠(bù)	浸(jìn)透	索(suǒ)取	穴(xué)居		

【读一读】

卑鄙	普遍	波浪	哺育	呆板	堤岸	装订	多么	白桦
鸟巢	惩罚	从容	档案	帆船	梵高	妨害	复杂	脊梁
比较	发酵	框架	括号	盟誓	粘贴	譬如	剽窃	学期
澎湃	围绕	妊娠	干啥	危险	混淆	咆哮	号召	点穴
成绩	踪迹	质量	寻找	驯服	亚洲	跳跃	咱们	牛皮癣

三 多音多义词

具有两个或两个以上读音和意义的字叫做多音多义字。多音多义现象是汉字的特点。普通话常用字中有400多个多音多义字,这些字形相同而读音、意义、用法不尽相同的字,较容易造成误读而产生错误的不规范情况。如:

(一)意义、用法不同的多音多义现象

不少多音字的不同读音,是与不同的字义紧密联系着的。根据不同的意义来掌握相应的读音,这是多音字正音的重要方法。

阿	ā	当前缀用,如:阿保、阿根、阿訇、阿拉伯。
	ē	迎合的意思,如:阿谀、刚直不阿、阿其所好。
艾	ài	尽、止的意思,如:方兴未艾。
	yì	治理、改正,如:自怨自艾(已引申为悔恨义)。
暴	bào	突然而猛烈,如:暴裂、暴饮暴食、自暴自弃。
	pù	同"曝",如:一暴十寒。
曝	pù	晒的意思,如:一曝十寒、《曝书亭集》(朱彝尊)、曝晒。
	bào	用于摄影术语,如:曝光。
屏	bǐng	抑制或除去,如:屏住呼吸、屏退左右、屏除成见。
	píng	与遮挡的意思有关,如:屏风、屏障、屏蔽。
泊	bó	与行为表现有关,如:停泊、漂泊、淡泊明志。
	pō	多与名物有关,如:湖泊、梁山泊、血泊。
辟	bì	复辟、征辟、辟邪、通"避"(文王之所辟风雨)。
	pì	开辟、辟谣、精辟、透辟、大辟。
伯	bó	伯父、伯母、伯仲。
	bǎi	大伯子(丈夫的哥哥)。
扁	biǎn	扁平、扁担、扁豆、扁鹊(古代名医)。
	piān	扁舟(小舟,同"偏舟")。
场	chǎng	场面、场合、场所、场地、冷场、捧场。
	cháng	场院、圩场、外场、一场大雨。
称	chēng	称呼、称道、名称、称许、称霸、称一称有多重。
	chèn	相称、对称、称职、称心如意、称体裁衣。
乘	chéng	有动作义,如:乘机、乘变、乘务员、乘风破浪;佛理,如:小乘、大乘、上乘。
	shèng	量词,如:千乘之国。
处	chǔ	有动作义,如:处分、处罚、处置、处理、处女。
	chù	处长、处所、长处、益处、大处、深处。

(二)读书音和口语音不同的多音多义现象

有些多音字的不同读音,分别适用于不同语体——在书面语言中,在复音词和成语中是一个读法;在口语中当单音词用,或在反映日常生活事务的某些复音词中,又是一个读法。举例如下:

薄	(书)bó	薄弱、单薄、淡薄、日薄西山、薄利多销。
	(口)báo	被子盖的太薄了。
剥	(书)bō	剥削、剥夺、盘剥。
	(口)bāo	他干活儿没的说,煺毛、剥皮全不含糊。
差	(书)chā	差别、差价、差额、阴差阳错、差强人意。
	cī	参差不齐、犬牙差互。

（口）chà	差不多、差一块、就差你一个、真差劲儿。	
chāi	差事、当差、信差、受人差遣。	
澄（书）chéng	湖水澄清、澄清是非。	
（口）dèng	这水不澄清了不能喝。	
逮（书）dài	逮捕、力有未逮。	
（口）dǎi	逮兔子、不知道上哪儿逮他去。	
给（书）jǐ	供给、配给、补给、给养、给予、家给人足。	
（口）gěi	拿给他、给大家服务、让我给忘了。	
嚼（书）jué	咀嚼、过屠门而大嚼。	
（口）jiáo	细嚼慢咽、咬文嚼字、味同嚼蜡。	
壳（书）qiào	地壳、甲壳、躯壳、金蝉脱壳。	
（口）ké	外壳儿、乌龟壳儿、脑壳、驳壳枪。	
勒（书）lè	勒令、勒索、悬崖勒马、勒石记功。	
（口）lēi	把绳子勒紧一点儿。	
露（书）lù	露骨、露天、原形毕露、显露头角。	
（口）lòu	露头、露脸、露相、露马脚。	
落（书）luò	落差、落点、着落、回落、失魂落魄。	
（口）lào	落枕、落色（shǎi）、没着没落儿。	
là	丢三落四、落下东西了、落下一大截儿。	
翘（书）qiáo	翘首以待、翘楚、连翘。	
（口）qiào	翘尾巴。	
塞（书）sè	阻塞、不塞不流、敷衍塞责。	
sài	要塞、边塞、出塞、塞翁失马。	
（口）sāi	活塞、瓶塞、乱塞一气、塞的严严实实。	
厦（书）xià	厦门、噶厦（原西藏地方政府名称）。	
（口）shà	高楼大厦、前廊后厦、巨宅广厦。	
色（书）sè	颜色、脸色、肤色、变色、花色品种。	
（口）shǎi	掉色、变色儿、色子（也计叫骰子,骰音 tóu）。	
熟（书）shú	熟悉、成熟、深思熟虑、熟视无睹。	
（口）shóu	烧熟了、熟透了。	
削（书）xuē	剥削、削减、瘦削、日削月割。	
（口）xiāo	削梨、削球、切削、消铅笔。	
血（书）xuè	贫血、心血、呕心沥血、狗血喷头。	
（口）xiě	鸡血、血淋淋、流了不少血。	
钥（书）yuè	锁钥。	
（口）yào	钥匙。	

（三）地名、姓氏中的多音多义现象

1.地名

地名是文化的传承。是人们工作、生活、交往不可缺少的工具。地名是社会的产物，它的命名、更名、发展、演变始终受着社会各方面的制约。因此它具有广泛的社会性。地名是地方的指称,它的命名常反映当地当时的某些自然或人文地理特征。因此,有些地名的读音与常用汉字读音不一样,需要加以关注。

以下是一些常见的地名读音:

四川的岷(Mín)江、郫(Pí)县、珙(Gǒng)县、犍(Qián)为

浙江的丽(Lí)水、台(Tāi)州、鄞(Yín)县

安徽的亳(Bó)州

湖北的监(Jiàn)利、郧(Yún)县

河南的浚(Xùn)县、柘(Zhè)城、武陟(zhì)

湖南的耒(Lěi)阳、郴(Chēn)州

新疆的巴音郭楞(léng)

内蒙古的巴彦淖(nào)尔

河北的蔚(Yù)县、井陉(xíng)、蠡(Lǐ)县

安徽的歙(Shè)县、六(Lù)安

山西的繁峙(shì)县、长(Zhǎng)子县、隰(Xí)县

山东的莒(Jǔ)县、茌(Chí)平、莘(Shēn)县

上海的莘(Xīn)庄

江西的铅(Yán)山、婺(Wù)源

辽宁的阜(Fù)新

安徽的黟(Yī)县、枞(Zōng)阳

江苏的盱眙(Xūyí)、邗(Hán)江、邳(Pī)州

2. 姓氏

中国人的姓氏太多,尤其是一些不太常见的稀姓,在实际运用中常常容易读错、写错和用错;有时因为姓氏出错的缘故,往往给当事人的生活、交往和工作带来诸多麻烦。

一般的情况下,造成姓氏读错、写错、用错的原因主要有两个方面:一是一字多音出错;二是字形相似出错。如果我们在实际运用中正确把握住这两点,就可以有效地减少或避免发生一些不必要的麻烦。

以下是一些姓氏的读音:

葛:Gě	佟:Tóng	芮:Ruì	查:Zhā	解:Xiè	仇:Qiú
种:Chóng	任:Rén	华:Huà	单:Shàn	阚:Kàn	乜:Niè
宁:Nìng	炅:Guì	繁:Pó	召:Shào	么:Yāo	区:Ōu
翟:Zhái、Dí	郗:Chī、Xī	蒯:Kuǎi	覃:Tán、Qín	朴:Piáo	纪:Jǐ
占:Zhān	斗:Dòu	盖:Gài、Gě	缪:Miào	曾:Zēng	尉:Wèi
便:Pián	乐:Yuè	折:Shé	参:Shēn	燕:Yān	牟:Móu
不:Fǒu	当:Dàng	员:Yùn	尉迟:Yùchí	令狐:Línghú	澹台:Tántái
长孙:Zhǎngsūn	鲜于:Xiānyú				

【读一读】

单老师说,单于只会骑马,不会骑单车。

这两批货物都打折出售,严重折本,他再也经不起这样的折腾了。

武松大喝一声:"快拿酒来!我要连喝十二碗。"博得众食客一阵喝彩。

你这着真绝,让他干着急,又无法着手应对,心里老是悬着。

有闲心思量她，没度量宽容她。

据记载，每过三年五载，唐太宗都要载歌载舞来庆祝太平盛世。

尽管他生活一直没宁静过，但他宁死不屈，也不息事宁人。

天气暖和，小和在家和泥抹墙。他很讲原则，在是非面前从不和稀泥，也不随声附和别人，更不会在麻将桌上高喊："我和了。"

他宽宏大度，一向度德量力，从不以己度人。

他那哄小孩似的话，引得人们哄堂大笑，在嘲笑声中大家一哄而散。

那条鱼拼命挣扎，鱼刺扎破了他的手，他只是随意包扎了一下。

他得了艾滋病，整天自怨自艾，总是埋怨别人只顾埋头工作，不去顾及他的感受。

她到济南出差，几乎每次都要带回几张小巧玲珑的茶几送人。

你会炮羊肉、炸油条吗？你会炮制消息吗？

这条恶狗真可恶，满身臭味，还到处乱跑，让人见了就恶心。

小明在宿舍说了一宿有关星宿的故事。

这辆藏匿毒品的卡车在过关卡时被截住了。

我真舍不得离开住了这么多年的宿舍。

我还要去图书馆还书。

敌人的恐吓吓不倒他。

教务处正在处理这个问题。

你得把心得体会写得具体些。

畜牧场里牲畜多。

名称和实物要相称。

上校到大校场找人校对材料。

小强很倔强，做事别勉强他。

塞外并不闭塞，塞子塞不住漏洞。

汤匙、钥匙都放在桌子上。

四　掌握非常用字的读音

非常用字数量很多，它们使用的频率不高，但有些字出现在一些常用的成语中，需要我们读准用好。下面是一些非常用字的例子：

卷帙(zhì)浩繁	明修栈(zhàn)道	垂涎(xián)三尺	畏葸(xǐ)不前
面面相觑(qù)	揆(kuí)情度理	岿(kuī)然不动	脍(kuài)炙人口
言简意赅(gāi)	睚眦(zì)必报	流水淙淙(cóng)	良莠(yǒu)不齐
不啻(chì)天壤	举世瞩(zhǔ)目	无可訾(zǐ)议	引吭(háng)高歌
海市蜃(shèn)楼	一柱擎(qíng)天	有恃(shì)无恐	孝悌(tì)忠信
一曝(pù)十寒	十恶不赦(shè)	觥(gōng)筹交错	不落窠(kē)臼
抵御外侮(wǔ)	敌忾同仇(kài)	追本溯(sù)源	惴惴(zhuì)不安
毋庸置喙(huì)	人声鼎沸(fèi)	借箸(zhù)代筹	草菅(jiān)人命
瞠(chēng)目结舌	风驰电掣(chè)	提纲挈(qiè)领	锲(qiè)而不舍
莘莘(shēn)学子	暴殄(tiǎn)天物	揠(yà)苗助长	衣裳褴褛(lánlǚ)

偃(yǎn)旗息鼓　　恹恹(yān)欲睡　　徇(xùn)私枉法　　条分缕(lǚ)析
头晕目眩(xuàn)　　泫(xuàn)然泪下　　颇受青睐(lài)　　人才济济(jǐ)
呕心沥(lì)血　　　以儆(jǐng)效尤　　书声琅琅(láng)　　惩(chéng)前毖后
为虎作伥(chāng)　　成绩斐(fěi)然　　酩酊(mǐngdǐng)大醉
相形见绌(chù)　　　光阴荏苒(rěnrǎn)

【读一读】

纨绔子弟	鲜为人知	痴心妄想	羽扇纶巾	强词夺理	扪心自问
一塌糊涂	唯唯诺诺	一蹴而就	参差不齐	惟妙惟肖	一唱一和
寡廉鲜耻	怙恶不悛	一张一翕	屡见不鲜	乌烟瘴气	一气呵成
命运多舛	苟且偷生	香销玉殒	不屑一顾	桀骜不驯	浑浑噩噩
矫枉过正	风靡一时	鱼目混珠	病入膏肓	望风披靡	浑水摸鱼
窈窕淑女	茕茕孑立	自怨自艾	殚精竭虑	坚忍不拔	泾渭分明
嗤之以鼻	魑魅魍魉	歃血为盟	振聋发聩	狼奔豕突	邂逅相遇
舐犊情深	耳濡目染	身陷囹圄	请君入瓮	相濡以沫	三缄其口
忍俊不禁	繁文缛节	隔靴搔痒	弦外之音	各奔前程	虚与委蛇

附录　普通话水平测试用常用词语

一　普通话水平测试用常用单音节字词

【表一】

阿 ā	罢 bà	薄 báo	笨 bèn	辨 biàn	补 bǔ	仓 cāng	拆 chāi
挨 āi	白 bái	饱 bǎo	蹦 bèng	标 biāo	捕 bǔ	舱 cāng	差 chāi
挨 ái	百 bǎi	宝 bǎo	逼 bī	表 biǎo	不 bù	藏 cáng	柴 chái
矮 ǎi	摆 bǎi	保 bǎo	鼻 bí	别 bié	布 bù	操 cāo	缠 chán
爱 ài	败 bài	报 bào	比 bǐ	别 biè	步 bù	曹 cáo	产 chǎn
安 ān	拜 bài	抱 bào	彼 bǐ	宾 bīn	部 bù	槽 cáo	长 cháng
氨 ān	班 bān	杯 bēi	笔 bǐ	冰 bīng	擦 cā	草 cǎo	场 cháng
岸 àn	般 bān	背 bēi	必 bì	兵 bīng	猜 cāi	册 cè	肠 cháng
按 àn	搬 bān	北 běi	闭 bì	丙 bǐng	才 cái	侧 cè	尝 cháng
案 àn	板 bǎn	贝 bèi	壁 bì	柄 bǐng	材 cái	测 cè	常 cháng
暗 àn	版 bǎn	备 bèi	避 bì	饼 bǐng	财 cái	层 céng	厂 chǎng
凹 āo	办 bàn	背 bèi	臂 bì	屏 bǐng	采 cǎi	曾 céng	场 chǎng
熬 áo	半 bàn	倍 bèi	边 biān	并 bìng	彩 cǎi	叉 chā	唱 chàng
八 bā	伴 bàn	被 bèi	编 biān	病 bìng	踩 cǎi	差 chā	抄 chāo
巴 bā	瓣 bàn	辈 bèi	鞭 biān	拨 bō	菜 cài	插 chā	超 chāo
扒 bā	帮 bāng	奔 bēn	扁 biǎn	波 bō	蔡 cài	茶 chá	巢 cháo
拔 bá	棒 bàng	本 běn	变 biàn	伯 bó	参 cān	查 chá	朝 cháo
把 bǎ	包 bāo	苯 běn	便 biàn	薄 bó	残 cán	察 chá	潮 cháo
爸 bà	炮 bāo	奔 bèn	遍 biàn	薄 bò	蚕 cán	叉 chà	吵 chǎo

炒 chǎo	处 chǔ	寸 cùn	登 dēng	都 dōu	二 èr	缝 fèng	稿 gǎo
车 chē	楚 chǔ	错 cuò	蹬 dēng	兜 dōu	发 fā	佛 fó	告 gào
扯 chě	处 chù	搭 dā	等 děng	斗 dǒu	罚 fá	否 fǒu	搁 gē
撤 chè	畜 chù	打 dá	邓 dèng	抖 dǒu	法 fǎ	夫 fū	割 gē
臣 chén	触 chù	达 dá	瞪 dèng	斗 dòu	发 fà	伏 fú	歌 gē
尘 chén	川 chuān	答 dá	低 dī	豆 dòu	番 fān	扶 fú	格 gé
沉 chén	穿 chuān	打 dǎ	滴 dī	逗 dòu	翻 fān	服 fú	隔 gé
陈 chén	传 chuán	大 dà	敌 dí	都 dū	凡 fán	浮 fú	个 gè
称 chèn	船 chuán	呆 dāi	抵 dǐ	毒 dú	繁 fán	幅 fú	各 gè
趁 chèn	喘 chuǎn	待 dài	底 dǐ	独 dú	反 fǎn	福 fú	给 gěi
称 chēng	串 chuàn	代 dài	地 dì	读 dú	返 fǎn	府 fǔ	根 gēn
撑 chēng	创 chuāng	带 dài	帝 dì	堵 dǔ	犯 fàn	腐 fǔ	跟 gēn
成 chéng	窗 chuāng	待 dài	递 dì	度 dù	饭 fàn	付 fù	更 gēng
呈 chéng	床 chuáng	袋 dài	第 dì	渡 dù	泛 fàn	负 fù	更 gèng
诚 chéng	幢 chuáng	戴 dài	点 diǎn		范 fàn	妇 fù	工 gōng
承 chéng	闯 chuǎng	担 dān	碘 diǎn	端 duān	方 fāng	附 fù	弓 gōng
城 chéng	创 chuàng	单 dān	电 diàn	短 duǎn	防 fáng	服 fù	公 gōng
乘 chéng	吹 chuī	胆 dǎn	店 diàn	段 duàn	房 fáng	赴 fù	功 gōng
盛 chéng	垂 chuí	石 dàn	垫 diàn	断 duàn	访 fǎng	复 fù	攻 gōng
程 chéng	锤 chuí	但 dàn	雕 diāo	堆 duī	放 fàng	副 fù	供 gōng
秤 chèng	春 chūn	担 dàn	吊 diào	队 duì	飞 fēi	赋 fù	宫 gōng
吃 chī	纯 chún	淡 dàn	调 diào	对 duì	非 fēi	富 fù	汞 gǒng
池 chí	唇 chún	弹 dàn	掉 diào	吨 dūn	肥 féi	腹 fù	拱 gǒng
迟 chí	词 cí	蛋 dàn	爹 diē	蹲 dūn	匪 fěi	该 gāi	共 gòng
持 chí	辞 cí	氮 dàn	跌 diē	顿 dùn	肺 fèi	改 gǎi	供 gòng
尺 chǐ	磁 cí	当 dāng	迭 dié	多 duō	废 fèi	钙 gài	沟 gōu
齿 chǐ	雌 cí	挡 dǎng	叠 dié	夺 duó	费 fèi	盖 gài	钩 gōu
赤 chì	此 cǐ	党 dǎng	丁 dīng	度 duó	分 fēn	干 gān	狗 gǒu
翅 chì	次 cì	当 dàng	盯 dīng	朵 duǒ	粉 fěn	杆 gān	构 gòu
冲 chōng	刺 cì	刀 dāo	钉 dīng	躲 duǒ	分 fèn	肝 gān	购 gòu
充 chōng	赐 cì	导 dǎo	顶 dǐng	阿 ē	份 fèn	杆 gǎn	够 gòu
虫 chóng	从 cóng	岛 dǎo	订 dìng	俄 é	粪 fèn	赶 gǎn	古 gǔ
重 chóng	丛 cóng	倒 dǎo	钉 dìng	鹅 é	丰 fēng	敢 gǎn	谷 gǔ
冲 chòng	凑 còu	到 dào	定 dìng	额 é	风 fēng	感 gǎn	股 gǔ
抽 chōu	粗 cū	倒 dào	丢 diū	恶 è	封 fēng	干 gàn	骨 gǔ
愁 chóu	促 cù	道 dào	东 dōng	饿 è	峰 fēng	刚 gāng	鼓 gǔ
丑 chǒu	簇 cù	稻 dào	冬 dōng	恩 ēn	锋 fēng	纲 gāng	固 gù
臭 chòu	窜 cuàn	得 dé	懂 dǒng	儿 ér	蜂 fēng	钢 gāng	故 gù
出 chū	催 cuī	德 dé	动 dòng	而 ér	冯 Féng	港 gǎng	顾 gù
初 chū	村 cūn	得 děi	冻 dòng	尔 ěr	缝 féng	高 gāo	雇 gù
除 chú	存 cún	灯 dēng	洞 dòng	耳 ěr	奉 fèng	搞 gǎo	

瓜 guā
刮 guā
挂 guà
拐 guǎi
怪 guài
关 guān
观 guān
官 guān
冠 guān
馆 guǎn
管 guǎn
观 guàn
冠 guàn
惯 guàn
灌 guàn
光 guāng
广 guǎng
逛 guàng
归 guī
硅 guī
鬼 guǐ
贵 guì
桂 guì
跪 guì
滚 gǔn
郭 guō
锅 guō
国 guó
果 guǒ
裹 guǒ
过 guò
哈 hā
还 hái
海 hǎi
害 hài
含 hán
寒 hán
喊 hǎn
汉 hàn
汗 hàn
旱 hàn
行 háng
号 háo
好 hǎo
号 hào
好 hào
耗 hào
呵 hē
喝 hē
合 hé
何 hé
和 hé
河 hé
荷 hé
核 hé
盒 hé
颌 hé
和 hè
荷 hè
喝 hè
黑 hēi
很 hěn
恨 hèn
恒 héng
横 héng
横 hèng
轰 hōng
哄 hōng
红 hóng
洪 hóng
哄 hǒng
哄 hòng
后 hòu
厚 hòu
候 hòu
乎 hū
和 hú
弧 hú
胡 hú
壶 hú
湖 hú
虎 hǔ
互 hù
户 hù
护 hù
沪 hù
花 huā
划 huá
华 huá
滑 huá
化 huà
划 huà
华 Huà
画 huà
话 huà
怀 huái
坏 huài
还 huán
环 huán
缓 huǎn
换 huàn
唤 huàn
患 huàn
荒 huāng
慌 huāng
黄 huáng
晃 huǎng
晃 huàng
灰 huī
挥 huī
回 huí
毁 huǐ
会 huì
绘 huì
婚 hūn
混 hún
魂 hún
混 hùn
和 huó
活 huó
火 huǒ
或 huò
和 huò
货 huò
获 huò
击 jī
机 jī
肌 jī
鸡 jī
积 jī
基 jī
激 jī
及 jí
级 jí
极 jí
即 jí
急 jí
集 jí
几 jǐ
己 jǐ
挤 jǐ
脊 jǐ
计 jì
记 jì
系 jì
季 jì
剂 jì
济 jì
既 jì
继 jì
祭 jì
寄 jì
加 jiā
夹 jiā
家 jiā
夹 jiá
甲 jiǎ
钾 jiǎ
假 jiǎ
价 jià
架 jià
假 jià
嫁 jià
尖 jiān
间 jiān
肩 jiān
兼 jiān
拣 jiǎn
茧 jiǎn
捡 jiǎn
检 jiǎn
减 jiǎn
剪 jiǎn
简 jiǎn
碱 jiǎn
见 jiàn
件 jiàn
建 jiàn
剑 jiàn
键 jiàn
箭 jiàn
江 jiāng
将 jiāng
浆 jiāng
讲 jiǎng
奖 jiǎng
蒋 jiǎng
降 jiàng
将 jiàng
强 jiàng
交 jiāo
浇 jiāo
胶 jiāo
教 jiāo
焦 jiāo
嚼 jiáo
角 jiǎo
脚 jiǎo
搅 jiǎo
叫 jiào
觉 jiào
校 jiào
较 jiào
教 jiào
皆 jiē
结 jiē
接 jiē
街 jiē
节 jié
结 jié
截 jié
解 jiě
戒 jiè
届 jiè
界 jiè
借 jiè
解 jiè
斤 jīn
今 jīn
金 jīn
津 jīn
仅 jǐn
尽 jǐn
紧 jǐn
尽 jìn
进 jìn
近 jìn
劲 jìn
晋 jìn
浸 jìn
茎 jīng
京 jīng
经 jīng
惊 jīng
晶 jīng
精 jīng
鲸 jīng
井 jǐng
颈 jǐng
景 jǐng
劲 jìng
径 jìng
净 jìng
竟 jìng
敬 jìng
静 jìng
境 jìng
镜 jìng
究 jiū
九 jiǔ
久 jiǔ
酒 jiǔ
旧 jiù
救 jiù
就 jiù
车 jū
居 jū
局 jú
举 jǔ
巨 jù
句 jù
具 jù
俱 jù
剧 jù
据 jù
距 jù
聚 jù
捐 juān
圈 juān
卷 juǎn
卷 juàn
圈 juàn
决 jué
角 jué
觉 jué
绝 jué
嚼 jué
军 jūn
均 jūn
君 jūn
菌 jūn
卡 kǎ
开 kāi
看 kān
砍 kǎn
看 kàn
扛 káng
抗 kàng
炕 kàng
考 kǎo
靠 kào
科 kē
棵 kē
颗 kē
壳 ké
咳 ké
可 kě
克 kè
刻 kè
客 kè
课 kè
肯 kěn
啃 kěn
坑 kēng
空 kōng
孔 kǒng
空 kòng
口 kǒu
扣 kòu
哭 kū
苦 kǔ
库 kù
跨 kuà
块 kuài
快 kuài
宽 kuān
款 kuǎn
筐 kuāng
狂 kuáng
矿 kuàng
亏 kuī
捆 kǔn
困 kùn
阔 kuò
拉 lā
拉 lá
落 là
蜡 là

来 lái	链 liàn	龙 lóng	买 mǎi	秒 miǎo	囊 náng	潘 Pān	颇 pō
赖 lài	良 liáng	笼 lóng	迈 mài	妙 miào	脑 nǎo	攀 pān	迫 pò
兰 lán	凉 liáng	拢 lǒng	麦 mài	庙 miào	闹 nào	盘 pán	破 pò
栏 lán	梁 liáng	笼 lǒng	卖 mài	灭 miè	内 nèi	判 pàn	扑 pū
蓝 lán	量 liáng	弄 lòng	脉 mài	民 mín	嫩 nèn	盼 pàn	铺 pū
烂 làn	粮 liáng	搂 lōu	蛮 mán	名 míng	能 néng	旁 páng	谱 pǔ
狼 láng	两 liǎng	楼 lóu	瞒 mán	明 míng	泥 ní	胖 pàng	铺 pù
浪 làng	亮 liàng	搂 lǒu	满 mǎn	鸣 míng	拟 nǐ	抛 pāo	七 qī
捞 lāo	凉 liàng	漏 lòu	慢 màn	命 mìng	你 nǐ	泡 pāo	期 qī
劳 láo	辆 liàng	露 lòu	忙 máng	摸 mō	逆 nì	炮 páo	漆 qī
牢 láo	量 liàng	炉 lú	猫 māo	模 mó	年 nián	跑 pǎo	齐 qí
老 lǎo	了 liǎo	卤 lǔ	毛 máo	膜 mó	念 niàn	泡 pào	其 qí
落 lào	料 liào	鲁 lǔ	冒 mào	摩 mó	娘 niáng	炮 pào	奇 qí
乐 lè	咧 liě	陆 lù	帽 mào	磨 mó	鸟 niǎo	胚 pēi	骑 qí
累 léi	列 liè	录 lù	没 méi	抹 mǒ	尿 niào	陪 péi	旗 qí
雷 léi	猎 liè	鹿 lù	枚 méi	末 mò	捏 niē	配 pèi	起 qǐ
累 lěi	裂 liè	路 lù	眉 méi	没 mò	您 nín	喷 pēn	气 qì
泪 lèi	邻 lín	露 lù	梅 méi	抹 mò	宁 níng	盆 pén	弃 qì
类 lèi	林 lín	驴 lú	煤 méi	莫 mò	拧 níng	彭 Péng	砌 qì
累 lèi	临 lín	旅 lǚ	酶 méi	墨 mò	凝 níng	棚 péng	器 qì
冷 lěng	淋 lín	铝 lǚ	每 měi	磨 mò	拧 nǐng	捧 pěng	卡 qiǎ
愣 lèng	磷 lín	缕 lǚ	美 měi	谋 móu	宁 nìng	碰 pèng	千 qiān
离 lí	灵 líng	律 lǜ	镁 měi	某 mǒu	拧 nìng	批 pī	迁 qiān
梨 lí	铃 líng	率 lǜ	闷 mēn	母 mǔ	牛 niú	披 pī	牵 qiān
犁 lí	零 líng	绿 lǜ	门 mén	亩 mǔ	扭 niǔ	皮 pí	铅 qiān
礼 lǐ	龄 líng	氯 lǜ	闷 mèn	木 mù	农 nóng	牌 pí	前 qián
李 lǐ	令 lǐng	滤 lǜ	蒙 mēng	目 mù	浓 nóng	匹 pǐ	钱 qián
里 lǐ	岭 lǐng	卵 luǎn	蒙 méng	墓 mù	脓 nóng	偏 piān	潜 qián
理 lǐ	领 lǐng	乱 luàn	猛 měng	幕 mù	弄 nòng	篇 piān	浅 qiǎn
力 lì	另 lìng	略 lüè	蒙 Měng	拿 ná	怒 nù	片 piàn	遣 qiǎn
历 lì	令 lìng	轮 lún	孟 mèng	哪 nǎ	女 nǚ	骗 piàn	欠 qiàn
立 lì	溜 liū	论 lùn	梦 mèng	那 nà	暖 nuǎn	飘 piāo	嵌 qiàn
利 lì	刘 liú	罗 luó	迷 mí	纳 nà	欧 Ōu	票 piào	枪 qiāng
例 lì	留 liú	络 luò	谜 mí	钠 nà	偶 ǒu	贫 pín	腔 qiāng
粒 lì	流 liú	落 luò	米 mǐ	乃 nǎi	扒 pá	品 pǐn	强 qiáng
俩 liǎ	硫 liú	抹 mā	密 mì	奶 nǎi	爬 pá	平 píng	墙 qiáng
连 lián	瘤 liú	麻 má	蜜 mì	耐 nài	怕 pà	评 píng	抢 qiǎng
联 lián	柳 liǔ	马 mǎ	棉 mián	男 nán	拍 pāi	凭 píng	强 qiǎng
脸 liǎn	六 liù	码 mǎ	免 miǎn	南 nán	排 pái	屏 píng	敲 qiāo
练 liàn	陆 liù	骂 mà	面 miàn	难 nán	牌 pái	瓶 píng	桥 qiáo
炼 liàn	溜 liù	埋 mái	苗 miáo	难 nàn	派 pài	坡 pō	瞧 qiáo

巧 qiǎo	染 rǎn	杀 shā	肾 shèn	手 shǒu	四 sì	弹 tán	停 tíng
壳 qiào	嚷 rǎng	沙 shā	甚 shèn	守 shǒu	寺 sì	痰 tán	挺 tǐng
切 qiē	让 ràng	纱 shā	升 shēng	首 shǒu	似 sì	叹 tàn	通 tōng
且 qiě	绕 rào	砂 shā	生 shēng	受 shòu	松 sōng	探 tàn	同 tóng
切 qiè	惹 rě	傻 shǎ	声 shēng	授 shòu	宋 Sòng	碳 tàn	铜 tóng
侵 qīn	热 rè	色 shǎi	绳 shéng	兽 shòu	送 sòng	汤 tāng	统 tǒng
亲 qīn	人 rén	晒 shài	省 shěng	瘦 shòu	艘 sōu	唐 táng	桶 tǒng
秦 Qín	仁 rén	山 shān	圣 shèng	书 shū	苏 sū	堂 táng	筒 tǒng
琴 qín	任 Rén	扇 shān	胜 shèng	梳 shū	俗 sú	塘 táng	通 tòng
勤 qín	忍 rěn	闪 shǎn	盛 shèng	疏 shū	素 sù	糖 táng	痛 tòng
青 qīng	认 rèn	单 Shàn	剩 shèng	输 shū	速 sù	躺 tǎng	偷 tōu
轻 qīng	任 rèn	扇 shàn	失 shī	熟 shú	宿 sù	烫 tàng	头 tóu
氢 qīng	扔 rēng	善 shàn	师 shī	属 shǔ	酸 suān	趟 tàng	投 tóu
倾 qīng	仍 réng	伤 shāng	诗 shī	鼠 shǔ	算 suàn	掏 tāo	透 tòu
清 qīng	日 rì	商 shāng	施 shī	数 shǔ	虽 suī	逃 táo	凸 tū
情 qíng	容 róng	上 shǎng	湿 shī	术 shù	隋 Suí	桃 táo	突 tū
请 qǐng	溶 róng	赏 shǎng	十 shí	束 shù	随 suí	陶 táo	图 tú
穷 qióng	熔 róng	上 shàng	石 shí	述 shù	遂 suí	讨 tǎo	徒 tú
秋 qiū	揉 róu	尚 shàng	时 shí	树 shù	髓 suǐ	套 tào	涂 tú
求 qiú	肉 ròu	烧 shāo	识 shí	竖 shù	岁 suì	特 tè	土 tǔ
球 qiú	如 rú	梢 shāo	实 shí	数 shù	遂 suì	疼 téng	吐 tǔ
区 qū	乳 rǔ	稍 shāo	拾 shí	刷 shuā	碎 suì	藤 téng	吐 tù
曲 qū	入 rù	少 shǎo	食 shí	耍 shuǎ	穗 suì	踢 tī	团 tuán
驱 qū	软 ruǎn	少 shào	史 shǐ	摔 shuāi	孙 sūn	提 tí	推 tuī
趋 qū	若 ruò	舌 shé	使 shǐ	甩 shuǎi	缩 suō	题 tí	腿 tuǐ
渠 qú	弱 ruò	折 shé	始 shǐ	率 shuài	所 suǒ	体 tǐ	退 tuì
曲 qǔ	撒 sā	蛇 shé	士 shì	拴 shuān	索 suǒ	替 tì	托 tuō
取 qǔ	洒 sǎ	舍 shě	氏 shì	双 shuāng	锁 suǒ	天 tiān	拖 tuō
娶 qǔ	撒 sǎ	设 shè	示 shì	霜 shuāng	他 tā	添 tiān	脱 tuō
去 qù	鳃 sāi	社 shè	世 shì	谁 shuí	它 tā	田 tián	挖 wā
圈 quān	塞 sāi	舍 shè	市 shì	水 shuǐ	她 tā	甜 tián	瓦 wǎ
权 quán	塞 sài	射 shè	式 shì	税 shuì	塔 tǎ	填 tián	歪 wāi
全 quán	赛 sài	摄 shè	事 shì	睡 shuì	踏 tà	挑 tiāo	外 wài
泉 quán	三 sān	谁 shéi	势 shì	顺 shùn	胎 tāi	条 tiáo	弯 wān
拳 quán	伞 sǎn	伸 shēn	试 shì	说 shuō	台 tái	调 tiáo	完 wán
劝 quàn	散 sǎn	身 shēn	视 shì	司 sī	抬 tái	挑 tiǎo	玩 wán
缺 quē	散 sàn	参 shēn	是 shì	丝 sī	太 tài	跳 tiào	挽 wǎn
却 què	扫 sǎo	深 shēn	适 shì	私 sī	态 tài	贴 tiē	晚 wǎn
确 què	色 sè	神 shén	室 shì	思 sī	摊 tān	铁 tiě	碗 wǎn
群 qún	塞 sè	沈 Shěn	收 shōu	斯 sī	滩 tān	厅 tīng	万 wàn
燃 rán	僧 sēng	婶 shěn	熟 shóu	死 sǐ	谈 tán	听 tīng	汪 wāng

亡 wáng	舞 wǔ	献 xiàn	形 xíng	芽 yá	医 yī	映 yìng	源 yuán
王 wáng	勿 wù	腺 xiàn	型 xíng	亚 yà	依 yī	硬 yìng	远 yuǎn
网 wǎng	务 wù	乡 xiāng	省 xǐng	咽 yān	仪 yí	拥 yōng	怨 yuàn
往 wǎng	物 wù	相 xiāng	醒 xǐng	烟 yān	宜 yí	永 yǒng	院 yuàn
忘 wàng	误 wù	香 xiāng	兴 xìng	严 yán	移 yí	涌 yǒng	愿 yuàn
旺 wàng	恶 wù	箱 xiāng	性 xìng	言 yán	遗 yí	用 yòng	曰 yuē
望 wàng	雾 wù	降 xiáng	姓 xìng	岩 yán	疑 yí	优 yōu	约 yuē
微 wēi	西 xī	享 xiǎng	凶 xiōng	炎 yán	乙 yǐ	尤 yóu	月 yuè
为 wéi	吸 xī	响 xiǎng	兄 xiōng	沿 yán	已 yǐ	由 yóu	乐 yuè
围 wéi	息 xī	想 xiǎng	胸 xiōng	盐 yán	以 yǐ	犹 yóu	跃 yuè
唯 wéi	稀 xī	向 xiàng	雄 xióng	眼 yǎn	矣 yǐ	油 yóu	越 yuè
惟 wéi	锡 xī	项 xiàng	熊 xióng	演 yǎn	蚁 yǐ	铀 yóu	粤 Yuè
伪 wěi	习 xí	相 xiàng	修 xiū	厌 yàn	倚 yǐ	游 yóu	云 yún
尾 wěi	席 xí	象 xiàng	宿 xiǔ	咽 yàn	亿 yì	友 yǒu	匀 yún
纬 wěi	洗 xǐ	像 xiàng	臭 xiù	验 yàn	义 yì	有 yǒu	运 yùn
卫 wèi	喜 xǐ	削 xiāo	袖 xiù	秧 yāng	艺 yì	又 yòu	韵 yùn
为 wèi	戏 xì	消 xiāo	宿 xiù	扬 yáng	议 yì	右 yòu	扎 zā
未 wèi	系 xì	销 xiāo	绣 xiù	羊 yáng	亦 yì	幼 yòu	杂 zá
位 wèi	细 xì	小 xiǎo	嗅 xiù	阳 yáng	异 yì	于 yú	砸 zá
味 wèi	虾 xiā	校 xiào	须 xū	杨 yáng	役 yì	予 yú	栽 zāi
胃 wèi	瞎 xiā	笑 xiào	虚 xū	洋 yáng	译 yì	余 yú	再 zài
谓 wèi	狭 xiá	效 xiào	需 xū	仰 yǎng	易 yì	鱼 yú	在 zài
喂 wèi	下 xià	些 xiē	徐 xú	养 yǎng	益 yì	渔 yú	载 zài
魏 Wèi	吓 xià	歇 xiē	许 xǔ	氧 yǎng	意 yì	与 yǔ	咱 zán
温 wēn	夏 xià	邪 xié	序 xù	样 yàng	翼 yì	予 yǔ	暂 zàn
文 wén	仙 xiān	斜 xié	畜 xù	约 yāo	因 yīn	羽 yǔ	脏 zāng
纹 wén	先 xiān	鞋 xié	悬 xuán	要 yāo	阴 yīn	雨 yǔ	脏 zàng
闻 wén	鲜 xiān	写 xiě	旋 xuán	腰 yāo	音 yīn	语 yǔ	葬 zàng
吻 wěn	闲 xián	血 xiě	选 xuǎn	摇 yáo	银 yín	玉 yù	藏 zàng
稳 wěn	弦 xián	泄 xiè	旋 xuàn	咬 yǎo	引 yǐn	育 yù	遭 zāo
问 wèn	咸 xián	谢 xiè	削 xuē	药 yào	饮 yǐn	域 yù	糟 zāo
窝 wō	衔 xián	解 xiè	穴 xué	要 yào	隐 yǐn	欲 yù	早 zǎo
我 wǒ	嫌 xián	蟹 xiè	学 xué	也 yě	印 yìn	遇 yù	藻 zǎo
卧 wò	显 xiǎn	心 xīn	雪 xuě	野 yě	饮 yìn	愈 yù	灶 zào
握 wò	险 xiǎn	锌 xīn	血 xuè	业 yè	应 yīng	元 yuán	造 zào
屋 wū	鲜 xiǎn	新 xīn	寻 xún	叶 yè	英 yīng	园 yuán	则 zé
无 wú	县 xiàn	信 xìn	训 xùn	页 yè	鹰 yīng	员 yuán	责 zé
吾 wú	现 xiàn	兴 xīng	压 yā	夜 yè	迎 yíng	袁 Yuán	贼 zéi
吴 Wú	限 xiàn	星 xīng	押 yā	液 yè	营 yíng	原 yuán	怎 zěn
五 wǔ	线 xiàn	刑 xíng	鸭 yā	一 yī	影 yǐng	圆 yuán	曾 zēng
武 wǔ	陷 xiàn	行 xíng	牙 yá	衣 yī	应 yìng	缘 yuán	增 zēng

扎 zhā	掌 zhǎng	阵 zhèn	枝 zhī	滞 zhì	竹 zhú	庄 zhuāng	走 zǒu
炸 zhá	丈 zhàng	振 zhèn	知 zhī	置 zhì	逐 zhú	桩 zhuāng	奏 zòu
眨 zhǎ	仗 zhàng	震 zhèn	肢 zhī	中 zhōng	主 zhǔ	装 zhuāng	租 zū
炸 zhà	帐 zhàng	镇 zhèn	织 zhī	终 zhōng	煮 zhǔ	壮 zhuàng	足 zú
摘 zhāi	账 zhàng	争 zhēng	直 zhí	钟 zhōng	属 zhǔ	状 zhuàng	族 zú
窄 zhǎi	胀 zhàng	征 zhēng	值 zhí	肿 zhǒng	助 zhù	撞 zhuàng	阻 zǔ
债 zhài	涨 zhàng	挣 zhēng	职 zhí	种 zhǒng	住 zhù	幢 zhuàng	组 zǔ
寨 zhài	招 zhāo	睁 zhēng	植 zhí	中 zhòng	注 zhù	追 zhuī	祖 zǔ
占 zhān	着 zhāo	蒸 zhēng	殖 zhí	众 zhòng	驻 zhù	准 zhǔn	钻 zuān
沾 zhān	朝 zhāo	整 zhěng	止 zhǐ	种 zhòng	柱 zhù	捉 zhuō	钻 zuàn
粘 zhān	着 zháo	正 zhèng	只 zhǐ	重 zhòng	祝 zhù	桌 zhuō	嘴 zuǐ
盏 zhǎn	找 zhǎo	证 zhèng	纸 zhǐ	州 zhōu	著 zhù	着 zhuó	最 zuì
展 zhǎn	赵 Zhào	郑 Zhèng	指 zhǐ	周 zhōu	筑 zhù	资 zī	罪 zuì
占 zhàn	照 zhào	政 zhèng	至 zhì	轴 zhóu	抓 zhuā	子 zǐ	醉 zuì
战 zhàn	遮 zhē	挣 zhèng	志 zhì	皱 zhòu	专 zhuān	紫 zǐ	尊 zūn
站 zhàn	折 zhé	症 zhèng	制 zhì	朱 zhū	砖 zhuān	自 zì	左 zuǒ
张 zhāng	者 zhě	之 zhī	质 zhì	珠 zhū	转 zhuǎn	字 zì	作 zuò
章 zhāng	这 zhè	支 zhī	治 zhì	株 zhū	传 zhuàn	宗 zōng	坐 zuò
长 zhǎng	针 zhēn	只 zhī	致 zhì	诸 zhū	转 zhuàn	总 zǒng	座 zuò
涨 zhǎng	真 zhēn	汁 zhī	智 zhì	猪 zhū	赚 zhuàn	纵 zòng	做 zuò

【表二】

哀 āi	柏 bǎi	刨 bào	碧 bì	泊 bó	杈 chā	抻 chēn	雏 chú
癌 ái	扳 bān	豹 bào	蔽 bì	铂 bó	茬 chá	辰 chén	橱 chú
艾 ài	斑 bān	暴 bào	弊 bì	脖 bó	杈 chà	晨 chén	储 chǔ
碍 ài	扮 bàn	爆 bào	璧 bì	博 bó	岔 chà	衬 chèn	揣 chuāi
庵 ān	拌 bàn	卑 bēi	敝 bì	搏 bó	刹 chà	丞 chéng	踹 chuài
黯 àn	绊 bàn	悲 bēi	贬 biǎn	膊 bó	搀 chān	惩 chéng	疮 chuāng
昂 áng	邦 bāng	碑 bēi	匾 biǎn	箔 bó	掺 chān	橙 chéng	捶 chuí
鳌 áo	梆 bāng	钡 bèi	辩 biàn	帛 bó	馋 chán	逞 chěng	醇 chún
袄 ǎo	绑 bǎng	崩 bēng	辫 biàn	跛 bǒ	禅 chán	嗤 chī	蠢 chǔn
拗 ào	榜 bǎng	绷 bēng	膘 biāo	卜 bǔ	蝉 chán	痴 chī	戳 chuō
傲 ào	膀 bǎng	泵 bèng	憋 biē	埠 bù	铲 chǎn	斥 chì	瓷 cí
奥 ào	蚌 bàng	迸 bèng	鳖 biē	簿 bù	颤 chàn	舂 chōng	祠 cí
澳 ào	傍 bàng	绷 bèng	瘪 biě	裁 cái	昌 chāng	宠 chǒng	慈 cí
疤 bā	磅 bàng	鄙 bǐ	滨 bīn	睬 cǎi	偿 cháng	仇 chóu	葱 cōng
靶 bǎ	苞 bāo	币 bì	鬓 bìn	餐 cān	畅 chàng	绸 chóu	醋 cù
坝 bà	胞 bāo	毕 bì	禀 bǐng	惨 cǎn	倡 chàng	稠 chóu	蹿 cuān
耙 bà	剥 bāo	毙 bì	钵 bō	苍 cāng	钞 chāo	筹 chóu	攒 cuán
霸 bà	雹 báo	痹 bì	播 bō	策 cè	彻 chè	厨 chú	崔 Cuī
掰 bāi	堡 bǎo	辟 bì	驳 bó	蹭 cèng	澈 chè	锄 chú	摧 cuī

脆 cuì	鼎 dǐng	妃 fēi	柑 gān	郝 Hǎo	姬 jī	绞 jiǎo	倦 juàn
啐 cuì	锭 dìng	吠 fèi	革 gé	禾 hé	吉 jí	矫 jiǎo	绢 juàn
翠 cuì	董 dǒng	沸 fèi	阁 gé	贺 hè	疾 jí	剿 jiǎo	撅 juē
皴 cūn	栋 dòng	酚 fēn	膈 gé	赫 hè	辑 jí	缴 jiǎo	诀 jué
搓 cuō	陡 dǒu	焚 fén	葛 Gě	褐 hè	瘠 jí	轿 jiào	掘 jué
撮 cuō	痘 dòu	坟 fén	庚 gēng	鹤 hè	纪 Jǐ	窖 jiào	厥 jué
挫 cuò	窦 dòu	愤 fèn	羹 gēng	壑 hè	戟 jǐ	阶 jiē	蕨 jué
锉 cuò	督 dū	枫 fēng	埂 gěng	痕 hén	麂 jǐ	秸 jiē	爵 jué
逮 dǎi	犊 dú	疯 fēng	耿 gěng	狠 hěn	寂 jì	揭 jiē	攫 jué
贷 dài	赌 dǔ	逢 féng	梗 gěng	衡 héng	暨 jì	劫 jié	倔 jué
逮 dài	睹 dǔ	讽 fěng	躬 gōng	烘 hōng	髻 jì	洁 jié	钧 jūn
丹 dān	镀 dù	凤 fèng	龚 Gōng	虹 hóng	冀 jì	捷 jié	俊 jùn
掸 dǎn	缎 duàn	孵 fū	贡 gòng	侯 hóu	忌 jì	竭 jié	郡 jùn
旦 dàn	煅 duàn	敷 fū	勾 gōu	喉 hóu	荚 jiá	介 jiè	峻 jùn
裆 dāng	锻 duàn	弗 fú	垢 gòu	吼 hǒu	颊 jiá	诫 jiè	咯 kǎ
荡 dàng	兑 duì	拂 fú	估 gū	糊 hú	奸 jiān	巾 jīn	揩 kāi
档 dàng	墩 dūn	氟 fú	孤 gū	唬 hǔ	歼 jiān	筋 jīn	刊 kān
捣 dǎo	囤 dùn	俘 fú	寡 guǎ	桦 huà	坚 jiān	禁 jīn	堪 kān
蹈 dǎo	炖 dùn	符 fú	卦 guà	淮 Huái	监 jiān	襟 jīn	坎 kǎn
盗 dào	钝 dùn	辐 fú	乖 guāi	槐 huái	煎 jiān	锦 jǐn	康 kāng
澄 dèng	盾 dùn	甫 fǔ	罐 guàn	欢 huān	荐 jiàn	谨 jǐn	糠 kāng
凳 dèng	踱 duó	抚 fǔ	龟 guī	幻 huàn	贱 jiàn	靳 Jìn	烤 kǎo
堤 dī	垛 duǒ	俯 fǔ	规 guī	皇 huáng	涧 jiàn	禁 jìn	柯 kē
笛 dí	剁 duò	辅 fǔ	轨 guǐ	簧 huáng	舰 jiàn	荆 jīng	磕 kē
嫡 dí	垛 duò	缚 fù	柜 guì	谎 huǎng	谏 jiàn	睛 jīng	渴 kě
蒂 dì	舵 duò	覆 fù	棍 gùn	辉 huī	腱 jiàn	警 jǐng	垦 kěn
缔 dì	堕 duò	概 gài	氦 hài	徽 huī	溅 jiàn	竞 jìng	恐 kǒng
掂 diān	跺 duò	甘 gān	骇 hài	悔 huǐ	姜 jiāng	窘 jiǒng	控 kòng
滇 Diān	扼 è	竿 gān	蚶 hān	汇 huì	僵 jiāng	纠 jiū	抠 kōu
颠 diān	腭 è	秆 gǎn	憨 hān	惠 huì	缰 jiāng	揪 jiū	叩 kòu
巅 diān	鄂 È	擀 gǎn	函 hán	喙 huì	疆 jiāng	灸 jiǔ	寇 kòu
典 diǎn	饵 ěr	赣 Gàn	韩 Hán	慧 huì	桨 jiǎng	厩 jiù	枯 kū
奠 diàn	乏 fá	缸 gāng	罕 hǎn	昏 hūn	匠 jiàng	拘 jū	窟 kū
佃 diàn	伐 fá	岗 gǎng	焊 hàn	荤 hūn	绛 jiàng	驹 jū	裤 kù
殿 diàn	阀 fá	杠 gàng	憾 hàn	浑 hún	酱 jiàng	桔 jú	夸 kuā
貂 diāo	筏 fá	羔 gāo	杭 Háng	豁 huō	犟 jiàng	菊 jú	垮 kuǎ
刁 diāo	帆 fān	膏 gāo	航 háng	伙 huǒ	郊 jiāo	矩 jǔ	挎 kuà
叼 diāo	烦 fán	篙 gāo	毫 háo	祸 huò	娇 jiāo	拒 jù	旷 kuàng
碟 dié	贩 fàn	糕 gāo	豪 háo	惑 huò	椒 jiāo	惧 jù	况 kuàng
蝶 dié	仿 fǎng	镐 gǎo	壕 háo	霍 huò	跤 jiāo	锯 jù	框 kuàng
叮 dīng	纺 fǎng	膏 gào	嚎 háo	饥 jī	礁 jiāo	踞 jù	眶 kuàng

盔 kuī	敛 liǎn	抡 lūn	闽 Mǐn	叛 pàn	普 pǔ	寝 qǐn	腮 sāi
窥 kuī	恋 liàn	捋 luō	铭 míng	畔 pàn	堡 pù	沁 qìn	桑 sāng
奎 kuí	晾 liàng	锣 luó	谬 miù	膀 pāng	瀑 pù	卿 qīng	嗓 sǎng
溃 kuì	撩 liāo	箩 luó	摹 mó	庞 páng	沏 qī	晴 qíng	搔 sāo
愧 kuì	辽 liáo	螺 luó	魔 mó	刨 páo	戚 qī	擎 qíng	骚 sāo
坤 kūn	疗 liáo	裸 luǒ	沫 mò	袍 páo	欺 qī	顷 qǐng	缫 sāo
扩 kuò	聊 liáo	洛 Luò	默 mò	培 péi	祈 qí	庆 qìng	臊 sāo
括 kuò	撩 liáo	摞 luò	眸 móu	赔 péi	畦 qí	磬 qìng	臊 sào
廓 kuò	燎 liáo	鳗 mán	牧 mù	裴 Péi	棋 qí	琼 qióng	涩 sè
腊 là	燎 liǎo	螨 mǎn	募 mù	佩 pèi	鳍 qí	邱 Qiū	瑟 sè
辣 là	撂 liào	曼 màn	暮 mù	蓬 péng	启 qǐ	仇 Qiú	刹 shā
癞 lài	廖 Liào	蔓 màn	穆 mù	硼 péng	迄 qì	囚 qiú	煞 shā
拦 lán	劣 liè	漫 màn	娜 nà	篷 péng	汽 qì	裘 qiú	煞 shà
篮 lán	烈 liè	盲 máng	捺 nà	坯 pī	泣 qì	屈 qū	筛 shāi
览 lǎn	拎 līn	蟒 mǎng	氖 nǎi	劈 pī	契 qì	祛 qū	杉 shān
揽 lǎn	霖 lín	矛 máo	挠 náo	疲 pí	掐 qiā	蛆 qū	衫 shān
缆 lǎn	鳞 lín	锚 máo	恼 nǎo	劈 pǐ	洽 qià	躯 qū	陕 Shǎn
懒 lǎn	伶 líng	卯 mǎo	尼 ní	癖 pǐ	恰 qià	趣 qù	禅 shàn
滥 làn	凌 líng	铆 mǎo	倪 ní	屁 pì	扦 qiān	蜷 quán	膳 shàn
郎 láng	陵 líng	貌 mào	腻 nì	辟 pì	签 qiān	犬 quǎn	晌 shǎng
廊 láng	鎏 liū	媒 méi	溺 nì	漂 piāo	乾 qián	券 quàn	捎 shāo
烙 lào	绺 liǔ	霉 méi	拈 niān	朴 Piáo	黔 Qián	瘸 qué	勺 sháo
涝 lào	鎏 liù	昧 mèi	蔫 niān	瓢 piáo	纤 qiàn	雀 què	哨 shào
勒 lè	聋 lóng	媚 mèi	黏 nián	漂 piǎo	歉 qiàn	阙 què	涉 shè
勒 lēi	陇 Lǒng	萌 méng	捻 niǎn	瞟 piǎo	呛 qiāng	裙 qún	赦 shè
擂 léi	垄 lǒng	盟 méng	碾 niǎn	撇 piē	呛 qiàng	饶 ráo	麝 shè
镭 léi	篓 lǒu	猛 měng	攒 niǎn	瞥 piē	跷 qiāo	扰 rǎo	申 shēn
垒 lěi	陋 lòu	眯 mī	廿 niàn	撇 piě	锹 qiāo	刃 rèn	砷 shēn
肋 lèi	卢 Lú	弥 mí	酿 niàng	拼 pīn	乔 qiáo	荣 róng	审 shěn
擂 lèi	颅 lú	觅 mì	聂 Niè	频 pín	翘 qiáo	绒 róng	渗 shèn
棱 léng	虏 lǔ	秘 mì	啮 niè	聘 pìn	俏 qiào	融 róng	慎 shèn
厘 lí	掳 lǔ	幂 mì	镍 niè	坪 píng	翘 qiào	柔 róu	笙 shēng
锂 lǐ	禄 lù	眠 mián	孽 niè	萍 píng	撬 qiào	儒 rú	尸 shī
鲤 lǐ	麓 lù	绵 mián	拗 niù	泊 pō	鞘 qiào	汝 rǔ	什 shí
吏 lì	吕 lǚ	勉 miǎn	奴 nú	泼 pō	妾 qiè	辱 rǔ	蚀 shí
隶 lì	捋 lǚ	描 miáo	挪 nuó	魄 pò	怯 qiè	蕊 ruǐ	矢 shǐ
怜 lián	屡 lǚ	瞄 miáo	呕 ǒu	剖 pōu	窃 qiè	锐 ruì	驶 shǐ
帘 lián	履 lǚ	渺 miǎo	藕 ǒu	仆 pū	窍 qiào	瑞 ruì	屎 shǐ
莲 lián	虑 lǜ	篾 miè	趴 pā	仆 pú	禽 qín	闰 rùn	仕 shì
廉 lián	峦 luán	皿 mǐn	耙 pá	圃 pǔ	擒 qín	仨 sā	侍 shì
镰 lián	掠 lüè	抿 mǐn	帕 pà	浦 pǔ	噙 qín	卅 sà	饰 shì

拭 shì	绥 suí	拓 tuò	膝 xī	腥 xīng	檐 yán	瘾 yǐn	猿 yuán
恃 shì	损 sǔn	洼 wā	袭 xí	邢 Xíng	衍 yǎn	婴 yīng	苑 yuàn
逝 shì	笋 sǔn	蛙 wā	铣 xǐ	幸 xìng	掩 yǎn	膺 yīng	岳 yuè
舐 shì	梭 suō	袜 wà	匣 xiá	休 xiū	砚 yàn	盈 yíng	阅 yuè
嗜 shì	塌 tā	剜 wān	峡 xiá	羞 xiū	艳 yàn	萤 yíng	悦 yuè
誓 shì	拓 tà	湾 wān	辖 xiá	朽 xiǔ	宴 yàn	蝇 yíng	晕 yūn
噬 shì	榻 tà	丸 wán	霞 xiá	秀 xiù	堰 yàn	赢 yíng	允 yǔn
螫 shì	汰 tài	皖 Wǎn	纤 xiān	锈 xiù	雁 yàn	痈 yōng	孕 yùn
寿 shòu	钛 tài	腕 wàn	掀 xiān	戌 xū	焰 yàn	壅 yōng	晕 yùn
售 shòu	泰 tài	蔓 wàn	贤 xián	嘘 xū	燕 yàn	咏 yǒng	蕴 yùn
枢 shū	贪 tān	枉 wǎng	涎 xián	叙 xù	徉 yáng	泳 yǒng	咂 zā
舒 shū	坛 tán	妄 wàng	霰 xiàn	绪 xù	痒 yǎng	勇 yǒng	灾 zāi
孰 shú	谭 Tán	危 wēi	厢 xiāng	续 xù	漾 yàng	蛹 yǒng	哉 zāi
赎 shú	潭 tán	威 wēi	湘 Xiāng	絮 xù	妖 yāo	忧 yōu	宰 zǎi
暑 shǔ	炭 tàn	韦 wéi	镶 xiāng	蓄 xù	邀 yāo	邮 yóu	崽 zǎi
署 shǔ	淌 tǎng	违 wéi	详 xiáng	宣 xuān	尧 Yáo	酉 yǒu	攒 zǎn
蜀 shǔ	涛 tāo	维 wéi	祥 xiáng	玄 xuán	姚 Yáo	佑 yòu	赞 zàn
恕 shù	淘 táo	伟 wěi	翔 xiáng	癣 xuǎn	窑 yáo	诱 yòu	凿 záo
衰 shuāi	梯 tī	苇 wěi	饷 xiǎng	靴 xuē	瑶 yáo	釉 yòu	枣 zǎo
帅 shuài	啼 tí	委 wěi	巷 xiàng	薛 Xuē	舀 yǎo	迂 yū	澡 zǎo
栓 shuān	蹄 tí	萎 wěi	肖 Xiāo	熏 xūn	耀 yào	淤 yū	噪 zào
涮 shuàn	剃 tì	畏 wèi	萧 xiāo	薰 xūn	掖 yē	俞 Yú	燥 zào
爽 shuǎng	舔 tiǎn	瘟 wēn	箫 xiāo	循 xún	噎 yē	隅 yú	躁 zào
吮 shǔn	帖 tiě	翁 wēng	潇 xiāo	旬 xún	冶 yě	逾 yú	择 zé
舜 Shùn	帖 tiè	瓮 wèng	晓 xiǎo	巡 xún	曳 yè	榆 yú	泽 zé
撕 sī	廷 tíng	涡 wō	孝 xiào	讯 xùn	掖 yè	虞 yú	仄 zè
祀 sì	亭 tíng	乌 wū	肖 xiào	汛 xùn	腋 yè	愚 yú	憎 zēng
饲 sì	艇 tǐng	巫 wū	啸 xiào	迅 xùn	伊 yī	禹 Yǔ	赠 zèng
俟 sì	佟 Tóng	毋 wú	楔 xiē	驯 xùn	夷 yí	郁 yù	轧 zhá
嗣 sì	捅 tǒng	午 wǔ	协 xié	逊 xùn	姨 yí	狱 yù	闸 zhá
耸 sǒng	途 tú	伍 wǔ	胁 xié	崖 yá	忆 yì	浴 yù	铡 zhá
讼 sòng	屠 tú	捂 wǔ	挟 xié	哑 yǎ	抑 yì	谕 yù	乍 zhà
诵 sòng	蜕 tuì	悟 wù	偕 xié	雅 yǎ	邑 yì	喻 yù	诈 zhà
颂 sòng	褪 tuì	晤 wù	携 xié	轧 yà	疫 yì	寓 yù	榨 zhà
搜 sōu	吞 tūn	夕 xī	泻 xiè	焉 yān	逸 yì	豫 yù	斋 zhāi
酥 sū	屯 tún	兮 xī	卸 xiè	淹 yān	溢 yì	御 yù	宅 zhái
诉 sù	囤 tún	昔 xī	屑 xiè	腌 yān	殷 yīn	誉 yù	毡 zhān
粟 sù	臀 tún	悉 xī	械 xiè	燕 Yān	吟 yín	冤 yuān	瞻 zhān
塑 sù	驮 tuó	惜 xī	芯 xīn	延 yán	淫 yín	渊 yuān	斩 zhǎn
溯 sù	驼 tuó	溪 xī	辛 xīn	阎 Yán	寅 yín	垣 yuán	蘸 zhàn
蒜 suàn	妥 tuǒ	熄 xī	薪 xīn	颜 yán	尹 yǐn	援 yuán	障 zhàng

杖 zhàng	浙 Zhè	脂 zhī	忠 zhōng	骤 zhòu	撰 zhuàn	卓 zhuó	棕 zōng
昭 zhāo	蔗 zhè	执 zhí	盅 zhōng	诛 zhū	篆 zhuàn	浊 zhuó	踪 zōng
爪 zhǎo	贞 zhēn	侄 zhí	冢 zhǒng	烛 zhú	妆 zhuāng	酌 zhuó	鬃 zōng
召 zhào	珍 zhēn	旨 zhǐ	仲 zhòng	拄 zhǔ	椎 zhuī	啄 zhuó	揍 zòu
兆 zhào	砧 zhēn	址 zhǐ	舟 zhōu	嘱 zhǔ	锥 zhuī	姿 zī	卒 zú
诏 zhào	斟 zhēn	趾 zhǐ	洲 zhōu	贮 zhù	坠 zhuì	兹 zī	攥 zuàn
罩 zhào	臻 zhēn	帜 zhì	粥 zhōu	蛀 zhù	缀 zhuì	滋 zī	遵 zūn
哲 zhé	诊 zhěn	炙 zhì	肘 zhǒu	铸 zhù	赘 zhuì	籽 zǐ	佐 zuǒ
辙 zhé	枕 zhěn	掷 zhì	咒 zhòu	爪 zhuǎ	拙 zhuō	渍 zì	撮 zuǒ
褶 zhě	朕 zhèn	稚 zhì	昼 zhòu	拽 zhuài	灼 zhuó		

二 普通话水平测试用常用多音节词语

【表一】

阿姨 āyí	摆动 bǎidòng	包装 bāozhuāng	悲惨 bēicǎn	笔记 bǐjì	变量 biànliàng
爱国 àiguó	摆脱 bǎituō	孢子 bāozǐ	悲剧 bēijù	笔者 bǐzhě	变迁 biànqiān
爱好 àihào	颁布 bānbù	饱和 bǎohé	北方 běifāng	必定 bìdìng	变态 biàntài
爱护 àihù	搬家 bānjiā	宝贝 bǎobèi	背后 bèihòu	必然 bìrán	变形 biànxíng
爱情 àiqíng	搬运 bānyùn	宝贵 bǎoguì	背景 bèijǐng	必然性	变异 biànyì
安定 āndìng	板凳 bǎndèng	宝石 bǎoshí	被动 bèidòng	bìránxìng	便利 biànlì
安静 ānjìng	板块 bǎnkuài	保持 bǎochí	被告 bèigào	必须 bìxū	便于 biànyú
安排 ānpái	办法 bànfǎ	保存 bǎocún	奔跑 bēnpǎo	必需 bìxū	辨别 biànbié
安培 ānpéi	办公室	保管 bǎoguǎn	本地 běndì	必要 bìyào	辨认 biànrèn
安全 ānquán	bàngōngshì	保护 bǎohù	本来 běnlái	毕竟 bìjìng	辩护 biànhù
安慰 ānwèi	办理 bànlǐ	保留 bǎoliú	本领 běnlǐng	毕业 bìyè	辩证 biànzhèng
安心 ānxīn	办事 bànshì	保守 bǎoshǒu	本能 běnnéng	闭合 bìhé	辩证法
安置 ānzhì	半导体	保卫 bǎowèi	本人 běnrén	壁画 bìhuà	biànzhèngfǎ
安装 ānzhuāng	bàndǎotǐ	保险 bǎoxiǎn	本身 běnshēn	避免 bìmiǎn	标本 biāoběn
氨基酸	半岛 bàndǎo	保障 bǎozhàng	本事 běnshì	边疆 biānjiāng	标题 biāotí
ānjīsuān	半径 bànjìng	保证 bǎozhèng	本体 běntǐ	边界 biānjiè	标语 biāoyǔ
按照 ànzhào	半天 bàntiān	报道 bàodào	本性 běnxìng	边境 biānjìng	标志 biāozhì
案件 ànjiàn	半夜 bànyè	报告 bàogào	本质 běnzhì	边区 biānqū	标准 biāozhǔn
暗示 ànshì	扮演 bànyǎn	报刊 bàokān	崩溃 bēngkuì	边缘 biānyuán	标准化
暗中 ànzhōng	伴随 bànsuí	报名 bàomíng	鼻孔 bíkǒng	编辑 biānjí	biāozhǔnhuà
奥秘 àomì	伴奏 bànzòu	报纸 bàozhǐ	比价 bǐjià	编写 biānxiě	表层 biǎocéng
奥运会	帮忙 bāngmáng	暴动 bàodòng	比较 bǐjiào	编制 biānzhì	表达 biǎodá
Àoyùnhuì	帮助 bāngzhù	暴力 bàolì	比例 bǐlì	变动 biàndòng	表面 biǎomiàn
把握 bǎwò	榜样 bǎngyàng	暴露 bàolù	比如 bǐrú	变法 biànfǎ	表明 biǎomíng
罢工 bàgōng	傍晚 bàngwǎn	暴雨 bàoyǔ	比赛 bǐsài	变革 biàngé	表皮 biǎopí
白色 báisè	包含 bāohán	爆发 bàofā	比喻 bǐyù	变更 biàngēng	表情 biǎoqíng
百年 bǎinián	包括 bāokuò	爆炸 bàozhà	比重 bǐzhòng	变化 biànhuà	表示 biǎoshì
百姓 bǎixìng	包围 bāowéi	悲哀 bēi'āi	彼此 bǐcǐ	变换 biànhuàn	表述 biǎoshù

表现 biǎoxiàn　不妨 bùfáng　步骤 bùzhòu　策略 cèlüè　朝廷 cháotíng　承受 chéngshòu
表象 biǎoxiàng　不服 bùfú　部队 bùduì　层次 céngcì　潮流 cháoliú　城市 chéngshì
表演 biǎoyǎn　不够 bùgòu　部落 bùluò　曾经 céngjīng　潮湿 cháoshī　城镇 chéngzhèn
表扬 biǎoyáng　不顾 bùgù　部门 bùmén　差别 chābié　车间 chējiān　乘机 chéngjī
表彰 biǎozhāng　不管 bùguǎn　部署 bùshǔ　差价 chājià　车辆 chēliàng　乘客 chéngkè
冰川 bīngchuān　不光 bùguāng　部位 bùwèi　差距 chājù　车厢 chēxiāng　程度 chéngdù
兵力 bīnglì　不过 bùguò　才能 cáinéng　差异 chāyì　车站 chēzhàn　程式 chéngshì
并且 bìngqiě　不合 bùhé　材料 cáiliào　产地 chǎndì　彻底 chèdǐ　程序 chéngxù
并用 bìngyòng　不及 bùjí　财产 cáichǎn　产量 chǎnliàng　撤销 chèxiāo　惩罚 chéngfá
病变 bìngbiàn　不禁 bùjīn　财富 cáifù　产品 chǎnpǐn　沉淀 chéndiàn　吃饭 chīfàn
病毒 bìngdú　不仅 bùjǐn　财力 cáilì　产生 chǎnshēng　沉积 chénjī　吃惊 chījīng
病理 bìnglǐ　不久 bùjiǔ　财务 cáiwù　产物 chǎnwù　沉默 chénmò　吃力 chīlì
病情 bìngqíng　不堪 bùkān　财政 cáizhèng　产业 chǎnyè　沉思 chénsī　池塘 chítáng
病人 bìngrén　不可 bùkě　采访 cǎifǎng　产值 chǎnzhí　沉重 chénzhòng　持久 chíjiǔ
波长 bōcháng　不快 bùkuài　采购 cǎigòu　阐明 chǎnmíng　沉着 chézhuó　持续 chíxù
波动 bōdòng　不利 bùlì　采集 cǎijí　阐述 chǎnshù　陈旧 chénjiù　尺度 chǐdù
波浪 bōlàng　不良 bùliáng　采取 cǎiqǔ　颤抖 chàndǒu　陈述 chénshù　赤道 chìdào
剥夺 bōduó　不料 bùliào　采用 cǎiyòng　长城　称号 chēnghào　翅膀 chìbǎng
剥削 bōxuē　不论 bùlùn　彩色 cǎisè　　Chángchéng　称赞 chēngzàn　冲动 chōngdòng
播种 bōzhǒng　不满 bùmǎn　参观 cānguān　长度 chángdù　成本 chéngběn　冲击 chōngjī
播种 bōzhòng　不免 bùmiǎn　参加 cānjiā　长短　成虫　冲破 chōngpò
博士 bóshì　不怕 bùpà　参考 cānkǎo　　chángduǎn　　chéngchóng　冲突 chōngtū
搏斗 bódòu　不平 bùpíng　参谋 cānmóu　长久 chángjiǔ　成功 chénggōng　充当
薄弱 bóruò　不然 bùrán　参数 cānshù　长期 chángqī　成果 chéngguǒ　　chōngdāng
补偿 bǔcháng　不容 bùróng　参与 cānyù　长远 chángyuǎn　成绩 chéngjì　充分 chōngfèn
补充 bǔchōng　不如 bùrú　参照 cānzhào　长征　成就 chéngjiù　充满 chōngmǎn
补贴 bǔtiē　不时 bùshí　残酷 cánkù　　chángzhēng　成立 chénglì　充实 chōngshí
捕捞 bǔlāo　不惜 bùxī　残余 cányú　尝试 chángshì　成年 chéngnián　充足 chōngzú
捕食 bǔshí　不想 bùxiǎng　灿烂 cànlàn　常规 chángguī　成人 chéngrén　重复 chóngfù
捕捉 bǔzhuō　不行 bùxíng　仓库 cāngkù　常年 chángnián　成熟 chéngshú　重合 chónghé
不安 bù'ān　不幸 bùxìng　苍白 cāngbái　常识 chángshí　成为 chéngwéi　重新 chóngxīn
不必 bùbì　不许 bùxǔ　操纵 cāozòng　常数 chángshù　成效 chéngxiào　崇拜 chóngbài
不便 bùbiàn　不要 bùyào　操作 cāozuò　厂房 chǎngfáng　成语 chéngyǔ　崇高 chónggāo
不曾 bùcéng　不宜 bùyí　草案 cǎo'àn　场地 chǎngdì　成员 chéngyuán　抽象 chōuxiàng
不错 bùcuò　不已 bùyǐ　草地 cǎodì　场合 chǎnghé　成长　仇恨 chóuhèn
不但 bùdàn　不用 bùyòng　草原 cǎoyuán　场面 chǎngmiàn　　chéngzhǎng　出版 chūbǎn
不当 bùdàng　不止 bùzhǐ　侧面 cèmiàn　场所 chǎngsuǒ　呈现 chéngxiàn　出产 chūchǎn
不等 bùděng　不足 bùzú　侧重 cèzhòng　超出 chāochū　诚恳 chéngkěn　出发 chūfā
不定 bùdìng　布局 bùjú　测定 cèdìng　超额 chāo'é　承包 chéngbāo　出发点 chūfādiǎn
不断 bùduàn　布置 bùzhì　测量 cèliáng　超过 chāoguò　承担 chéngdān　出国 chūguó
不对 bùduì　步伐 bùfá　测验 cèyàn　超越 chāoyuè　承认 chéngrèn　出口 chūkǒu

出路 chūlù	船只 chuánzhī	从中 cóngzhōng	大陆 dàlù	待遇 dàiyù	当做 dàngzuò
出卖 chūmài	串联 chuànlián	粗糙 cūcāo	大妈 dàmā	逮捕 dàibǔ	档案 dàng'àn
出门 chūmén	创伤	促成 cùchéng	大门 dàmén	担负 dānfù	导弹 dǎodàn
出色 chūsè	chuāngshāng	促进 cùjìn	大脑 dànǎo	担任 dānrèn	导管 dǎoguǎn
出身 chūshēn	窗口 chuāngkǒu	促使 cùshǐ	大娘 dàniáng	担心 dānxīn	导体 dǎotǐ
出生 chūshēng	创办 chuàngbàn	摧残 cuīcán	大炮 dàpào	单纯 dānchún	导线 dǎoxiàn
出售 chūshòu	创立 chuànglì	摧毁 cuīhuǐ	大气 dàqì	单调 dāndiào	导演 dǎoyǎn
出土 chūtǔ	创新 chuàngxīn	村庄	大庆 dàqìng	单独 dāndú	导致 dǎozhì
出席 chūxí	创造 chuàngzào	cūnzhuāng	大人 dàrén	单位 dānwèi	岛屿 dǎoyǔ
出现 chūxiàn	创造性	存款 cúnkuǎn	大嫂 dàsǎo	单一 dānyī	倒霉 dǎoméi
出血 chūxiě	chuàngzàoxìng	存在 cúnzài	大厦 dàshà	但是 dànshì	到处 dàochù
初步 chūbù	创作 chuàngzuò	挫折 cuòzhé	大师 dàshī	诞生 dànshēng	到达 dàodá
初级 chūjí	垂直 chuízhí	措施 cuòshī	大事 dàshì	淡水 dànshuǐ	到底 dàodǐ
初期 chūqī	春季 chūnjì	达到 dádào	大叔 dàshū	蛋白 dànbái	到来 dàolái
初中 chūzhōng	春节 Chūn Jié	答案 dá'àn	大体 dàtǐ	蛋白质	盗窃 dàoqiè
除非 chúfēi	春秋 chūnqiū	打败 dǎbài	大厅 dàtīng	dànbáizhì	道德 dàodé
厨房 chúfáng	春天 chūntiān	打倒 dǎdǎo	大王 dàwáng	当场	道教 Dàojiào
处罚 chǔfá	纯粹 chúncuì	打击 dǎjī	大小 dàxiǎo	dāngchǎng	道路 dàolù
处分 chǔfèn	纯洁 chúnjié	打架 dǎjià	大型 dàxíng	当初 dāngchū	稻谷 dàogǔ
处境 chǔjìng	词典 cídiǎn	打开 dǎkāi	大学 dàxué	当代 dāngdài	得到 dédào
处理 chǔlǐ	词汇 cíhuì	打破 dǎpò	大学生	当地 dāngdì	得以 déyǐ
处于 chǔyú	词义 cíyì	打下 dǎxià	dàxuéshēng	当即 dāngjí	得意 déyì
储备 chǔbèi	词语 cíyǔ	打仗 dǎzhàng	大洋 dàyáng	当今 dāngjīn	德育 déyù
储存 chǔcún	词组 cízǔ	大伯 dàbó	大爷 dàyé	当局 dāngjú	灯光
储量 chǔliàng	辞职 cízhí	大臣 dàchén	大衣 dàyī	当年 dāngnián	dēngguāng
储蓄 chǔxù	磁场 cíchǎng	大胆 dàdǎn	大雨 dàyǔ	当前 dāngqián	登记 dēngjì
穿着 chuānzhuó	磁力 cílì	大地 dàdì	大约 dàyuē	当然 dāngrán	等待 děngdài
传播 chuánbō	磁铁 cítiě	大豆 dàdòu	大战 dàzhàn	当时 dāngshí	等到 děngdào
传达 chuándá	此地 cǐdì	大队 dàduì	大致 dàzhì	当事人	等候 děnghòu
传导 chuándǎo	此后 cǐhòu	大多 dàduō	大众 dàzhòng	dāngshìrén	等级 děngjí
传递 chuándì	此刻 cǐkè	大多数	大自然 dàzìrán	当选 dāngxuǎn	等于 děngyú
传教士	此外 cǐwài	dàduōshù	代表 dàibiǎo	当中	低级 dījí
chuánjiàoshì	次数 cìshù	大风 dàfēng	代价 dàijià	dāngzhōng	低头 dītóu
传染病	次序 cìxù	大概 dàgài	代理 dàilǐ	党委 dǎngwěi	低温 dīwēn
chuánrǎnbìng	次要 cìyào	大纲 dàgāng	代理人 dàilǐrén	党性 dǎngxìng	低下 dīxià
传授 chuánshòu	从此 cóngcǐ	大哥 dàgē	代替 dàitì	党员 dǎngyuán	的确 díquè
传说 chuánshuō	从而 cóng'ér	大会 dàhuì	代谢 dàixiè	当成	敌对 díduì
传统 chuántǒng	从来 cónglái	大家 dàjiā	带动 dàidòng	dàngchéng	敌人 dírén
船舶 chuánbó	从前 cóngqián	大街 dàjiē	带领 dàilǐng	当年 dàngnián	抵抗 dǐkàng
船长	从事 cóngshì	大姐 dàjiě	带头 dàitóu	当时 dàngshí	抵制 dǐzhì
chuánzhǎng	从小 cóngxiǎo	大量 dàliàng	贷款 dàikuǎn	当天 dàngtiān	底层 dǐcéng

地板 dìbǎn	电力 diànlì	东欧 Dōng'ōu	对流 duìliú	发音 fāyīn	方案 fāng'àn
地表 dìbiǎo	电量 diànliàng	东西 dōngxī	对面 duìmiàn	发育 fāyù	方便 fāngbiàn
地步 dìbù	电流 diànliú	冬季 dōngjì	对手 duìshǒu	发展 fāzhǎn	方才 fāngcái
地层 dìcéng	电路 diànlù	冬天 dōngtiān	对象 duìxiàng	发作 fāzuò	方程 fāngchéng
地带 dìdài	电脑 diànnǎo	动词 dòngcí	对应 duìyìng	罚款 fákuǎn	方法 fāngfǎ
地点 dìdiǎn	电能 diànnéng	动机 dòngjī	对于 duìyú	法定 fǎdìng	方法论
地方 dìfāng	电器 diànqì	动力 dònglì	对照 duìzhào	法官 fǎguān	fāngfǎlùn
地理 dìlǐ	电容 diànróng	动量 dòngliàng	顿时 dùnshí	法规 fǎguī	方面 fāngmiàn
地貌 dìmào	电视 diànshì	动脉 dòngmài	多边形	法令 fǎlìng	方式 fāngshì
地面 dìmiàn	电视剧	动能 dòngnéng	duōbiānxíng	法律 fǎlǜ	方向 fāngxiàng
地壳 dìqiào	diànshìjù	动人 dòngrén	多余 duōyú	法人 fǎrén	方言 fāngyán
地球 dìqiú	电视台	动手 dòngshǒu	夺取 duóqǔ	法庭 fǎtíng	方针 fāngzhēn
地区 dìqū	diànshìtái	动态 dòngtài	恶化 èhuà	法西斯 fǎxīsī	防御 fángyù
地势 dìshì	电台 diàntái	动物 dòngwù	恶劣 èliè	法学 fǎxué	防止 fángzhǐ
地图 dìtú	电线 diànxiàn	动摇 dòngyáo	儿女 érnǚ	法院 fǎyuàn	防治 fángzhì
地位 dìwèi	电压 diànyā	动员 dòngyuán	儿童 értóng	法则 fǎzé	妨碍 fáng'ài
地下 dìxià	电影 diànyǐng	动作 dòngzuò	而后 érhòu	法制 fǎzhì	房间 fángjiān
地下水	电源 diànyuán	斗争 dòuzhēng	而且 érqiě	翻身 fānshēn	房屋 fángwū
dìxiàshuǐ	电子 diànzǐ	都会 dūhuì	饵料 ěrliào	翻译 fānyì	仿佛 fǎngfú
地形 dìxíng	电阻 diànzǔ	都市 dūshì	发表 fābiǎo	凡是 fánshì	访问 fǎngwèn
地域 dìyù	淀粉 diànfěn	毒素 dúsù	发病 fābìng	烦恼 fánnǎo	纺织 fǎngzhī
地震 dìzhèn	奠定 diàndìng	独立 dúlì	发布 fābù	繁多 fánduō	放大 fàngdà
地质 dìzhì	雕刻 diāokè	独特 dútè	发出 fāchū	繁荣 fánróng	放弃 fàngqì
地主 dìzhǔ	雕塑 diāosù	独占 dúzhàn	发达 fādá	繁殖 fánzhí	放射 fàngshè
地租 dìzū	调拨 diàobō	独自 dúzì	发电 fādiàn	繁重 fánzhòng	放射性
弟子 dìzǐ	调查 diàochá	读书 dúshū	发动 fādòng	反动 fǎndòng	fàngshèxìng
帝国 dìguó	调动 diàodòng	读者 dúzhě	发动机 fādòngjī	反对 fǎnduì	放松 fàngsōng
典型 diǎnxíng	顶点 dǐngdiǎn	肚皮 dùpí	发挥 fāhuī	反而 fǎn'ér	放心 fàngxīn
点燃 diǎnrán	顶端 dǐngduān	端正 duānzhèng	发觉 fājué	反复 fǎnfù	飞船 fēichuán
点头 diǎntóu	订货 dìnghuò	短期 duǎnqī	发掘 fājué	反抗 fǎnkàng	飞机 fēijī
电报 diànbào	定额 dìng'é	短暂 duǎnzàn	发明 fāmíng	反馈 fǎnkuì	飞快 fēikuài
电场 diànchǎng	定理 dìnglǐ	断定 duàndìng	发起 fāqǐ	反面 fǎnmiàn	飞翔 fēixiáng
电池 diànchí	定量 dìngliàng	锻炼 duànliàn	发热 fārè	反射 fǎnshè	飞行 fēixíng
电磁 diàncí	定律 dìnglǜ	堆积 duījī	发射 fāshè	反应 fǎnyìng	飞跃 fēiyuè
电磁波	定期 dìngqī	对比 duìbǐ	发生 fāshēng	反映 fǎnyìng	非常 fēicháng
diàncíbō	定向 dìngxiàng	对称 duìchèn	发现 fāxiàn	反之 fǎnzhī	非法 fēifǎ
电灯 diàndēng	定型 dìngxíng	对待 duìdài	发行 fāxíng	返回 fǎnhuí	肥料 féiliào
电动 diàndòng	定义 dìngyì	对方 duìfāng	发芽 fāyá	犯罪 fànzuì	废除 fèichú
电荷 diànhè	东北 dōngběi	对话 duìhuà	发言 fāyán	饭店 fàndiàn	沸腾 fèiténg
电话 diànhuà	东方 dōngfāng	对抗 duìkàng	发扬 fāyáng	范畴 fànchóu	分辨 fēnbiàn
电离 diànlí	东南 dōngnán	对立 duìlì		范围 fànwéi	分别 fēnbié

分布 fēnbù	佛教 Fójiào	富裕 fùyù	钢琴 gāngqín	根据 gēnjù	公元 gōngyuán
分成 fēnchéng	否定 fǒudìng	覆盖 fùgài	钢铁 gāngtiě	根据地 gēnjùdì	公园 gōngyuán
分割 fēngē	否认 fǒurèn	改编 gǎibiān	岗位 gǎngwèi	根系 gēnxì	公正
分工 fēngōng	否则 fǒuzé	改变 gǎibiàn	港口 gǎngkǒu	根源 gēnyuán	gōngzhèng
分化 fēnhuà	夫妇 fūfù	改革 gǎigé	高产 gāochǎn	跟随 gēnsuí	公主 gōngzhǔ
分解 fēnjiě	夫妻 fūqī	改进 gǎijìn	高潮 gāocháo	更新 gēngxīn	功课 gōngkè
分开 fēnkāi	孵化 fūhuà	改良 gǎiliáng	高大 gāodà	耕地 gēngdì	功率 gōnglǜ
分类 fēnlèi	伏特 fútè	改善 gǎishàn	高等 gāoděng	耕作 gēngzuò	功能 gōngnéng
分离 fēnlí	服从 fúcóng	改造 gǎizào	高低 gāodī	更加 gèngjiā	攻击 gōngjī
分裂 fēnliè	服务 fúwù	改正 gǎizhèng	高地 gāodì	工厂	供给 gōngjǐ
分泌 fēnmì	服务员	改组 gǎizǔ	高度 gāodù	gōngchǎng	供求 gōngqiú
分明 fēnmíng	fúwùyuán	概括 gàikuò	高级 gāojí	工场	供应 gōngyìng
分配 fēnpèi	服装 fúzhuāng	概率 gàilǜ	高空 gāokōng	gōngchǎng	宫廷 gōngtíng
分歧 fēnqí	俘虏 fúlǔ	概念 gàiniàn	高尚 gāoshàng	工程 gōngchéng	巩固 gǒnggù
分散 fēnsàn	浮动 fúdòng	干脆 gāncuì	高速 gāosù	工程师	共产党
分析 fēnxī	浮游 fúyóu	干旱 gānhàn	高温 gāowēn	gōngchéngshī	gòngchǎndǎng
分支 fēnzhī	符号 fúhào	干扰 gānrǎo	高校 gāoxiào	工地 gōngdì	共和国
分子 fēnzǐ	符合 fúhé	干涉 gānshè	高兴 gāoxìng	工会 gōnghuì	gònghéguó
粉末 fěnmò	幅度 fúdù	干预 gānyù	高压 gāoyā	工具 gōngjù	共鸣 gòngmíng
粉碎 fěnsuì	辐射 fúshè	干燥 gānzào	高原 gāoyuán	工商业	共同 gòngtóng
分子 fènzǐ	福利 fúlì	甘心 gānxīn	高涨 gāozhǎng	gōngshāngyè	贡献 gòngxiàn
奋斗 fèndòu	抚摸 fǔmō	肝脏 gānzàng	高中 gāozhōng	工业 gōngyè	勾结 gōujié
愤怒 fènnù	辅助 fǔzhù	赶紧 gǎnjǐn	告别 gàobié	工业化	沟通 gōutōng
丰富 fēngfù	腐败 fǔbài	赶快 gǎnkuài	歌唱 gēchàng	gōngyèhuà	构成 gòuchéng
丰收 fēngshōu	腐蚀 fǔshí	赶忙 gǎnmáng	歌剧 gējù	工艺 gōngyì	构思 gòusī
风暴 fēngbào	腐朽 fǔxiǔ	敢于 gǎnyú	歌曲 gēqǔ	工资 gōngzī	构造 gòuzào
风格 fēnggé	父母 fùmǔ	感到 gǎndào	歌声 gēshēng	工作 gōngzuò	购买 gòumǎi
风光 fēngguāng	付出 fùchū	感动 gǎndòng	歌颂 gēsòng	公安 gōng'ān	购销 gòuxiāo
风景 fēngjǐng	负担 fùdān	感官 gǎnguān	歌舞 gēwǔ	公布 gōngbù	估计 gūjì
风力 fēnglì	负责 fùzé	感觉 gǎnjué	革命 gémìng	公共 gōnggòng	孤独 gūdú
风气 fēngqì	妇女 fùnǚ	感慨 gǎnkǎi	革新 géxīn	公开 gōngkāi	孤立 gūlì
风俗 fēngsú	附加 fùjiā	感情 gǎnqíng	格外 géwài	公理 gōnglǐ	古代 gǔdài
风速 fēngsù	附近 fùjìn	感染 gǎnrǎn	隔壁 gébì	公路 gōnglù	古典 gǔdiǎn
风险 fēngxiǎn	附着 fùzhuó	感受 gǎnshòu	隔离 gélí	公民 gōngmín	古老 gǔlǎo
风雨 fēngyǔ	复辟 fùbì	感谢 gǎnxiè	个别 gèbié	公认 gōngrèn	古人 gǔrén
封闭 fēngbì	复合 fùhé	感性 gǎnxìng	个人 gèrén	公社 gōngshè	股票 gǔpiào
封建 fēngjiàn	复杂 fùzá	感应 gǎnyìng	个体 gètǐ	公式 gōngshì	骨干 gǔgàn
封锁 fēngsuǒ	复制 fùzhì	感知 gǎnzhī	个性 gèxìng	公司 gōngsī	骨骼 gǔgé
疯狂 fēngkuáng	副业 fùyè	干部 gànbù	各自 gèzì	公有 gōngyǒu	鼓吹 gǔchuī
讽刺 fěngcì	赋予 fùyǔ	刚才 gāngcái	给以 gěiyǐ	公有制	鼓励 gǔlì
奉献 fèngxiàn	富有 fùyǒu	纲领 gānglǐng	根本 gēnběn	gōngyǒuzhì	鼓舞 gǔwǔ

固然 gùrán 　　光芒 　　　国营 guóyíng 　　好比 hǎobǐ 　　红旗 hóngqí 　　　huàhéwù
固体 gùtǐ 　　　　guāngmáng 国有 guóyǒu 　　好多 hǎoduō 　　红色 hóngsè 　　化石 huàshí
固有 gùyǒu 　　光明 　　　果断 guǒduàn 好看 hǎokàn 　　宏观 hóngguān 化学 huàxué
故乡 gùxiāng 　　　guāngmíng 果然 guǒrán 　　好人 hǎorén 　　宏伟 hóngwěi 划分 huàfēn
故意 gùyì 　　　光谱 guāngpǔ 果实 guǒshí 　　好事 hǎoshì 　　洪水 hóngshuǐ 画家 huàjiā
顾客 gùkè 　　　光荣 guāngróng果树 guǒshù 　　好听 hǎotīng 　　后代 hòudài 　　画面 huàmiàn
顾虑 gùlǜ 　　　光线 guāngxiàn过程 guòchéng 好像 hǎoxiàng 后方 hòufāng 话剧 huàjù
顾问 gùwèn 　　光学 guāngxué 过度 guòdù 　　好转 hǎozhuǎn 后果 hòuguǒ 话题 huàtí
关闭 guānbì 　　光源 guāngyuán过渡 guòdù 　　号召 hàozhào 后悔 gòuhuǐ 话筒 huàtǒng
关怀 guānhuái 光泽 guāngzé 过分 guòfèn 　　好奇 hàoqí 　　后来 hòulái 　　话语 huàyǔ
关键 guānjiàn 光照 guāngzhào过后 guòhòu 好事 hàoshì 　　后期 hòuqī 　　怀抱 huáibào
关节 guānjié 　广播 guǎngbō 过年 guònián 　　耗费 hàofèi 　　后人 hòurén 怀念 huáiniàn
关联 guānlián 广场 　　　过去 guòqù 　　合并 hébìng 　　后世 hòushì 怀疑 huáiyí
关心 guānxīn 　　guǎngchǎng 过于 guòyú 　　合成 héchéng 后天 hòutiān 坏人 huàirén
关于 guānyú 　广大 guǎngdà 海岸 hǎi'àn 　　合法 héfǎ 　　厚度 hòudù 欢乐 huānlè
关注 guānzhù 　广泛 guǎngfàn 海拔 hǎibá 　　合格 hégé 　　呼喊 hūhǎn 欢喜 huānxǐ
观测 guāncè 　　广告 guǎnggào 海带 hǎidài 　　合乎 héhū 　　呼唤 hūhuàn 欢迎 huānyíng
观察 guānchá 广阔 guǎngkuò 海关 hǎiguān 合金 héjīn 　　呼吸 hūxī 　还原 huányuán
观点 guāndiǎn 广义 guǎngyì 海军 hǎijūn 　　合理 hélǐ 　　呼吁 hūyù 　环节 huánjié
观看 guānkàn 归结 guījié 　海面 hǎimiàn 合力 hélì 　　忽略 hūlüè 环境 huánjìng
观念 guānniàn 归来 guīlái 　海区 hǎiqū 　　合适 héshì 　　忽然 hūrán 环流 huánliú
观众 　　　　归纳 guīnà 　海外 hǎiwài 　合作 hézuò 　　忽视 hūshì 缓和 huǎnhé
　guānzhòng 规定 guīdìng 海湾 hǎiwān 合作社 　　湖泊 húpō 　缓慢 huǎnmàn
官兵 guānbīng 规范 guīfàn 海洋 hǎiyáng 　　hézuòshè 蝴蝶 húdié 幻觉 huànjué
官吏 guānlì 　规格 guīgé 　海域 hǎiyù 　何必 hébì 　　互补 hùbǔ 幻想 huànxiǎng
官僚 guānliáo 规划 guīhuà 害虫 hàichóng 何等 héděng 互相 hùxiāng 唤起 huànqǐ
官员 guānyuán 规律 guīlǜ 害怕 hàipà 　何况 hékuàng 互助 hùzhù 患者 huànzhě
管道 guǎndào 规模 guīmó 含量 hánliàng 何以 héyǐ 　户口 hùkǒu 皇帝 huángdì
管理 guǎnlǐ 规则 guīzé 含义 hányì 　　和平 hépíng 花朵 huāduǒ 黄昏 huánghūn
管辖 guǎnxiá 轨道 guǐdào 函数 hánshù 和谐 héxié 花粉 huāfěn 黄金 huángjīn
贯彻 guànchè 贵族 guìzú 寒冷 hánlěng 河流 héliú 花色 huāsè 黄色 huángsè
贯穿 guànchuān国防 guófáng 罕见 hǎnjiàn 核算 hésuàn 花生 huāshēng 黄土 huángtǔ
冠军 guànjūn 国会 guóhuì 汉奸 hànjiān 核心 héxīn 花纹 huāwén 灰尘 huīchén
惯性 guànxìng 国际 guójì 汉语 hànyǔ 黑暗 hēi'àn 花园 huāyuán 灰色 huīsè
灌溉 guàngài 国家 guójiā 汉字 hànzì 黑人 hēirén 华北 huáběi 恢复 huīfù
光彩 guāngcǎi 国民 guómín 汗水 hànshuǐ 黑夜 hēiyè 华侨 huáqiáo 辉煌 huīhuáng
光滑 guānghuá 国情 guóqíng 行列 hángliè 痕迹 hénjì 滑动 huádòng 回避 huíbì
光辉 guānghuī 国土 guótǔ 行业 hángyè 恒星 héngxīng 化肥 huàféi 回答 huídá
光景 guāngjǐng 国王 guówáng 航海 hánghǎi 横向 héngxiàng 化工 huàgōng 回顾 huígù
光亮 　　　　国务院 航空 hángkōng 衡量 héngliáng 化合 huàhé 回归 huíguī
　guāngliàng 　guówùyuàn 航行 hángxíng 红军 hóngjūn 化合物 　回头 huítóu

回忆 huíyì	肌肉 jīròu	几何 jǐhé	加深 jiāshēn	减轻 jiǎnqīng	交谈 jiāotán
毁灭 huǐmiè	积极 jījí	济济 jǐjǐ	加速 jiāsù	减弱 jiǎnruò	交替 jiāotì
汇报 huìbào	积极性 jījíxìng	给予 jǐyǔ	加速度 jiāsùdù	减少 jiǎnshǎo	交通 jiāotōng
会场 huìchǎng	积累 jīlěi	计划 jìhuà	加以 jiāyǐ	简称 jiǎnchēng	交往 jiāowǎng
会见 huìjiàn	积压 jīyā	计算 jìsuàn	加重 jiāzhòng	简单 jiǎndān	交易 jiāoyì
会议 huìyì	基本 jīběn	计算机 jìsuànjī	家畜 jiāchù	简化 jiǎnhuà	交织 jiāozhī
会员 huìyuán	基层 jīcéng	记录 jìlù	家人 jiārén	简直 jiǎnzhí	郊区 jiāoqū
绘画 huìhuà	基础 jīchǔ	记忆 jìyì	家属 jiāshǔ	见解 jiànjiě	骄傲 jiāo'ào
婚礼 hūnlǐ	基地 kīdì	记载 jìzǎi	家庭 jiātíng	见面 jiànmiàn	教学 jiāoxué
婚姻 hūnyīn	基督教 Jīdūjiào	记者 jìzhě	家务 jiāwù	间隔 jiàngé	焦点 jiāodiǎn
浑身 húnshēn	基建 jījiàn	纪录 jìlù	家乡 jiāxiāng	间接 jiànjiē	焦急 jiāojí
混合 hùnhé	基金 jījīn	纪律 jìlù	家长 jiāzhǎng	建国 jiànguó	角度 jiǎodù
混乱 hùnluàn	基因 jīyīn	纪念 jìniàn	家族 jiāzú	建立 jiànlì	角落 jiǎoluò
混淆 hùnxiáo	基于 jīyú	技能 jìnéng	甲板 jiǎbǎn	建设 jiànshè	脚步 jiǎobù
活力 huólì	畸形 jīxíng	技巧 jìqiǎo	假定 jiǎdìng	建议 jiànyì	脚下 jiǎoxià
活跃 huóyuè	激动 fīdòng	技术 jìshù	假如 jiǎrú	建造 jiànzào	脚印 jiǎoyìn
火柴 huǒchái	激发 jīfā	技术员 jìshùyuán	假设 jiǎshè	建筑 jiànzhù	叫做 jiàozuò
火车 huǒchē	激光 jīguāng	技艺 jìyì	假使 jiǎshǐ	健康 jiànkāng	较为 jiàowéi
火光 huǒguāng	激励 jīlì	季风 jìfēng	假说 jiǎshuō	健全 jiànquán	教材 jiàocái
火箭 huǒjiàn	激烈 jīliè	季节 jìjié	价格 jiàgé	健壮 jiànzhuàng	教导 jiàodǎo
火山 huǒshān	激情 jīqíng	既然 jìrán	价值 jiàzhí	渐渐 jiànjiàn	教会 jiàohuì
火星 huǒxīng	激素 jīsù	既是 jìshì	驾驶 jiàshǐ	鉴别 jiànbié	教练 jiàoliàn
火焰 huǒyàn	及时 jíshí	继承 jìchéng	嫁接 jiàjiē	鉴定 jiàndìng	教师 jiàoshī
伙伴 huǒbàn	极端 jíduān	继承人	尖锐 jiānruì	江南 jiāngnán	教室 jiàoshì
或许 huòxǔ	极力 jílì	jìchéngrén	歼灭 jiānmiè	将近 jiāngjìn	教授 jiàoshòu
或者 huòzhě	极其 jíqí	继续 jìxù	坚持 jiānchí	将军 jiāngjūn	教堂 jiàotáng
货币 huòbì	极为 jíwéi	祭祀 jìsì	坚定 jiāndìng	将来 jiānglái	教学 jiàoxué
货物 huòwù	即将 jíjiāng	寄生 jìshēng	坚固 jiāngù	将要 jiāngyào	教训 jiàoxùn
获得 huòdé	即使 jíshǐ	寄生虫	坚决 jiānjué	讲话 jiǎnghuà	教养 jiàoyǎng
获取 huòqǔ	急剧 jíjù	jìshēngchóng	坚强 jiānqiáng	讲述 jiǎngshù	教义 jiàoyì
几乎 jīhū	急忙 jímáng	寄托 jìtuō	坚实 jiānshí	奖金 jiǎngjīn	教育 jiàoyù
饥饿 jī'è	急性 jíxìng	寄主 jìzhǔ	坚硬 jiānyìng	奖励 jiǎnglì	教员 jiàoyuán
机场 jīchǎng	急需 jíxū	寂静 jìjìng	肩膀 jiānbǎng	降低 jiàngdī	阶层 jiēcéng
机车 jīchē	急于 jíyú	寂寞 jìmò	艰巨 jiānjù	降落 jiàngluò	阶段 jiēduàn
机构 jīgòu	疾病 jíbìng	加工 jiāgōng	艰苦 jiānkǔ	降水 jiàngshuǐ	阶级 jiējí
机关 jīguān	集合 jíhé	加紧 jiājǐn	艰难 jiānnán	交叉 jiāochā	结果 jiēguǒ
机能 jīnéng	集会 jíhuì	加剧 jiājù	监督 jiāndū	交错 jiāocuò	接触 jiēchù
机体 jītǐ	集体 jítǐ	加快 jiākuài	监视 jiānshì	交代 jiāodài	接待 jiēdài
机械 jīxiè	集团 jítuán	加强 jiāqiáng	监狱 jiānyù	交换 jiāohuàn	接近 jiējìn
机械化 jīxièhuà	集中 jízhōng	加热 jiārè	检查 jiǎnchá	交际 jiāojì	接连 jiēlián
机制 jīzhì	集资 jízī	加入 jiārù	检验 jiǎnyàn	交流 jiāoliú	接收 jiēshōu

接受 jiēshòu	今后 jīnhòu	经典 jīngdiǎn	究竟 jiūjìng	觉察 juéchá	刊物 kānwù
揭露 jiēlù	今年 jīnnián	经费 jīngfèi	酒精 jiǔjīng	觉悟 juéwù	勘探 kāntàn
揭示 jiēshì	今日 jīnrì	经过 jīngguò	救国 jiùguó	绝对 juéduì	看待 kàndài
街道 jiēdào	今天 jīntiān	经济 jīngjì	救济 jiùjì	绝望 juéwàng	看法 kànfǎ
街头 jiētóu	金额 jīn'é	经理 jīnglǐ	就是 jiùshì	军队 jūnduì	看望 kànwàng
节目 jiémù	金刚石	经历 jīnglì	就算 jiùsuàn	军阀 jūnfá	抗议 kàngyì
节日 jiérì	jīngāngshí	经受 jīngshòu	就业 jiùyè	军官 jūnguān	抗战 kàngzhàn
节省 jiéshěng	金牌 jīnpái	经验 jīngyàn	居民 jūmín	军舰 jūnjiàn	考察 kǎochá
节约 jiéyuē	金钱 jīnqián	经营 jīngyíng	居然 jūrán	军民 jūnmín	考古 kǎogǔ
节奏 jiézòu	金融 jīnróng	惊奇 jīngqí	居于 jūyú	军区 jūnqū	考核 kǎohé
杰出 jiéchū	金属 jīnshǔ	惊人 jīngrén	居住 jūzhù	军人 jūnrén	考虑 kǎolǜ
洁白 jiébái	尽管 jǐnguǎn	惊喜 jīngxǐ	局部 júbù	军事 jūnshì	考试 kǎoshì
结构 jiégòu	尽快 jǐnkuài	惊醒 jīngxǐng	局面 júmiàn	均衡 jūnhéng	考验 kǎoyàn
结果 jiéguǒ	尽量 jǐnliàng	惊讶 jīngyà	局势 júshì	均匀 jūnyún	靠近 kàojìn
结合 jiéhé	紧急 jǐnjí	惊异 jīngyì	局限 júxiàn	君主 jūnzhǔ	科技 kējì
结婚 jiéhūn	紧密 jǐnmì	晶体 jīngtǐ	菊花 júhuā	咖啡 kāfēi	科学 kēxué
结晶 jiéjīng	紧张 jǐnzhāng	精力 jīnglì	咀嚼 jǔjué	开办 kāibàn	科学家 kēxuéjiā
结局 jiéjú	锦标赛	精密 jīngmì	举办 jǔbàn	开采 kāicǎi	科学院
结论 jiélùn	jǐnbiāosài	精确 jīngquè	举动 jǔdòng	开除 kāichú	kēxuéyuàn
结束 jiéshù	谨慎 jǐnshèn	精神 jīngshén	举行 jǔxíng	开创 kāichuàng	科研 kēyán
结算 jiésuàn	尽力 jìnlì	精细 jīngxì	巨大 jùdà	开发 kāifā	颗粒 kēlì
竭力 jiélì	尽量 jìnliàng	精心 jīngxīn	拒绝 jùjué	开放 kāifàng	可爱 kě'ài
姐妹 jiěmèi	进步 jìnbù	精子 jīngzǐ	具备 jùbèi	开关 kāiguān	可见 kějiàn
解除 jiěchú	进程 jìnchéng	景色 jǐngsè	具体 jùtǐ	开花 kāihuā	可靠 kěkào
解答 jiědá	进而 jìn'ér	景物 jǐngwù	具有 jùyǒu	开会 kāihuì	可怜 kělián
解放 jiěfàng	进攻 jìngōng	景象 jǐngxiàng	剧本 jùběn	开垦 kāikěn	可能 kěnéng
解放军	进化 jìnhuà	警察 jǐngchá	剧场 jùchǎng	开口 kāikǒu	可是 kěshì
jiěfàngjūn	进化论	警告 jǐnggào	剧烈 jùliè	开阔 kāikuò	可谓 kěwèi
解决 jiějué	jìnhuàlùn	警惕 jǐngtì	剧团 jùtuán	开门 kāimén	可惜 kěxī
解剖 jiěpōu	进军 jìnjūn	径流 jìngliú	剧种 jùzhǒng	开幕 kāimù	可笑 kěxiào
解散 jiěsàn	进口 jìnkǒu	净化 jìnghuà	据点 jùdiǎn	开辟 kāipì	可以 kěyǐ
解释 jiěshì	进取 jìnqǔ	竞赛 jìngsài	据说 jùshuō	开设 kāishè	渴望 kěwàng
解脱 jiětuō	进入 jìnrù	竞争 jìngzhēng	距离 jùlí	开始 kāishǐ	克服 kèfú
介绍 jièshào	进行 jìnxíng	竟然 jìngrán	聚集 jùjí	开水 kāishuǐ	刻度 kèdù
介质 jièzhì	进展 jìnzhǎn	静脉 jìngmài	决策 juécè	开头 kāitóu	刻画 kèhuà
界限 jièxiàn	近代 jìndài	静止 jìngzhǐ	决定 juédìng	开拓 kāituò	刻苦 kèkǔ
借鉴 jièjiàn	近来 jìnlái	境地 jìngdì	决定性	开玩笑	客观 kèguān
借口 jièkǒu	近似 jìnsì	境界 jìngjiè	juédìngxìng	kāiwánxiào	客气 kèqi
借款 jièkuǎn	禁止 jìnzhǐ	镜头 jìngtóu	决心 juéxīn	开展 kāizhǎn	客体 kètǐ
借用 jièyòng	京剧 jīngjù	纠纷 jiūfēn	决议 juéyì	开支 kāizhī	客厅 kètīng
借助 jièzhù	经常 jīngcháng	纠正 jiūzhèng	角色 juésè	刊登 kāndēng	课本 kèběn

课程 kèchéng	辣椒 làjiāo	理解 lǐjiě	联盟 liánméng	流传 liúchuán	落地 luòdì
课堂 kètáng	来回 láihuí	理论 lǐlùn	联系 liánxì	流动 liúdòng	落后 luòhòu
课题 kètí	来临 láilín	理想 lǐxiǎng	联想 liánxiǎng	流露 liúlù	落实 luòshí
肯定 kěndìng	来往 láiwǎng	理性 lǐxìng	联营 liányíng	流氓 liúmáng	麻醉 mázuì
空间 kōngjiān	来信 láixìn	理由 lǐyóu	廉价 liánjià	流派 liúpài	马车 mǎchē
空军 kōngjūn	来源 láiyuán	理智 lǐzhì	脸色 liǎnsè	流水 liúshuǐ	马路 mǎlù
空气 kōngqì	浪费 làngfèi	力气 lìqì	练习 liànxí	流体 liútǐ	马上 mǎshàng
空前 kōngqián	浪花 lànghuā	力求 lìqiú	恋爱 liàn'ài	流通 liútōng	蚂蚁 mǎyǐ
空虚 kōngxū	劳动 láodòng	力图 lìtú	良好 liánghǎo	流向 liúxiàng	满意 mǎnyì
空中 kōngzhōng	劳动力	力学 lìxué	良心 liángxīn	流行 liúxíng	满足 mǎnzú
孔雀 kǒngquè	láodònglì	历代 lìdài	良种 liángzhǒng	流血 liúxuè	漫长 màncháng
恐怖 kǒngbù	劳动日	历来 lìlái	两岸 liǎng'àn	流域 liúyù	慢性 mànxìng
恐慌 kǒnghuāng	láodòngrì	历史 lìshǐ	两边 liǎngbiān	硫酸 liúsuān	忙碌 mánglù
恐惧 kǒngjù	劳动者	立场 lìchǎng	两极 liǎngjí	垄断 lǒngduàn	盲目 mángmù
恐怕 kǒngpà	láodòngzhě	立法 lìfǎ	两旁 liǎngpáng	笼罩 lǒngzhào	茫然 mángrán
空白 kòngbái	劳力 láolì	立即 lìjí	量子 liàngzǐ	楼房 lóufáng	毛巾 máojīn
控制 kòngzhì	牢固 láogù	立刻 lìkè	辽阔 liáokuò	陆地 lùdì	矛盾 máodùn
口号 kǒuhào	老百姓	立体 lìtǐ	了解 liǎojiě	陆军 lùjūn	冒险 màoxiǎn
口腔 kǒuqiāng	lǎobǎixìng	利害 lìhài	列车 lièchē	陆续 lùxù	贸易 màoyì
口头 kǒutóu	老板 lǎobǎn	利率 lìlǜ	列举 lièjǔ	路程 lùchéng	没事 méishì
口语 kǒuyǔ	老大 lǎodà	利润 lìrùn	烈士 lièshì	路过 lùguò	眉头 méitóu
苦难 kǔnàn	老汉 lǎohàn	利息 lìxī	邻近 línjìn	路线 lùxiàn	媒介 méijiè
苦恼 kǔnǎo	老虎 lǎohǔ	利益 lìyì	林木 línmù	旅馆 lǚguǎn	煤炭 méitàn
库存 kùcún	老年 lǎonián	利用 lìyòng	林业 línyè	旅客 lǚkè	每年 měinián
夸张 kuāzhāng	老人 lǎorén	利于 lìyú	临床 línchuáng	旅行 lǚxíng	美感 měigǎn
快乐 kuàilè	老师 lǎoshī	例如 lìrú	临时 línshí	旅游 lǚyóu	美好 měihǎo
快速 kuàisù	老乡 lǎoxiāng	例外 lìwài	淋巴 línbā	履行 lǚxíng	美化 měihuà
快要 kuàiyào	乐观 lèguān	粒子 lìzǐ	灵感 línggǎn	律师 lǜshī	美丽 měilì
宽大 kuāndà	雷达 léidá	连队 liánduì	灵魂 línghún	绿化 lǜhuà	美妙 měimiào
宽阔 kuānkuò	泪水 lèishuǐ	连接 liánjiē	灵活 línghuó	氯气 lǜqì	美术 měishù
况且 kuàngqiě	类似 lèisì	连结 liánjiē	灵敏 língmǐn	卵巢 luǎncháo	美学 měixué
矿产 kuàngchǎn	类型 lèixíng	连忙 liánmáng	零件 língjiàn	掠夺 lüèduó	美元 měiyuán
矿物 kuàngwù	冷静 lěngjìng	连同 liántóng	零售 língshòu	伦理 lúnlǐ	魅力 mèilì
亏损 kuīsǔn	冷却 lěngquè	连续 liánxù	领导 lǐngdǎo	轮船 lúnchuán	门口 ménkǒu
昆虫 kūnchóng	冷水 lěngshuǐ	莲子 liánzǐ	领会 lǐnghuì	轮廓 lúnkuò	萌发 méngfā
困境 kùnjìng	冷笑 lěngxiào	联邦 liánbāng	领事 lǐngshì	轮流 lúnliú	萌芽 méngyá
扩大 kuòdà	离婚 líhūn	联合 liánhé	领土 lǐngtǔ	论点 lùndiǎn	猛烈 měngliè
扩散 kuòsàn	离开 líkāi	联合国	领袖 lǐngxiù	论述 lùnshù	弥补 míbǔ
扩展 kuòzhǎn	离子 lízǐ	Liánhéguó	领域 lǐngyù	论文 lùnwén	弥漫 mímàn
扩张 kuòzhāng	礼貌 lǐmào	联结 liánjié	另外 lìngwài	论证 lùnzhèng	迷人 mírén
蜡烛 làzhú	礼物 lǐwù	联络 liánluò	留学 liúxué	螺旋 luóxuán	迷信 míxìn

秘密 mìmì	命运 mìngyùn	难于 nányú	农药 nóngyào	配合 pèihé	平行 píngxíng
秘书 mìshū	模范 mófàn	内部 nèibù	农业 nóngyè	配套 pèitào	平原 píngyuán
密度 mìdù	模仿 mófǎng	内地 nèidì	农作物	配置 pèizhì	评价 píngjià
密集 mìjí	模拟 mónǐ	内涵 nèihán	nóngzuòwù	盆地 péndì	评论 pínglùn
密切 mìqiè	模式 móshì	内容 nèiróng	浓度 nóngdù	蓬勃 péngbó	评选 píngxuǎn
蜜蜂 mìfēng	模型 móxíng	内外 nèiwài	浓厚 nónghòu	膨胀 péngzhàng	苹果 píngguǒ
免疫 miǎnyì	摩擦 mócā	内心 nèixīn	奴隶 núlì	批发 pīfā	凭借 píngjiè
勉强 miǎnqiǎng	末期 mòqī	内在 nèizài	奴役 núyì	批判 pīpàn	屏幕 píngmù
面积 miànjī	没落 mòluò	内脏 nèizàng	努力 nǔlì	批评 pīpíng	迫害 pòhài
面孔 miànkǒng	没收 mòshōu	能动 néngdòng	女儿 nǚ'ér	批准 pīzhǔn	迫切 pòqiè
面临 miànlín	陌生 mòshēng	能够 nénggòu	女工 nǚgōng	皮肤 pífū	迫使 pòshǐ
面貌 miànmào	默默 mòmò	能力 nénglì	女人 nǚrén	疲倦 píjuàn	破产 pòchǎn
面目 miànmù	模样 múyàng	能量 néngliàng	女士 nǚshì	疲劳 píláo	破坏 pòhuài
面前 miànqián	母体 mǔtǐ	能源 néngyuán	女性 nǚxìng	譬如 pìrú	破裂 pòliè
描绘 miáohuì	木材 mùcái	泥土 nítǔ	女子 nǚzǐ	偏见 piānjiàn	剖面 pōumiàn
描述 miáoshù	目标 mùbiāo	年初 niánchū	偶尔 ǒu'ěr	偏偏 piānpiān	朴素 pǔsù
描写 miáoxiě	目的 mùdì	年代 niándài	偶然 ǒurán	偏向 piānxiàng	普遍 pǔbiàn
灭亡 mièwáng	目光 mùguāng	年底 niándǐ	偶然性	片刻 piànkè	普及 pǔjí
民兵 mínbīng	目前 mùqián	年度 niándù	ǒuránxìng	片面 piànmiàn	普通 pǔtōng
民歌 míngē	哪些 nǎxiē	年级 niánjí	拍摄 pāishè	拼命 pīnmìng	普通话
民国 Mínguó	那些 nàxiē	年纪 niánjì	排斥 páichì	贫困 pínkùn	Pǔtōnghuà
民间 mínjiān	那样 nàyàng	年间 niánjiān	排除 páichú	贫穷 pínqióng	凄凉 qīliáng
民事 mínshì	纳入 nàrù	年龄 niánlíng	排放 páifàng	频繁 pínfán	期待 qīdài
民俗 mínsú	纳税 nàshuì	年青 niánqīng	排列 páiliè	频率 pínlǜ	期货 qīhuò
民众 mínzhòng	乃至 nǎizhì	年轻 niánqīng	派出所	品德 pǐndé	期间 qījiān
民主 mínzhǔ	耐心 nàixīn	宁静 níngjìng	pàichūsuǒ	品质 pǐnzhì	期望 qīwàng
民族 mínzú	男女 nánnǚ	凝固 nínggù	派遣 pàiqiǎn	品种 pǐnzhǒng	期限 qīxiàn
敏感 mǐngǎn	男人 nánrén	凝结 níngjié	判处 pànchǔ	乒乓球	欺骗 qīpiàn
敏捷 mǐnjié	男性 nánxìng	凝聚 níngjù	判定 pàndìng	pīngpāngqiú	其次 qícì
敏锐 mǐnruì	男子 nánzǐ	凝视 níngshì	判断 pànduàn	平常 píngcháng	其间 qíjiān
名称 míngchēng	南北 nánběi	牛顿 niúdùn	判决 pànjué	平等 píngděng	其实 qíshí
名词 míngcí	南方 nánfāng	扭转 niǔzhuǎn	盼望 pànwàng	平凡 píngfán	其他 qítā
名义 míngyì	南极 nánjí	农产品	庞大 pángdà	平分 píngfēn	其余 qíyú
明亮 míngliàng	难道 nándào	nóngchǎnpǐn	旁边 pángbiān	平衡 pínghéng	其中 qízhōng
明年 míngnián	难得 nándé	农场	抛弃 pāoqì	平静 píngjìng	奇怪 qíguài
明确 míngquè	难怪 nánguài	nóngchǎng	炮弹 pàodàn	平均 píngjūn	奇迹 qíjì
明天 míngtiān	难过 nánguò	农村 nóngcūn	胚胎 pēitāi	平面 píngmiàn	奇特 qítè
明显 míngxiǎn	难免 nánmiǎn	农户 nónghù	培训 péixùn	平民 píngmín	奇异 qíyì
命令 mìnglìng	难受 nánshòu	农具 nóngjù	培养 péiyǎng	平日 píngrì	旗帜 qízhì
命名 mìngmíng	难题 nántí	农民 nóngmín	培育 péiyù	平时 píngshí	企图 qǐtú
命题 mìngtí	难以 nányǐ	农田 nóngtián	赔偿 péicháng	平坦 píngtǎn	企业 qǐyè

启发 qǐfā	前往 qiánwǎng	轻微 qīngwēi	取消 qǔxiāo	热情 rèqíng	日前 rìqián
启示 qǐshì	前夕 qiánxī	轻易 qīngyì	去年 qùnián	热心 rèxīn	日趋 rìqū
起初 qǐchū	前线 qiánxiàn	轻重 qīngzhòng	去世 qùshì	人才 réncái	日夜 rìyè
起点 qǐdiǎn	潜力 qiánlì	氢气 qīngqì	趣味 qùwèi	人格 réngé	日益 rìyì
起伏 qǐfú	潜在 qiánzài	倾听 qīngtīng	权力 quánlì	人工 réngōng	荣誉 róngyù
起码 qǐmǎ	强大 qiángdà	倾向 qīngxiàng	权利 quánlì	人家 rénjiā	容量 róngliàng
起身 qǐshēn	强盗 qiángdào	倾斜 qīngxié	权威 quánwēi	人间 rénjiān	容纳 róngnà
起义 qǐyì	强调 qiángdiào	清晨 qīngchén	权益 quányì	人均 rénjūn	容器 róngqì
起源 qǐyuán	强度 qiángdù	清除 qīngchú	全部 quánbù	人口 rénkǒu	溶剂 róngjì
气愤 qìfèn	强化 qiánghuà	清洁 qīngjié	全局 quánjú	人类 rénlèi	溶解 róngjiě
气候 qìhòu	强烈 qiángliè	清理 qīnglǐ	全面 quánmiàn	人力 rénlì	溶液 róngyè
气流 qìliú	强制 qiángzhì	清晰 qīngxī	全民 quánmín	人民 rénmín	熔点 róngdiǎn
气体 qìtǐ	墙壁 qiángbì	清醒 qīngxǐng	全球 quánqiú	人民币 rénmínbì	融合 rónghé
气团 qìtuán	抢救 qiǎngjiù	情报 qíngbào	全身 quánshēn	人群 rénqún	柔和 róuhé
气味 qìwèi	悄悄 qiāoqiāo	情操 qíngcāo	全体 quántǐ	人身 rénshēn	柔软 róuruǎn
气温 qìwēn	桥梁 qiáoliáng	情感 qínggǎn	缺点 quēdiǎn	人生 rénshēng	肉体 ròutǐ
气息 qìxī	巧妙 qiǎomiào	情节 qíngjié	缺乏 quēfá	人士 rénshì	如此 rúcǐ
气象 qìxiàng	切实 qièshí	情景 qíngjǐng	缺少 quēshǎo	人事 rénshì	如果 rúguǒ
气压 qìyā	侵犯 qīnfàn	情境 qíngjìng	缺陷 quēxiàn	人体 réntǐ	如何 rúhé
气质 qìzhì	侵略 qīnlüè	情况 qíngkuàng	确保 quèbǎo	人为 rénwéi	如今 rújīn
汽车 qìchē	侵权 qīnquán	情趣 qíngqù	确定 quèdìng	人物 rénwù	如同 rútóng
汽油 qìyóu	侵入 qīnrù	请求 qǐngqiú	确立 quèlì	人心 rénxīn	如下 rúxià
契约 qìyuē	侵蚀 qīnshí	请示 qǐngshì	确切 quèqiè	人性 rénxìng	儒家 Rújiā
器材 qìcái	侵占 qīnzhàn	庆祝 qìngzhù	确认 quèrèn	人员 rényuán	入侵 rùqīn
器官 qìguān	亲密 qīnmì	穷人 qióngrén	确实 quèshí	人造 rénzào	入手 rùshǒu
恰当 qiàdàng	亲切 qīnqiè	秋季 qiūjì	群落 qúnluò	忍耐 rěnnài	入学 rùxué
恰好 qiàhǎo	亲热 qīnrè	秋天 qiūtiān	群体 qúntǐ	忍受 rěnshòu	若干 ruògān
千方百计	亲人 qīnrén	求证 qiúzhèng	群众 qúnzhòng	认定 rèndìng	若是 ruòshì
qiānfāng-bǎijì	亲属 qīnshǔ	酋长 qiúzhǎng	然而 rán'ér	认识论	弱点 ruòdiǎn
千克 qiānkè	亲眼 qīnyǎn	区别 qūbié	然后 ránhòu	rènshílùn	三角 sānjiǎo
迁移 qiānyí	亲友 qīnyǒu	区分 qūfēn	燃料 ránliào	认为 rènwéi	三角形
铅笔 qiānbǐ	亲自 qīnzì	区域 qūyù	燃烧 ránshāo	认真 rènzhēn	sānjiǎoxíng
签订 qiāndìng	勤劳 qínláo	曲线 qūxiàn	染色 rǎnsè	任何 rènhé	散射 sǎnshè
前方 qiánfāng	青春 qīngchūn	曲折 qūzhé	染色体 rǎnsètǐ	任命 rènmìng	散文 sǎnwén
前后 qiánhòu	青年 qīngnián	驱逐 qūzhú	扰动 rǎodòng	任意 rènyì	散布 sànbù
前进 qiánjìn	青蛙 qīngwā	屈服 qūfú	扰乱 rǎoluàn	仍旧 réngjiù	散步 sànbù
前景 qiánjǐng	轻工业	趋势 qūshì	热爱 rè'ài	仍然 réngrán	散发 sànfā
前期 qiánqī	qīnggōngyè	趋向 qūxiàng	热带 rèdài	日报 rìbào	丧失 sàngshī
前人 qiánrén	轻声 qīngshēng	渠道 qúdào	热量 rèliàng	日常 rìcháng	扫荡 sǎodàng
前提 qiántí	轻视 qīngshì	取代 qǔdài	热烈 rèliè	日记 rìjì	色彩 sècǎi
前途 qiántú	轻松 qīngsōng	取得 qǔdé	热能 rènéng	日期 rìqī	森林 sēnlín

僧侣 sēnglǚ	上下 shàngxià	深入 shēnrù	声响	实力 shílì	事先 shìxiān
杀害 shāhài	上学 shàngxué	深夜 shēnyè	shēngxiǎng	实例 shílì	事业 shìyè
沙发 shāfā	上衣 shàngyī	深远 shēnyuǎn	声音 shēngyīn	实施 shíshī	势必 shìbì
沙漠 shāmò	上游 shàngyóu	神话 shénhuà	牲畜 shēngchù	实体 shítǐ	势能 shìnéng
沙滩 shātān	上涨	神经 shénjīng	圣经 Shèngjīng	实物 shíwù	试管 shìguǎn
山地 shāndì	shàngzhǎng	神秘 shénmì	胜利 shènglì	实现 shíxiàn	试图 shìtú
山峰 shānfēng	稍稍 shāoshāo	神奇 shénqí	盛行 shèngxíng	实行 shíxíng	试验 shìyàn
山谷 shāngǔ	稍微 shāowēi	神情 shénqíng	剩余 shèngyú	实验 shíyàn	试制 shìzhì
山林 shānlín	少量 shǎoliàng	神色 shénsè	尸体 shītǐ	实用 shíyòng	视觉 shìjué
山路 shānlù	少数 shǎoshù	神圣 shénshèng	失败 shībài	实在 shízài	视线 shìxiàn
山脉 shānmài	少年 shàonián	神态 shéntài	失掉 shīdiào	实质 shízhì	视野 shìyě
山区 shānqū	少女 shàonǚ	神学 shénxué	失去 shīqù	食品 shípǐn	是非 shìfēi
山水 shānshuǐ	设备 shèbèi	审查 shěnchá	失调 shītiáo	食堂 shítáng	是否 shìfǒu
山头 shāntóu	设法 shèfǎ	审美 shěnměi	失望 shīwàng	食物 shíwù	适当 shìdàng
闪电 shǎndiàn	设计 shèjì	审判 shěnpàn	失误 shīwù	食盐 shíyán	适合 shìhé
闪光 shǎnguāng	设立 shèlì	甚至 shènzhì	失业 shīyè	食用 shíyòng	适宜 shìyí
闪烁 shǎnshuò	设施 shèshī	渗透 shèntòu	师范 shīfàn	史学 shǐxué	适应 shìyìng
善良 shànliáng	设想 shèxiǎng	慎重 shènzhòng	师长 shīzhǎng	使劲 shǐjìn	适用 shìyòng
善于 shànyú	设置 shèzhì	生产 shēngchǎn	诗歌 shīgē	使命 shǐmìng	逝世 shìshì
伤害 shānghài	社会 shèhuì	生产力	诗人 shīrén	使用 shǐyòng	释放 shìfàng
伤口 shāngkǒu	社会学	shēngchǎnlì	诗意 shīyì	始终 shǐzhōng	收购 shōugòu
伤心 shāngxīn	shèhuìxué	生成	施肥 shīféi	士兵 shìbīng	收回 shōuhuí
伤员 shāngyuán	射击 shèjī	shēngchéng	施工 shīgōng	氏族 shìzú	收获 shōuhuò
商标 shāngbiāo	射线 shèxiàn	生存 shēngcún	施行 shīxíng	示范 shìfàn	收集 shōují
商店 shāngdiàn	涉及 shèjí	生动 shēngdòng	湿度 shīdù	示威 shìwēi	收入 shōurù
商品 shāngpǐn	摄影 shèyǐng	生活 shēnghuó	湿润 shīrùn	世代 shìdài	收缩 shōusuō
商人 shāngrén	申请 shēnqǐng	生理 shēnglǐ	石灰 shíhuī	世纪 shìjì	收益 shōuyì
商业 shāngyè	伸手 shēnshǒu	生命 shēngmìng	石油 shíyóu	世界 shìjiè	收音机
上班 shàngbān	身边 shēnbiān	生命力	时常 shícháng	世界观	shōuyīnjī
上层 shàngcéng	身材 shēncái	shēngmìnglì	时代 shídài	shìjièguān	手臂 shǒubì
上帝 Shàngdì	身后 shēnhòu	生气 shēngqì	时而 shí'ér	市场 shìchǎng	手表 shǒubiǎo
上级 shàngjí	身躯 shēnqū	生前 shēngqián	时机 shíjī	市民 shìmín	手段 shǒuduàn
上课 shàngkè	身体 shēntǐ	生态 shēngtài	时间 shíjiān	事变 shìbiàn	手法 shǒufǎ
上空 shàngkōng	身心 shēnxīn	生物 shēngwù	时节 shíjié	事故 shìgù	手工 shǒugōng
上山 shàngshān	身影 shēnyǐng	生意 shēngyì	时刻 shíkè	事后 shìhòu	手工业
上升	深沉 shēnchén	生育 shēngyù	时空 shíkōng	事迹 shìjì	shǒugōngyè
shàngshēng	深度 shēndù	生	时髦 shímáo	事件 shìjiàn	手脚 shǒujiǎo
上市 shàngshì	深厚 shēnhòu	长 shēngzhǎng	时期 shíqī	事例 shìlì	手榴弹
上述 shàngshù	深化 shēnhuà	生殖 shēngzhí	识别 shíbié	事实 shìshí	shǒuliúdàn
上诉 shàngsù	深刻 shēnkè	声调 shēngdiào	实际 shíjì	事务 shìwù	手枪 shǒuqiāng
上午 shàngwǔ	深情 shēnqíng	声明 shēngmíng	实践 shíjiàn	事物 shìwù	手势 shǒushì

手术 shǒushù	衰变 shuāibiàn	思考 sīkǎo	缩短 suōduǎn	特色 tèsè	天文 tiānwén
手续 shǒuxù	衰老 shuāilǎo	思路 sīlù	缩小 suōxiǎo	特殊 tèshū	天下 tiānxià
手掌 shǒuzhǎng	率领 shuàilǐng	思索 sīsuǒ	所属 suǒshǔ	特性 tèxìng	天真 tiānzhēn
手指 shǒuzhǐ	双方	思维 sīwéi	所谓 suǒwèi	特意 tèyì	天主教
守恒 shǒuhéng	shuāngfāng	思想 sīxiǎng	所以 suǒyǐ	特征 tèzhēng	Tiānzhǔjiào
首都 shǒudū	水稻 shuǐdào	思想家	所有 suǒyǒu	疼痛 téngtòng	田地 tiándì
首领 shǒulǐng	水分 shuǐfèn	sīxiǎngjiā	所有制	提倡 tíchàng	田野 tiányě
首先 shǒuxiān	水果 shuǐguǒ	死亡 sǐwáng	suǒyǒuzhì	提高 tígāo	挑选 tiāoxuǎn
首要 shǒuyào	水库 shuǐkù	死刑 sǐxíng	所在 suǒzài	提供 tígōng	条件 tiáojiàn
首长 shǒuzhǎng	水利 shuǐlì	四边形	他人 tārén	提炼 tíliàn	条款 tiáokuǎn
寿命 shòumìng	水流 shuǐliú	sìbiānxíng	台风 táifēng	提起 tíqǐ	条例 tiáolì
受精 shòujīng	水面 shuǐmiàn	四处 sìchù	抬头 táitóu	提前 tíqián	条约 tiáoyuē
受伤 shòushāng	水泥 shuǐní	四面 sìmiàn	太空 tàikōng	提取 tíqǔ	调和 tiáohé
狩猎 shòuliè	水平 shuǐpíng	四肢 sìzhī	太平 tàipíng	提醒 tíxǐng	调节 tiáojié
书包 shūbāo	水汽 shuǐqì	四周 sìzhōu	太阳能	提议 tíyì	调解 tiáojiě
书本 shūběn	水手 shuǐshǒu	寺院 sìyuàn	tàiyángnéng	题材 tícái	调整 tiáozhěng
书籍 shūjí	水位 shuǐwèi	似乎 sìhū	太阳系	题目 tímù	挑战 tiǎozhàn
书面 shūmiàn	水文 shuǐwén	饲料 sìliào	tàiyángxì	体裁 tǐcái	跳动 tiàodòng
书写 shūxiě	水银 shuǐyín	饲养 sìyǎng	谈话 tánhuà	体操 tǐcāo	跳舞 tiàowǔ
抒情 shūqíng	水源 shuǐyuán	搜集 sōují	谈论 tánlùn	体会 tǐhuì	跳跃 tiàoyuè
舒适 shūshì	水蒸气	俗称 súchēng	谈判 tánpàn	体积 tǐjī	铁路 tiělù
输出 shūchū	shuǐzhēngqì	诉讼 sùsòng	弹簧 tánhuáng	体力 tǐlì	听话 tīnghuà
输入 shūrù	税收 shuìshōu	素材 sùcái	弹性 tánxìng	体温 tǐwēn	听觉 tīngjué
输送 shūsòng	睡觉 shuìjiào	素质 sùzhì	坦克 tǎnkè	体系 tǐxì	听取 tīngqǔ
蔬菜 shūcài	睡眠 shuìmián	速度 sùdù	叹息 tànxī	体现 tǐxiàn	听众 tīngzhòng
熟练 shúliàn	顺利 shùnlì	速率 sùlǜ	探测 tàncè	体验 tǐyàn	停顿 tíngdùn
属性 shǔxìng	顺手 shùnshǒu	宿舍 sùshè	探索 tànsuǒ	体育 tǐyù	停留 tíngliú
属于 shǔyú	顺序 shùnxù	塑料 sùliào	探讨 tàntǎo	体制 tǐzhì	停止 tíngzhǐ
术语 shùyǔ	瞬间 shùnjiān	塑造 sùzào	倘若 tǎngruò	体质 tǐzhì	通常 tōngcháng
束缚 shùfù	说服 shuōfú	虽然 suīrán	逃避 táobì	体重 tǐzhòng	通道 tōngdào
树干 shùgàn	说话 shuōhuà	虽说 suīshuō	逃跑 táopǎo	替代 tìdài	通电 tōngdiàn
树立 shùlì	说明 shuōmíng	随便 suíbiàn	逃走 táozǒu	天才 tiāncái	通过 tōngguò
树林 shùlín	司法 sīfǎ	随后 suíhòu	陶冶 táoyě	天地 tiāndì	通红 tōnghóng
树木 shùmù	司机 sījī	随即 suíjí	淘汰 táotài	天鹅 tiān'é	通信 tōngxìn
树种 shùzhǒng	司令 sīlìng	随时 suíshí	讨论 tǎolùn	天空 tiānkōng	通讯 tōngxùn
数据 shùjù	丝毫 sīháo	随意 suíyì	讨厌 tǎoyàn	天气 tiānqì	通用 tōngyòng
数量 shùliàng	私人 sīrén	岁月 suìyuè	特别 tèbié	天然 tiānrán	通知 tōngzhī
数目 shùmù	私营 sīyíng	损害 sǔnhài	特地 tèdì	天然气	同伴 tóngbàn
数学 shùxué	私有 sīyǒu	损耗 sǔnhào	特点 tèdiǎn	tiānránqì	同胞 tóngbāo
数值 shùzhí	私有制 sīyǒuzhì	损伤 sǔnshāng	特定 tèdìng	天生 tiānshēng	同等 tóngděng
数字 shùzì	思潮 sīcháo	损失 sǔnshī	特权 tèquán	天体 tiāntǐ	同行 tóngháng

同化 tónghuà	屠杀 túshā	外在 wàizài	为难 wéinán	文艺 wényì	物理 wùlǐ
同类 tónglèi	土地 tǔdì	外资 wàizī	为人 wéirén	文章 wénzhāng	物力 wùlì
同年 tóngnián	土匪 tǔfěi	弯曲 wānqū	为首 wéishǒu	文字 wénzì	物品 wùpǐn
同期 tóngqī	土壤 tǔrǎng	完备 wánbèi	为止 wéizhǐ	稳定 wěndìng	物体 wùtǐ
同情 tóngqíng	湍流 tuānliú	完毕 wánbì	违背 wéibèi	问世 wènshì	物质 wùzhì
同时 tóngshí	团结 tuánjié	完成 wánchéng	违法 wéifǎ	问题 wèntí	物种 wùzhǒng
同事 tóngshì	团体 tuántǐ	完美 wánměi	违反 wéifǎn	卧室 wòshì	物资 wùzī
同行 tóngxíng	团员 tuányuán	完全 wánquán	围剿 wéijiǎo	握手 wòshǒu	误差 wùchā
同学 tóngxué	推测 tuīcè	完善 wánshàn	围绕 wéirào	乌龟 wūguī	误会 wùhuì
同样 tóngyàng	推动 tuīdòng	完整 wánzhěng	维持 wéichí	污染 wūrǎn	误解 wùjiě
同意 tóngyì	推翻 tuīfān	玩具 wánjù	维护 wéihù	无比 wúbǐ	西北 xīběi
同志 tóngzhì	推广 tuīguǎng	玩笑 wánxiào	维生素	无从 wúcóng	西方 xīfāng
童话 tónghuà	推荐 tuījiàn	顽强 wánqiáng	wéishēngsù	无法 wúfǎ	西风 xīfēng
童年 tóngnián	推进 tuījìn	晚饭 wǎnfàn	维新 wéixīn	无非 wúfēi	西南 xīnán
统计 tǒngjì	推理 tuīlǐ	晚期 wǎnqī	维修 wéixiū	无关 wúguān	西欧 Xī'ōu
统一 tǒngyī	推论 tuīlùn	万物 wànwù	伟大 wěidà	无机 wújī	吸附 xīfù
统治 tǒngzhì	推销 tuīxiāo	万一 wànyī	纬度 wěidù	无可奈何	吸取 xīqǔ
痛苦 tòngkǔ	推行 tuīxíng	王朝 wángcháo	委托 wěituō	wúkě-nàihé	吸收 xīshōu
偷偷 tōutōu	退出 tuìchū	王国 wángguó	委员 wěiyuán	无力 wúlì	吸引 xīyǐn
头顶 tóudǐng	退化 tuìhuà	网络 wǎngluò	委员会	无论 wúlùn	希望 xīwàng
头脑 tóunǎo	退休 tuìxiū	往来 wǎnglái	wěiyuánhuì	无情 wúqíng	牺牲 xīshēng
投产 tóuchǎn	拖拉机 tuōlājī	往往 wǎngwǎng	卫生 wèishēng	无穷 wúqióng	稀少 xīshǎo
投机 tóujī	脱离 tuōlí	忘记 wàngjì	卫星 wèixīng	无声 wúshēng	熄灭 xīmiè
投入 tóurù	脱落 tuōluò	旺盛	为何 wèhé	无数 wúshù	习惯 xíguàn
投降 tóuxiáng	妥协 tuǒxié	wàngshèng	未必 wèibì	无限 wúxiàn	习俗 xísú
投资 tóuzī	挖掘 wājué	望远镜	未曾 wèicéng	无线电	习性 xíxìng
透镜 tòujìng	歪曲 wāiqū	wàngyuǎnjìng	未来 wèilái	wúxiàndiàn	袭击 xíjī
透明 tòumíng	外表 wàibiǎo	危害 wēihài	位移 wèiyí	无效 wúxiào	洗澡 xǐzǎo
突变 tūbiàn	外部 wàibù	危机 wēijī	温带 wēndài	无形 wúxíng	喜爱 xǐ'ài
突出 tūchū	外地 wàidì	危险 wēixiǎn	温度 wēndù	无疑 wúyí	喜剧 xǐjù
突击 tūjī	外国 wàiguó	威力 wēilì	温度计 wēndùjì	无意 wúyì	喜悦 xǐyuè
突破 tūpò	外汇 wàihuì	威胁 wēixié	温和 wēnhé	无知 wúzhī	戏剧 xìjù
突然 tūrán	外交 wàijiāo	威信 wēixìn	温暖 wēnnuǎn	武力 wǔlì	戏曲 xìqǔ
图案 tú'àn	外界 wàijiè	微观 wēiguān	温柔 wēnróu	武器 wǔqì	系列 xìliè
图画 túhuà	外科 wàikē	微粒 wēilì	文化 wénhuà	武装 wǔzhuāng	系数 xìshù
图书 túshū	外来 wàilái	微弱 wēiruò	文件 wénjiàn	侮辱 wǔrǔ	系统 xìtǒng
图书馆	外力 wàilì	微生物	文明 wénmíng	舞蹈 wǔdǎo	细胞 xìbāo
túshūguǎn	外贸 wàimào	wēishēngwù	文人 wénrén	舞剧 wǔjù	细节 xìjié
图形 túxíng	外商 wàishāng	微微 wēiwēi	文物 wénwù	舞台 wǔtái	细菌 xìjūn
图纸 túzhǐ	外形 wàixíng	微小 wēixiǎo	文献 wénxiàn	物化 wùhuà	细小 xìxiǎo
途径 tújìng	外语 wàiyǔ	微笑 xēixiào	文学 wénxué	物价 wùjià	细心 xìxīn

细致 xìzhì	现代化	享有 xiǎngyǒu	效果 xiàoguǒ	信息 xìnxī	姓名 xìngmíng
狭隘 xiá'ài	xiàndàihuà	响声	效力 xiàolì	信心 xìnxīn	兄弟 xiōngdì
狭义 xiáyì	现今 xiànjīn	xiǎngshēng	效率 xiàolǜ	信仰 xìnyǎng	胸脯 xiōngpú
狭窄 xiázhǎi	现金 xiànjīn	响应 xiǎngyìng	效益 xiàoyì	信用 xìnyòng	雄伟 xióngwěi
下班 xiàbān	现实 xiànshí	想像	效应 xiàoyìng	兴奋 xīngfèn	休眠 xiūmián
下层 xiàcéng	现象 xiànxiàng	xiǎngxiàng	协定 xiédìng	兴建 xīngjiàn	修辞 xiūcí
下达 xiàdá	现行 xiànxíng	想像力	协会 xiéhuì	兴起 xīngqǐ	修复 xiūfù
下颌 xiàhé	现在 xiànzài	xiǎngxiànglì	协商 xiéshāng	星际 xīngjì	修改 xiūgǎi
下级 xiàjí	现状 xiànzhuàng	向来 xiànglái	协调 xiétiáo	星期 xīngqī	修建 xiūjiàn
下降 xiàjiàng	限度 xiàndù	向上	协同 xiétóng	星球 xīngqiú	修理 xiūlǐ
下列 xiàliè	限于 xiànyú	xiàngshàng	协议 xiéyì	星系 xīngxì	修养 xiūyǎng
下令 xiàlìng	限制 xiànzhì	向往 xiàngwǎng	协助 xiézhù	星云 xīngyún	修正 xiūzhèng
下落 xiàluò	线段 xiànduàn	项目 xiàngmù	协作 xiézuò	刑罚 xíngfá	需求 xūqiú
下属 xiàshǔ	线路 xiànlù	象征	携带 xiédài	刑法 xíngfǎ	需要 xūyào
下午 xiàwǔ	线圈 xiànquān	xiàngzhēng	写作 xiězuò	刑事 xíngshì	许多 xǔduō
下旬 xiàxún	线索 xiànsuǒ	橡胶 xiàngjiāo	心底 xīndǐ	行动 xíngdòng	许可 xǔkě
下游 xiàyóu	线条 xiàntiáo	橡皮 xiàngpí	心理 xīnlǐ	行军 xíngjūn	叙述 xùshù
夏季 xiàjì	宪法 xiànfǎ	消除 xiāochú	心灵 xīnlíng	行人 xíngrén	宣布 xuānbù
夏天 xiàtiān	陷入 xiànrù	消毒 xiāodú	心情 xīnqíng	行使 xíngshǐ	宣传 xuānchuán
先后 xiānhòu	陷于 xiànyú	消费 xiāofèi	心事 xīnshì	行驶 xíngshǐ	宣告 xuāngào
先进 xiānjìn	羡慕 xiànmù	消费品	心头 xīntóu	行为 xíngwéi	宣言 xuānyán
先前 xiānqián	献身 xiànshēn	xiāofèipǐn	心血 xīnxuè	行星 xíngxīng	宣扬 xuānyáng
先天 xiāntiān	乡村 xiāngcūn	消耗 xiāohào	心脏 xīnzàng	行政 xíngzhèng	悬挂 xuánguà
纤维 xiānwéi	相当 xiāngdāng	消化 xiāohuà	辛苦 xīnkǔ	行走 xíngzǒu	旋律 xuánlǜ
掀起 xiānqǐ	相等 xiāngděng	消极 xiāojí	辛勤 xīnqín	形成 xíngchéng	旋转 xuánzhuǎn
鲜花 xiānhuā	相对 xiāngduì	消灭 xiāomiè	欣赏 xīnshǎng	形容 xíngróng	选拔 xuǎnbá
鲜明 xiānmíng	相反 xiāngfǎn	消失 xiāoshī	新陈代谢	形式 xíngshì	选举 xuǎnjǔ
鲜血 xiānxuè	相关 xiāngguān	消亡 xiāowáng	xīnchén-dàixiè	形势 xíngshì	选手 xuǎnshǒu
鲜艳 xiānyàn	相互 xiānghù	硝酸 xiāosuān	新娘 xīnniáng	形态 xíngtài	选用 xuǎnyòng
显露 xiǎnlù	相继 xiāngjì	销售 xiāoshòu	新奇 xīnqí	形体 xíngtǐ	选择 xuǎnzé
显然 xiǎnrán	相交 xiāngjiāo	小麦 xiǎomài	新人 xīnrén	形象 xíngxiàng	削弱 xuēruò
显示 xiǎnshì	相近 xiāngjìn	小朋友	新式 xīnshì	形状	学会 xuéhuì
显微镜	相连 xiānglián	xiǎopéngyǒu	新闻 xīnwén	xíngzhuàng	学科 xuékē
xiǎnwēijìng	相似 xiāngsì	小时 xiǎoshí	新兴 xīnxīng	兴趣 xìngqù	学派 xuépài
显现 xiǎnxiàn	相通 xiāngtōng	小型 xiǎoxíng	新型 xīnxíng	幸福 xìngfú	学术 xuéshù
显著 xiǎnzhù	相同 xiāngtóng	小学 xiǎoxué	新颖 xīnyǐng	性别 xìngbié	学说 xuéshuō
县城 xiànchéng	相信 xiāngxìn	小学生	信贷 xìndài	性格 xìnggé	学堂 xuétáng
现场	相应 xiāngyìng	xiǎoxuéshēng	信号 xìnhào	性能 xìngnéng	学徒 xuétú
xiànchǎng	香烟 xiāngyān	小组 xiǎozǔ	信念 xìnniàn	性情 xìngqíng	学习 xuéxí
现存 xiàncún	详细 xiángxì	校长 xiàozhǎng	信任 xìnrèn	性质 xìngzhì	学校 xuéxiào
现代 xiàndài	享受 xiǎngshòu	笑容 xiàoróng	信徒 xìntú	性状 xìngzhuàng	学员 xuéyuán

学院 xuéyuàn	掩盖 yǎngài	也许 yěxǔ	医生 yīshēng	艺术家 yìshùjiā	应当 yīngdāng
学者 xuézhě	掩护 yǎnhù	冶金 yějīn	医学 yīxué	议会 yìhuì	应该 yīnggāi
雪白 xuěbái	眼光 yǎnguāng	冶炼 yěliàn	医药 yīyào	议论 yìlùn	英雄 yīngxióng
雪花 xuěhuā	眼镜 yǎnjìng	野蛮 yěmán	医院 yīyuàn	议员 yìyuán	英勇 yīngyǒng
血管 xuèguǎn	眼看 yǎnkàn	野生 yěshēng	依次 yīcì	异常 yìcháng	婴儿 yīng'ér
血液 xuèyè	眼泪 yǎnlèi	野兽 yěshòu	依法 yīfǎ	抑制 yìzhì	迎接 yíngjiē
寻求 xúnqiú	眼前 yǎnqián	野外 yěwài	依附 yīfù	易于 yìyú	荧光屏
寻找 xúnzhǎo	眼神 yǎnshén	业务 yèwù	依旧 yījiù	意境 yìjìng	yíngguāngpíng
询问 xúnwèn	演变 yǎnbiàn	业余 yèyú	依据 yījù	意图 yìtú	盈利 yínglì
循环 xúnhuán	演唱 yǎnchàng	叶片 yèpiàn	依靠 yīkào	意外 yìwài	营养 yíngyǎng
训练 xùnliàn	演出 yǎnchū	夜间 yèjiān	依赖 yīlài	意味 yìwèi	营业 yíngyè
迅速 xùnsù	演化 yǎnhuà	夜晚 yèwǎn	依然 yīrán	意象 yìxiàng	赢得 yíngdé
压力 yālì	演讲 yǎnjiǎng	液态 yètài	依照 yīzhào	意义 yìyì	影片 yǐngpiàn
压迫 yāpò	演说 yǎnshuō	一般 yìbān	仪器 yíqì	意志 yìzhì	影响 yǐngxiǎng
压强 yāqiáng	演绎 yǎnyì	一半 yíbàn	仪式 yíshì	毅然 yìrán	应用 yìngyòng
压缩 yāsuō	演员 yǎnyuán	一边 yìbiān	移动 yídòng	因此 yīncǐ	拥护 yōnghù
压抑 yāyì	演奏 yǎnzòu	一带 yídài	移民 yímín	因地制宜	拥挤 yōngjǐ
压制 yāzhì	厌恶 yànwù	一旦 yídàn	移植 yízhí	yīndì-zhìyí	拥有 yōngyǒu
鸦片 yāpiàn	宴会 yànhuì	一定 yídìng	遗产 yíchǎn	因而 yīn'ér	永恒 yǒnghéng
牙齿 yáchǐ	验证 yànzhèng	一度 yídù	遗传 yíchuán	因果 yīnguǒ	永久 yǒngjiǔ
延长 yáncháng	羊毛 yángmáo	一端 yìduān	遗憾 yíhàn	因素 yīnsù	永远 yǒngyuǎn
延伸 yánshēn	阳光	一共 yígòng	遗留 yíliú	因子 yīnzǐ	勇敢 yǒnggǎn
延续 yánxù	yángguāng	一贯 yíguàn	遗址 yízhǐ	阴谋 yīnmóu	勇气 yǒngqì
严格 yángé	养分 yǎngfèn	一连 yìlián	遗嘱 yízhǔ	阴阳 yīnyáng	勇于 yǒngyú
严寒 yánhán	养料 yǎngliào	一律 yílǜ	疑惑 yíhuò	阴影 yīnyǐng	涌现 yǒngxiàn
严峻 yánjùn	养殖 yǎngzhí	一面 yímiàn	疑问 yíwèn	音调 yīndiào	用户 yònghù
严厉 yánlì	氧化 yǎnghuà	一旁 yìpáng	以便 yǐbiàn	音阶 yīnjiē	用力 yònglì
严密 yánmì	氧气 yǎngqì	一齐 yìqí	以后 yǐhòu	音节 jīnjié	用品 yòngpǐn
严肃 yánsù	样本 yàngběn	一起 yìqǐ	以及 yǐjí	音响 yīnxiǎng	用途 yòngtú
严重 yánzhòng	样品 yàngpǐn	一切 yíqiè	以来 yǐlái	音乐 yīnyuè	优点 yōudiǎn
言论 yánlùn	样式 yàngshì	一时 yìshí	以免 yǐmiǎn	银行 yínháng	优惠 yōuhuì
言语 yányǔ	要求 yāoqiú	一体 yìtǐ	以内 yǐnèi	引导 yǐndǎo	优良 yōuliáng
岩石 yánshí	邀请 yāoqǐng	一同 yìtóng	以前 yǐqián	引进 yǐnjìn	优美 yōuměi
沿岸 yán'àn	摇头 yáotóu	一线 yíxiàn	以外 yǐwài	引力 yǐnlì	优势 yōushì
沿海 yánhǎi	遥感 yáogǎn	一向 yíxiàng	以往 yǐwǎng	引起 yǐnqǐ	优先 yōuxiān
研究 yánjiū	遥远 yáoyuǎn	一心 yìxīn	以为 yǐwéi	引用 yǐnyòng	优秀 yōuxiù
研究生	药品 yàopǐn	一再 yízài	以下 yǐxià	饮食 yǐnshí	优越 yōuyuè
yánjiūshēng	药物 yàowù	一早 yìzǎo	以至 yǐzhì	隐蔽 yǐnbì	优质 yōuzhì
研制 yánzhì	要紧 yàojǐn	一直 yìzhí	以致 yǐzhì	隐藏 yǐncáng	忧郁 yōuyù
盐酸 yánsuān	要素 yàosù	一致 yízhì	义务 yìwù	印刷 yìnshuā	幽默 yōumò
颜色 yánsè	耶稣 Yēsū	医疗 yīliáo	艺术 yìshù	印象 yìnxiàng	悠久 yōujiǔ

尤其 yóuqí	予以 yǔyǐ	源泉 yuánquán	早期 zǎoqī	章程	震惊 zhènjīng
尤为 yóuwéi	宇宙 yǔzhòu	远方 yuǎnfāng	早日 zǎorì	zhāngchéng	镇压 zhènyā
由于 yóuyú	羽毛 yǔmáo	愿望 yuànwàng	早已 zǎoyǐ	长官 zhǎngguān	争夺 zhēngduó
邮票 yóupiào	雨水 yǔshuǐ	约束 yuēshù	造就 zàojiù	掌握 zhǎngwò	争论 zhēnglùn
犹如 yóurú	语法 yǔfǎ	月初 yuèchū	造型 zàoxíng	障碍 zhàng'ài	争取 zhēngqǔ
犹豫 yóuyù	语句 yǔjù	月份 yuèfèn	责任 zérèn	招待 zhāodài	征服 zhēngfú
油画 yóuhuà	语气 yǔqì	月光 yuèguāng	责任感	招生 zhāoshēng	征求 zhēngqiú
油田 yóutián	语文 yǔwén	月球 yuèqiú	zérèngǎn	着急 zháojí	征收 zhēngshōu
游击 yóujī	语言 yǔyán	乐队 yuèduì	怎样 zěnyàng	召集 zhàojí	蒸发 zhēngfā
游击队 yóujīduì	语音 yǔyīn	乐器 yuèqì	增产 zēngchǎn	召开 zhàokāi	蒸气 zhēngqì
游戏 yóuxì	玉米 yùmǐ	乐曲 yuèqǔ	增多 zēngduō	照例 zhàolì	整顿 zhěngdùn
游行 yóuxíng	育种 yùzhǒng	阅读 yuèdú	增高 zēnggāo	照明 zhàomíng	整个 zhěnggè
游泳 yóuyǒng	预报 yùbào	越冬 yuèdōng	增加 zēngjiā	照片 zhàopiàn	整理 zhěnglǐ
友好 yǒuhǎo	预备 yùbèi	越过 yuèguò	增进 zēngjìn	照射 zhàoshè	整齐 zhěngqí
友人 yǒurén	预测 yùcè	允许 yǔnxǔ	增强 zēngqiáng	照相 zhàoxiàng	整体 zhěngtǐ
友谊 yǒuyì	预定 yùdìng	运动 yùndòng	增添 zēngtiān	照相机	正常
有关 yǒuguān	预防 yùfáng	运动员	增长	zhàoxiàngjī	zhèngcháng
有机 yǒujī	预计 yùjì	yùndòngyuán	zēngzhǎng	照样 zhàoyàng	正当 zhèngdāng
有力 yǒulì	预料 yùliào	运输 yùnshū	增殖 zēngzhí	照耀 zhàoyào	正当 zhèngdàng
有利 yǒulì	预期 yùqī	运算 yùnsuàn	炸弹 zhàdàn	折射 zhéshè	正规 zhèngguī
有名 yǒumíng	预算 yùsuàn	运行 yùnxíng	债务 zhàiwù	哲学 zhéxué	正好 zhènghǎo
有趣 yǒuqù	预先 yùxiān	运用 yùnyòng	展开 zhǎnkāi	这些 zhèxiē	正面 zhèngmiàn
有如 yǒurú	预言 yùyán	运转 yùnzhuǎn	展览 zhǎnlǎn	这样 zhèyàng	正确 zhèngquè
有时 yǒushí	欲望 yùwàng	蕴藏 yùncáng	展示 zhǎnshì	针对 zhēnduì	正式 zhèngshì
有限 yǒuxiàn	元素 yuánsù	杂交 zájiāo	展现 zhǎnxiàn	针灸 zhēnjiǔ	正义 zhèngyì
有效 yǒuxiào	原材料	杂志 zázhì	崭新 zhǎnxīn	侦查 zhēnchá	正在 zhèngzài
有益 yǒuyì	yuáncáiliào	杂质 zázhì	占据 zhànjù	侦察 zhēnchá	证据 zhèngjù
有意 yǒuyì	原来 yuánlái	灾难 zāinàn	占领 zhànlǐng	珍贵 zhēnguì	证明 zhèngmíng
右手 yòushǒu	原理 yuánlǐ	栽培 zāipéi	占用 zhànyòng	珍珠 zhēnzhū	证实 zhèngshí
幼虫 yòuchóng	原谅 yuánliàng	再见 zàijiàn	占有 zhànyǒu	真诚 zhēnchéng	证书 zhèngshū
幼儿 yòu'ér	原料 yuánliào	再现 zàixiàn	战场 zhànchǎng	真空 zhēnkōng	政策 zhèngcè
幼苗 yòumiáo	原始 yuánshǐ	在场 zàichǎng	战斗 zhàndòu	真理 zhēnlǐ	政党 zhèngdǎng
幼年 yòunián	原先 yuánxiān	在家 zàijiā	战国 zhànguó	真实 zhēnshí	政府 zhèngfǔ
诱导 yòudǎo	原因 yuányīn	在于 zàiyú	战略 zhànlüè	真正 zhēnzhèng	政权 zhèngquán
于是 yúshì	原则 yuánzé	暂时 zànshí	战胜 zhànshèng	诊断 zhěnduàn	政委 zhèngwěi
余地 yúdì	原子 yuánzǐ	赞成 zànchéng	战士 zhànshì	阵地 zhèndì	政治 zhèngzhì
娱乐 yúlè	原子核	赞美 zànměi	战术 zhànshù	振荡 zhèndàng	症状
渔业 yúyè	yuánzǐhé	赞叹 zàntàn	战线 zhànxiàn	振动 zhèndòng	zhèngzhuàng
愉快 yúkuài	圆心 yuánxīn	赞扬 zànyáng	战役 zhànyì	振奋 zhènfèn	之后 zhīhòu
舆论 yúlùn	援助 yuánzhù	遭受 zāoshòu	战友 zhànyǒu	振兴 zhènxīng	之前 zhīqián
与其 yǔqí	缘故 yuángù	遭遇 zāoyù	战争 zhànzhēng	震动 zhèndòng	支部 zhībù

支撑 zhīchēng　指定 zhǐdìng　中午 zhōngwǔ　昼夜 zhòuyè　专业 zhuānyè　资金 zījīn
支持 zhīchí　指挥 zhǐhuī　中心 zhōngxīn　诸如 zhūrú　专用 zhuānyòng　资料 zīliào
支出 zhīchū　指令 zhǐlìng　中性 zhōngxìng　逐步 zhúbù　专政　资源 zīyuán
支队 zhīduì　指明 zhǐmíng　中学 zhōngxué　逐渐 zhújiàn　　zhuānzhèng　滋味 zīwèi
支付 zhīfù　指示 zhǐshì　中学生　逐年 zhúnián　专制 zhuānzhì　子弹 zǐdàn
支配 zhīpèi　指数 zhǐshù　zhōngxuéshēng　主编 zhǔbiān　转变 zhuǎnbiàn　子弟 zǐdì
支援 zhīyuán　指责 zhǐzé　中旬 zhōngxún　主持 zhǔchí　转动 zhuǎndòng　子宫 zǐgōng
枝条 zhītiáo　至此 zhìcǐ　中央 zhōngyāng　主导 zhǔdǎo　转化 zhuǎnhuà　子女 zǐnǚ
枝叶 zhīyè　至今 zhìjīn　中叶 zhōngyè　主动 zhǔdòng　转换 zhuǎnhuàn　子孙 zǐsūn
知觉 zhījué　至少 zhìshǎo　中医 zhōngyī　主观 zhǔguān　转身 zhuǎnshēn　仔细 zǐxì
脂肪 zhīfáng　至于 zhìyú　中原 zhōngyuán　主管 zhǔguǎn　转向　姊妹 zǐmèi
执行 zhíxíng　制订 zhìdìng　中子 zhōngzǐ　主教 zhǔjiào　zhuǎnxiàng　自称 zìchēng
直观 zhíguān　制定 zhìdìng　忠诚　主力 zhǔlì　转移 zhuǎnyí　自从 zìcóng
直角 zhíjiǎo　制度 zhìdù　zhōngchéng　主权 zhǔquán　转动 zhuàndòng　自动 zìdòng
直接 zhíjiē　制品 zhìpǐn　忠实 zhōngshí　主人公　转向　自动化
直径 zhíjìng　制约 zhìyuē　终究 zhōngjiū　zhǔréngōng　zhuànxiàng　zìdònghuà
直觉 zhíjué　制造 zhìzào　终年 zhōngnián　主任 zhǔrèn　庄严 zhuāngyán　自发 zìfā
直立 zhílì　制止 zhìzhǐ　终身 zhōngshēn　主题 zhǔtí　装备 zhuāngbèi　自豪 zìháo
直辖市 zhíxiáshì　制作 zhìzuò　终于 zhōngyú　主体 zhǔtǐ　装饰 zhuāngshì　自己 zìjǐ
直线 zhíxiàn　质变 zhìbiàn　钟头 zhōngtóu　主席 zhǔxí　装置 zhuāngzhì　自觉 zìjué
直至 zhízhì　质量 zhìliàng　肿瘤 zhǒngliú　主要 zhǔyào　壮大 zhuàngdà　自力更生
值班 zhíbān　质子 zhìzǐ　种类 zhǒnglèi　主义 zhǔyì　状况　zìlì-gēngshēng
职工 zhígōng　治安 zhì'ān　种群 zhǒngqún　主语 zhǔyǔ　zhuàngkuàng　自然 zìrán
职能 zhínéng　治理 zhìlǐ　种族 zhǒngzú　主张 zhǔzhāng　状态 zhuàngtài　自然界 zìránjiè
职权 zhíquán　治疗 zhìliáo　中毒 zhòngdú　助手 zhùshǒu　追究 zhuījiū　自杀 zìshā
职务 zhíwù　致富 zhìfù　众多 zhòngduō　住房 zhùfáng　追求 zhuīqiú　自身 zìshēn
职业 zhíyè　致使 zhìshǐ　众人 zhòngrén　住宅 zhùzhái　追逐 zhuīzhú　自卫 zìwèi
职员 zhíyuán　秩序 zhìxù　种植 zhòngzhí　贮藏 zhùcáng　准备 zhǔnbèi　自我 zìwǒ
职责 zhízé　智慧 zhìhuì　重大 zhòngdà　贮存 zhùcún　准确 zhǔnquè　自信 zìxìn
植物 zhíwù　智力 zhìlì　重点 zhòngdiǎn　注射 zhùshè　准则 zhǔnzé　自行 zìxíng
植株 zhízhū　智能 zhìnéng　重工业　注视 zhùshì　卓越 zhuóyuè　自行车
殖民 zhímín　中等 zhōngděng　zhònggōngyè　注意 zhùyì　啄木鸟　zìxíngchē
殖民地 zhímíndì　中断 zhōngduàn　重力 zhònglì　注重 zhùzhòng　zhuómùniǎo　自由 zìyóu
只得 zhǐdé　中华 zhōnghuá　重量　祝贺 zhùhè　着手 zhuóshǒu　自愿 zìyuàn
只顾 zhǐgù　中间 zhōngjiān　zhòngliàng　著名 zhùmíng　着重 zhuózhòng　自在 zìzài
只好 zhǐhǎo　中年 zhōngnián　重视 zhòngshì　著作 zhùzuò　琢磨 zhuómó　自治 zìzhì
只是 zhǐzhì　中期 zhōngqī　重要 zhòngyào　抓紧 zhuājǐn　咨询 zīxún　自治区 zìzhìqū
只要 zhǐyào　中世纪　周年 zhōunián　专家 zhuānjiā　姿势 zīshì　自主 zìzhǔ
只有 zhǐyǒu　zhōngshìjì　周期 zhōuqī　专利 zhuānlì　姿态 zītài　自转 zìzhuàn
指标 zhǐbiāo　中枢 zhōngshū　周围 zhōuwéi　专门 zhuānmén　资本 zīběn　字母 zìmǔ
指导 zhǐdǎo　中外 zhōngwài　周转 zhōuzhuǎn　专题 zhuāntí　资产 zīchǎn　宗教 zōngjiào

表一（续）

宗旨 zōngzhǐ　总之 zǒngzhī　阻止 zǔzhǐ　最后 zuìhòu　遵守 zūnshǒu　作物 zuòwù
综合 zōnghé　纵队 zòngduì　组合 zǔhé　最近 zuìjìn　遵循 zūnxún　作业 zuòyè
总额 zǒng'é　走廊 zǒuláng　组织 zǔzhī　最为 zuìwéi　昨天 zuótiān　作用 zuòyòng
总和 zǒnghé　走向 zǒuxiàng　祖父 zǔfù　最终 zuìzhōng　左手 zuǒshǒu　作战 zuòzhàn
总结 zǒngjié　租界 zūjiè　祖国 zǔguó　罪恶 zuì'è　左右 zuǒyòu　作者 zuòzhě
总理 zǒnglǐ　足够 zúgòu　祖母 zǔmǔ　罪犯 zuìfàn　作法 zuòfǎ　坐标 zuòbiāo
总数 zǒngshù　足球 zúqiú　祖先 zǔxiān　罪行 zuìxíng　作风 zuòfēng　座位 zuòwèi
总算 zǒngsuàn　足以 zúyǐ　钻研 zuānyán　尊敬 zūnjìng　作家 zuòjiā　做法 zuòfǎ
总体 zǒngtǐ　阻碍 zǔ'ài　嘴唇 zuǐchún　尊严 zūnyán　作品 zuòpǐn　做梦 zuòmèng
总统 zǒngtǒng　阻力 zǔlì　最初 zuìchū　尊重 zūnzhòng　作为 zuòwéi

【表二】

哀愁 āichóu　安葬 ānzàng　懊丧 àosàng　白话 báihuà　拜访 bàifǎng　半途 bàntú
哀悼 āidào　按摩 ànmó　八股 bāgǔ　白话文 báihuàwén　拜年 bàinián　半圆 bànyuán
哀求 āiqiú　按捺 ànnà　八卦 bāguà　白桦 báihuà　班车 bānchē　伴侣 bànlǚ
哀伤 āishāng　按钮 ànniǔ　八仙桌 bāxiānzhuō　白酒 báijiǔ　班级 bānjí　帮办 bāngbàn
哀怨 āiyuàn　按期 ànqī　八字 bāzì　白人 báirén　班主任 bānzhǔrèn　帮工 bānggōng
哀乐 āiyuè　按时 ànshí　芭蕉 bājiāo　白日 báirì　颁发 bānfā　帮凶 bāngxiōng
皑皑 ái'ái　按说 ànshuō　芭蕾舞 bālěiwǔ　白薯 báishǔ　斑白 bānbái　绑架 bǎngjià
矮小 áixiǎo　案例 ànlì　疤痕 bāhén　白糖 báitáng　斑驳 bānbó　棒球 bàngqiú
爱戴 àidài　案情 ànqíng　拔除 báchú　白皙 báixī　斑点 bāndiǎn　包办 bāobàn
爱抚 àifǔ　案头 àntóu　拔节 bájié　白眼 báiyǎn　斑斓 bānlán　包庇 bāobì
爱慕 àimù　暗藏 àncáng　拔腿 bátuǐ　白蚁 báiyǐ　斑纹 bānwén　包工 bāogōng
爱惜 àixī　暗淡 àndàn　跋涉 báshè　白银 báiyín　搬迁 bānqiān　包裹 bāoguǒ
碍事 àishì　暗号 ànhào　把柄 bǎbǐng　白昼 báizhòu　搬用 bānyòng　包揽 bāolǎn
安插 ānchā　暗杀 ànshā　把持 bǎchí　百般 bǎibān　板栗 bǎnlì　包罗万象
安顿 āndùn　暗自 ànzì　把守 bǎshǒu　百分比 bǎifēnbǐ　版本 bǎnběn　bāoluó-wànxiàng
安放 ānfàng　黯然 ànrán　把戏 bǎxì　百合 bǎihé　版画 bǎnhuà　包容 bāoróng
安分 ānfèn　昂贵 ángguì　靶场 bǎchǎng　百花齐放 bǎihuā-qífàng　版面 bǎnmiàn　包销 bāoxiāo
安抚 ānfǔ　昂然 ángrán　罢官 bàguān　百货 bǎihuò　版权 bǎnquán　包扎 bāozā
安家 ānjiā　昂首 ángshǒu　罢课 bàkè　百家争鸣 bǎijiā-zhēngmíng　版图 bǎntú　饱含 bǎohán
安居乐业 ānjū-lèyè　昂扬 ángyáng　罢免 bàmiǎn　百科全书 bǎikēquánshū　办案 bàn'àn　饱满 bǎomǎn
安理会 Ānlǐhuì　盎然 àngrán　罢休 bàxiū　百灵 bǎilíng　办公 bàngōng　宝剑 bǎojiàn
安宁 ānníng　凹陷 āoxiàn　霸权 bàquán　柏油 bǎiyóu　办学 bànxué　宝库 bǎokù
安生 ānshēng　遨游 áoyóu　霸王 bàwáng　百科全书 bǎikēquánshū　半边 bànbiān　宝塔 bǎotǎ
安稳 ānwěn　翱翔 áoxiáng　霸占 bàzhàn　半成品 bànchéngpǐn　宝物 bǎowù
安息 ānxī　傲慢 àomàn　白菜 báicài　百灵 bǎilíng　半成品 bànchéngpǐn　宝藏 bǎozàng
安闲 ānxián　傲然 àorán　白费 báifèi　柏油 bǎiyóu　半截 bànjié　宝座 bǎozuò
安详 ānxiáng　奥妙 àomiào　白骨 báigǔ　败坏 bàihuài　半空 bànkōng　保安 bǎo'ān
安逸 ānyì　懊悔 àohuǐ　白果 báiguǒ　败仗 bàizhàng　半路 bànlù　保护色 bǎohùsè

保健 bǎojiàn	暴徒 bàotú	倍增 bèizēng	比值 bǐzhí	编织 biānzhī	标识 biāozhì
保密 bǎomì	暴行 bàoxíng	被单 bèidān	彼岸 bǐ'àn	编撰 biānzhuàn	表白 biǎobái
保姆 bǎomǔ	暴躁 bàozào	被褥 bèirù	笔触 bǐchù	编纂 biānzuǎn	表格 biǎogé
保全 bǎoquán	暴涨 bàozhǎng	奔波 bēnbō	笔法 bǐfǎ	鞭策 biāncè	表决 biǎojué
保温 bǎowēn	爆裂 bàoliè	奔驰 bēnchí	笔画 bǐhuà	鞭打 biāndǎ	表露 biǎolù
保险丝	爆破 bàopò	奔放 bēnfàng	笔迹 bǐjì	鞭炮 biānpào	表率 biǎoshuài
bǎoxiǎnsī	爆竹 bàozhú	奔赴 bēnfù	笔尖 bǐjiān	贬低 biǎndī	表态 biǎotài
保养 bǎoyǎng	卑鄙 bēibǐ	奔流 bēnliú	笔名 bǐmíng	贬义 biǎnyì	别出心裁
保佑 bǎoyòu	卑劣 bēiliè	奔腾 bēnténg	笔墨 bǐmò	贬值 biǎnzhí	biéchū-xīncái
保证金	卑微 bēiwēi	奔涌 bēnyǒng	笔直 bǐzhí	变故 biàngù	别具一格
bǎozhèngjīn	卑下 bēixià	奔走 bēnzǒu	鄙视 bǐshì	变幻 biànhuàn	biéjù-yīgé
保证人	悲愤 bēifèn	本部 běnbù	鄙夷 bǐyí	变卖 biànmài	别开生面
bǎozhèngrén	悲观 bēiguān	本分 běnfèn	币制 bìzhì	变色 biànsè	biékāi-shēngmiàn
保重 bǎozhòng	悲苦 bēikǔ	本行 běnháng	必需品 bìxūpǐn	变数 biànshù	别名 biémíng
堡垒 bǎolěi	悲凉 bēiliáng	本家 běnjiā	毕生 bìshēng	变通 biàntōng	别墅 biéshù
报表 bàobiǎo	悲伤 bēishāng	本科 běnkē	闭幕 bìmù	变相 biànxiàng	别有用心
报仇 bàochóu	悲痛 bēitòng	本色 běnsè	闭塞 bìsè	变性 biànxìng	biéyǒu-yòngxīn
报答 bàodá	悲壮 bēizhuàng	本土 běntǔ	庇护 bìhù	变压器 biànyāqì	宾馆 bīnguǎn
报导 bàodǎo	碑文 bēiwén	本位 běnwèi	陛下 bìxià	变样 biànyàng	宾客 bīnkè
报到 bàodào	北半球	本义 běnyì	婢女 bìnǚ	变质 biànzhì	宾语 bīnyǔ
报废 bàofèi	běibànqiú	本意 běnyì	弊端 bìduān	变种 biànzhǒng	宾主 bīnzhǔ
报馆 bàoguǎn	北国 běiguó	本原 běnyuán	碧波 bìbō	便秘 biànmì	濒临 bīnlín
报警 bàojǐng	北极 běijí	本源 běnyuán	碧绿 bìlù	便衣 biànyī	濒于 bīnyú
报考 bàokǎo	北极星 běijíxīng	笨重 bènzhòng	壁垒 bìlěi	遍布 biànbù	摈弃 bìnqì
报请 bàoqǐng	贝壳 bèiké	笨拙 bènzhuō	避雷针	遍地 biàndì	冰雹 bīngbáo
报社 bàoshè	备案 bèi'àn	绷带 bēngdài	bìléizhēn	遍及 biànjí	冰点 bīngdiǎn
报喜 bàoxǐ	备课 bèikè	迸发 bèngfā	避风 bìfēng	辩证 biànzhèng	冰冻 bīngdòng
报销 bàoxiāo	备用 bèiyòng	逼近 bījìn	避难 bìnàn	辩驳 biànbó	冰窖 bīngjiào
报信 bàoxìn	备战 bèizhàn	逼迫 bīpò	臂膀 bìbǎng	辩护人	冰晶 bīngjīng
抱不平	背包 bèibāo	逼真 bīzhēn	弊病 bìbìng	biànhùrén	冰冷 bīnglěng
bàobùpíng	背道而驰	鼻尖 bíjiān	边陲 biānchuí	辩解 biànjiě	冰凉 bīngliáng
抱负 bàofù	bèidào'érchí	鼻梁 bíliáng	边防 biānfáng	辩论 biànlùn	冰山 bīngshān
抱歉 bàoqiàn	背风 bèifēng	鼻腔 bíqiāng	边际 biānjì	标榜 biāobǎng	冰天雪地
鲍鱼 bàoyú	背脊 bèijǐ	鼻音 bíyīn	边沿 biānyán	标兵 biāobīng	bīngtiān-xuědì
暴发 bàofā	背离 bèilí	匕首 bǐshǒu	边远 biānyuǎn	标尺 biāochǐ	冰箱 bīngxiāng
暴风雪	背面 bèimiàn	比分 bǐfēn	编导 biāndǎo	标的 biāodì	兵法 bīngfǎ
bàofēngxuě	背叛 bèipàn	比例尺 bǐlìchǐ	编号 biānhào	标记 biāojì	兵家 bīngjiā
暴风雨	背诵 bèisòng	比率 bǐlù	编码 biānmǎ	标明 biāomíng	兵器 bīngqì
bàofēngyǔ	背心 bèixīn	比拟 bǐnǐ	编排 biānpái	标签 biāoqiān	兵团 bīngtuán
暴君 bàojūn	背影 bèiyǐng	比热 bǐrè	编造 biānzào	标新立异	兵役 bīngyì
暴乱 bàoluàn	倍数 bèishù	比武 bǐwǔ	编者 biānzhě	biāoxīn-lìyì	兵营 bīngyíng

兵站 bīngzhàn	波涛 bōtāo	不符 bùfú	布告 bùgào	彩虹 cǎihóng	惨败 cǎnbài
兵种 bīngzhǒng	波纹 bōwén	不甘 bùgān	布景 bùjǐng	彩绘 cǎihuì	惨死 cǎnsǐ
饼干 bǐnggān	波折 bōzhé	不敢当	布匹 bùpǐ	彩礼 cǎilǐ	惨痛 cǎntòng
屏息 bǐngxī	剥离 bōlí	bùgǎndāng	布衣 bùyī	彩旗 cǎiqí	惨重 cǎnzhòng
并发 bìngfā	剥蚀 bōshí	不计其数	步兵 bùbīng	彩塑 cǎisù	仓促 cāngcù
并肩 bìngjiān	菠菜 bōcài	bùjì-qíshù	步履 bùlǚ	彩陶 cǎitáo	仓皇 cānghuáng
并进 bìngjìn	菠萝 bōluó	不胫而走	步枪 bùqiāng	菜场 càichǎng	沧桑 cāngsāng
并举 bìngjǔ	播放 bōfàng	bùjìng'érzǒu	步行 bùxíng	菜刀 càidāo	苍翠 cāngcuì
并联 bìnglián	播送 bōsòng	不可思议	部件 bùjiàn	菜蔬 càishū	苍老 cānglǎo
并列 bìngliè	伯父 bófù	bùkě-sīyì	部属 bùshǔ	菜肴 càiyáo	苍茫 cángmáng
并排 bìngpái	伯乐 Bólè	不可一世	部委 bùwěi	菜园 càiyuán	苍穹 cāngqióng
并行 bìngxíng	伯母 bómǔ	bùkě-yīshì	部下 bùxià	参见 cānjiàn	苍天 cāngtiān
并重 bìngzhòng	驳斥 bóchì	不力 bùlì	擦拭 cāshì	参军 cānjūn	藏身 cángshēn
病程 bìngchéng	驳回 bóhuí	不妙 bùmiào	猜测 cāicè	参看 cānkàn	藏书 cángshū
病床	博爱 bó'ài	不配 bùpèi	猜想 cāixiǎng	参赛 cānsài	操办 cāobàn
bìngchuáng	博大 bódà	不屈 bùqū	猜疑 cāiyí	参天 cāntiān	操场 cāochǎng
病房 bìngfáng	博得 bódé	不忍 bùrěn	才干 cáigàn	参议院	操持 cāochí
病根 bìnggēn	博览会 bólǎnhuì	不善 bùshàn	才华 cáihuá	cānyìyuàn	操劳 cāoláo
病故 bìnggù	博物馆	不适 bùshì	才智 cáizhì	参预 cānyù	操练 cāoliàn
病害 bìnghài	bówùguǎn	不速之客	财经 cáijīng	参阅 cānyuè	操心 cāoxīn
病号 bìnghào	搏击 bójī	bùsùzhīkè	财会 cáikuài	参展 cānzhǎn	嘈杂 cáozá
病菌 bìngjūn	补给 bǔjǐ	不祥 bùxiáng	财贸 cáimào	参战 cānzhàn	草本 cǎoběn
病例 bìnglì	补救 bǔjiù	不像话	财权 cáiquán	参政 cānzhèng	草场 cǎochǎng
病魔 bìngmó	补课 bǔkè	bù xiànghuà	财团 cáituán	餐具 cānjù	草丛 cǎocóng
病史 bìngshǐ	补习 bǔxí	不孝 bùxiào	财物 cáiwù	餐厅 cāntīng	草帽 cǎomào
病榻 bìngtà	补助 bǔzhù	不屑 bùxiè	财源 cáiyuán	餐桌 cānzhuō	草莓 cǎoméi
病态 bìngtài	补足 bǔzú	不懈 bùxiè	裁定 cáidìng	残暴 cánbào	草拟 cǎonǐ
病痛 bìngtòng	捕获 bǔhuò	不休 bùxiū	裁减 cáijiǎn	残存 cáncún	草皮 cǎopí
病因 bìngyīn	捕杀 bǔshā	不朽 bùxiǔ	裁剪 cáijiǎn	残废 cánfèi	草坪 cǎopíng
病员 bìngyuán	哺乳 bǔrǔ	不锈钢	裁决 cáijué	残害 cánhài	草率 cǎoshuài
病原体	哺育 bǔyù	bùxiùgāng	裁军 cáijūn	残留 cánliú	草图 cǎotú
bìngyuántǐ	不齿 bùchǐ	不言而喻	裁判 cáipàn	残破 cánpò	草屋 cǎowū
病灶 bìngzào	不得了 bùdéliǎo	bùyán'éryù	采伐 cǎifá	残缺 cánquē	草鞋 cǎoxié
病症 bìngzhèng	不得已 bùdéyǐ	不一 bùyī	采掘 cǎijué	残忍 cánrěn	草药 cǎoyào
摒弃 bìngqì	不动产	不依 bùyī	采矿 cǎikuàng	残杀 cánshā	厕所 cèsuǒ
拨款 bōkuǎn	bùdòngchǎn	不以为然	采纳 cǎinà	蚕豆 cándòu	侧耳 cè'ěr
波段 bōduàn	不动声色	bùyǐwéirán	采写 cǎixiě	蚕食 cánshí	侧身 cèshēn
波峰 bōfēng	bùdòng-shēngsè	不约而同	采样 cǎiyàng	蚕丝 cánsī	测绘 cèhuì
波谷 bōgǔ	不乏 bùfá	bùyuē'értóng	采油 cǎiyóu	惭愧 cánkuì	测试 cèshì
波及 bōjí	不法 bùfǎ	不只 bùzhǐ	采摘 cǎizhāi	惨案 cǎn'àn	测算 cèsuàn
波澜 bōlán	不凡 bùfán	不至于 bùzhìyú	彩电 cǎidiàn	惨白 cǎnbái	策动 cèdòng

策划 cèhuà

层出不穷 céngchū-bùqióng

层面 céngmiàn

叉腰 chāyāo

差错 chācuò

差额 chā'é

插队 chāduì

插话 chāhuà

插曲 chāqǔ

插手 chāshǒu

插图 chātú

插秧 chāyāng

插嘴 chāzuǐ

茶点 chádiǎn

茶花 cháhuā

茶几 chájī

茶具 chájù

茶水 cháshuǐ

茶园 cháyuán

查处 cháchǔ

查对 cháduì

查获 cháhuò

查禁 chájìn

查看 chákàn

查问 cháwèn

查询 cháxún

查阅 cháyuè

查找 cházhǎo

察觉 chájué

察看 chákàn

刹那 chànà

诧异 chàyì

拆除 chāichú

拆毁 chāihuǐ

拆迁 chāiqiān

拆卸 chāixiè

差使 chāishǐ

柴油 cháiyóu

搀扶 chānfú

禅宗 chánzōng

缠绵 chánmián

缠绕 chánrào

潺潺 chánchán

蟾蜍 chánchú

产妇 chǎnfù

产权 chǎnquán

产销 chǎnxiāo

铲除 chǎnchú

阐发 chǎnfā

阐释 chǎnshì

颤动 chàndòng

忏悔 chànhuǐ

猖獗 chāngjué

猖狂 chāngkuáng

娼妓 chāngjì

长臂猿 chángbìyuán

长波 chángbō

长笛 chángdí

长方形 chángfāngxíng

长工 chánggōng

长颈鹿 chángjǐnglù

长空 chángkōng

长年 chángnián

长袍 chángpáo

长跑 chángpǎo

长篇 chángpiān

长衫 chángshān

长寿 chángshòu

长叹 chángtàn

长途 chángtú

长线 chángxiàn

长夜 chángyè

长于 chángyú

长足 chángzú

肠胃 chángwèi

常人 chángrén

常设 chángshè

常态 chángtài

常委 chángwěi

常温 chángwēn

常务 chángwù

常住 chángzhù

尝新 chángxīn

偿付 chángfù

偿还 chánghuán

厂家 chǎngjiā

厂矿 chǎngkuàng

厂商 chǎngshāng

场景 chǎngjǐng

敞开 chǎngkāi

怅惘 chàngwǎng

畅快 chàngkuài

畅所欲言 chàngsuǒyùyán

畅谈 chàngtán

畅通 chàngtōng

畅销 chàngxiāo

倡导 chàngdǎo

倡议 chàngyì

唱词 chàngcí

唱片 chàngpiàn

唱腔 chàngqiāng

唱戏 chàngxì

抄袭 chāoxí

抄写 chāoxiě

钞票 chāopiào

超产 chāochǎn

超常 chāocháng

超导体 chāodǎotǐ

超级 chāojí

超前 chāoqián

超然 chāorán

超人 chāorén

超声波 chāoshēngbō

超脱 chāotuō

巢穴 cháoxué

朝拜 cháobài

朝代 cháodài

朝向 cháoxiàng

朝阳 cháoyáng

朝野 cháoyě

朝政 cháozhèng

嘲讽 cháofěng

嘲弄 cháonòng

嘲笑 cháoxiào

潮水 cháoshuǐ

潮汐 cháoxī

吵架 chǎojià

吵闹 chǎonào

吵嘴 chǎozuǐ

车床 chēchuáng

车队 chēduì

车夫 chēfū

车祸 chēhuò

车门 chēmén

车身 chēshēn

车头 chētóu

扯皮 chěpí

撤换 chèhuàn

撤回 chèhuí

撤离 chèlí

撤退 chètuì

撤销 chèxiāo

撤职 chèzhí

臣民 chénmín

尘埃 chén'āi

尘土 chéntǔ

沉寂 chénjì

沉降 chénjiàng

沉浸 chénjìn

沉静 chénjìng

沉沦 chénlún

沉闷 chénmèn

沉没 chénmò

沉睡 chénshuì

沉痛 chéntòng

沉吟 chényín

沉郁 chényù

沉醉 chénzuì

陈腐 chénfǔ

陈规 chénguī

陈迹 chénjì

陈列 chénliè

陈设 chénshè

晨光 chénguāng

晨曦 chénxī

衬衫 chènshān

衬托 chèntuō

衬衣 chènyī

趁机 chènjī

趁势 chènshì

趁早 chènzǎo

称职 chènzhí

称霸 chēngbà

称道 chēngdào

称颂 chēngsòng

称谓 chēngwèi

撑腰 chēngyāo

成败 chéngbài

成才 chéngcái

成材 chéngcái

成风 chéngfēng

成活 chénghuó

成家 chéngjiā

成见 chéngjiàn

成交 chéngjiāo

成名 chéngmíng

成品 chéngpǐn

成亲 chéngqīn

成全 chéngquán

成书 chéngshū

成套 chéngtào

成天 chéngtiān

成行 chéngxíng

成形 chéngxíng

成因 chéngyīn

丞相 chéngxiàng

诚然 chéngrán

诚心 chéngxīn

诚挚 chéngzhì

承办 chéngbàn

承继 chéngjì

承建 chéngjiàn

承袭 chéngxí

城堡 chéngbǎo

城郊 chéngjiāo

城楼 chénglóu

城墙 chéngqiáng

城区 chéngqū

乘法 chéngfǎ

乘方 chéngfāng

乘积 chéngjī

乘凉 chéngliáng

乘务员 chéngwùyuán

乘坐 chéngzuò

惩办 chéngbàn

惩处 chéngchǔ

惩戒 chéngjiè

惩治 chéngzhì

澄清 chéngqīng

吃苦 chīkǔ

吃亏 chīkuī

吃水 chīshuǐ

吃香 chīxiāng

痴呆 chīdāi

驰骋 chíchěng

驰名 chímíng

迟到 chídào

迟缓 chíhuǎn

迟疑 chíyí

迟早 chízǎo
持之以恒
　chízhīyǐhéng
持重 chízhòng
齿轮 chǐlún
齿龈 chǐyín
耻辱 chǐrǔ
斥责 chìzé
赤诚 chìchéng
赤裸 chìluǒ
赤手空拳
　chìshǒu-kōngquán
赤字 chìzì
炽烈 chìliè
炽热 chìrè
冲淡 chōngdàn
冲锋 chōngfēng
冲积 chōngjī
冲刷 chōngshuā
冲天 chōngtiān
冲洗 chōngxǐ
冲撞
　chōngzhuàng
充斥 chōngchì
充电 chōngdiàn
充饥 chōngjī
充沛 chōngpèi
充塞 chōngsè
充血 chōngxuè
充溢 chōngyì
充裕 chōngyù
憧憬 chōngjǐng
重叠 chóngdié
重逢 chóngféng
重申 chóngshēn
重围 chóngwéi
重行 chóngxíng
重修 chóngxiū
重演 chóngyǎn
崇敬 chóngjìng
崇尚 chóngshàng

宠爱 chǒng'ài
宠儿 chǒng'ér
抽查 chōuchá
抽搐 chōuchù
抽打 chōudǎ
抽调 chōudiào
抽空 chōukòng
抽泣 chōuqì
抽签 chōuqiān
抽取 chōuqǔ
抽穗 chōusuì
抽样 chōuyàng
踌躇 chóuchú
仇敌 chóudí
仇人 chóurén
仇视 chóushì
惆怅
　chóuchàng
绸缎 chóuduàn
稠密 chóumì
愁苦 chóukǔ
筹办 chóubàn
筹备 chóubèi
筹措 chóucuò
筹划 chóuhuà
筹集 chóují
筹建 chóujiàn
丑恶 chǒu'è
丑陋 chǒulòu
臭氧 chòuyǎng
出兵 chūbīng
出差 chūchāi
出厂 chūchǎng
出场 chūchǎng
出动 chūdòng
出工 chūgōng
出海 chūhǎi
出击 chūjī
出家 chūjiā
出嫁 chūjià
出境 chūjìng

出类拔萃
　chūlèi-bácuì
出力 chūlì
出马 chūmǎ
出面 chūmiàn
出苗 chūmiáo
出名 chūmíng
出没 chūmò
出品 chūpǐn
出其不意
　chūqíbùyì
出奇 chūqí
出气 chūqì
出勤 chūqín
出人意料
　chūrényìliào
出任 chūrèn
出入 chūrù
出山 chūshān
出神 chūshén
出生率
　chūshēnglǜ
出师 chūshī
出使 chūshǐ
出示 chūshì
出世 chūshì
出事 chūshì
出手 chūshǒu
出台 chūtái
出头 chūtóu
出外 chūwài
出院 chūyuàn
出征 chūzhēng
出众 chūzhòng
出资 chūzī
出走 chūzǒu
出租 chūzū
初春 chūchūn
初等 chūděng
初冬 chūdōng
初恋 chūliàn

初年 chūnnián
初秋 chūqiū
初夏 chūxià
初学 chūxué
除尘 chúchén
除法 chúfǎ
除外 chúwài
除夕 chúxī
厨师 chúshī
雏形 chúxíng
橱窗 chúchuāng
处方 chǔfāng
处决 chǔjué
处女 chǔnǚ
处世 chǔshì
处事 chǔshì
处死 chǔsǐ
处置 chǔzhì
储藏 chǔcáng
处所 chùsuǒ
畜力 chùlì
触电 chùdiàn
触动 chùdòng
触发 chùfā
触犯 chùfàn
触及 chùjí
触角 chùjiǎo
触觉 chùjué
触摸 chùmō
触目惊心
　chùmù-jīngxīn
触手 chùshǒu
触须 chùxū
矗立 chùlì
揣测 chuǎicè
揣摩 chuǎimó
川剧 chuānjù
川流不息
　chuānliú-bùxī
穿插 chuānchā
穿刺 chuāncì

穿戴 chuāndài
穿孔 chuānkǒng
穿山甲
　chuānshānjiǎ
穿梭 chuānsuō
穿行 chuānxíng
穿越 chuānyuè
传布 chuánbù
传承
　chuánchéng
传单 chuándān
传道 chuándào
传教 chuánjiào
传令 chuánlìng
传奇 chuánqí
传染 chuánrǎn
传人 chuánrén
传神 chuánshén
传输 chuánshū
传送 chuánsòng
传诵 chuánsòng
传闻 chuánwén
传真 chuánzhēn
船舱 chuáncāng
船夫 chuánfū
船家 chuánjiā
船台 chuántái
船舷 chuánxián
船员 chuányuán
船闸 chuánzhá
喘气 chuǎnqì
喘息 chuǎnxī
创口 chuāngkǒu
疮疤 chuāngbā
窗帘 chuānglián
窗台 chuāngtái
床单 chuángdān
床铺 chuángpù
床位 chuángwèi
创汇 chuànghuì
创见 chuàngjiàn

创建 chuàngjiàn
创举 chuàngjǔ
创刊 chuàngkān
创设 chuàngshè
创始 chuàngshǐ
创业 chuàngyè
创制 chuàngzhì
炊烟 chuīyān
吹拂 chuīfú
吹牛 chuīniú
吹捧 chuīpěng
吹嘘 chuīxū
吹奏 chuīzòu
垂钓 chuídiào
垂柳 chuíliǔ
垂死 chuísǐ
垂危 chuíwēi
锤炼 chuíliàn
春分 chūnfēn
春风 chūnfēng
春耕 chūngēng
春光 chūnguāng
春雷 chūnléi
春色 chūnsè
纯度 chúndù
纯净 chúnjìng
纯真 chúnzhēn
纯正 chúnzhèng
淳朴 chúnpǔ
蠢事 chǔnshì
戳穿 chuōchuān
啜泣 chuòqì
绰号 chuòhào
瓷器 cíqì
瓷砖 cízhuān
词句 cíjù
祠堂 cítáng
辞典 cídiǎn
辞退 cítuì
慈爱 cí'ài
慈悲 cíbēi

慈善 císhàn
慈祥 cíxiáng
磁带 cídài
磁化 cíhuà
磁极 cíjí
磁体 cítǐ
磁头 cítóu
磁性 cíxìng
雌蕊 círuǐ
雌性 cíxìng
雌雄 cíxióng
此间 cǐjiān
此起彼伏
　cǐqǐ-bǐfú
次第 cìdì
次品 cìpǐn
次日 cìrì
刺刀 cìdāo
刺耳 cì'ěr
刺骨 cìgǔ
刺客 cìkè
刺杀 cìshā
刺绣 cìxiù
刺眼 cìyǎn
赐予 cìyǔ
匆忙 cōngmáng
聪慧 cōnghuì
从容 cóngróng
从军 cóngjūn
从属 cóngshǔ
从头 cóngtóu
从新 cóngxīn
从业 cóngyè
从众 cóngzhòng
丛林 cónglín
丛生 cóngshēng
丛书 cóngshū
凑近 còujìn
凑巧 còuqiǎo
粗暴 cūbào
粗笨 cūbèn

粗布 cūbù
粗大 cūdà
粗放 cūfàng
粗犷 cūguǎng
粗鲁 cūlǔ
粗略 cūlüè
粗俗 cūsú
粗细 cūxì
粗心 cūxīn
粗野 cūyě
粗壮 cūzhuàng
簇拥 cùyōng
篡夺 cuànduó
篡改 cuàngǎi
催促 cuīcù
催化 cuīhuà
催化剂 cuīhuàjì
催眠 cuīmián
璀璨 cuǐcàn
脆弱 cuìruò
萃取 cuìqǔ
淬火 cuìhuǒ
翠绿 cuìlǜ
村落 cūnluò
村民 cūnmín
村寨 cūnzhài
村镇 cūnzhèn
存储 cúnchǔ
存放 cúnfàng
存活 cúnhuó
存货 cúnhuò
存留 cúnliú
存亡 cúnwáng
存心 cúnxīn
存折 cúnzhé
磋商 cuōshāng
挫败 cuòbài
挫伤 cuòshāng
错过 cuòguò
错觉 cuòjué
错位 cuòwèi

错综复杂
　cuòzōng-fùzá
搭救 dājiù
搭配 dāpèi
答辩 dábiàn
答话 dáhuà
打岔 dǎchà
打动 dǎdòng
打赌 dǎdǔ
打火机 dǎhuǒjī
打搅 dǎjiǎo
打垮 dǎkuǎ
打捞 dǎlāo
打猎 dǎliè
打趣 dǎqù
打扰 dǎrǎo
打扫 dǎsǎo
打铁 dǎitiě
打通 dǎtōng
打消 dǎxiāo
打印 dǎyìn
打颤 dǎzhàn
打字 dǎzì
大白 dàbái
大本营
　dàběnyíng
大便 dàbiàn
大肠 dàcháng
大潮 dàcháo
大车 dàchē
大抵 dàdǐ
大殿 dàdiàn
大度 dàdù
大法 dàfǎ
大凡 dàfán
大方 dàfāng
大副 dàfù
大公无私
　dàgōng-wúsī
大鼓 dàgǔ
大褂 dàguà

大汉 dàhàn
大号 dàhào
大户 dàhù
大计 dàjì
大将 dàjiàng
大惊小怪
　dàjīng-xiǎoguài
大局 dàjú
大举 dàjǔ
大理石 dàlǐshí
大陆架 dàlùjià
大路 dàlù
大略 dàlüè
大麻 dàmá
大麦 dàmài
大米 dàmǐ
大气层
　dàqìcéng
大气压 dàqìyā
大权 dàquán
大人物 dàrénwù
大赛 dàsài
大使 dàshǐ
大势 dàshì
大肆 dàsì
大同小异
　dàtóng-xiǎoyì
大腿 dàtuǐ
大喜 dàxǐ
大显身手
　dàxiǎn-shēnshǒu
大相径庭
　dàxiāng-jìngtíng
大修 dàxiū
大选 dàxuǎn
大雪 dàxuě
大雁 dàyàn
大业 dàyè
大义 dàyì
大专 dàzhuān
大宗 dàzōng

大作 dàzuò
呆板 dāibǎn
呆滞 dāizhì
歹徒 dǎitú
代办 dàibàn
代表作
　dàibiǎozuò
代词 dàicí
代号 dàihào
代数 dàishù
玳瑁 dàimào
带电 dàidiàn
带劲 dàijìn
带路 dàilù
待命 dàimìng
待业 dàiyè
怠工 dàigōng
怠慢 dàimàn
丹顶鹤
　dāndǐnghè
担保 dānbǎo
担当 dāndāng
担架 dānjià
担忧 dānyōu
单薄 dānbó
单产 dānchǎn
单词 dāncí
单方 dānfāng
单干 dāngàn
单价 dānjià
单据 dānjù
单身 dānshēn
单项 dānxiàng
单衣 dānyī
单元 dānyuán
胆固醇
　dǎngùchún
胆量 dǎnliàng
胆略 dǎnlüè
胆囊 dǎnnáng
胆怯 dǎnqiè

胆小鬼
　dǎnxiǎoguǐ
胆汁 dǎnzhī
诞辰 dànchén
淡薄 dànbó
淡化 dànhuà
淡漠 dànmò
淡然 dànrán
弹片 dànpiàn
弹头 dàntóu
弹药 dànyào
蛋糕 dàngāo
氮肥 dànféi
氮气 dànqì
当差 dāngchāi
当归 dāngguī
当家 dāngjiā
当量 dāngliàng
当面 dāngmiàn
当权 dāngquán
当日 dāngrì
当下 dāngxià
当心 dāngxīn
当众
　dāngzhòng
党籍 dǎngjí
党纪 dǎngjì
党派 dǎngpài
党团 dǎngtuán
党务 dǎngwù
党校 dǎngxiào
党章 dǎngzhāng
当日 dàngrì
当晚 dàngwǎn
当夜 dàngyè
当真 dàngzhēn
荡漾 dàngyàng
档次 dàngcì
刀枪 dāoqiāng
导电 dǎodiàn
导航 dǎoháng

导热 dǎorè 得心应手 抵达 dǐdá 典雅 diǎnyǎ 殿下 diànxià 丢人 diūrén

导师 dǎoshī détīn-yìngshǒu 抵挡 dǐdǎng 点滴 diǎndī 碉堡 diāobǎo 丢失 diūshī

导向 dǎoxiàng 灯火 dēnghuǒ 抵消 dǐxiāo 点火 diǎnhuǒ 雕琢 diāozhuó 东道主

导游 dǎoyóu 灯塔 dēngtǎ 抵押 dǐyā 点名 diǎnmíng 刁难 diāonàn dōngdàozhǔ

导语 dǎoyǔ 登场 dēngcháng 抵御 dǐyù 电表 diànbiǎo 吊环 diàohuán 东风 dōngfēng

捣鬼 dǎoguǐ 登场 dēngchǎng 底片 dǐpiàn 电波 diànbō 钓竿 diàogān 东经 dōngjīng

捣毁 dǎohuǐ 登高 dēnggāo 地产 dìchǎn 电车 diànchē 调度 diàodù 东正教

捣乱 dǎoluàn 登陆 dēnglù 地磁 dìcí 电磁场 调换 diàohuàn Dōngzhèngjiào

倒闭 dǎobì 登门 dēngmén 地道 dìdào diàncíchǎng 调集 diàojí 冬眠 dōngmián

倒伏 dǎofú 登山 dēngshān 地段 dìduàn 电镀 diàndù 调配 diàopèi 董事 dǒngshì

倒卖 dǎomài 登台 dēngtái 地核 dìhé 电工 diàngōng 调遣 diàoqiǎn 董事会

倒塌 dǎotā 登载 dēngzǎi 地基 dìjī 电光 diànguāng 调运 diàoyùn dǒngshìhuì

祷告 dǎogào 等号 děnghào 地窖 dìjiào 电焊 diànhàn 掉队 diàoduì 懂事 dǒngshì

到家 dàojiā 等价 děngjià 地雷 dìléi 电机 diànjī 掉头 diàotóu 动产 dòngchǎn

倒挂 dàoguà 等式 děngshì 地力 dìlì 电极 diànjí 跌落 diēluò 动荡 dòngdàng

倒立 dàolì 等同 děngtóng 地幔 dìmàn 电解 diànjiě 叮咛 dīngníng 动工 dònggōng

倒数 dàoshǔ 瞪眼 dèngyǎn 地盘 dìpán 电解质 叮嘱 dīngzhǔ 动画片

倒数 dàoshù 低层 dīcéng 地皮 dìpí diànjiězhì 顶峰 dǐngfēng dònghuàpiàn

倒退 dàotuì 低潮 dīcháo 地平线 电缆 diànlǎn 顶替 dǐngtì 动乱 dòngluàn

倒影 dàoyǐng 低沉 dīchén dìpíngxiàn 电铃 diànlíng 鼎盛 dǐngshèng 动情 dòngqíng

倒置 dàozhì 低估 dīgū 地热 dìrè 电炉 diànlú 订购 dìnggòu 动身 dòngshēn

倒转 dàozhuǎn 低空 dīkōng 地毯 dìtǎn 电气 diànqì 订婚 dìnghūn 动听 dòngtīng

倒转 dàozhuàn 低廉 dílián 地下室 dìxiàshì 电气化 订立 dìnglì 动物园

盗贼 dàozéi 低劣 dīliè 地衣 dìyī diànqìhuà 订阅 dìngyuè dòngwùyuán

悼念 dàoniàn 低落 dīluò 地狱 dìyù 电容 diànróng 订正 dìngzhèng 动向 dòngxiàng

道家 Dàojiā 低能 dīnéng 地址 dìzhǐ 电扇 diànshàn 定点 dìngdiǎn 动心 dòngxīn

道具 dàojù 低洼 dīwā 弟妹 dìmèi 电梯 diàntī 定都 dìngdū 动用 dòngyòng

道歉 dàoqiàn 低微 dīwēi 帝王 dìwáng 电筒 diàntǒng 定购 dìnggòu 动辄 dòngzhé

道喜 dàoxǐ 低压 dīyā 帝制 dìzhì 电网 diànwǎng 定价 dìngjià 冻疮

道谢 dàoxiè 堤坝 dībà 递减 dìjiǎn 电文 diànwén 定居 dìngjū dòngchuāng

道义 dàoyì 滴灌 dīguàn 递增 dìzēng 电信 diànxìn 定论 dìnglùn 冻结 dòngjié

稻草 dàocǎo 敌国 díguó 谛听 dìtīng 电讯 diànxùn 定名 dìngmíng 洞察 dòngchá

得逞 déchěng 敌后 díhòu 缔结 dìjié 电影院 定神 dìngshén 洞房 dòngfáng

得当 dédàng 敌寇 díkòu 缔约 dìyuē diànyǐngyuàn 定时 dìngshí 洞穴 dòngxué

得分 défēn 敌情 díqíng 颠簸 diānbǒ 店铺 diànpù 定位 dìngwèi 斗笠 dǒulì

得救 déjiù 敌视 díshì 颠倒 diāndǎo 店堂 diàntáng 定性 dìngxìng 抖动 dǒudòng

得力 délì 敌意 díyì 颠覆 diānfù 店员 diànyuán 定语 dìngyǔ 抖擞 dǒusǒu

得失 déshī 涤纶 dílún 典范 diǎnfàn 垫圈 diànquān 定员 dìngyuán 陡坡 dǒupō

得体 détǐ 诋毁 dǐhuǐ 典故 diǎngù 惦念 diànniàn 定罪 dìngzuì 陡峭 dǒuqiào

得天独厚 抵偿 dǐcháng 典籍 diǎnjí 奠基 diànjī 丢掉 diūdiào 陡然 dǒurán

détiān-dúhòu 抵触 dǐchù 典礼 diǎnlǐ 殿堂 diàntáng 丢脸 diūliǎn 斗志 dòuzhì

豆浆 dòujiāng　渡船 dùchuán　多寡 duōguǎ　儿戏 érxì　乏味 fáwèi　反击 fǎnjī

逗留 dòuliú　渡口 dùkǒu　多亏 duōkuī　而今 érjīn　伐木 fámù　反叛 fǎnpàn

都城 dūchéng　端午 Duānwǔ　多情 duōqíng　尔后 ěrhòu　罚金 fájīn　反扑 fǎnpū

督办 dūbàn　端详 duānxiáng　多事 duōshì　耳光 ěrguāng　法案 fǎ'àn　反思 fǎnsī

督促 dūcù　端庄　多谢 duōxiè　耳环 ěrhuán　法宝 fǎbǎo　反问 fǎnwèn

督军 dūjūn　　duānzhuāng　多嘴 duōzuǐ　耳机 ěrjī　法典 fǎdiǎn　反响 fǎnxiǎng

毒草 dúcǎo　短波 duǎnbō　夺目 duómù　耳鸣 ěrmíng　法纪 fǎjì　反省 fǎnxǐng

毒打 dúdǎ　短促 duǎncù　躲避 duǒbì　耳目 ěrmù　法权 fǎquán　反义词 fǎnyìcí

毒害 dúhài　短工 duǎngōng　躲藏 duǒcáng　耳语 ěryǔ　法师 fǎshī　反证 fǎnzhèng

毒剂 dújì　短路 duǎnlù　躲闪 duǒshǎn　二胡 èrhú　法术 fǎshù　返航 fǎnháng

毒品 dúpǐn　短跑 duǎnpǎo　堕落 duòluò　发报 fābào　法医 fǎyī　返还 fǎnhuán

毒气 dúqì　短缺 duǎnquē　惰性 duòxìng　发财 fācái　法治 fǎzhì　返青 fǎnqīng

毒蛇 dúshé　短线 duǎnxiàn　踱脚 duòjiǎo　发愁 fāchóu　发型 fàxíng　泛滥 fànlàn

毒物 dúwù　短小 duǎnxiǎo　鹅卵石 éluǎnshí　发呆 fādāi　帆布 fānbù　范例 fànlì

毒药 dúyào　短语 duǎnyǔ　额定 édìng　发放 fāfàng　帆船 fānchuán　梵文 fànwén

独霸 dúbà　段落 duànluò　额角 éjiǎo　发疯 fāfēng　番茄 fānqié　犯法 fànfǎ

独白 dúbái　断层 duàncéng　额头 étóu　发还 fāhuán　藩镇 fānzhèn　犯人 fànrén

独裁 dúcái　断绝 duànjué　额外 éwài　发火 fāhuǒ　翻案 fān'àn　饭菜 fàncài

独唱 dúchàng　断送 duànsòng　厄运 èyùn　发酵 fājiào　翻动 fāndòng　饭盒 fànhé

独创 dúchuàng　断言 duànyán　扼杀 èshā　发狂 fākuáng　翻滚 fāngǔn　饭厅 fàntīng

独到 dúdào　堆放 duīfàng　扼要 èyào　发愣 fālèng　翻阅 fānyuè　饭碗 fànwǎn

独断 dúduàn　堆砌 duīqì　恶霸 èbà　发毛 fāmáo　凡人 fánrén　饭桌 fànzhuō

独家 dújiā　对岸 duì'àn　恶臭 èchòu　发霉 fāméi　凡事 fánshì　贩卖 fànmài

独身 dúshēn　对策 duìcè　恶毒 èdú　发怒 fānù　烦闷 fánmèn　贩运 fànyùn

独舞 dúwǔ　对答 duìdá　恶棍 ègùn　发配 fāpèi　烦躁 fánzào　方剂 fāngjì

独一无二　对等 duìděng　恶果 èguǒ　发票 fāpiào　繁复 fánfù　方略 fānglüè

　dúyī-wúèr　对接 duìjiē　恶魔 èmó　发情 fāqíng　繁华 fánhuá　方位 fāngwèi

独奏 dúzòu　对口 duìkǒu　恶人 èrén　发球 fāqiú　繁忙 fánmáng　方向盘

读数 dúshù　对联 duìlián　恶习 èxí　发散 fāsàn　繁盛 fánshèng　　fāngxiàngpán

读物 dúwù　对路 duìlù　恶性 èxìng　发烧 fāshāo　繁琐 fánsuǒ　方兴未艾

读音 dúyīn　对门 duìmén　恶意 èyì　发誓 fāshì　繁衍 fányǎn　　fāngxīng-wèi'ài

笃信 dǔxìn　对偶 duì'ǒu　恶作剧 èzuòjù　发售 fāshòu　繁育 fányù　方圆 fāngyuán

堵截 dǔjié　对数 duìshù　萼片 èpiàn　发送 fāsòng　繁杂 fánzá　方桌 fāngzhuō

堵塞 dǔsè　对头 duìtou　遏止 èzhǐ　发文 fāwén　反比 fǎnbǐ　芳香 fāngxiāng

赌博 dǔbó　对虾 duìxiā　遏制 èzhì　发问 fāwèn　反驳 fǎnbó　防备 fángbèi

赌气 dǔqì　对峙 duìzhì　愕然 èrán　发笑 fāxiào　反常 fǎncháng　防毒 fángdú

杜鹃 dùjuān　队列 duìliè　恩赐 ēncì　发泄 fāxiè　反刍 fǎnchú　防范 fángfàn

杜绝 dùjué　兑换 duìhuàn　恩情 ēnqíng　发言人　反倒 fǎndào　防寒 fánghán

妒忌 dùjì　兑现 duìxiàn　恩人 ēnrén　　fāyánrén　反感 fǎngǎn　防洪 fánghóng

度量 dùliàng　敦促 dūncù　儿科 érkē　发源 fāyuán　反攻 fǎngōng　防护 fánghù

度日 dùrì　顿悟 dùnwù　儿孙 érsūn　乏力 fálì　反光 fǎnguāng　防护林 fánghùlín

防空 fángkōng	非同小可	废气 fèiqì	坟头 féntóu	风貌 fēngmào	肤色 fūsè
防守 fángshǒu	fēitóngxiǎokě	废弃 fèiqì	焚毁 fénhuǐ	风靡 fēngmǐ	敷衍 fūyǎn
防卫 fángwèi	非议 fēiyì	废物 fèiwù	焚烧 fénshāo	风起云涌	伏击 fújī
防务 fángwù	绯红 fēihóng	废渣 fèizhā	粉笔 fěnbǐ	fēngqǐ-yúnyǒng	伏贴 fútiē
防线 fángxiàn	飞驰 fēichí	废止 fèizhǐ	粉尘 fěnchén	风情 fēngqíng	芙蓉 fúróng
防汛 fángxùn	飞碟 fēidié	沸点 fèidiǎn	粉刺 fěncì	风趣 fēngqù	扶持 fúchí
防疫 fángyì	飞溅 fēijiàn	沸水 fèishuǐ	粉红 fěnhóng	风沙 fēngshā	扶贫 fúpín
妨害 fánghài	飞禽 fēiqín	费解 fèijiě	粉剂 fěnjì	风尚 fēngshàng	扶桑 fúsāng
房产 fángchǎn	飞速 fēisù	费劲 fèijìn	粉饰 fěnshì	风声 fēngshēng	扶养 fúyǎng
房东 fángdōng	飞腾 fēiténg	费力 fèilì	分外 fènwài	风味 fēngwèi	扶植 fúzhí
房租 fángzū	飞天 fēitiān	分辩 fēnbiàn	份额 fèn'é	风箱 fēngxiāng	扶助 fúzhù
仿效 fǎngxiào	飞艇 fēitǐng	分兵 fēnbīng	奋不顾身	风向 fēngxiàng	拂晓 fúxiǎo
仿照 fǎngzhào	飞舞 fēiwǔ	分担 fēndān	fènbùgùshēn	风行 fēngxíng	服饰 fúshì
仿制 fǎngzhì	飞行器	分队 fēnduì	奋发 fènfā	风雅 fēngyǎ	服药 fúyào
纺织品	fēixíngqì	分发 fēnfā	奋力 fènlì	风云 fēngyún	服役 fúyì
fǎngzhīpǐn	飞行员	分隔 fēngé	奋起 fènqǐ	风韵 fēngyùn	俘获 fúhuò
放大镜	fēixíngyuán	分管 fēnguǎn	奋勇 fènyǒng	风姿 fēngzī	浮雕 fúdiāo
fàngdàjìng	飞扬 fēiyáng	分红 fēnhóng	奋战 fènzhàn	封面 fēngmiàn	浮力 fúlì
放电 fàngdiàn	飞越 fēiyuè	分家 fēnjiā	粪便 fènbiàn	烽火 fēnghuǒ	浮现 fúxiàn
放火 fànghuǒ	飞涨 fēizhǎng	分居 fēnjū	愤恨 fènhèn	锋利 fēnglì	浮云 fúyún
放假 fàngjià	肥大 féidà	分流 fēnliú	愤慨 fènkǎi	锋芒 fēngmáng	浮肿 fúzhǒng
放宽 fàngkuān	肥厚 féihòu	分娩 fēnmiǎn	愤然 fènrán	蜂巢 fēngcháo	福音 fúyīn
放牧 fàngmù	肥力 féilì	分蘖 fēnniè	丰产 fēngchǎn	蜂房 fēngfáng	抚摩 fǔmó
放炮 fàngpào	肥胖 féipàng	分派 fēnpài	丰厚 fēnghòu	蜂蜜 fēngmì	抚慰 fǔwèi
放任 fàngrèn	肥水 féishuǐ	分清 fēnqīng	丰满 fēngmǎn	蜂王 fēngwáng	抚养 fǔyǎng
放哨 fàngshào	肥沃 féiwò	分手 fēnshǒu	丰年 fēngnián	蜂窝 fēngwō	抚育 fǔyù
放射线	肥效 féixiào	分数 fēnshù	丰盛 fēngshèng	峰峦 fēngluán	俯冲 fǔchōng
fàngshèxiàn	肥皂 féizào	分水岭	丰硕 fēngshuò	缝合 fénghé	俯瞰 fǔkàn
放声 fàngshēng	诽谤 fěibàng	fēnshuǐlǐng	丰腴 fēngyú	缝纫 féngrèn	俯视 fǔshì
放手 fàngshǒu	匪帮 fěibāng	分摊 fēntān	风波 fēngbō	奉命 fèngmìng	俯首 fǔshǒu
放肆 fàngsì	匪徒 fěitú	分头 fēntóu	风采 fēngcǎi	奉行 fèngxíng	辅导 fǔdǎo
放行 fàngxíng	翡翠 fěicuì	分享 fēnxiǎng	风潮 fēngcháo	缝隙 fèngxì	腐化 fǔhuà
放学 fàngxué	肺病 fèibìng	芬芳 fēnfāng	风车 fēngchē	佛典 fódiǎn	腐烂 fǔlàn
放眼 fàngyǎn	肺活量	纷繁 fēnfán	风驰电掣	佛法 fófǎ	父辈 fùbèi
放养 fàngyǎng	fèihuóliàng	纷飞 fēnfēi	fēngchí-diànchè	佛经 fójīng	父老 fùlǎo
放映 fàngyìng	肺结核 fèijiéhé	纷乱 fēnluàn	风度 fēngdù	佛寺 fósì	负电 fùdiàn
放置 fàngzhì	肺炎 fèiyán	纷纭 fēnyún	风帆 fēngfān	佛像 fóxiàng	负荷 fùhè
放纵 fàngzòng	废话 fèihuà	纷争 fēnzhēng	风寒 fēnghán	佛学 fóxué	负极 fùjí
非得 fēiděi	废旧 fèijiù	氛围 fēnwéi	风化 fēnghuà	否决 fǒujué	负离子 fùlízǐ
非凡 fēifán	废料 fèiliào	坟地 féndì	风浪 fēnglàng	夫子 fūzǐ	负伤 fùshāng
非难 fēinàn	废品 fèipǐn	坟墓 fénmù	风流 fēngliú	肤浅 fūqiǎn	负载 fùzài

负债 fùzhài	腹腔 fùqiāng	感伤 gǎnshāng	高耸 gāosǒng	各别 gèbié	公害 gōnghài
负重 fùzhòng	腹泻 fùxiè	感叹 gǎntàn	高下 gāoxià	根除 gēnchú	公函 gōnghán
妇科 fùkē	覆灭 fùmiè	感想 gǎnxiǎng	高效 gāoxiào	根基 gēnjī	公会 gōnghuì
附带 fùdài	改道 gǎidào	橄榄 gǎnlǎn	高血压	根深蒂固	公积金
附和 fùhè	改动 gǎidòng	干劲 gànjìn	gāoxuèyā	gēnshēn-dìgù	gōngjījīn
附件 fùjiàn	改观 gǎiguān	干流 gànliú	高雅 gāoyǎ	根治 gēnzhì	公款 gōngkuǎn
附录 fùlù	改行 gǎiháng	干线 gànxiàn	羔皮 gāopí	跟踪 gēnzōng	公墓 gōngmù
附设 fùshè	改换 gǎihuàn	刚好 gānghǎo	羔羊 gāoyáng	更改 gēnggǎi	公婆 gōngpó
附属 fùshǔ	改悔 gǎihuǐ	刚健 gāngjiàn	糕点 gāodiǎn	更换 gēnghuàn	公仆 gōngpú
附庸 fùyōng	改嫁 gǎijià	刚劲 gāngjìng	稿费 gǎofèi	更替 gēngtì	公然 gōngrán
复查 fùchá	改建 gǎijiàn	刚强 gāngqiáng	稿件 gǎojiàn	更正 gēngzhèng	公使 gōngshǐ
复仇 fùchóu	改口 gǎikǒu	肛门 gāngmén	稿纸 gǎozhǐ	耕耘 gēngyún	公事 gōngshì
复发 fùfā	改写 gǎixiě	纲要 gāngyào	告辞 gàocí	耕种 gēngzhòng	公私 gōngsī
复古 fùgǔ	改选 gǎixuǎn	钢板 gāngbǎn	告发 gàofā	哽咽 gěngyè	公诉 gōngsù
复核 fùhé	改制 gǎizhì	钢笔 gāngbǐ	告急 gàojí	工段 gōngduàn	公文 gōngwén
复活 fùhuó	改装 gǎizhuāng	钢材 gāngcái	告诫 gàojiè	工分 gōngfēn	公务 gōngwù
复述 fùshù	概况 gàikuàng	钢筋 gāngjīn	告知 gàozhī	工匠 gōngjiàng	公务员
复苏 fùsū	概论 gàilùn	钢盔 gāngkuī	告终 gàozhōng	工矿 gōngkuàng	gōngwùyuán
复习 fùxí	概述 gàishù	港币 gǎngbì	告状 gàozhuàng	工龄 gōnglíng	公益 gōngyì
复兴 fùxīng	干杯 gānbēi	港湾 gǎngwān	戈壁 gēbì	工期 gōngqī	公用 gōngyòng
复眼 fùyǎn	干瘪 gānbiě	杠杆 gànggǎn	搁置 gēzhì	工时 gōngshí	公寓 gōngyù
复议 fùyì	干冰 gānbīng	高昂 gāo'áng	割断 gēduàn	工事 gōngshì	公约 gōngyuē
复员 fùyuán	干草 gāncǎo	高傲 gāo'ào	割据 gējù	工头 gōngtóu	公债 gōngzhài
复原 fùyuán	干涸 gānhé	高倍 gāobèi	割裂 gēliè	工效 gōngxiào	公证 gōngzhèng
副本 fùběn	干枯 gānkū	高层 gāocéng	割让 gēràng	工序 gōngxù	公职 gōngzhí
副词 fùcí	甘草 gāncǎo	高超 gāochāo	歌词 gēcí	工艺品	公众 gōngzhòng
副官 fùguān	甘露 gānlù	高档 gāodàng	歌喉 gēhóu	gōngyìpǐn	公转 gōngzhuàn
副刊 fùkān	甘薯 gānshǔ	高贵 gāoguì	歌手 gēshǒu	工友 gōngyǒu	公子 gōngzǐ
副食 fùshí	甘愿 gānyuàn	高寒 gāohán	歌星 gēxīng	工种 gōngzhǒng	功臣 gōngchén
副作用	坩埚 gānguō	高价 gāojià	歌咏 gēyǒng	工作日	功德 gōngdé
fùzuòyòng	柑橘 gānjú	高举 gāojǔ	革除 géchú	gōngzuòrì	功绩 gōngjì
赋税 fùshuì	杆菌 gǎnjūn	高亢 gāokàng	阁楼 gélóu	公案 gōng'àn	功力 gōnglì
富贵 fùguì	赶场 gǎnchǎng	高考 gāokǎo	阁下 géxià	公报 gōngbào	功利 gōnglì
富丽 fùlì	赶车 gǎnchē	高龄 gāolíng	格调 gédiào	公差 gōngchāi	功名 gōngmíng
富强 fùqiáng	赶集 gǎnjí	高明 gāomíng	格局 géjú	公道 gōngdào	功效 gōngxiào
富饶 fùráo	赶路 gǎnlù	高能 gāonéng	格律 gélǜ	公法 gōngfǎ	功勋 gōngxūn
富庶 fùshù	感触 gǎnchù	高强 gāoqiáng	格言 géyán	公费 gōngfèi	功用 gōngyòng
富翁 fùwēng	感光 gǎnguāng	高热 gāorè	隔断 géduàn	公告 gōnggào	攻打 gōngdǎ
富足 fùzú	感化 gǎnhuà	高烧 gāoshāo	隔阂 géhé	公关 gōngguān	攻读 gōngdú
腹地 fùdì	感冒 gǎnmào	高深 gāoshēn	隔绝 géjué	公馆 gōngguǎn	攻关 gōngguān
腹膜 fùmó	感人 gǎnrén	高手 gāoshǒu	隔膜 gémó	公海 gōnghǎi	攻克 gōngkè

攻破 gōngpò　　孤儿 gū'ér　　顾盼 gùpàn　　贯通 guàntōng　　诡秘 guǐmì　　国语 guóyǔ

攻势 gōngshì　　孤寂 gūjì　　雇工 gùgōng　　惯例 guànlì　　鬼魂 guǐhún　　果木 guǒmù

攻陷 gōngxiàn　　孤军 gūjūn　　雇佣 gùyōng　　惯用 guànyòng　　鬼脸 guǐliǎn　　果皮 guǒpí

攻占 gōngzhàn　　辜负 gūfù　　雇用 gùyòng　　灌木 guànmù　　鬼神 guǐshén　　果品 guǒpǐn

供销 gōngxiāo　　古董 gǔdǒng　　雇员 gùyuán　　灌区 guànqū　　柜台 guìtái　　果肉 guǒròu

供需 gōngxū　　古怪 gǔguài　　雇主 gùzhǔ　　灌输 guànshū　　贵宾 guìbīn　　果园 guǒyuán

供养 gōngyǎng　　古籍 gǔjí　　瓜分 guāfēn　　灌注 guànzhù　　贵妃 guìfēi　　果真 guǒzhēn

宫殿 gōngdiàn　　古迹 gǔjì　　瓜子 guāzǐ　　光波 guāngbō　　贵贱 guìjiàn　　过场 guòchǎng

宫女 gōngnǚ　　古兰经 Gǔlánjīng　　挂钩 guàgōu　　光度 guāngdù　　贵人 guìrén　　过错 guòcuò

恭敬 gōngjìng　　古朴 gǔpǔ　　挂念 guàniàn　　光复 guāngfù　　贵姓 guìxìng　　过道 guòdào

恭喜 gōngxǐ　　古书 gǔshū　　挂帅 guàshuài　　光顾 guānggù　　贵重 guìzhòng　　过冬 guòdōng

拱桥 gǒngqiáo　　古文 gǔwén　　拐棍 guǎigùn　　光环 guānghuán　　桂冠 guìguān　　过关 guòguān

拱手 gǒngshǒu　　古音 gǔyīn　　拐弯 guǎiwān　　光洁 guāngjié　　桂花 guìhuā　　过火 guòhuǒ

共存 gòngcún　　谷地 gǔdì　　拐杖 guǎizhàng　　光临 guānglín　　桂圆 guìyuán　　过境 guòjìng

共和 gònghé　　谷物 gǔwù　　怪事 guàishì　　光能　　滚动 gǔndòng　　过量 guòliàng

共计 gòngjì　　股东 gǔdōng　　怪异 guàiyì　　guāngnéng　　滚烫 gǔntàng　　过路 guòlù

共生 gòngshēng　　股份 gǔfèn　　关口 guānkǒu　　光年 guāngnián　　棍棒 gùnbàng　　过滤 guòlǜ

共事 gòngshì　　股金 gǔjīn　　关门 guānmén　　光束 guāngshù　　锅炉 guōlú　　过敏 guòmǐn

共通 gòngtōng　　股息 gǔxī　　关卡 guānqiǎ　　光速 guāngsù　　锅台 guōtái　　过热 guòrè

共性 gòngxìng　　骨灰 gǔhuī　　关切 guānqiè　　光阴 guāngyīn　　国策 guócè　　过人 guòrén

共振 gòngzhèn　　骨架 gǔjià　　关税 guānshuì　　广博 guǎngbó　　国产 guóchǎn　　过剩 guòshèng

供奉 gòngfèng　　骨盆 gǔpén　　关头 guāntóu　　广度 guǎngdù　　国度 guódù　　过失 guòshī

供养 gòngyǎng　　骨气 gǔqì　　关押 guānyā　　广袤 guǎngmào　　国法 guófǎ　　过时 guòshí

勾画 gōuhuà　　骨肉 gǔròu　　关照 guānzhào　　广漠 guǎngmò　　国歌 guógē　　过头 guòtóu

勾勒 gōulè　　骨髓 gǔsuǐ　　观光　　归队 guīduì　　国画 guóhuà　　过往 guòwǎng

勾引 gōuyǐn　　骨折 gǔzhé　　guānguāng　　归附 guīfù　　国货 guóhuò　　过问 guòwèn

沟谷 gōugǔ　　鼓动 gǔdòng　　观摩 guānmó　　归还 guīhuán　　国籍 guójí　　过夜 guòyè

沟渠 gōuqú　　鼓膜 gǔmó　　观赏 guānshǎng　　归侨 guīqiáo　　国界 guójiè　　过瘾 guòyǐn

篝火 gōuhuǒ　　鼓掌 gǔzhǎng　　观望 guānwàng　　归属 guīshǔ　　国境 guójìng　　过硬 guòyìng

苟且 gǒuqiě　　固守 gùshǒu　　官办 guānbàn　　归宿 guīsù　　国君 guójūn　　哈密瓜

狗熊 gǒuxióng　　固态 gùtài　　官场 guānchǎng　　归途 guītú　　国库 guókù　　hāmìguā

构件 gòujiàn　　故此 gùcǐ　　官方 guānfāng　　归于 guīyú　　国力 guólì　　孩提 háití

构图 gòutú　　故而 gù'ér　　官府 guānfǔ　　规程 guīchéng　　国立 guólì　　海岸线

构想 gòuxiǎng　　故宫 gùgōng　　官职 guānzhí　　规范化　　国难 guónàn　　hǎi'ànxiàn

构筑 gòuzhù　　故国 gùguó　　管家 guǎnjiā　　guīfànhuà　　国旗 guóqí　　海报 hǎibào

购置 gòuzhì　　故土 gùtǔ　　管教 guǎnjiào　　规劝 guīquàn　　国庆 guóqìng　　海滨 hǎibīn

估价 gūjià　　故障 gùzhàng　　管事 guǎnshì　　规章 guīzhāng　　国人 guórén　　海潮 hǎicháo

估算 gūsuàn　　顾及 gùjí　　管弦乐　　皈依 guīyī　　国事 guóshì　　海岛 hǎidǎo

姑且 gūqiě　　顾忌 gùjì　　guǎnxiányuè　　瑰丽 guīlì　　国势 guóshì　　海盗 hǎidào

姑息 gūxī　　顾名思义　　管用 guǎnyòng　　轨迹 guǐjì　　国体 guótǐ　　海防 hǎifáng

孤单 gūdān　　gùmíng-sīyì　　管制 guǎnzhì　　诡辩 guǐbiàn　　国务 guówù　　海风 hǎifēng

海港 hǎigǎng	汗毛 hànmáo	耗资 hàozī	黑白 hēibái	后备 hòubèi	花岗岩
海口 hǎikǒu	汗衫 hànshān	浩大 hàodà	黑板 hēibǎn	后盾 hòudùn	huāgāngyán
海里 hǎilǐ	旱地 hàndì	浩劫 hàojié	黑洞 hēidòng	后顾之忧	花冠 huāguān
海流 hǎiliú	旱烟 hànyān	呵斥 hēchì	黑体 hēitǐ	hòugùzhīyōu	花卉 guāhuì
海轮 hǎilún	旱灾 hànzāi	合唱 héchàng	狠心 hěnxīn	后继 hòujì	花轿 huājiào
海绵 hǎimián	捍卫 hànwèi	合伙 héhuǒ	恒定 héngdìng	后劲 hòujìn	花蕾 huālěi
海参 hǎishēn	悍然 hànrán	合击 héjī	恒温 héngwēn	后门 hòumén	花脸 huāliǎn
海市蜃楼	焊接 hànjiē	合计 héjì	恒心 héngxīn	后台 hòutái	花蜜 huāmì
hǎishì-shènlóu	行会 hánghuì	合流 héliú	横渡 héngdù	后退 hòutuì	花木 huāmù
海滩 hǎitān	行情 hángqíng	合算 hésuàn	横亘 hénggèn	后卫 hòuwèi	花鸟 huāniǎo
海棠 hǎitáng	航程 hángchéng	合体 hétǐ	横贯 héngguàn	后续 hòuxù	花瓶 huāpíng
海豚 hǎitún	航船 hángchuán	合营 héyíng	横扫 héngsǎo	后裔 hòuyì	花圃 huāpǔ
海峡 hǎixiá	航道 hángdào	合影 héyǐng	横行 héngxíng	后院 hòuyuàn	花期 huāqī
海啸 hǎixiào	航路 hánglù	合用 héyòng	轰动 hōngdòng	厚薄 hòubó	花圈 huāquān
海员 hǎiyuán	航天 hángtiān	合资 hézī	轰击 hōngjī	候补 hòubǔ	花蕊 huāruǐ
海运 hǎiyùn	航线 hángxiàn	合奏 hézòu	轰鸣 hōngmíng	候鸟 hòuniǎo	花坛 huātán
海蜇 hǎizhé	航运 hángyùn	何尝 hécháng	轰然 hōngrán	候审 hòushěn	花厅 huātīng
害羞 hàixiū	巷道 hàngdào	何苦 hékǔ	轰响 hōngxiǎng	呼号 hūháo	花样 huāyàng
酣睡 hānshuì	豪放 háofàng	何止 hézhǐ	轰炸 hōngzhà	呼叫 hūjiào	华贵 huáguì
憨厚 hānhòu	豪华 háohuá	和蔼 hé'ǎi	烘托 hōngtuō	呼救 hūjiù	华丽 huálì
鼾声 hānshēng	豪迈 háomài	和缓 héhuǎn	弘扬 hóngyáng	呼声 hūshēng	华美 huáměi
含混 hánhùn	豪情 háoqíng	和解 héjiě	红利 hónglì	呼啸 hūxiào	华人 huárén
含笑 hánxiào	豪爽 háoshuǎng	和睦 hémù	红领巾	呼应 hūyìng	华夏 huáxià
含蓄 hánxù	壕沟 háogōu	和声 héshēng	hónglǐngjīn	忽而 hū'ér	哗然 huárán
含意 hányì	嚎啕 háotáo	和约 héyuē	红木 hóngmù	狐疑 húyí	滑轮 huálún
函授 hánshòu	好歹 hǎodǎi	河床 héchuáng	红娘	弧光 húguāng	滑行 huáxíng
涵义 hányì	好感 hǎogǎn	河道 hédào	Hóngniáng	胡乱 húluàn	滑雪 huáxuě
寒潮 háncháo	好汉 hǎohàn	河谷 hégǔ	红润 hóngrùn	胡闹 húnào	化脓 huànóng
寒带 hándài	好评 hǎopíng	河口 hékǒu	红烧 hóngshāo	胡须 húxū	化身 huàshēn
寒假 hánjià	好受 hǎoshòu	河山 héshān	红外线	互利 hùlì	化纤 huàxiān
寒噤 hánjìn	好说 hǎoshuō	河滩 hétān	hóngwàixiàn	户主 hùzhǔ	化验 huàyàn
寒流 hánliú	好似 hǎosì	河豚 hétún	红星 hóngxīng	护理 hùlǐ	化妆 huàzhuāng
寒气 hánqì	好笑 hǎoxiào	核定 hédìng	红叶 hóngyè	护送 hùsòng	化妆品
寒热 hánrè	好心 hǎoxīn	核对 héduì	红晕 hóngyùn	护照 hùzhào	huàzhuāngpǐn
寒暑 hánshǔ	好意 hǎoyì	核能 hénéng	宏大 hóngdà	花白 huābái	化装 huàzhuāng
寒暄 hánxuān	号称 hàochēng	核实 héshí	洪亮 hóngliàng	花瓣 huābàn	画报 huàbào
寒意 hányì	号角 hàojiǎo	核准 hézhǔn	洪流 hóngliú	花边 huābiān	画笔 huàbǐ
寒颤 hánzhàn	号令 hàolìng	核子 hézǐ	鸿沟 hónggōu	花草 huācǎo	画册 huàcè
喊叫 hǎnjiào	号码 hàomǎ	贺喜 hèxǐ	喉舌 hóushé	花丛 huācóng	画卷 huàjuàn
汗流浃背	好客 hàokè	喝彩 hècǎi	吼叫 hǒujiào	花旦 huādàn	画廊 huàláng
hànliú-jiābèi	好恶 hàowù	赫然 hèrán	吼声 hǒushēng	花萼 huā'è	画片 huàpiàn

画师 huàshī	焕然一新	谎言 huǎngyán	蛔虫 huíchóng	混浊 hùnzhuó	击毙 jībì
画室 huàshì	huànrán-yīxīn	晃动 huàngdòng	悔改 huǐgǎi	豁口 huōkǒu	击毁 jīhuǐ
画坛 huàtán	豢养 huànyǎng	灰暗 huī'àn	悔恨 huǐhèn	活命 huómìng	击落 jīluò
画图 huàtú	荒诞 huāngdàn	灰白 huībái	毁坏 huǐhuài	活期 huóqī	机舱 jīcāng
画外音	荒地 huāngdì	灰烬 buījìn	汇编 huìbiān	活塞 huósāi	机床 jīchuáng
huàwàiyīn	荒废 huāngfèi	灰心 huīxīn	汇合 huìhé	活体 huótǐ	机电 jīdiàn
画院 huàyuàn	荒凉	诙谐 huīxié	汇集 huìjí	活捉 huózhuō	机动 jīdòng
画展 huàzhǎn	huāngliáng	挥动 huīdòng	汇率 huìlǜ	火把 huǒbǎ	机井 jījǐng
话音 huàyīn	荒谬 huāngmiù	挥发 huīfā	汇总 huìzǒng	火海 huǒhǎi	机警 jījǐng
怀孕 huáiyùn	荒漠 huāngmò	挥霍 huīhuò	会合 huìhé	火红 huǒhóng	机理 jīlǐ
坏蛋 huàidàn	荒僻 huāngpì	挥手 huīshǒu	会话 huìhuà	火花 huǒhuā	机密 jīmì
坏事 huàishì	荒芜 huāngwú	挥舞 huīwǔ	会聚 huìjù	火化 huǒhuà	机敏 jīmǐn
坏死 huàisǐ	荒野 huāngyě	辉映 huīyìng	会面 huìmiàn	火炬 huǒjù	机枪 jīqiāng
欢呼 huānhū	荒原 huāngyuán	回报 huíbào	会师 huìshī	火坑 huǒkēng	机遇 jīyù
欢快 huānkuài	慌乱 huāngluàn	回荡 huídàng	会谈 huìtán	火力 huǒlì	机缘 jīyuán
欢送 huānsòng	慌忙	回复 huífù	会堂 huìtáng	火炉 huǒlú	机智 jīzhì
欢腾 huānténg	huāngmáng	回归线	会晤 huìwù	火苗 huǒmiáo	机组 jīzǔ
欢笑 huānxiào	慌张	huíguīxiàn	会心 huìxīn	火炮 huǒpào	肌肤 jīfū
欢心 huānxīn	huāngzhāng	回合 huíhé	会意 huìyì	火器 huǒqì	肌腱 jījiàn
欢欣 huānxīn	皇宫 huánggōng	回话 huíhuà	会战 huìzhàn	火热 huǒrè	肌体 jītǐ
还击 huánjī	皇冠 huángguān	回环 huíhuán	讳言 huìyán	火速 huǒsù	积存 jīcún
环抱 huánbào	皇后 huánghòu	回击 huíjī	荟萃 huìcuì	火线 huǒxiàn	积分 jīfēn
环顾 huángù	皇家 huángjiā	回敬 huíjìng	绘制 huìzhì	火药 huǒyào	积聚 jījù
环球 huánqiú	皇权 huángquán	回流 huíliú	贿赂 huìlù	火灾 huǒzāi	积蓄 jīxù
环绕 huánrào	皇室 huángshì	回路 huílù	彗星 huìxīng	火葬 huǒzàng	基本功
环视 huánshì	黄疸 huángdǎn	回身 huíshēn	昏暗 hūn'àn	火种 huǒzhǒng	jīběngōng
环形 huánxíng	黄澄澄	回升 huíshēng	昏黄 hūnhuáng	伙房 huǒfáng	基调 jīdiào
缓冲	huángdēngdēng	回声 huíshēng	昏迷 hūnmí	货场 huòchǎng	基石 jīshí
huǎnchōng	黄帝 Huángdì	回师 huíshī	昏睡 hūnshuì	货车 huòchē	基数 jīshù
缓解 huǎnjiě	黄豆 huángdòu	回收 huíshōu	婚配 hūnpèi	货款 huòkuǎn	激昂 jī'áng
缓刑 huǎnxíng	黄花 huánghuā	回首 huíshǒu	婚事 hūnshì	货轮 huòlún	激荡 jīdàng
幻灯 huàndēng	黄连 huánglián	回味 huíwèi	浑厚 húnhòu	货色 huòsè	激愤 jīfèn
幻象 huànxiàng	黄鼠狼	回响 huíxiǎng	浑浊 húnzhuó	货源 huòyuán	激化 jīhuà
幻影 huànyǐng	huángshǔláng	回想 huíxiǎng	魂魄 húnpò	货运 huòyùn	激活 jīhuó
宦官 huànguān	黄莺 huángyīng	回信 huíxìn	混沌 hùndùn	获悉 huòxī	激进 jījìn
换取 huànqǔ	惶惑 huánghuò	回旋 huíxuán	混合物 hùnhéwù	霍乱 huòluàn	激流 jīliú
换算 huànsuàn	惶恐 huángkǒng	回忆录 huíyìlù	混凝土	豁免 huòmiǎn	激怒 jīnù
唤醒 huànxǐng	蝗虫	回音 huíyīn	hùnníngtǔ	几率 jīlǜ	激增 jīzēng
涣散 huànsàn	huángchóng	回应 huíyìng	混同 hùntóng	讥讽 jīfěng	激战 jīzhàn
患难 huànnàn	恍然 huǎngrán	回转 huízhuǎn	混杂 hùnzá	讥笑 jīxiào	羁绊 jībàn
焕发 huànfā	谎话 huǎnghuà	洄游 huíyóu	混战 hùnzhàn	击败 jībài	及格 jígé

及早 jízǎo	集装箱	加固 jiāgù	假期 jiàqī	减速 jiǎnsù	鉴赏 jiànshǎng
吉利 jílì	jízhuāngxiāng	加油 jiāyóu	假日 jiàrì	减退 jiǎntuì	鉴于 jiànyú
吉普车 jípǔchē	嫉妒 jídù	夹攻 jiāgōng	尖刀 jiāndāo	剪裁 jiǎncái	箭头 jiàntóu
吉他 jítā	几经 jǐjīng	夹击 jiājī	尖端 jiānduān	剪刀 jiǎndāo	江湖 jiānghú
吉祥 jíxiáng	几时 jǐshí	夹杂 jiāzá	尖利 jiānlì	剪纸 jiǎnzhǐ	江山 jiāngshān
汲取 jíqǔ	给养 jǐyǎng	佳话 jiāhuà	奸商 jiānshāng	简便 jiǎnbiàn	僵化 jiānghuà
级别 jíbié	脊背 jǐbèi	佳节 jiājié	坚韧 jiānrèn	简短 jiǎnduǎn	僵死 jiāngsǐ
级差 jíchā	脊髓 jǐsuǐ	佳肴 jiāyáo	坚守 jiānshǒu	简洁 jiǎnjié	疆域 jiāngyù
极地 jídì	脊柱 jǐzhù	佳作 jiāzuò	坚信 jiānxìn	简介 jiǎnjiè	讲解 jiǎngjiě
极点 jídiǎn	脊椎 jǐzhuī	枷锁 jiāsuǒ	坚毅 jiānyì	简练 jiǎnliàn	讲理 jiǎnglǐ
极度 jídù	计价 jìjià	家产 jiāchǎn	坚贞 jiānzhēn	简陋 jiǎnlòu	讲求 jiǎngqiú
极限 jíxiàn	计较 jìjiào	家常 jiācháng	肩负 jiānfù	简略 jiǎnlüè	讲师 jiǎngshī
即便 jíbiàn	计量 jìliàng	家访 jiāfǎng	肩胛 jiānjiǎ	简明 jiǎnmíng	讲授 jiǎngshòu
即刻 jíkè	计数 jìshù	家教 jiājiào	肩头 jiāntóu	简朴 jiǎnpǔ	讲台 jiǎngtái
即日 jírì	记事 jìshì	家境 jiājìng	间距 jiānjù	简要 jiǎnyào	讲坛 jiǎngtán
即时 jíshí	记述 jìshù	家眷 jiājuàn	艰险 jiānxiǎn	简易 jiǎnyì	讲学 jiǎngxué
即位 jíwèi	记性 jìxìng	家禽 jiāqín	艰辛 jiānxīn	见长 jiàncháng	讲演 jiǎngyǎn
即兴 jíxìng	记忆力 jìyìlì	家业 jiāyè	监测 jiāncè	见地 jiàndì	讲义 jiǎngyì
急促 jícù	伎俩 jìliǎng	家用 jiāyòng	监察 jiānchá	见闻 jiànwén	讲座 jiǎngzuò
急救 jíjiù	纪年 jìnián	家喻户晓	监工 jiāngōng	见效 jiànxiào	奖惩 jiǎngchéng
急遽 jíjù	纪实 jìshí	jiāyù-hùxiǎo	监管 jiānguǎn	见于 jiànyú	奖品 jiǎngpǐn
急流 jíliú	纪要 jìyào	家园 jiāyuán	监禁 jiānjìn	见证 jiànzhèng	奖券 jiǎngquàn
急迫 jípò	技法 jìfǎ	嘉奖 jiājiǎng	监牢 jiānláo	间谍 jiàndié	奖赏 jiǎngshǎng
急切 jíqiè	技工 jìgōng	甲虫 jiǎchóng	兼备 jiānbèi	间断 jiànduàn	奖章 jiǎngzhāng
急事 jíshì	技师 jìshī	甲骨文	兼并 jiānbìng	间或 jiànhuò	奖状
急速 jísù	妓女 jìnǚ	jiǎgǔwén	兼顾 jiāngù	间隙 jiànxì	jiǎngzhuàng
急中生智	季度 jìdù	甲壳 jiǎqiào	兼任 jiānrèn	间歇 jiànxiē	降价 jiàngjià
jízhōng-shēngzhì	剂量 jìliàng	甲鱼 jiǎyú	兼职 jiānzhí	间作 jiànzuò	降临 jiànglín
疾驰 jíchí	迹象 jìxiàng	甲状腺	缄默 jiānmò	建材 jiàncái	降生
疾患 jíhuàn	继承权	jiǎzhuàngxiàn	煎熬 jiān'áo	建交 jiànjiāo	jiàngshēng
疾苦 jíkǔ	jìchéngquán	钾肥 jiǎféi	检测 jiǎncè	建树 jiànshù	降温 jiàngwēn
棘手 jíshǒu	继而 jì'ér	假借 jiǎjiè	检察 jiǎnchá	建制 jiànzhì	将领 jiànglǐng
集成 jíchéng	继母 jìmǔ	假冒 jiǎmào	检举 jiǎnjǔ	健将 jiànjiàng	将士 jiàngshì
集结 jíjié	继任 jìrèn	假若 jiǎruò	检索 jiǎnsuǒ	健美 jiànměi	酱油 jiàngyóu
集聚 jíjù	祭礼 jìlǐ	假想 jiǎxiǎng	检讨 jiǎntǎo	健身 jiànshēn	交待 jiāodài
集权 jíquán	祭坛 jìtán	假象 jiǎxiàng	检修 jiǎnxiū	舰队 jiànduì	交道 jiāodào
集市 jíshì	寄居 jìjū	假意 jiǎyì	检疫 jiǎnyì	舰艇 jiàntǐng	交点 jiāodiǎn
集训 jíxùn	寄予 jìyǔ	假装 jiǎzhuāng	检阅 jiǎnyuè	渐变 jiànbiàn	交锋 jiāofēng
集邮 jíyóu	加班 jiābān	驾驭 jiàyù	减产 jiǎnchǎn	渐次 jiàncì	交付 jiāofù
集约 jíyuē	加倍 jiābèi	架空 jiàkōng	减低 jiǎndī	渐进 jiànjìn	交互 jiāohù
集镇 jízhèn	加法 jiāfǎ	架设 jiàshè	减免 jiǎnmiǎn	践踏 jiàntà	交还 jiāohuán

交汇 jiāohuì	脚掌 jiǎozhǎng	接头 jiētóu	解渴 jiěkě	进逼 jìnbī	经书 jīngshū
交加 jiāojiā	脚趾 jiǎozhǐ	接吻 jiēwěn	解说 jiěshuō	进餐 jìncān	经线 jīngxiàn
交接 jiāojiē	搅拌 jiǎobàn	接线 jiēxiàn	解体 jiětǐ	进出 jìnchū	经销 jīngxiāo
交界 jiāojiè	搅动 jiǎodòng	接种 jiēzhòng	介入 jièrù	进度 jìndù	经由 jīngyóu
交纳 jiāonà	缴获 jiǎohuò	秸秆 jiēgǎn	介意 jièyì	进发 jìnfā	荆棘 jīngjí
交配 jiāopèi	缴纳 jiǎonà	揭穿 jiēchuān	戒备 jièbèi	进犯 jìnfàn	惊诧 jīngchà
交融 jiāoróng	叫喊 jiàohǎn	揭发 jiēfā	戒律 jièlǜ	进贡 jìngòng	惊动 jīngdòng
交涉 jiāoshè	叫好 jiàohǎo	揭晓 jiēxiǎo	戒严 jièyán	进货 jìnhuò	惊愕 jīng'è
交尾 jiāowěi	叫卖 jiàomài	街市 jiēshì	届时 jièshí	进食 jìnshí	惊骇 jīnghài
交响乐	叫嚷 jiàorǎng	节俭 jiéjiǎn	界定 jièdìng	进退 jìntuì	惊慌 jīnghuāng
jiāoxiǎngyuè	叫嚣 jiàoxiāo	节律 jiélǜ	界面 jièmiàn	进位 jìnwèi	惊惶 jīnghuáng
交易所 jiāoyìsuǒ	校对 jiàoduì	节能 jiénéng	界线 jièxiàn	进行曲	惊恐 jīngkǒng
交战 jiāozhàn	校样 jiàoyàng	节拍 jiépāi	借贷 jièdài	jìnxíngqǔ	惊扰 jīngrǎo
郊外 jiāowài	校正 jiàozhèng	节余 jiéyú	借以 jièyǐ	进修 jìnxiū	惊叹 jīngtàn
郊野 jiāoyě	轿车 jiàochē	节制 jiézhì	借重 jièzhòng	进驻 jìnzhù	惊吓 jīngxià
浇灌 jiāoguàn	较量 jiàoliàng	劫持 jiéchí	金刚 Jīngāng	近海 jìnhǎi	惊险 jīngxiǎn
娇嫩 jiāonèn	教案 jiào'àn	杰作 jiézuò	金龟子 jīnguīzǐ	近郊 jìnjiāo	惊疑 jīngyí
娇艳 jiāoyàn	教程 jiàochéng	洁净 jiéjìng	金黄 jīnhuáng	近邻 jìnlín	晶莹 jīngyíng
胶布 jiāobù	教官 jiàoguān	结伴 jiébàn	金库 jīnkù	近旁 jìnpáng	精彩 jīngcǎi
胶片 jiāopiàn	教规 jiàoguī	结核 jiéhé	金石 jīnshí	近期 jìnqī	精干 jīnggàn
教书 jiāoshū	教化 jiàohuà	结集 jiéjí	金丝猴 jīnsīhóu	近亲 jìnqīn	精光 jīngguāng
焦距 jiāojù	教皇 jiàohuáng	结膜 jiémó	金文 jīnwén	劲头 jìntóu	精华 jīnghuá
焦虑 jiāolǜ	教海 jiàohuì	结社 jiéshè	金星 jīnxīng	晋级 jìnjí	精简 jīngjiǎn
焦炭 jiāotàn	教科书	结石 jiéshí	金鱼 jīnyú	晋升 jìnshēng	精炼 jīngliàn
焦躁 jiāozào	jiàokēshū	结识 jiéshí	金字塔 jīnzìtǎ	浸泡 jìnpào	精灵 jīnglíng
焦灼 jiāozhuó	教士 jiàoshì	结尾 jiéwěi	津贴 jīntiē	浸润 jìnrùn	精美 jīngměi
礁石 jiāoshí	教条 jiàotiáo	结业 jiéyè	津液 jīnyè	浸透 jìntòu	精明 jīngmíng
角膜 jiǎomó	教徒 jiàotú	结余 jiéyú	矜持 jīnchí	禁锢 jìngù	精辟 jīngpì
角质 jiǎozhì	教务 jiàowù	捷报 jiébào	筋骨 jīngǔ	禁忌 jìnjì	精品 jīngpǐn
狡猾 jiǎohuá	教益 jiàoyì	捷径 jiéjìng	尽早 jǐnzǎo	禁令 jìnlìng	精巧 jīngqiǎo
矫健 jiǎojiàn	酵母 jiàomǔ	睫毛 jiémáo	紧凑 jǐncòu	禁区 jìnqū	精锐 jīngruì
矫揉造作	阶梯 jiētī	截断 jiéduàn	紧迫 jǐnpò	京城 jīngchéng	精髓 jīngsuǐ
jiǎoróu-zàozuò	接管 jiēguǎn	截面 jiémiàn	紧俏 jǐnqiào	京师 jīngshī	精通 jīngtōng
矫正 jiǎozhèng	接合 jiēhé	截取 jiéqǔ	紧缺 jǐnquē	京戏 jīngxì	精微 jīngwēi
矫治 jiǎozhì	接济 jiējì	截然 jiérán	紧缩 jǐnsuō	经度 jīngdù	精益求精
皎洁 jiǎojié	接见 jiējiàn	截止 jiézhǐ	紧要 jǐnyào	经纪人 jīngjìrén	jīngyì-qiújīng
脚背 jiǎobèi	接纳 jiēnà	截至 jiézhì	锦旗 jǐnqí	经久 jīngjiǔ	精英 jīngyīng
脚跟 jiǎogēn	接洽 jiēqià	解冻 jiědòng	锦绣 jǐnxiù	经络 jīngluò	精湛 jīngzhàn
脚尖 jiǎojiān	接壤 jiērǎng	解毒 jiědú	尽情 jìnqíng	经脉 jīngmài	精制 jīngzhì
脚手架	接生 jiēshēng	解雇 jiěgù	尽头 jìntóu	经贸 jīngmào	精致 jīngzhì
jiǎoshǒujià	接替 jiētì	解救 jiějiù	尽心 jìnxīn	经商 jīngshāng	颈椎 jǐngzhuī

景观 jǐngguān	酒店 jiǔdiàn	举重 jǔzhòng	绝境 juéjìng	开端 kāiduān	看台 kàntái
景况 jǐngkuàng	酒会 jiǔhuì	举足轻重	绝妙 juémiào	开饭 kāifàn	看透 kàntòu
景致 jǐngzhì	酒家 jiǔjiā	jǔzú-qīngzhòng	绝食 juéshí	开赴 kāifù	看中 kànzhòng
警报 jǐngbào	酒席 jiǔxí	巨额 jù'é	绝缘 juéyuán	开工 kāigōng	看重 kànzhòng
警备 jǐngbèi	旧历 jiùlì	巨人 jùrén	倔强 juéjiàng	开荒 kāihuāng	看做 kànzuò
警车 jǐngchē	旧式 jiùshì	巨星 jùxīng	崛起 juéqǐ	开火 kāihuǒ	康复 kāngfù
警官 jǐngguān	旧址 jiùzhǐ	巨著 jùzhù	爵士 juéshì	开机 kāijī	慷慨 kāngkǎi
警戒 jǐngjiè	臼齿 jiùchǐ	句法 jùfǎ	爵士乐 juéshìyuè	开掘 kāijué	亢奋 kàngfèn
警觉 jǐngjué	救护 jiùhù	俱乐部 jùlèbù	攫取 juéqǔ	开朗 kāilǎng	亢进 kàngjìn
警犬 jǐngquǎn	救火 jiùhuǒ	剧变 jùbiàn	军备 jūnbèi	开明 kāimíng	抗旱 kànghàn
警卫 jǐngwèi	救命 jiùmìng	剧目 jùmù	军费 jūnfèi	开炮 kāipào	抗衡 kànghéng
劲旅 jìnglǚ	救亡 jiùwáng	剧情 jùqíng	军服 jūnfú	开启 kāiqǐ	抗击 kàngjī
径直 jìngzhí	救援 jiùyuán	剧院 jùyuàn	军工 jūngōng	开窍 kāiqiào	抗拒 kàngjù
净土 jìngtǔ	救灾 jiùzāi	据悉 jùxī	军火 jūnhuǒ	开山 kāishān	抗体 kàngtǐ
竞技 jìngjì	救助 jiùzhù	惧怕 jùpà	军机 jūnjī	开庭 kāitíng	抗原 kàngyuán
竞相 jìngxiāng	就餐 jiùcān	锯齿 jùchǐ	军礼 jūnlǐ	开通 kāitōng	抗灾 kàngzāi
竞选 jìngxuǎn	就此 jiùcǐ	聚变 jùbiàn	军粮 jūnliáng	开脱 kāituō	抗争 kàngzhēng
敬爱 jìng'ài	就地 jiùdì	聚餐 jùcān	军属 jūnshǔ	开外 kāiwài	考查 kǎochá
敬礼 jìnglǐ	就读 jiùdú	聚合 jùhé	军务 jūnwù	开销 kāixiāo	考场 kǎochǎng
敬佩 jìngpèi	就近 jiùjìn	聚会 jùhuì	军校 jūnxiào	开心 kāixīn	考据 kǎojù
敬畏 jìngwèi	就任 jiùrèn	聚积 jùjī	军需 jūnxū	开学 kāixué	考取 kǎoqǔ
敬仰 jìngyǎng	就绪 jiùxù	聚居 jùjū	军训 jūnxùn	开业 kāiyè	考生 kǎoshēng
敬意 jìngyì	就学 jiùxué	捐款 juānkuǎn	军医 jūnyī	开凿 kāizáo	考问 kǎowèn
敬重 jìngzhòng	就职 jiùzhí	捐税 juānshuì	军营 jūnyíng	开战 kāizhàn	考证 kǎozhèng
静电 jìngdiàn	就坐 jiùzuò	捐赠 juānzèng	军用 jūnyòng	开张 kāizhāng	烤火 kǎohuǒ
静谧 jìngmì	舅妈 jiùmā	卷烟 juǎnyān	军装 jūnzhuāng	凯歌 kǎigē	靠拢 kàolǒng
静默 jìngmò	拘谨 jūjǐn	眷恋 juànliàn	均等 jūnděng	凯旋 kǎixuán	靠山 kàoshān
静穆 jìngmù	拘留 jūliú	决断 juéduàn	君权 jūnquán	慨然 kǎirán	苛刻 kēkè
静态 jìngtài	拘泥 jūnì	决裂 juéliè	君子 jūnzǐ	慨叹 kǎitàn	苛求 kēqiú
境况 jìngkuàng	拘束 jūshù	决赛 juésài	俊美 jùnměi	楷模 kǎimó	科班 kēbān
境遇 jìngyù	居留 jūliú	决死 juésǐ	俊俏 jùnqiào	刊载 kānzǎi	科举 kējǔ
镜框 jìngkuàng	居室 jūshì	决算 juésuàn	骏马 jùnmǎ	看管 kānguǎn	科目 kēmù
镜片 jìngpiàn	鞠躬 jūgōng	决意 juéyì	竣工 jùngōng	看护 kānhù	科普 kēpǔ
炯炯 jiǒngjiǒng	鞠躬尽瘁	决战 juézhàn	卡车 kǎchē	看守 kānshǒu	科室 kēshì
窘迫 jiǒngpò	jūgōng-jìncuì	诀别 juébié	卡片 kǎpiàn	勘测 kāncè	磕头 kētóu
纠缠 jiūchán	局促 júcù	诀窍 juéqiào	开场 kāichǎng	勘察 kānchá	瞌睡 kēshuì
纠葛 jiūgé	沮丧 jǔsàng	抉择 juézé	开车 kāichē	坎坷 kǎnkě	蝌蚪 kēdǒu
纠集 jiūjí	矩形 jǔxíng	角逐 juézhú	开春 kāichūn	砍伐 kǎnfá	可悲 kěbēi
久远 jiǔyuǎn	举例 jǔlì	觉醒 juéxǐng	开刀 kāidāo	看病 kànbìng	可耻 kěchǐ
韭菜 jiǔcài	举目 jǔmù	绝迹 juéjì	开导 kāidǎo	看穿 kànchuān	可观 kěguān
酒吧 jiǔbā	举止 jǔzhǐ	绝技 juéjì	开动 kāidòng	看好 kànhǎo	可贵 kěguì

可恨 kěhèn	恐吓 kǒnghè	库房 kùfáng	矿床	拦截 lánjié	老总 lǎozǒng
可口 kěkǒu	恐龙 kǒnglóng	裤脚 kùjiǎo	kuàngchuáng	拦腰 lányāo	烙印 làoyìn
可取 kěqǔ	空地 kòngdì	裤腿 kùtuǐ	矿工 kuànggōng	拦阻 lánzǔ	乐趣 lèqù
可恶 kěwù	空隙 kòngxì	酷爱 kù'ài	矿井 kuàngjǐng	栏杆 lángān	乐意 lèyì
可喜 kěxǐ	空闲 kòngxián	酷热 kùrè	矿区 kuàngqū	蓝图 lántú	乐于 lèyú
可行 kěxíng	控告 kònggào	酷暑 kùshǔ	矿山 kuàngshān	篮球 lánqiú	乐园 lèyuán
可疑 kěyí	控诉 kòngsù	酷似 kùsì	矿石 kuàngshí	懒惰 lǎnduò	勒令 lèlìng
渴求 kěqiú	口岸 kǒu'àn	夸大 kuādà	矿业 kuàngyè	懒汉 lǎnhàn	勒索 lèsuǒ
克己 kèjǐ	口服 kǒufú	夸奖 kuājiǎng	框架 kuàngjià	懒散 lǎnsǎn	雷暴 léibào
克制 kèzhì	口角 kǒujiǎo	夸耀 kuāyào	亏本 kuīběn	烂泥 lànní	雷电 léidiàn
刻板 kèbǎn	口径 kǒujìng	垮台 kuǎtái	窥见 kuījiàn	滥用 lànyòng	雷鸣 léimíng
刻薄 kèbó	口诀 kǒujué	挎包 kuàbāo	窥探 kuītàn	狼狈 lángbèi	雷同 léitóng
刻不容缓	口粮 kǒuliáng	跨度 kuàdù	葵花 kuíhuā	朗读 lǎngdú	雷雨 léiyǔ
kèbùrónghuǎn	口令 kǒulìng	跨越 kuàyuè	傀儡 kuǐlěi	朗诵 lǎngsòng	累积 lěijī
恪守 kèshǒu	口琴 kǒuqín	快感 kuàigǎn	匮乏 kuìfá	浪潮 làngcháo	累及 lěijí
客车 kèchē	口哨 kǒushào	快慢 kuàimàn	溃烂 kuìlàn	浪漫 làngmàn	累计 lěijì
客房 kèfáng	口水 kǒushuǐ	快艇 kuàitǐng	溃疡 kuìyáng	浪涛 làngtāo	肋骨 lèigǔ
客户 kèhù	口味 kǒuwèi	快意 kuàiyì	昆曲 kūnqǔ	劳工 láogōng	泪痕 lèihén
客机 kèjī	口吻 kǒuwěn	脍炙人口	困惑 kùnhuò	劳驾 láojià	泪花 lèihuā
客轮 kèlún	口音 kǒuyīn	kuàizhì-rénkǒu	困苦 kùnkǔ	劳教 láojiào	泪眼 lèiyǎn
客商 kèshāng	口罩 kǒuzhào	宽度 kuāndù	困扰 kùnrǎo	劳苦 láokǔ	泪珠 lèizhū
客运 kèyùn	叩头 kòutóu	宽广 kuānguǎng	扩充 kuòchōng	劳累 láolèi	类比 lèibǐ
课外 kèwài	扣除 kòuchú	宽厚 kuānhòu	扩建 kuòjiàn	劳模 láomó	类别 lèibié
课文 kèwén	扣留 kòuliú	宽容 kuānróng	括号 kuòhào	劳务 láowù	类群 lèiqún
课余 kèyú	扣押 kòuyā	宽恕 kuānshù	拉力 lālì	劳役 láoyì	类推 lèituī
垦荒 kěnhuāng	枯黄 kūhuáng	宽慰 kuānwèi	腊梅 làméi	劳资 láozī	棱角 léngjiǎo
恳切 kěnqiè	枯竭 kūjié	宽裕 kuānyù	腊月 làyuè	劳作 láozuò	棱镜 léngjìng
恳求 kěnqiú	枯萎 kūwěi	款待 kuǎndài	来宾 láibīn	牢房 láofáng	冷藏 lěngcáng
坑道 kēngdào	枯燥 kūzào	款式 kuǎnshì	来电 láidiàn	牢记 láojì	冷淡 lěngdàn
吭声 kēngshēng	哭泣 kūqì	款项 kuǎnxiàng	来访 láifǎng	牢笼 láolóng	冷冻 lěngdòng
铿锵 kēngqiāng	哭诉 kūsù	狂奔 kuángbēn	来客 láikè	牢狱 láoyù	冷风 lěngfēng
空洞 kōngdòng	苦果 kǔguǒ	狂风 kuángfēng	来历 láilì	老伯 lǎobó	冷汗 lěnghàn
空话 kōnghuà	苦力 kǔlì	狂欢 kuánghuān	来龙去脉	老化 lǎohuà	冷峻 lěngjùn
空旷 kōngkuàng	苦闷 kǔmèn	狂热 kuángrè	láilóng-qùmài	老家 lǎojiā	冷酷 lěngkù
空谈 kōngtán	苦涩 kǔsè	狂妄	来年 láinián	老练 lǎoliàn	冷落 lěngluò
空投 kōngtóu	苦痛 kǔtòng	kuángwàng	来去 láiqù	老少 lǎoshào	冷漠 lěngmò
空袭 kōngxí	苦笑 kǔxiào	狂喜 kuángxǐ	来世 láishì	老生 lǎoshēng	冷凝 lěngníng
空想 kōngxiǎng	苦心 kǔxīn	狂笑 kuángxiào	来势 láishì	老式 lǎoshì	冷暖 lěngnuǎn
空心 kōngxīn	苦于 kǔyú	旷工 kuànggōng	来意 láiyì	老天爷 lǎotiānyé	冷气 lěngqì
孔洞 kǒngdòng	苦战 kǔzhàn	旷野 kuàngyě	来者 láizhě	老鹰 lǎoyīng	冷眼 lěngyǎn
孔隙 kǒngxì	苦衷 kǔzhōng	矿藏 kuàngcáng	兰花 lánhuā	老者 lǎozhě	冷饮 lěngyǐn

冷遇 lěngyù	立案 lì'àn	脸红 liǎnhóng	了然 liǎorán	淋漓 línlí	领悟 lǐngwù
离别 líbié	立方 lìfāng	脸颊 liǎnjiá	了如指掌	淋漓尽致	领先 lǐngxiān
离奇 líqí	立功 lìgōng	脸面 liǎnmiàn	liǎorúzhǐzhǎng	línlí-jìnzhì	领主 lǐngzhǔ
离散 lísàn	立国 lìguó	脸庞 liǎnpáng	料理 liàolǐ	琳琅满目	另行 lìngxíng
离心 líxīn	立论 lìlùn	脸皮 liǎnpí	料想 liàoxiǎng	línláng-mǎnmù	浏览 liúlǎn
离心力 líxīnlì	立宪 lìxiàn	脸谱 liǎnpǔ	瞭望 liàowàng	嶙峋 línxún	留成 liúchéng
离休 líxiū	立意 lìyì	练兵 liànbīng	列强 lièqiáng	磷肥 línféi	留存 liúcún
离异 líyì	立正 lìzhèng	练功 liàngōng	列席 lièxí	磷脂 línzhī	留恋 liúliàn
离职 lízhí	立志 lìzhì	练武 liànwǔ	劣等 lièděng	鳞片 línpiàn	留神 liúshén
梨园 líyuán	立足 lìzú	恋人 liànrén	劣势 lièshì	吝啬 lìnsè	留声机
黎明 límíng	利弊 lìbì	链条 liàntiáo	劣质 lièzhì	灵巧 língqiǎo	liúshēngjī
礼拜 lǐbài	利尿 lìniào	良机 liángjī	烈火 lièhuǒ	灵堂 língtáng	留守 liúshǒu
礼法 lǐfǎ	沥青 lìqīng	良久 liángjiǔ	烈日 lièrì	灵通 língtōng	留心 liúxīn
礼教 lǐjiào	例证 lìzhèng	良田 liángtián	烈性 lièxìng	灵性 língxìng	留意 liúyì
礼节 lǐjié	隶属 lìshǔ	良性 liángxìng	烈焰 lièyàn	灵芝 língzhī	流产 liúchǎn
礼品 lǐpǐn	荔枝 lìzhī	凉爽	猎狗 lièyǒu	玲珑 línglóng	流畅 liúchàng
礼让 lǐràng	砾石 lìshí	liángshuǎng	猎枪 lièqiāng	凌晨 língchén	流程 liúchéng
礼堂 lǐtáng	连带 liándài	凉水 liángshuǐ	猎取 lièqǔ	凌空 língkōng	流毒 liúdú
礼仪 lǐyí	连贯 liánguàn	凉鞋 liángxié	猎犬 lièquǎn	凌乱 língluàn	流放 liúfàng
里程 lǐchéng	连环 liánhuán	粮仓 liángcāng	猎人 lièrén	陵墓 língmù	流浪 liúlàng
里程碑	连环画	两栖 liǎngqī	猎手 lièshǒu	陵园 língyuán	流利 liúlì
lǐchéngbēi	liánhuánhuà	两性 liǎngxìng	猎物 lièwù	聆听 língtīng	流量 liúliàng
理财 lǐcái	连绵 liánmián	两样 liǎngyàng	裂变 lièbiàn	菱形 língxíng	流落 liúluò
理睬 lǐcǎi	连年 liánnián	两翼 liǎngyì	裂缝 lièfèng	羚羊 língyáng	流失 liúshī
理发 lǐfà	连日 liánrì	亮度 liàngdù	裂痕 lièhén	零点 língdiǎn	流逝 liúshì
理会 lǐhuì	连声 liánshēng	亮光 liàngguāng	裂纹 lièwén	零乱 língluàn	流水线
理科 lǐkē	连锁 liánsuǒ	亮相 liàngxiàng	裂隙 lièxì	零散 língsǎn	liúshuǐxiàn
理应 lǐyīng	连通 liántōng	谅解 liàngjiě	邻里 línlǐ	零碎 língsuì	流速 liúsù
理直气壮	连夜 liányè	量变 liàngbiàn	邻舍 línshè	零星 língxīng	流淌 liútǎng
lǐzhí-qìzhuàng	连衣裙	量词 liàngcí	林带 líndài	领带 lǐngdài	流亡 liúwáng
力度 lìdù	liányīqún	量刑 liàngxíng	林地 líndì	领地 lǐngdì	流星 liúxīng
力争 lìzhēng	怜悯 liánmǐn	踉跄 liàngqiàng	林立 línlì	领队 lǐngduì	流言 liúyán
历程 lìchéng	莲花 liánhuā	疗程 liáochéng	林阴道	领海 lǐnghǎi	流转 liúzhuǎn
历次 lìcì	涟漪 liányī	疗效 liáoxiào	línyīndào	领教 lǐngjiào	硫磺 liúhuáng
历法 lìfǎ	联欢 liánhuān	疗养 liáoyǎng	临别 línbié	领口 lǐngkǒu	龙船 lóngchuán
历届 lìjiè	联接 liánjiē	疗养院	临到 líndào	领略 lǐnglüè	龙灯 lóngdēng
历尽 lìjìn	联名 liánmíng	liáoyǎngyuàn	临界 línjiè	领取 lǐngqǔ	龙骨 lónggǔ
历经 lìjīng	联赛 liánsài	嘹亮 liáoliàng	临近 línjìn	领事馆	龙卷风
历年 lìnián	联姻 liányīn	潦倒 liáodǎo	临摹 línmó	lǐngshìguǎn	lóngjuǎnfēng
历书 lìshū	廉洁 liánjié	缭绕 liáorào	临终 línzhōng	领受 lǐngshòu	龙王 Lóngwáng
厉声 lìshēng	镰刀 liándāo	了结 liǎojié	淋巴结 línbājié	领头 lǐngtóu	龙眼 lóngyǎn

隆冬 lóngdōng	屡见不鲜	落日 luòrì	满面 mǎnmiàn	茂盛 màoshèng	门铃 ménlíng
隆重 lóngzhòng	lǚjiàn-bùxiān	落水 luòshuǐ	满目 mǎnmù	冒充 màochōng	门票 ménpiào
笼络 lǒngluò	绿灯 lùdēng	落伍 luòwǔ	满腔 mǎnqiāng	冒火 màohuǒ	门生 ménshēng
笼统 lǒngtǒng	绿地 lùdì	抹布 mābù	满心 mǎnxīn	冒昧 màomèi	门徒 méntú
楼阁 lóugé	绿豆 lùdòu	麻痹 mábì	满月 mǎnyuè	贸然 màorán	门牙 ményá
楼台 lóutái	绿肥 lùféi	麻袋 mádài	满载 mǎnzài	貌似 màosì	门诊 ménzhěn
楼梯 lóutī	绿洲 lùzhōu	麻将 májiàng	满嘴 mǎnzuǐ	没劲 méijìn	萌动 méngdòng
漏洞 lòudòng	孪生 luánshēng	麻木 mámù	谩骂 mànmà	没命 méimìng	萌生
漏斗 lòudǒu	卵石 luǎnshí	麻雀 máquè	蔓延 mànyán	没趣 méiqù	méngshēng
芦笙 lúshēng	卵子 luǎnzǐ	麻疹 mázhěn	漫不经心	眉飞色舞	蒙蔽 méngbì
芦苇 lúwěi	略微 lüèwēi	马达 mǎdá	mànbùjīngxīn	méifēi-sèwǔ	蒙昧 méngmèi
炉灶 lúzào	沦陷 lúnxiàn	马灯 mǎdēng	漫步 mànbù	眉开眼笑	蒙受 méngshòu
卤水 lǔshuǐ	轮班 lúnbān	马褂 mǎguà	漫画 mànhuà	méikāi-yǎnxiào	盟国 méngguó
卤素 lǔsù	轮番 lúnfān	马力 mǎlì	漫天 màntiān	眉眼 méiyǎn	猛然 měngrán
鲁莽 lǔmǎng	轮换 lúnhuàn	马铃薯	漫游 mànyóu	眉宇 méiyǔ	猛兽 měngshòu
陆路 lùlù	轮回 lúnhuí	mǎlíngshǔ	慢条斯理	梅花 méihuā	蒙古包
录取 lùqǔ	轮胎 lúntāi	马匹 mǎpǐ	màntiáo-sīlǐ	梅雨 méiyǔ	měnggǔbāo
录像 lùxiàng	轮椅 lúnyǐ	马蹄 mǎtí	忙乱 mángluàn	煤气 méiqì	梦幻 mènghuàn
录像机	论调 lùndiào	马桶 mǎtǒng	盲肠	煤油 méiyóu	梦境 mèngjìng
lùxiàngjī	论断 lùnduàn	马戏 mǎxì	mángcháng	霉菌 méijūn	梦寐以求
录音 lùyīn	论据 lùnjù	玛瑙 mǎnǎo	盲从 mángcóng	霉烂 méilàn	mèngmèiyǐqiú
录音机 lùyīnjī	论理 lùnlǐ	埋藏 máicáng	盲流 mángliú	美德 měidé	梦乡 mèngxiāng
录用 lùyòng	论说 lùnshuō	埋没 máimò	盲人 mángrén	美观 měiguān	梦想 mèngxiǎng
录制 lùzhì	论坛 lùntán	埋头 máitóu	猫头鹰	美景 měijǐng	梦呓 mèngyì
绿林 lùlín	论战 lùnzhàn	埋葬 máizàng	māotóuyīng	美酒 měijiǔ	弥散 mísàn
路标 lùbiāo	论著 lùnzhù	买主 mǎizhǔ	毛笔 máobǐ	美满 měimǎn	迷宫 mígōng
路灯 lùdēng	罗汉 luóhàn	迈步 màibù	毛虫 máochóng	美貌 měimào	迷惑 míhuò
路费 lùfèi	罗列 luóliè	迈进 màijìn	毛发 máofà	美女 měinǚ	迷离 mílí
路径 lùjìng	罗盘 luópán	麦收 màishōu	毛骨悚然	美人 měirén	迷恋 míliàn
路口 lùkǒu	锣鼓 luógǔ	卖国 màiguó	máogǔ-sǒngrán	美容 měiróng	迷路 mílù
路面 lùmiàn	箩筐 luókuāng	卖力 màilì	毛料 máoliào	美谈 měitán	迷茫 mímáng
路人 lùrén	螺丝 luósī	卖命 màimìng	毛驴 máolǘ	美味 měiwèi	迷蒙 míméng
路途 lùtú	螺旋桨	卖主 màizhǔ	毛囊 máonáng	美育 měiyù	迷失 míshī
露骨 lùgǔ	luóxuánjiǎng	脉搏 màibó	毛皮 máopí	闷热 mēnrè	迷惘 míwǎng
露天 lùtiān	裸露 luǒlù	脉冲 màichōng	毛毯 máotǎn	门板 ménbǎn	迷雾 míwù
露珠 lùzhū	裸体 luǒtǐ	脉络 màiluò	毛线 máoxiàn	门第 méndì	猕猴 míhóu
旅伴 lǚbàn	落差 luòchā	蛮干 mángàn	毛衣 máoyī	门户 ménhù	糜烂 mílàn
旅程 lǚchéng	落成 luòchéng	蛮横 mánhèng	矛头 máotóu	门槛 ménkǎn	米饭 mǐfàn
旅店 lǚdiàn	落户 luòhù	满腹 mǎnfù	茅草 máocǎo	门框 ménkuàng	秘诀 mìjué
旅途 lǚtú	落脚 luòjiǎo	满怀 mǎnhuái	茅屋 máowū	门类 ménlèi	密闭 mìbì
屡次 lǚcì	落空 luòkōng	满口 mǎnkǒu	茂密 màomì	门帘 ménlián	密布 mìbù

密封 mìfēng	民警 mínjǐng	明了 míngliǎo	谋取 móuqǔ	纳粹 Nàcuì	内力 nèilì
密码 mìmǎ	民情 mínqíng	明媚 míngmèi	谋杀 móushā	奶粉 nǎifěn	内陆 nèilù
蜜月 mìyuè	民权 mínquán	明日 míngrì	谋生 móushēng	奶牛 nǎiniú	内乱 nèiluàn
绵延 miányán	民生 mínshēng	明晰 míngxī	模板 múbǎn	奶油 nǎiyóu	内幕 nèimù
绵羊 miányáng	民心 mínxīn	明星 míngxīng	母爱 mǔ'ài	奈何 nàihé	内情 nèiqíng
棉布 miánbù	民谣 mínyáo	明珠 míngzhū	母本 mǔběn	耐力 nàilì	内燃机 nèiránjī
棉纱 miánshā	民意 mínyì	鸣叫 míngjiào	母系 mǔxì	耐用 nàiyòng	内伤 nèishāng
棉田 miántián	民营 mínyíng	冥想 míngxiǎng	母校 mǔxiào	男方 nánfāng	内务 nèiwù
棉絮 miánxù	民用 mínyòng	铭文 míngwén	母语 mǔyǔ	男生 nánshēng	内线 nèixiàn
免除 miǎnchú	民政 mínzhèng	命脉 mìngmài	牡蛎 mǔlì	南半球	内向 nèixiàng
免费 miǎnfèi	泯灭 mǐnmiè	命中 mìngzhòng	拇指 mǔzhǐ	nánbànqiú	内销 nèixiāo
免税 miǎnshuì	名次 míngcì	谬论 miùlùn	木本 mùběn	南洋 Nányáng	内省 nèixǐng
勉励 miǎnlì	名单 míngdān	谬误 miùwù	木柴 mùchái	难保 nánbǎo	内衣 nèiyī
缅怀 miǎnhuái	名额 míng'é	摩登 módēng	木耳 mù'ěr	难产 nánchǎn	内因 nèiyīn
面额 miàn'é	名副其实	摩托 mótuō	木筏 mùfá	难点 nándiǎn	内政 nèizhèng
面粉 miànfěn	míngfùqíshí	磨擦 mócā	木工 mùgōng	难度 nándù	嫩绿 nènlǜ
面颊 miànjiá	名贵 míngguì	磨练 móliàn	木刻 mùkè	难关 nánguān	能干 néngàn
面具 miànjù	名家 míngjiā	磨难 mónàn	木料 mùliào	难堪 nánkān	能人 néngrén
面庞 miànpáng	名利 mínglì	磨损 mósǔn	木偶 mù'ǒu	难看 nánkàn	能事 néngshì
面容 miànróng	名列前茅	魔法 mófǎ	木炭 mùtàn	难说 nánshuō	能手 néngshǒu
面色 miànsè	mínglièqiánmáo	魔鬼 móguǐ	木星 mùxīng	难听 nántīng	尼姑 nígū
面纱 miànshā	名流 míngliú	魔力 mólì	目不转睛	难为情	尼龙 nílóng
面谈 miàntán	名目 míngmù	魔术 móshù	mùbùzhuǎnjīng	nánwéiqíng	呢绒 níróng
苗木 miáomù	名牌 míngpái	魔王 mówáng	目瞪口呆	难民 nànmín	泥浆 níjiāng
苗圃 miáopǔ	名片 míngpiàn	魔爪 mózhǎo	mùdèng-kǒudāi	难友 nànyǒu	泥坑 níkēng
描画 miáohuà	名气 míngqì	抹杀 mǒshā	目睹 mùdǔ	囊括 nángkuò	泥泞 nínìng
描摹 miáomó	名人 míngrén	末日 mòrì	目录 mùlù	恼火 nǎohuǒ	泥塑 nísù
瞄准 miáozhǔn	名山 míngshān	末梢 mòshāo	目送 mùsòng	恼怒 nǎonù	泥炭 nítàn
渺茫 miǎománg	名声 míngshēng	末尾 mòwěi	沐浴 mùyù	脑海 nǎohǎi	霓虹灯
渺小 miǎoxiǎo	名胜 míngshèng	莫大 mòdà	牧草 mùcǎo	脑际 nǎojì	níhóngdēng
藐视 miǎoshì	名师 míngshī	莫非 mòfēi	牧场 mùchǎng	脑筋 nǎojīn	拟订 nǐdìng
庙会 miàohuì	名望 míngwàng	蓦然 mòrán	牧民 mùmín	脑力 nǎolì	拟定 nǐdìng
庙宇 miàoyǔ	名下 míngxià	漠然 mòrán	牧区 mùqū	脑髓 nǎosuǐ	拟人 nǐrén
灭火 mièhuǒ	名言 míngyán	漠视 mòshì	募捐 mùjuān	闹市 nàoshì	逆差 nìchā
灭绝 mièjué	名誉 míngyù	墨水 mòshuǐ	墓碑 mùbēi	闹事 nàoshì	逆境 nìjìng
蔑视 mièshì	名著 míngzhù	默念 mòniàn	墓地 mùdì	闹钟 nàozhōng	逆流 nìliú
民办 mínbàn	明矾 míngfán	默契 mòqì	墓室 mùshì	内阁 nèigé	逆向 nìxiàng
民法 mínfǎ	明净 míngjìng	默然 mòrán	墓葬 mùzàng	内海 nèihǎi	逆转 nìzhuǎn
民房 mínfáng	明镜 míngjìng	谋害 móuhài	幕后 mùhòu	内行 nèiháng	溺爱 nì'ài
民工 míngōng	明快 míngkuài	谋略 móulüè	暮色 mùsè	内疚 nèijiù	年份 niánfèn
民航 mínháng	明朗 mínglǎng	谋求 móuqiú	穆斯林 mùsīlín	内科 nèikē	年华 niánhuá

年画 niánhuà
年会 niánhuì
年景 niánjǐng
年轮 niánlún
年迈 niánmài
年岁 niánsuì
年限 niánxiàn
年终 niánzhōng
念白 niànbái
鸟瞰 niǎokàn
袅袅 niǎoniǎo
尿布 niàobù
尿素 niàosù
捏造 niēzào
涅槃 nièpán
狞笑 níngxiào
凝神 níngshén
凝望 níngwàng
宁可 nìngkě
宁肯 nìngkěn
宁愿 nìngyuàn
牛犊 niúdú
牛皮 niúpí
牛仔裤 niúzǎikù
扭曲 niǔqū
纽带 niǔdài
纽扣 niǔkòu
农夫 nóngfū
农妇 nóngfù
农耕 nónggēng
农机 nóngjī
农家 nóngjiā
农垦 nóngkěn
农历 nónglì
农忙 nóngmáng
农事 nóngshì
农闲 nóngxián
浓淡 nóngdàn
浓烈 nóngliè
浓眉 nóngméi
浓密 nóngmì

浓缩 nóngsuō
浓郁 nóngyù
浓重 nóngzhòng
弄虚作假 nòngxū-zuòjiǎ
奴仆 núpú
怒放 nùfàng
怒吼 nùhǒu
怒火 nùhuǒ
怒气 nùqì
女方 nǚfāng
女皇 nǚhuáng
女郎 nǚláng
女神 nǚshén
女生 nǚshēng
女王 nǚwáng
暖流 nuǎnliú
暖瓶 nuǎnpíng
暖气 nuǎnqì
虐待 nüèdài
挪用 nuóyòng
诺言 nuòyán
懦弱 nuòruò
糯米 nuòmǐ
讴歌 ōugē
殴打 ōudǎ
呕吐 ǒutù
偶像 ǒuxiàng
爬行 páxíng
拍板 pāibǎn
拍卖 pāimài
拍手 pāishǒu
拍照 pāizhào
排队 páiduì
排挤 páijǐ
排练 páiliàn
排卵 páiluǎn
排球 páiqiú
排戏 páixì
排泄 páixiè
排演 páiyǎn

排忧解难 páiyōu-jiěnàn
牌价 páijià
派别 pàibié
派生 pàishēng
派头 pàitóu
派系 pàixì
派性 pàixìng
攀登 pāndēng
攀谈 pāntán
攀援 pānyuán
盘剥 pánbō
盘踞 pánjù
盘问 pánwèn
盘旋 pánxuán
判别 pànbié
判决书 pànjuéshū
判明 pànmíng
判刑 pànxíng
叛变 pànbiàn
叛乱 pànluàn
叛逆 pànnì
叛徒 pàntú
旁白 pángbái
旁人 pángrén
旁听 pángtīng
膀胱 pángguāng
磅礴 pángbó
咆哮 páoxiào
跑步 pǎobù
跑道 pǎodào
泡菜 pàocài
泡沫 pàomò
炮兵 pàobīng
炮火 pàohuǒ
炮击 pàojī
炮楼 pàolóu
炮台 pàotái
炮制 páozhì

胚芽 pēiyá
陪伴 péibàn
陪衬 péichèn
陪同 péitóng
培土 péitǔ
培植 péizhí
赔款 péikuǎn
赔钱 péiqián
佩戴 pèidài
配备 pèibèi
配对 pèiduì
配方 pèifāng
配件 pèijiàn
配角 pèijué
配偶 pèi'ǒu
配伍 pèiwǔ
配制 pèizhì
配种 pèizhǒng
喷发 pēnfā
喷泉 pēnquán
喷洒 pēnsǎ
喷射 pēnshè
喷涂 pēntú
盆景 pénjǐng
盆栽 pénzāi
抨击 pēngjī
烹饪 pēngrèn
烹调 pēngtiáo
蓬乱 péngluàn
蓬松 péngsōng
膨大 péngdà
碰巧 pèngqiǎo
碰头 pèngtóu
碰撞 pèngzhuàng
批驳 pībó
批量 pīliàng
批示 pīshì
披露 pīlù
霹雳 pīlì
皮包 píbāo

皮层 pícéng
皮带 pídài
皮革 pígé
皮毛 pímáo
皮球 píqiú
皮肉 píròu
毗邻 pílín
疲惫 píbèi
疲乏 pífá
啤酒 píjiǔ
脾胃 píwèi
脾脏 pízàng
匹配 pǐpèi
媲美 pìměi
僻静 pìjìng
偏爱 piān'ài
偏差 piānchā
偏激 piānjī
偏离 piānlí
偏旁 piānpáng
偏僻 piānpì
偏颇 piānpō
偏心 piānxīn
偏重 piānzhòng
篇章 piānzhāng
片段 piànduàn
片断 piànduàn
骗局 piànjú
骗取 piànqǔ
漂泊 piāobó
漂浮 piāofú
漂流 piāoliú
漂移 piāoyí
飘带 piāodài
飘荡 piāodàng
飘动 piāodòng
飘浮 piāofú
飘忽 piāohū
飘零 piāolíng
飘落 piāoluò
飘然 piāorán

飘散 piāosàn
飘扬 piāoyáng
飘逸 piāoyì
漂白粉 piǎobáifěn
票据 piàojù
瞥见 piējiàn
拼搏 pīnbó
拼凑 pīncòu
拼死 pīnsǐ
拼音 pīnyīn
贫乏 pínfá
贫寒 pínhán
贫瘠 pínjí
贫苦 pínkǔ
贫民 pínmín
贫血 pínxuè
频道 píndào
品尝 pǐncháng
品格 pǐngé
品评 pǐnpíng
品位 pǐnwèi
品味 pǐnwèi
品行 pǐnxíng
聘请 pìnqǐng
平安 píng'ān
平板 píngbǎn
平淡 píngdàn
平地 píngdì
平定 píngdìng
平反 píngfǎn
平方 píngfāng
平房 píngpáng
平衡木 pínghéngmù
平滑 pínghuá
平缓 pínghuǎn
平价 píngjià
平米 píngmǐ
平生 píngshēng
平素 píngsù

平台 píngtái	仆人 púrén	旗袍 qípáo	气恼 qìnǎo	牵涉 qiānshè	潜移默化
平稳 píngwěn	仆役 púyì	乞丐 qǐgài	气馁 qìněi	牵引 qiānyǐn	qiányí-mòhuà
平息 píngxī	匍匐 púfú	乞求 qǐqiú	气派 qìpài	牵制 qiānzhì	浅薄 qiǎnbó
平移 píngyí	蒲公英	乞讨 qǐtǎo	气泡 qìpào	谦虚 qiānxū	浅海 qiǎnhǎi
平庸 píngyōng	púgōngyīng	岂有此理	气魄 qìpò	谦逊 qiānxùn	浅滩 qiǎntān
平整 píngzhěng	蒲扇 púshàn	qǐyǒucǐlǐ	气球 qìqiú	签发 qiānfā	浅显 qiǎnxiǎn
评比 píngbǐ	朴实 pǔshí	企鹅 qǐ'é	气色 qìsè	签名 qiānmíng	谴责 qiǎnzé
评定 píngdìng	普查 pǔchá	启程 qǐchéng	气势 qìshì	签署 qiānshǔ	欠缺 qiànquē
评分 píngfēn	普法 pǔfǎ	启迪 qǐdí	气态 qìtài	签约 qiānyuē	歉收 qiànshōu
评估 pínggū	普选 pǔxuǎn	启动 qǐdòng	气虚 qìxū	签证 qiānzhèng	歉意 qiànyì
评奖 píngjiǎng	谱写 pǔxiě	启蒙 qǐméng	气旋 qìxuán	签字 qiānzì	枪毙 qiāngbì
评剧 píngjù	瀑布 pùbù	启事 qǐshì	气焰 qìyàn	前辈 qiánbèi	枪弹 qiāngdàn
评判 píngpàn	栖息 qīxī	起兵 qǐbīng	迄今 qìjīn	前臂 qiánbì	枪杀 qiāngshā
评审 píngshěn	凄惨 qīcǎn	起步 qǐbù	汽笛 qìdí	前程	枪支 qiāngzhī
评述 píngshù	凄楚 qīchǔ	起草 qǐcǎo	汽缸 qìgāng	qiánchéng	腔调 qiāngdiào
评弹 píngtán	凄厉 qīlì	起床 qǐchuáng	汽化 qìhuà	前额 qián'é	强渡 qiángdù
评议 píngyì	凄然 qīrán	起飞 qǐfēi	汽水 qìshuǐ	前锋 qiánfēng	强攻 qiánggōng
评语 píngyǔ	期刊 qīkān	起哄 qǐhòng	汽艇 qìtǐng	前列 qiánliè	强国 qiángguó
凭吊 píngdiào	欺凌 qīlíng	起火 qǐhuǒ	契机 qìjī	前年 qiánnián	强加 qiángjiā
凭空 píngkōng	欺侮 qīwǔ	起家 qǐjiā	器件 qìjiàn	前仆后继	强健 qiángjiàn
凭证 píngzhèng	欺压 qīyā	起见 qǐjiàn	器具 qìjù	qiánpū-hòujì	强劲 qiángjìng
屏风 píngfēng	欺诈 qīzhà	起劲 qǐjìn	器皿 qìmǐn	前哨 qiánshào	强力 qiánglì
屏障 píngzhàng	漆黑 qīhēi	起居 qǐjū	器物 qìwù	前身 qiánshēn	强盛
坡地 pōdì	漆器 qīqì	起立 qǐlì	器械 qìxiè	前世 qiánshì	qiángshèng
坡度 pōdù	齐备 qíbèi	起落 qǐluò	器乐 qìyuè	前天 qiántiān	强行 qiángxíng
迫不及待	齐名 qímíng	起事 qǐshì	器重 qìzhòng	前卫 qiánwèi	强硬 qiángyìng
pòbùjídài	齐全 qíquán	起诉 qǐsù	洽谈 qiàtán	前沿 qiányán	强占 qiángzhàn
破案 pò'àn	齐整 qízhěng	起先 qǐxiān	恰巧 qiàqiǎo	前夜 qiányè	强壮
破除 pòchú	奇观 qíguān	起因 qǐyīn	恰如 qiàrú	前肢 qiánzhī	qiángzhuàng
破格 pògé	奇妙 qímiào	绮丽 qǐlì	恰似 qiàsì	前奏 qiánzòu	墙根 qiánggēn
破获 pòhuò	奇闻 qíwén	气喘 qìchuǎn	千古 qiāngǔ	虔诚 qiánchéng	墙角 qiángjiǎo
破旧 pòjiù	歧视 qíshì	气垫 qìdiàn	千金 qiānjīn	钱包 qiánbāo	墙头 qiángtóu
破烂 pòlàn	歧途 qítú	气度 qìdù	千钧一发	钱币 qiánbì	抢夺 qiǎngduó
破例 pòlì	歧义 qíyì	气概 qìgài	qiānjūn-yīfà	钱财 qiáncái	抢购 qiǎnggòu
破灭 pòmiè	祈祷 qídǎo	气功 qìgōng	千卡 qiānkǎ	钳工 qiángōng	抢劫 qiǎngjié
破碎 pòsuì	祈求 qíqiú	气管 qìguǎn	千瓦 qiānwǎ	乾坤 qiánkūn	抢先 qiǎngxiān
剖析 pōuxī	崎岖 qíqū	气急 qìjí	迁就 qiānjiù	潜藏 qiáncáng	抢险 qiǎngxiǎn
扑鼻 pūbí	骑兵 qíbīng	气节 qìjié	迁居 qiānjū	潜伏 qiánfú	抢修 qiǎngxiū
扑克 pūkè	棋盘 qípán	气孔 qìkǒng	牵动 qiāndòng	潜入 qiánrù	抢占 qiǎngzhàn
扑灭 pūmiè	棋子 pízǐ	气力 qìlì	牵挂 qiānguà	潜水 qiánshuǐ	抢求 qiǎngqiú
铺设 pūshè	旗号 qíhào	气囊 qìnáng	牵连 qiānlián	潜艇 qiántǐng	乔木 qiáomù

侨胞 qiáobāo	亲信 qīnxìn	倾注 qīngzhù	情谊 qíngyì	区间 qūjiān	全文 quánwén
侨眷 qiáojuàn	亲缘 qīnyuán	清白 qīngbái	情意 qíngyì	曲解 qūjiě	全线 quánxiàn
侨民 qiáomín	亲子 qīnzǐ	清查 qīngchá	情欲 qíngyù	曲面 qūmiàn	泉水 quánshuǐ
侨务 qiáowù	禽兽 qínshòu	清偿 qīngcháng	情愿 qíngyuàn	曲轴 qūzhóu	泉源 quányuán
桥头 qiáotóu	勤奋 qínfèn	清澈 qīngchè	晴空 qíngkōng	驱车 qūchē	拳击 quánjī
巧合 qiǎohé	勤俭 qínjiǎn	清脆 qīngcuì	晴朗 qínglǎng	驱除 qūchú	痊愈 quányù
悄然 qiǎorán	寝室 qǐnshì	清单 qīngdān	顷刻 qǐngkè	驱赶 qūgǎn	蜷缩 quánsuō
悄声 qiǎoshēng	青菜 qīngcài	清淡 qīngdàn	请假 qǐngjià	驱散 qūsàn	犬齿 quǎnchǐ
峭壁 qiàobì	青草 qīngcǎo	清风 qīngfēng	请教 qǐngjiào	驱使 qūshǐ	劝导 quàndǎo
窍门 qiàomén	青翠 qīngcuì	清高 qīnggāo	请客 qǐngkè	屈从 qūcóng	劝告 quàngào
切除 qiēchú	青稞 qīngkē	清官 qīngguān	请愿 qǐngyuàn	屈辱 qūrǔ	劝解 quànjiě
切磋 qiēcuō	青睐 qīnglài	清净 qīngjìng	庆贺 qìnghè	躯干 qūgàn	劝说 quànshuō
切点 qiēdiǎn	青霉素	清静 qīngjìng	庆幸 qìngxìng	躯壳 qūqiào	劝慰 quànwèi
切割 qiēgē	qīngméisù	清冷 qīnglěng	穷尽 qióngjìn	躯体 qūtǐ	劝阻 quànzǔ
切口 qiēkǒu	青苔 qīngtái	清凉 qīngliáng	穷苦 qióngkǔ	曲调 qǔdiào	缺德 quēdé
切面 qiēmiàn	青天 qīngtiān	清明 qīngmíng	穷困 qióngkùn	曲目 qǔmù	缺憾 quēhàn
切片 qiēpiàn	青铜 qīngtóng	清扫 qīngsǎo	丘陵 qiūlíng	曲牌 qǔpái	缺口 quēkǒu
切线 qiēxiàn	青衣 qīngyī	清瘦 qīngshòu	秋风 qiūfēng	曲艺 qǔyì	缺损 quēsǔn
切合 qièhé	轻便 qīngbiàn	清爽	秋收 qiūshōu	取材 qǔcái	确信 quèxìn
切忌 qièjì	轻而易举	qīngshuǎng	囚犯 qiúfàn	取缔 qǔdì	确证 quèzhèng
切身 qièshēn	qīng'éryìjǔ	清算 qīngsuàn	囚禁 qiújìn	取经 qǔjīng	确凿 quèzáo
怯懦 qiènuò	轻浮 qīngfú	清洗 qīngxǐ	囚徒 qiútú	取乐 qǔlè	(quèzuò)
窃取 qièqǔ	轻快 qīngkuài	清闲 qīngxián	求爱 qiú'ài	取暖 qǔnuǎn	群岛 qúndǎo
惬意 qièyì	轻描淡写	清香 qīngxiāng	求婚 qiúhūn	取舍 qǔshě	群居 qúnjū
钦差 qīnchāi	qīngmiáo-dànxiě	清新 qīngxīn	求救 qiújiù	取胜 qǔshèng	冉冉 rǎnrǎn
钦佩 qīnpèi	轻蔑 qīngmiè	清秀 qīngxiù	求解 qiújiě	取笑 qǔxiào	染料 rǎnliào
侵害 qīnhài	轻骑 qīngqí	清早 qīngzǎo	求教 qiújiào	取样 qǔyàng	让步 ràngbù
侵吞 qīntūn	轻柔 qīngróu	清真寺	求人 qiúrén	取悦 qǔyuè	让位 ràngwèi
侵袭 qīnxí	轻率 qīngshuài	qīngzhēnsì	求生 qiúshēng	去路 qùlù	饶恕 ráoshù
亲爱 qīn'ài	轻信 qīngxìn	蜻蜓 qīngtíng	求实 qiúshí	去向 qùxiàng	绕道 ràodào
亲笔 qīnbǐ	轻音乐	情不自禁	求学 qiúxué	圈套 quāntào	热潮 rècháo
亲近 qīnjìn	qīngyīnyuè	qíngbùzìjīn	求援 qiúyuán	权贵 quánguì	热忱 rèchén
亲口 qīnkǒu	轻盈 qīngyíng	情调 qíngdiào	求知 qiúzhī	权衡 quánhéng	热诚 rèchéng
亲临 qīnlín	氢弹 qīngdàn	情怀 qínghuái	求助 qiúzhù	权势 quánshì	热度 rèdù
亲昵 qīnnì	倾倒 qīngdǎo	情理 qínglǐ	球场 qiúchǎng	权限 quánxiàn	热浪 rèlàng
亲朋 qīnpéng	倾角 qīngjiǎo	情侣 qínglǚ	球迷 qiúmí	全集 quánjí	热泪 rèlèi
亲身 qīnshēn	倾诉 qīngsù	情人 qíngrén	球面 qiúmiàn	全力 quánlì	热力 rèlì
亲生 qīnshēng	倾吐 qīngtǔ	情势 qíngshì	球赛 qiúsài	全貌 quánmào	热恋 rèliàn
亲手 qīnshǒu	倾销 qīngxiāo	情书 qíngshū	球体 qiútǐ	全能 quánnéng	热流 rèliú
亲王 qīnwáng	倾泻 qīngxiè	情思 qíngsī	裘皮 qiúpí	全盘 quánpán	热门 rèmén
亲吻 qīnwěn	倾心 qīngxīn	情态 qíngtài	区划 qūhuà	全权 quánquán	热气 rèqì

热切 rèqiè	任免 rènmiǎn	蹂躏 róulìn	三角洲	傻瓜 shǎguā	伤痕 shānghén
热望 rèwàng	任凭 rènpíng	肉食 ròushí	sānjiǎozhōu	霎时 shàshí	伤势 shāngshì
热血 rèxuè	任期 rènqī	肉眼 ròuyǎn	三轮车	筛选 shāixuǎn	伤亡
热源 rèyuán	任性 rènxìng	肉质 ròuzhì	sānlúnchē	山坳 shān'ào	shāngwáng
人材 réncái	任用 rènyòng	如期 rúqī	散漫 sǎnmàn	山茶 shānchá	商场
人称 rénchēng	任职 rènzhí	如实 rúshí	散场 sànchǎng	山川 shānchuān	shāngchǎng
人次 réncì	韧带 rèndài	如释重负	散会 sànhuì	山村 shāncūn	商船 shāngchuán
人道 réndào	韧性 rènxìng	rúshìzhòngfù	散伙 sànhuǒ	山歌 shāngē	商定 shāngdìng
人丁 réndīng	妊娠 rènshēn	如意 rúyì	散落 sànluò	山沟 shāngōu	商贩 shāngfàn
人和 rénhé	日程 rìchéng	儒学 rúxué	散失 sànshī	山河 shānhé	商贾 shānggǔ
人际 rénjì	日光 rìguāng	蠕动 rúdòng	丧事 sāngshì	山洪 shānhóng	商会 shānghuì
人迹 rénjì	日后 rìhòu	乳白 rǔbái	丧葬 sāngzàng	山涧 shānjiàn	商检 shāngjiǎn
人流 rénliú	日见 rìjiàn	乳房 rǔfáng	嗓音 sǎngyīn	山脚 shānjiǎo	商榷 shāngquè
人伦 rénlún	日渐 rìjiàn	乳牛 rǔniú	丧气 sàngqì	山梁 shānliáng	商谈 shāngtán
人马 rénmǎ	日历 rìlì	乳汁 rǔzhī	骚动 sāodòng	山岭 shānlǐng	商讨 shāngtǎo
人命 rénmìng	日食 rìshí	入股 rùgǔ	骚扰 sāorǎo	山麓 shānlù	商务 shāngwù
人品 rénpǐn	日用 rìyòng	入境 rùjìng	扫除 sǎochú	山峦 shānluán	商议 shāngyì
人情 rénqíng	荣获 rónghuò	入口 rùkǒu	扫地 sǎodì	山门 shānmén	赏赐 shǎngcì
人权 rénquán	荣幸 róngxìng	入门 rùmén	扫盲 sǎománg	山系 shānxì	赏识 shǎngshí
人参 rénshēn	荣耀 róngyào	入迷 rùmí	扫描 sǎomiáo	山崖 shānyá	上报 shàngbào
人声 rénshēng	绒毛 róngmáo	入睡 rùshuì	扫射 sǎoshè	山羊 shānyáng	上臂 shàngbì
人世 rénshì	绒线 róngxiàn	入伍 rùwǔ	扫视 sǎoshì	山腰 shānyāo	上场
人手 rénshǒu	容积 róngjī	入夜 rùyè	扫兴 sǎoxìng	山野 shānyě	shàngchǎng
人文 rénwén	容貌 róngmào	入座 rùzuò	色调 sèdiào	山岳 shānyuè	上当 shàngdàng
人像 rénxiàng	容忍 róngrěn	软骨 ruǎngǔ	色光 sèguāng	山楂 shānzhā	上等 shàngděng
人行道	容许 róngxǔ	软化 ruǎnhuà	色盲 sèmáng	珊瑚 shānhú	上吊 shàngdiào
rénxíngdào	容颜 róngyán	软件 ruǎnjiàn	色情 sèqíng	扇动 shāndòng	上风 shàngfēng
人选 rénxuǎn	溶洞 róngdòng	软禁 ruǎnjìn	色素 sèsù	煽动 shāndòng	上工 shànggōng
人烟 rényān	溶化 rónghuà	软弱 ruǎnruò	色泽 sèzé	闪现 shǎnxiàn	上古 shànggǔ
人中 rénzhōng	溶血 róngxuè	锐角 ruìjiǎo	森严 sēnyán	闪耀 shǎnyào	上好 shànghǎo
人种 rénzhǒng	熔化 rónghuà	锐利 ruìlì	僧尼 sēngní	扇贝 shànbèi	上将 shàngjiàng
仁慈 réncí	融化 rónghuà	润滑 rùnhuá	杀菌 shājūn	善后 shànhòu	上缴 shàngjiǎo
仁义 rényì	融洽 róngqià	若无其事	杀戮 shālù	善意 shànyì	上进 shàngjìn
忍痛 rěntòng	融资 róngzī	ruòwúqíshì	杀伤 shāshāng	善战 shànzhàn	上列 shàngliè
忍心 rěnxīn	冗长	弱小 ruòxiǎo	杉木 shāmù	擅长 shàncháng	上流 shàngliú
认错 rèncuò	rǒngcháng	撒谎 sāhuǎng	沙丘 shāqiū	擅自 shànzì	上路 shànglù
认购 rèngòu	柔道 róudào	撒娇 sājiāo	沙土 shātǔ	膳食 shànshí	上马 shàngmǎ
认可 rènkě	柔美 róuměi	撒手 sāshǒu	沙哑 shāyǎ	赡养 shànyǎng	上门 shàngmén
认同 rèntóng	柔情 róuqíng	赛场 sàichǎng	纱布 shābù	伤疤 shāngbā	上品 shàngpǐn
认罪 rènzuì	柔弱 róuruò	赛跑 sàipǎo	纱锭 shādìng	伤感 shānggǎn	上任 shàngrèn
任教 rènjiào	柔顺 róushùn	赛事 sàishì	刹车 shāchē	伤寒 shānghán	上身 shàngshēn

上书 shàngshū　申报 shēnbào　神志 shénzhì　声带 shēngdài　尸骨 shīgǔ　石膏 shígāo
上台 shàngtái　申明 shēnmíng　神州 shénzhōu　声浪 shēnglàng　失常 shīcháng　石刻 shíkè
上行 shàngxíng　申诉 shēnsù　审定 shěndìng　声名 shēngmíng　失传 shīchuán　石窟 shíkū
上旬 shàngxún　伸缩 shēnsuō　审核 shěnhé　声势 shēngshì　失地 shīdì　石料 shíliào
上演 shàngyǎn　伸展 shēnzhǎn　审理 shěnlǐ　声速 shēngsù　失火 shīhuǒ　石棉 shímián
上阵 shàngzhèn　伸张 shēnzhāng　审批 shěnpī　声望 shēngwàng　失控 shīkòng　石墨 shímò
上肢 shàngzhī　身长 shēncháng　审慎 shěnshèn　　失礼 shīlǐ　石笋 shísǔn
上座 shàngzuò　身段 shēnduàn　审视 shěnshì　声息 shēngxī　失利 shīlì　石英 shíyīng
尚且 shàngqiě　身高 shēngāo　审问 shěnwèn　声学 shēngxué　失恋 shīliàn　时分 shífēn
烧杯 shāobēi　身价 shēnjià　审讯 shěnxùn　声言 shēngyán　失灵 shīlíng　时光 shíguāng
烧毁 shāohuǐ　身世 shēnshì　审议 shěnyì　声誉 shēngyù　失眠 shīmián　时局 shíjú
烧火 shāohuǒ　呻吟 shēnyín　肾脏 shènzàng　声援 shēngyuán　失明 shīmíng　时区 shíqū
烧酒 shāojiǔ　绅士 shēnshì　甚而 shèn'ér　声乐 shēngyuè　失散 shīsàn　时日 shírì
烧瓶 shāopíng　深奥 shēn'ào　渗入 shènrù　绳索 shéngsuǒ　失神 shīshén　时尚 shíshàng
烧伤 shāoshāng　深层 shēncéng　升华 shēnghuá　省城 shěngchéng　失声 shīshēng　时事 shíshì
烧香 shāoxiāng　深海 shēnhǎi　升级 shēngjí　省份 shěngfèn　失实 shīshí　时势 shíshì
少见 shǎojiàn　深浅 shēnqiǎn　升降 shēngjiàng　省会 shěnghuì　失守 shīshǒu　时务 shíwù
少儿 shào'ér　深切 shēnqiè　升任 shēngrèn　省略 shěnglüè　失陷 shīxiàn　时效 shíxiào
少妇 shàofù　深秋 shēnqiū　升腾 shēngténg　省事 shěngshì　失效 shīxiào　时兴 shíxīng
少将 shàojiàng　深山 shēnshān　升学 shēngxué　圣诞节　失血 shīxuè　时针 shízhēn
哨兵 shàobīng　深思 shēnsī　生病 shēngbìng　Shèngdàn Jié　失意 shīyì　时钟 shízhōng
哨所 shàosuǒ　深邃 shēnsuì　生发 shēngfā　圣地 shèngdì　失真 shīzhēn　时装 shízhuāng
奢侈 shēchǐ　深信 shēnxìn　生根 shēnggēn　圣母 shèngmǔ　失职 shīzhí　识破 shípò
舌苔 shétāi　深渊 shēnyuān　生机 shēngjī　圣人 shèngrén　失重 shīzhòng　实测 shícè
舍弃 shěqì　深造 shēnzào　生计 shēngjì　圣旨 shèngzhǐ　失踪 shīzōng　实地 shídì
舍身 shěshēn　深重 shēnzhòng　生路 shēnglù　胜地 shèngdì　失足 shīzú　实话 shíhuà
设防 shèfáng　神采 shéncǎi　生怕 shēngpà　胜任 shèngrèn　师母 shīmǔ　实惠 shíhuì
社交 shèjiāo　神化 shénhuà　生平 shēngpíng　胜仗　师资 shīzī　实况 shíkuàng
社论 shèlùn　神经病　生疏 shēngshū　shèngzhàng　诗集 shījí　实情 shíqíng
社区 shèqū　shénjīngbìng　生死 shēngsǐ　盛产 shèngchǎn　诗句 shījù　实权 shíquán
社团 shètuán　神经质　生息 shēngxī　盛大 shèngdà　诗篇 shīpiān　实事 shíshì
射程 shèchéng　shénjīngzhì　生肖 shēngxiào　盛会 shènghuì　施放 shīfàng　实数 shíshù
射箭 shèjiàn　神龛 shénkān　生效 shēngxiào　盛开 shèngkāi　施加 shījiā　实习 shíxí
射门 shèmén　神灵 shénlíng　生性 shēngxìng　盛况　施舍 shīshě　实效 shíxiào
射手 shèshǒu　神明 shénmíng　生涯 shēngyá　shèngkuàng　施展 shīzhǎn　实心 shíxīn
涉外 shèwài　神速 shénsù　生硬 shēngyìng　盛名 shèngmíng　施政 shīzhèng　实业 shíyè
涉足 shèzú　神通 shéntōng　生字 shēngzì　盛怒 shèngnù　湿热 shīrè　实战 shízhàn
赦免 shèmiǎn　神童 shéntóng　声波 shēngbō　盛夏 shèngxià　十足 shízú　实证 shízhèng
摄取 shèqǔ　神往 shénwǎng　声部 shēngbù　盛装　石板 shíbǎn　食道 shídào
摄食 shèshí　神像 shénxiàng　声称　shèngzhuāng　石雕 shídiāo　食管 shíguǎn
摄制 shèzhì　神韵 shényùn　shēngchēng　　　食粮 shíliáng

食谱 shípǔ	侍从 shìcóng	收听 shōutīng	受命 shòumìng	疏远 shūyuǎn	水泵 shuǐbèng
食物链	侍奉 shìfèng	收效 shōuxiào	受难 shòunàn	赎罪 shúzuì	水兵 shuǐbīng
shíwùliàn	侍候 shìhòu	收养 shōuyǎng	受骗 shòupiàn	熟人 shúrén	水波 shuǐbō
食性 shíxìng	侍卫 shìwèi	手背 shǒubèi	受气 shòuqì	熟睡 shúshuì	水草 shuǐcǎo
食欲 shíyù	试点 shìdiǎn	手册 shǒucè	受热 shòurè	熟知 shúzhī	水产 shuǐchǎn
食指 shízhǐ	试剂 shìjì	手稿 shǒugǎo	受训 shòuxùn	暑假 shǔjià	水车 shuǐchē
史册 shǐcè	试卷 shìjuàn	手铐 shǒukào	受益 shòuyì	署名 shǔmíng	水花 shuǐhuā
史籍 shǐjí	试看 shìkàn	手帕 shǒupà	受灾 shòuzāi	曙光 shǔguāng	水火 shuǐhuǒ
史料 shǐliào	试探 shìtàn	手软 shǒuruǎn	受制 shòuzhì	述评 shùpíng	水晶 shuǐjīng
史前 shǐqián	试题 shìtí	手套 shǒutào	受阻 shòuzǔ	述说 shùshuō	水井 shuǐjǐng
史诗 shǐshī	试问 shìwèn	手腕 shǒuwàn	受罪 shòuzuì	树丛 shùcóng	水力 shuǐlì
史实 shǐshí	试想 shìxiǎng	手下 shǒuxià	授粉 shòufěn	树冠 shùguān	水龙头
史书 shǐshū	试行 shìxíng	手心 shǒuxīn	授课 shòukè	树苗 shùmiáo	shuǐlóngtóu
使馆 shǐguǎn	试用 shìyòng	手艺 shǒuyì	授权 shòuquán	树脂 shùzhī	水陆 shuǐlù
使节 shǐjié	试纸 shǐzhǐ	手杖 shǒuzhàng	授予 shòuyǔ	竖立 shùlì	水路 shuǐlù
使者 shǐzhě	视察 shìchá	手足 shǒuzú	兽医 shòuyī	庶民 shùmín	水鸟 shuǐniǎo
始祖 shǐzǔ	视角 shìjiǎo	守备 shǒubèi	瘦弱 shòuruò	数额 shù'é	水牛 shuǐniú
士气 shìqì	视力 shìlì	守法 shǒufǎ	瘦小 shòuxiǎo	数码 shùmǎ	水情 shuǐqíng
士族 shìzú	视图 shìtú	守候 shǒuhòu	书法 shūfǎ	刷新 shuāxīn	水渠 shuǐqú
示弱 shìruò	视网膜	守护 shǒuhù	书房 shūfáng	衰败 shuāibài	水势 shuǐshì
示意 shìyì	shìwǎngmó	守旧 shǒujiù	书画 shūhuà	衰减 shuāijiǎn	水塔 shuǐtǎ
示众 shìzhòng	适度 shìdù	守卫 shǒuwèi	书架 shūjià	衰竭 shuāijié	水獭 shuǐtǎ
世道 shìdào	适量 shìliàng	守则 shǒuzé	书局 shūjú	衰落 shuāiluò	水土 shuǐtǔ
世故 shìgù	适时 shìshí	首创	书卷 shūjuàn	衰弱 shuāiruò	水系 shuǐxì
世家 shìjiā	适中 shìzhōng	shǒuchuàng	书刊 shūkān	衰退 shuāituì	水仙 shuǐxiān
世间 shìjiān	嗜好 shìhào	首府 shǒufǔ	书目 shūmù	衰亡 shuāiwáng	水乡 shuǐxiāng
世面 shìmiàn	誓言 shìyán	首届 shǒujiè	书生 shūshēng	摔跤 shuāijiāo	水箱 shuǐxiāng
世人 shìrén	收藏 shōucáng	首脑 shǒunǎo	书信 shūxìn	率先 shuàixiān	水星 shuǐxīng
世事 shìshì	收场 shōuchǎng	首尾 shǒuwěi	书院 shūyuàn	双边	水性 shuǐxìng
世俗 shìsú	收发 shōufā	首席 shǒuxí	书桌 shūzhuō	shuāngbiān	水域 shuǐyù
世袭 shìxí	收复 shōufù	首相 shǒuxiàng	抒发 shūfā	双重	水运 shuǐyùn
市价 shìjià	收割 shōugē	受挫 shòucuò	枢纽 shūniǔ	shuāngchóng	水灾 shuǐzāi
市郊 shìjiāo	收工 shōugōng	受害 shòuhài	倏然 shūrán	双亲 shuāngqīn	水闸 shuǐzhá
市面 shìmiàn	收缴 shōujiǎo	受贿 shòuhuì	梳理 shūlǐ	双向	水质 shuǐzhì
市镇 shìzhèn	收看 shōukàn	受奖 shòujiǎng	舒畅 shūchàng	shuāngxiàng	水肿 shuǐzhǒng
市政 shìzhèng	收敛 shōuliǎn	受戒 shòujiè	舒展 shūzhǎn	双语 shuāngyǔ	水准 shuǐzhǔn
式样 shìyàng	收留 shōuliú	受惊 shòujīng	舒张 shūzhāng	霜冻	税额 shuì'é
事理 shìlǐ	收录 shōulù	受苦 shòukǔ	疏导 shūdǎo	shuāngdòng	税法 shuìfǎ
事态 shìtài	收买 shōumǎi	受累 shòulěi	疏散 shūsàn	霜期 shuāngqī	税利 shuìlì
事项 shìxiàng	收取 shōuqǔ	受累 shòulèi	疏松 shūsōng	爽朗	税率 shuìlǜ
事宜 shìyí	收容 shōuróng	受理 shòulǐ	疏通 shūtōng	shuǎnglǎng	税务 shuìwù

睡梦 shuìmèng	撕毁 sīhuǐ	苏醒 sūxǐng	踏步 tàbù	搪瓷 tángcí	疼爱 téng'ài
睡意 shuìyì	嘶哑 sīyǎ	俗话 súhuà	胎盘 tāipán	搪塞 tángsè	腾飞 téngfēi
顺便 shùnbiàn	死板 sǐbǎn	俗名 súmíng	胎生 tāishēng	糖果 tángguǒ	腾空 téngkōng
顺从 shùncóng	死活 sǐhuó	俗人 súrén	台词 táicí	糖尿病	藤萝 téngluó
顺风 shùnfēng	死寂 sǐjì	俗语 súyǔ	台灯 táidēng	tángniàobìng	剔除 tīchú
顺口 shùnkǒu	死伤 sǐshāng	诉苦 sùkǔ	台阶 táijiē	螳螂 tángláng	梯田 tītián
顺势 shùnshì	死神 sǐshén	诉说 sùshuō	抬升 táishēng	倘使 tǎngshǐ	梯形 tīxíng
顺心 shùnxīn	死守 sǐshǒu	肃穆 sùmù	太后 tàihòu	烫伤 tàngshāng	提案 tí'àn
顺眼 shùnyǎn	四季 sìjì	肃清 sùqīng	太子 tàizǐ	绦虫 tāochóng	提包 tíbāo
顺应 shùnyìng	四散 sìsàn	素来 sùlái	态势 tàishì	滔滔 tāotāo	提成 tíchéng
瞬时 shùnshí	四时 sìshí	素描 sùmiáo	泰山 tàishān	逃兵 táobīng	提纯 tíchún
说唱 shuōchàng	四外 sìwài	素养 sùyǎng	坍塌 tāntā	逃窜 táocuàn	提纲 tígāng
说穿 shuōchuān	四围 sìwéi	速成 sùchéng	贪婪 tānlán	逃荒 táohuāng	提货 tíhuò
说谎 shuōhuǎng	寺庙 sìmiào	速写 sùxiě	贪图 tāntú	逃命 táomìng	提交 tíjiāo
说教 shuōjiào	似是而非	宿营 sùyíng	贪污 tānwū	逃难 táonàn	提留 tíliú
说理 shuōlǐ	sìshì'érfēi	塑像 sùxiàng	摊贩 tānfàn	逃脱 táotuō	提名 tímíng
说笑 shuōxiào	肆无忌惮	酸痛 suāntòng	摊派 tānpài	逃亡 táowáng	提琴 tíqín
硕大 shuòdà	sìwújìdàn	酸雨 suānyǔ	滩涂 tāntú	逃学 táoxué	提请 tíqǐng
硕士 shuòshì	肆意 sìyì	酸枣 suānzǎo	瘫痪 tānhuàn	桃李 táolǐ	提升 tíshēng
司空见惯	松动 sōngdòng	算命 suànmìng	谈天 tántiān	陶瓷 táocí	提示 tíshì
sīkōng-jiànguàn	松软 sōngruǎn	算术 suànshù	谈吐 tántǔ	陶器 táoqì	提问 tíwèn
丝绸 sīchóu	松散 sōngsǎn	算账 suànzhàng	谈心 tánxīn	陶醉 táozuì	提携 tíxié
丝绒 sīróng	松手 sōngshǒu	随处 suíchù	弹劲 tánhé	淘气 táoqì	提早 tízǎo
丝线 sīxiàn	松鼠 sōngshǔ	随从 suícóng	弹力 tánlì	讨伐 tǎofá	啼哭 tíkū
私产 sīchǎn	松懈 sōngxiè	随军 suíjūn	弹跳 tántiào	讨饭 tǎofàn	啼笑皆非
私法 sīfǎ	怂恿 sǒngyǒng	随身 suíshēn	坦白 tǎnbái	讨好 tǎohǎo	tíxiào-jiēfēi
私立 sīlì	耸立 sǒnglì	随同 suítóng	坦然 tǎnrán	套用 tàoyòng	题词 tící
私利 sīlì	送别 sòngbié	随心所欲	坦率 tǎnshuài	特产 tèchǎn	体察 tǐchá
私事 sīshì	送礼 sònglǐ	suíxīnsuǒyù	叹气 tànqì	特长 tècháng	体罚 tǐfá
私塾 sīshú	送气 sòngqì	隧道 suìdào	探究 tànjiū	特技 tèjì	体格 tǐgé
私下 sīxià	送行 sòngxíng	损坏 sǔnhuài	探亲 tànqīn	特例 tèlì	体检 tǐjiǎn
私心 sīxīn	送葬 sòngzàng	唆使 suōshǐ	探求 tànqiú	特派 tèpài	体魄 tǐpò
私语 sīyǔ	诵读 sòngdú	蓑衣 suōyī	探视 tànshì	特区 tèqū	体态 tǐtài
私自 sīzì	颂扬 sòngyáng	缩减 suōjiǎn	探听 tàntīng	特赦 tèshè	体贴 tǐtiē
思辨 sībiàn	搜捕 sōubǔ	缩影 suōyǐng	探头 tàntóu	特写 tèxiě	体味 tǐwèi
思忖 sīcǔn	搜查 sōuchá	索取 suǒqǔ	探望 tànwàng	特许 tèxǔ	体形 tǐxíng
思虑 sīlǜ	搜刮 sōuguā	索性 suǒxìng	探问 tànwèn	特异 tèyì	体型 tǐxíng
思念 sīniàn	搜罗 sōuluó	琐事 suǒshì	探险 tànxiǎn	特约 tèyuē	体液 tǐyè
思绪 sīxù	搜索 sōusuǒ	琐碎 suǒsuì	探寻 tànxún	特制 tèzhì	体育场
斯文 sīwén	搜寻 sōuxún	锁链 suǒliàn	探询 tànxún	特质 tèzhì	tǐyùchǎng
厮杀 sīshā		他乡 tāxiāng	堂皇 tánghuáng	特种 tèzhǒng	体育馆 tǐyùguǎn

体征 tǐzhēng　　恬静 tiánjìng　　听信 tīngxìn　　同居 tóngjū　　头目 tóumù　　屠刀 túdāo

剃头 tìtóu　　甜菜 tiáncài　　庭审 tíngshěn　　同龄 tónglíng　　头疼 tóuténg　　屠宰 túzǎi

天边 tiānbiān　　甜美 tiánměi　　庭院 tíngyuàn　　同盟 tóngméng　　头痛 tóutòng　　土产 tǔchǎn

天窗　　　　甜蜜 tiánmì　　停办 tíngbàn　　同名 tóngmíng　　头衔 tóuxián　　土豆 tǔdòu

　　tiānchuāng　填补 tiánbǔ　　停泊 tíngbó　　同位素　　　头绪 tóuxù　　土星 tǔxīng

天敌 tiāndí　　填充 tiánchōng　停车 tíngchē　　　tóngwèisù　投案 tóu'àn　　土语 tǔyǔ

天赋 tiānfù　　填空 tiánkòng　停放 tíngfàng　同乡 tóngxiāng　投保 tóubǎo　　土质 tǔzhì

天国 tiānguó　　填塞 tiánsè　　停刊 tíngkān　　同心 tóngxīn　　投奔 tóubèn　　土著 tǔzhù

天花 tiānhuā　　填写 tiánxiě　　停息 tíngxī　　同性 tóngxìng　投标 tóubiāo　　吐露 tǔlù

天花板　　　　条理 tiáolǐ　　停歇 tíngxiē　　同姓 tóngxìng　投递 tóudì　　吐血 tùxiě

　　tiānhuābǎn　条文 tiáowén　　停业 tíngyè　　铜板 tóngbǎn　投放 tóufàng　　湍急 tuānjí

天际 tiānjì　　调剂 tiáojì　　停战 tíngzhàn　铜臭 tóngxiù　　投考 tóukǎo　　团队 tuánduì

天经地义　　　调价 tiáojià　　停滞 tíngzhì　　铜钱 tóngqián　投靠 tóukào　　团伙 tuánhuǒ

　　tiānjīng-dìyì　调控 tiáokòng　挺拔 tǐngbá　　童工 tónggōng　投票 tóupiào　　团聚 tuánjù

天井 tiānjǐng　　调配 tiáopèi　　挺进 tǐngjìn　　童心 tóngxīn　　投射 tóushè　　团圆 tuányuán

天理 tiānlǐ　　调皮 tiáopí　　挺立 tǐnglì　　童子 tóngzǐ　　投身 tóushēn　　推迟 tuīchí

天亮 tiānliàng　调试 tiáoshì　　挺身 tǐngshēn　瞳孔 tóngkǒng　投诉 tóusù　　推崇 tuīchóng

天明 tiānmíng　调停 tiáotíng　　通报 tōngbào　统称 tǒngchēng　投影 tóuyǐng　　推辞 tuīcí

天命 tiānmìng　调制 tiáozhì　　通畅 tōngchàng　统筹 tǒngchóu　投掷 tóuzhì　　推导 tuīdǎo

天幕 tiānmù　　挑拨 tiǎobō　　通车 tōngchē　　统购 tǒnggòu　　透彻 tòuchè　　推倒 tuīdǎo

天平 tiānpíng　挑衅 tiǎoxìn　　通称 tōngchēng　统领 tǒnglǐng　透气 tòuqì　　推定 tuīdìng

天色 tiānsè　　眺望 tiàowàng　通达 tōngdá　　统帅 tǒngshuài　透视 tòushì　　推断 tuīduàn

天时 tiānshí　　跳板 tiàobǎn　　通风 tōngfēng　统率 tǒngshuài　秃顶 tūdǐng　　推举 tuījǔ

天使 tiānshǐ　　跳高 tiàogāo　　通告 tōnggào　　统辖 tǒngxiá　　突起 tūqǐ　　推力 tuīlì

天书 tiānshū　　跳水 tiàoshuǐ　通航 tōngháng　统一体 tǒngyītǐ　突围 tūwéi　　推敲 tuīqiāo

天堂 tiāntáng　贴近 tiējìn　　通话 tōnghuà　　统制 tǒngzhì　　突袭 tūxí　　推算 tuīsuàn

天外 tiānwài　　贴切 tiēqiè　　通婚 tōnghūn　　痛斥 tòngchì　　图表 túbiǎo　　推想 tuīxiǎng

天线 tiānxiàn　铁道 tiědào　　通货 tōnghuò　　痛楚 tòngchǔ　　图解 tújiě　　推卸 tuīxiè

天象 tiānxiàng　铁轨 tiěguǐ　　通令 tōnglìng　　痛恨 tònghèn　　图景 tújǐng　　推选 tuīxuǎn

天性 tiānxìng　铁青 tiěqīng　　通路 tōnglù　　痛觉 tòngjué　　图谋 túmóu　　推演 tuīyǎn

天涯 tiānyá　　铁丝 tiěsī　　通气 tōngqì　　痛哭 tòngkū　　图片 túpiàn　　推移 tuīyí

天灾 tiānzāi　　铁索 tiěsuǒ　　通商 tōngshāng　痛心 tòngxīn　　图腾 túténg　　颓废 tuífèi

天职 tiānzhí　　铁蹄 tiětí　　通俗 tōngsú　　偷懒 tōulǎn　　图像 túxiàng　　颓然 tuírán

天资 tiānzī　　铁锨 tiěxiān　　通宵 tōngxiāo　偷窃 tōuqiè　　图样 túyàng　　颓丧 tuísàng

天子 tiānzǐ　　厅堂 tīngtáng　通晓 tōngxiǎo　偷袭 tōuxí　　徒步 túbù　　腿脚 tuǐjiǎo

添置 tiānzhì　听从 tīngcóng　通行 tōngxíng　头等 tóuděng　　徒工 túgōng　　退步 tuìbù

田赋 tiánfù　　听候 tīnghòu　　通则 tōngzé　　头骨 tóugǔ　　徒然 túrán　　退还 tuìhuán

田埂 tiángěng　听讲 tīngjiǎng　同班 tóngbān　头号 tóuhào　　徒手 túshǒu　　退回 tuìhuí

田亩 tiánmǔ　　听课 tīngkè　　同辈 tóngbèi　　头巾 tóujīn　　徒刑 túxíng　　退路 tuìlù

田鼠 tiánshǔ　听任 tīngrèn　　同步 tóngbù　　头盔 tóukuī　　涂料 túliào　　退却 tuìquè

田园 tiányuán　听筒 tīngtǒng　同感 tónggǎn　头颅 tóulú　　涂抹 túmǒ　　退让 tuìràng

退守 tuìshǒu　外出 wàichū　顽固 wángù　妄想 wàngxiǎng　维系 wéixì　文法 wénfǎ
退缩 tuìsuō　外感 wàigǎn　顽皮 wánpí　忘恩负义　伟人 wěirén　文风 wénfēng
退位 tuìwèi　外公 wàigōng　宛如 wǎnrú　　wàng'ēn-fùyì　伪善 wěishàn　文官 wénguān
退伍 tuìwǔ　外观 wàiguān　挽回 wǎnhuí　忘怀 wànghuái　伪造 wěizào　文集 wénjí
退学 tuìxué　外海 wàihǎi　挽救 wǎnjiù　忘情 wàngqíng　伪装 wěizhuāng　文教 wénjiào
蜕变 tuìbiàn　外行 wàiháng　挽留 wǎnliú　忘却 wàngquè　尾声 wěishēng　文静 wénjìng
蜕化 tuìhuà　外号 wàihào　晚报 wǎnbào　忘我 wàngwǒ　尾随 wěisuí　文具 wénjù
蜕皮 tuìpí　外籍 wàijí　晚辈 wǎnbèi　旺季 wàngjì　纬线 wěixiàn　文科 wénkē
吞并 tūnbìng　外加 wàijiā　晚会 wǎnhuì　危及 wēijí　委派 wěipài　文盲 wénmáng
吞没 tūnmò　外流 wàiliú　晚婚 wǎnhūn　危急 wēijí　委任 wěirèn　文凭 wénpíng
吞食 tūnshí　外露 wàilù　晚年 wǎnnián　危难 wēinàn　委婉 wěiwǎn　文书 wénshū
吞噬 tūnshì　外貌 wàimào　晚霞 wǎnxiá　危亡 wēiwáng　萎缩 wěisuō　文坛 wéntán
吞吐 tūntǔ　外婆 wàipó　惋惜 wǎnxī　威风 wēifēng　卫兵 wèibīng　文体 wéntǐ
吞咽 tūnyàn　外人 wàirén　婉转 wǎnzhuǎn　威吓 wēihè　卫队 wèiduì　文武 wénwǔ
囤积 túnjī　外伤 wàishāng　万恶 wàn'è　威望 wēiwàng　卫士 wèishì　文选 wénxuǎn
拖车 tuōchē　外省 wàishěng　万国 wànguó　威武 wēiwǔ　未尝 wèicháng　文雅 wényǎ
拖累 tuōlěi　外事 wàishì　万能 wànnéng　威严 wēiyán　未免 wèimiǎn　文言 wényán
拖欠 tuōqiàn　外套 wàitào　万岁 wànsuì　微波 wēibō　未遂 wèisuì　文娱 wényú
拖鞋 tuōxié　外围 wàiwéi　万紫千红　微风 wēifēng　位能 wèinéng　纹理 wénlǐ
拖延 tuōyán　外文 wàiwén　　wànzǐ-qiānhóng　微机 wēijī　味觉 wèijué　纹饰 wénshì
托管 tuōguǎn　外线 wàixiàn　汪洋 wāngyáng　微妙 wēimiào　畏惧 wèijù　闻名 wénmíng
托盘 tuōpán　外销 wàixiāo　亡灵 wánglíng　微细 wēixì　畏缩 wèisuō　蚊虫 wénchóng
脱节 tuōjié　外延 wàiyán　王府 wángfǔ　微型 wēixíng　胃口 wèikǒu　蚊帐 wénzhàng
脱口 tuōkǒu　外衣 wàiyī　王宫 wánggōng　巍峨 wēi'é　胃液 wèiyè　吻合 wěnhé
脱身 tuōshēn　外因 wàiyīn　王冠 wángguān　为害 wéihài　谓语 wèiyǔ　紊乱 wěnluàn
脱水 tuōshuǐ　外债 wàizhài　王后 wánghòu　违犯 wéifàn　喂养 wèiyǎng　稳步 wěnbù
脱胎 tuōtāi　外长 wàizhǎng　王室 wángshì　违抗 wéikàng　蔚蓝 wèilán　稳产 wěnchǎn
脱险 tuōxiǎn　外族 wàizú　王位 wángwèi　违心 wéixīn　慰藉 wèijiè　稳固 wěngù
脱销 tuōxiāo　外祖父 wàizǔfù　王子 wángzǐ　违约 wéiyuē　慰劳 wèiláo　稳健 wěnjiàn
陀螺 tuóluó　外祖母　网点 wǎngdiǎn　违章 wéizhāng　慰问 wèiwèn　稳妥 wěntuǒ
驼背 tuóbèi　　wàizǔmǔ　网罗 wǎngluó　围攻 wéigōng　温饱 wēnbǎo　稳重 wěnzhòng
妥善 tuǒshàn　弯路 wānlù　网球 wǎngqiú　围观 wéiguān　温差 wēnchā　问答 wèndá
椭圆 tuǒyuán　完工 wángōng　往　围巾 wéijīn　温存 wēncún　问号 wènhào
唾液 tuòyè　完好 wánhǎo　常 wǎngcháng　围困 wéikùn　温情 wēnqíng　问候 wènhòu
挖潜 wāqián　完结 wánjié　往返 wǎngfǎn　围棋 wéiqí　温泉 wēnquán　问卷 wènjuàn
洼地 wādì　完满 wánmǎn　往复 wǎngfù　围墙 wéiqiáng　温室 wēnshì　涡流 wōliú
瓦解 wǎjiě　玩弄 wánnòng　往年 wǎngnián　桅杆 wéigān　温顺 wēnshùn　窝头 wōtóu
瓦砾 wǎlì　玩赏 wánshǎng　往日 wǎngrì　帷幕 wéimù　温馨 wēnxīn　蜗牛 wōniú
瓦斯 wǎsī　玩耍 wánshuǎ　往事 wǎngshì　惟恐 wéikǒng　瘟疫 wēnyì　卧床 wòchuáng
外币 wàibì　玩味 wánwèi　往昔 wǎngxī　惟一 wéiyī　文本 wénběn　乌黑 wūhēi
外宾 wàibīn　玩物 wánwù　妄图 wàngtú　惟有 wéiyǒu　文笔 wénbǐ　乌鸦 wūyā

乌云 wūyún　　无缘 wúyuán　　吸盘 xīpán　　细微 xìwēi　　闲散 xiánsǎn　　相传
乌贼 wūzéi　　梧桐 wútóng　　吸食 xīshí　　细则 xìzé　　闲谈 xiántán　　　xiāngchuán
污秽 wūhuì　　五谷 wǔgǔ　　吸吮 xīshǔn　　峡谷 xiágǔ　　闲暇 xiánxiá　　相得益彰
污蔑 wūmiè　　五行 wǔxíng　　希冀 xījì　　狭长 xiácháng　　闲置 xiánzhì　　　xiāngdé-yìzhāng
污辱 wūrǔ　　五脏 wǔzàng　　昔日 xīrì　　狭小 xiáxiǎo　　咸菜 xiáncài　　相仿 xiāngfǎng
污浊 wūzhuó　　午餐 wǔcān　　析出 xīchū　　遐想 xiáxiǎng　　娴熟 xiánshú　　相逢 xiāngféng
巫师 wūshī　　午饭 wǔfàn　　唏嘘 xīxū　　辖区 xiáqū　　衔接 xiánjiē　　相符 xiāngfú
呜咽 wūyè　　午睡 wǔshuì　　奚落 xīluò　　下笔 xiàbǐ　　舷窗　　相干 xiānggān
诬告 wūgào　　午夜 wǔyè　　稀薄 xībó　　下等 xiàděng　　　xiánchuāng　　相隔 xiānggé
诬蔑 wūmiè　　武打 wǔdǎ　　稀饭 xīfàn　　下跌 xiàdiē　　嫌弃 xiánqì　　相间 xiāngjiàn
诬陷 wūxiàn　　武断 wǔduàn　　稀奇 xīqí　　下海 xiàhǎi　　嫌疑 xiányí　　相距 xiāngjù
屋脊 wūjǐ　　武功 wǔgōng　　稀释 xīshì　　下课 xiàkè　　显赫 xiǎnhè　　相识 xiāngshí
屋檐 wūyán　　武生 wǔshēng　　稀疏 xīshū　　下流 xiàliú　　显明 xiǎnmíng　　相思 xiāngsī
无边 wúbiān　　武士 wǔshì　　稀有 xīyǒu　　下马 xiàmǎ　　显眼 xiǎnyǎn　　相宜 xiāngyí
无常 wúcháng　　武术 wǔshù　　犀利 xīlì　　下手 xiàshǒu　　险恶 xiǎn'è　　相约 xiāngyuē
无偿 wúcháng　　武艺 wǔyì　　溪流 xīliú　　下台 xiàtái　　险峻 xiǎnjùn　　香火 xiānghuǒ
无耻 wúchǐ　　舞弊 wǔbì　　蜥蜴 xīyì　　下文 xiàwén　　险情 xiǎnqíng　　香蕉 xiāngjiāo
无端 wúduān　　舞步 wǔbù　　熄灯 xīdēng　　下行 xiàxíng　　险要 xiǎnyào　　香料 xiāngliào
无辜 wúgū　　舞场 wǔchǎng　　嬉戏 xīxì　　下野 xiàyě　　现成 xiànchéng　香炉 xiānglú
无故 wúgù　　舞动 wǔdòng　　习气 xíqì　　下肢 xiàzhī　　现货 xiànhuò　　香水 xiāngshuǐ
无尽 wújìn　　舞会 wǔhuì　　习题 xítí　　吓人 xiàrén　　现款 xiànkuǎn　　香甜 xiāngtián
无赖 wúlài　　舞女 wǔnǚ　　习作 xízuò　　夏令 xiàlìng　　现任 xiànrèn　　厢房 xiāngfáng
无理 wúlǐ　　舞曲 wǔqǔ　　席卷 xíjuǎn　　仙鹤 xiānhè　　现役 xiànyì　　镶嵌 xiāngqiàn
无量 wúliàng　　舞厅 wǔtīng　　席位 xíwèi　　仙境 xiānjìng　　限定 xiàndìng　　详尽 xiángjìn
无聊 wúliáo　　舞姿 wǔzī　　洗涤 xǐdí　　仙女 xiānnǚ　　限额 xiàn'é　　详情 xiángqíng
无奈 wúnài　　务必 wùbì　　洗礼 xǐlǐ　　仙人 xiānrén　　限期 xiànqī　　享福 xiǎngfú
无能 wúnéng　　务农 wùnóng　　洗刷 xǐshuā　　先辈 xiānbèi　　宪兵 xiànbīng　　享乐 xiǎnglè
无视 wúshì　　物产 wùchǎn　　喜好 xǐhào　　先导 xiāndǎo　　宪章 xiànzhāng　享用 xiǎngyòng
无私 wúsī　　物件 wùjiàn　　喜庆 xǐqìng　　先锋 xiānfēng　　宪政 xiànzhèng　响动 xiǎngdòng
无损 wúsǔn　　物象 wùxiàng　　喜人 xǐrén　　先例 xiānlì　　陷害 xiànhài　　响亮 xiǎngliàng
无望 wúwàng　　悟性 wùxìng　　喜事 xǐshì　　先驱 xiānqū　　陷阱 xiànjǐng　　想必 xiǎngbì
无畏 wúwèi　　雾气 wùqì　　喜讯 xǐxùn　　先人 xiānrén　　陷落 xiànluò　　想见 xiǎngjiàn
无谓 wúwèi　　夕阳 xīyáng　　戏弄 xìnòng　　先行 xiānxíng　　乡间 xiāngjiān　想来 xiǎnglái
无误 wúwù　　西服 xīfú　　戏台 xìtái　　先知 xiānzhī　　乡里 xiānglǐ　　想念 xiǎngniàn
无暇 wúxiá　　西红柿　　戏谑 xìxuè　　纤毛 xiānmáo　　乡亲 xiāngqīn　　向导 xiàngdǎo
无心 wúxīn　　　xīhóngshì　　戏院 xìyuàn　　纤细 xiānxì　　乡土 xiāngtǔ　　向日葵
无须 wúxū　　西天 xītiān　　细胞核 xìbāohé　鲜红 xiānhóng　　乡音 xiāngyīn　　　xiàngrìkuí
无需 wúxū　　西医 xīyī　　细密 xìmì　　鲜美 xiānměi　　乡镇 xiāngzhèn　向阳 xiàngyáng
无遗 wúyí　　西域 xīyù　　细腻 xìnì　　鲜嫩 xiānnèn　　相称 xiāngchèn　项链 xiàngliàn
无益 wúyì　　西装 xīzhuāng　细弱 xìruò　　闲话 xiánhuà　　相持 xiāngchí　　相机 xiàngjī
无垠 wúyín　　吸毒 xīdú　　细碎 xìsuì　　闲人 xiánrén　　相处 xiāngchǔ　　相貌 xiàngmào

相片 xiàngpiàn 小生 xiǎoshēng 写照 xiězhào 心虚 xīnxū 兴亡 xīngwáng 性急 xìngjí

象棋 xiàngqí 小数 xiǎoshù 写字台 xiězìtái 心绪 xīnxù 兴旺 xīngwàng 性命 xìngmìng

象形 xiàngxíng 小偷 xiǎotōu 泄漏 xièlòu 心意 xīnyì 兴修 xīngxiū 姓氏 xìngshì

象牙 xiàngyá 小腿 xiǎotuǐ 泄露 xièlòu 心愿 xīnyuàn 星辰 xīngchén 凶残 xiōngcán

像样 xiàngyàng 小雪 xiǎoxuě 泄气 xièqì 辛辣 xīnlà 星光 xīngguāng 凶恶 xiōng'è

逍遥 xiāoyáo 小夜曲 械斗 xièdòu 辛劳 xīnláo 星空 xīngkōng 凶犯 xiōngfàn

消沉 xiāochén xiǎoyèqǔ 亵渎 xièdú 辛酸 xīnsuān 星体 xīngtǐ 凶狠 xiōnghěn

消防 xiāofáng 孝敬 xiàojìng 谢绝 xièjué 欣然 xīnrán 星座 xīngzuò 凶猛 xiōngměng

消磨 xiāomó 孝顺 xiàoshùn 心爱 xīn'ài 欣慰 xīnwèi 刑场 xíngchǎng 凶手 xiōngshǒu

消遣 xiāoqiǎn 孝子 xiàozǐ 心病 xīnbìng 欣喜 xīnxǐ 刑期 xíngqī 匈奴 Xiōngnú

消融 xiāoróng 肖像 xiàoxiàng 心不在焉 新潮 xīncháo 刑侦 xíngzhēn 汹涌 xiōngyǒng

消散 xiāosàn 校风 xiàofēng xīnbùzàiyān 新房 xīnfáng 行车 xíngchē 胸骨 xiōnggǔ

消逝 xiāoshì 校舍 xiàoshè 心肠 xīncháng 新婚 xīnhūn 行程 xíngchéng 胸怀 xiōnghuái

消瘦 xiāoshòu 校园 xiàoyuán 心得 xīndé 新近 xīnjìn 行船 xíngchuán 胸襟 xiōngjīn

消退 xiāotuì 哮喘 xiàochuǎn 心地 xīndì 新居 xīnjū 行将 xíngjiāng 胸口 xiōngkǒu

消长 xiāozhǎng 笑脸 xiàoliǎn 心烦 xīnfán 新郎 xīnláng 行进 xíngjìn 胸腔

萧条 xiāotiáo 笑语 xiàoyǔ 心房 xīnfáng 新年 xīnnián 行径 xíngjìng xiōngqiāng

硝烟 xiāoyān 效法 xiàofǎ 心肝 xīngān 新诗 xīnshī 行礼 xínglǐ 胸膛 xiōngtáng

销毁 xiāohuǐ 效劳 xiàoláo 心慌 xīnhuāng 新书 xīnshū 行文 xíngwén 胸有成竹

销路 xiāolù 效能 xiàonéng 心急 xīnjí 新星 xīnxīng 行销 xíngxiāo xiōngyǒuchéngzhú

潇洒 xiāosǎ 效验 xiàoyàn 心计 xīnjì 新秀 xīnxiù 行凶 xíngxiōng 雄辩 xióngbiàn

嚣张 xiāozhāng 效用 xiàoyòng 心悸 xīnjì 新学 xīnxué 行医 xíngyī 雄厚 xiónghòu

小便 xiǎobiàn 效忠 xiàozhōng 心境 xīnjìng 新意 xīnyì 行装 雄浑 xiónghún

小菜 xiǎocài 歇脚 xiējiǎo 心坎 xīnkǎn 新月 xīnyuè xíngzhuāng 雄蕊 xióngruǐ

小肠 xiǎocháng 协和 xiéhé 心口 xīnkǒu 薪金 xīnjīn 形容词 雄心 xióngxīn

小车 xiǎochē 协力 xiélì 心旷神怡 信步 xìnbù xíngróngcí 雄性 xióngxìng

小吃 xiǎochī 协约 xiéyuē xīnkuàng-shényí 信风 xìnfēng 型号 xínghào 雄壮

小丑 xiǎochǒu 协奏曲 心力 xīnlì 信封 xìnfēng 醒目 xǐngmù xióngzhuàng

小调 xiǎodiào xiézòuqǔ 心律 xīnlǜ 信奉 xìnfèng 醒悟 xǐngwù 雄姿 xióngzī

小贩 xiǎofàn 邪恶 xié'è 心率 xīnlǜ 信服 xìnfú 兴高采烈 熊猫 xióngmāo

小褂 xiǎoguà 邪路 xiélù 心切 xīnqiè 信函 xìnhán xìnggāo-cǎiliè 休假 xiūjià

小鬼 xiǎoguǐ 邪气 xiéqì 心神 xīnshén 信件 xìnjiàn 兴致 xìngzhì 休想 xiūxiǎng

小节 xiǎojié 胁迫 xiépò 心声 xīnshēng 信赖 xìnlài 杏仁 xìngrén 休养 xiūyǎng

小结 xiǎojié 斜面 xiémiàn 心室 xīnshì 信使 xìnshǐ 幸存 xìngcún 休整 xiūzhěng

小看 xiǎokàn 斜坡 xiépō 心酸 xīnsuān 信条 xìntiáo 幸而 xìng'ér 休止 xiūzhǐ

小米 xiǎomǐ 谐调 xiétiáo 心态 xīntài 信托 xìntuō 幸好 xìnghǎo 修补 xiūbǔ

小脑 xiǎonǎo 携手 xiéshǒu 心疼 xīnténg 信誉 xìnyù 幸亏 xìngkuī 修长 xiūcháng

小品 xiǎopǐn 写法 xiěfǎ 心田 xīntián 信纸 xìnzhǐ 幸免 xìngmiǎn 修订 xiūdìng

小巧 xiǎoqiǎo 写生 xiěshēng 心跳 xīntiào 兴办 xīngbàn 幸运 xìngyùn 修好 xiūhǎo

小区 xiǎoqū 写实 xiěshí 心弦 xīnxián 兴盛 xīngshèng 性爱 xìng'ài 修剪 xiūjiǎn

小人 xiǎorén 写意 xiěyì 心胸 xīnxiōng 兴衰 xīngshuāi 性病 xìngbìng 修配 xiūpèi

修缮 xiūshàn	蓄电池	学历 xuélì	巡视 xúnshì	延缓 yánhuǎn	眼睑 yǎnjiǎn
修饰 xiūshì	xùdiànchí	学龄 xuélíng	训斥 xùnchì	延期 yánqī	眼见 yǎnjiàn
修整 xiūzhěng	蓄积 xùjī	学年 xuénián	训话 xùnhuà	延误 yánwù	眼角 yǎnjiǎo
修筑 xiūzhù	蓄意 xùyì	学期 xuéqī	讯号 xùnhào	严惩 yánchéng	眼界 yǎnjiè
羞耻 xiūchǐ	宣称 xuānchēng	学识 xuéshí	汛期 xùnqī	严冬 yándōng	眼眶 yǎnkuàng
羞愧 xiūkuì	宣读 xuāndú	学士 xuéshì	迅猛 xùnměng	严谨 yánjǐn	眼力 yǎnlì
羞怯 xiūqiè	宣讲 xuānjiǎng	学位 xuéwèi	驯服 xùnfú	严禁 yánjìn	眼帘 yǎnlián
羞辱 xiūrǔ	宣誓 xuānshì	学业 xuéyè	驯化 xùnhuà	严酷 yánkù	眼皮 yǎnpí
羞涩 xiūsè	宣泄 xuānxiè	学制 xuézhì	驯鹿 xùnlù	严守 yánshǒu	眼球 yǎnqiú
秀丽 xiùlì	宣战 xuānzhàn	雪茄 xuějiā	驯养 xùnyǎng	严正 yánzhèng	眼圈 yǎnquān
秀美 xiùměi	喧哗 xuānhuá	雪亮 xuěliàng	逊色 xùnsè	言传 yánchuán	眼色 yǎnsè
袖口 xiùkǒu	喧闹 xuānnào	雪片 xuěpiàn	压倒 yādǎo	言辞 yáncí	眼窝 yǎnwō
袖珍 xiùzhēn	喧嚷 xuānrǎng	雪山 xuěshān	压低 yādī	言谈 yántán	演技 yǎnjì
绣花 xiùhuā	喧嚣 xuānxiāo	雪线 xuěxiàn	压榨 yāzhà	岩层 yáncéng	演进 yǎnjìn
嗅觉 xiùjué	悬浮 xuánfú	雪原 xuěyuán	押送 yāsòng	岩洞 yándòng	演示 yǎnshì
须要 xūyào	悬空 xuánkōng	血汗 xuèhàn	押韵 yāyùn	岩浆 yánjiāng	演算 yǎnsuàn
须臾 xūyú	悬念 xuánniàn	血红 xuèhóng	牙膏 yágāo	炎热 yánrè	演习 yǎnxí
须知 xūzhī	悬殊 xuánshū	血迹 xuèjì	牙关 yáguān	炎症 yánzhèng	演戏 yǎnxì
虚构 xūgòu	悬崖 xuányá	血浆 xuèjiāng	牙刷 yáshuā	沿路 yánlù	演义 yǎnyì
虚幻 xūhuàn	旋即 xuánjí	血泪 xuèlèi	牙龈 yáyín	沿途 yántú	厌烦 yànfán
虚假 xūjiǎ	旋涡 xuánwō	血脉 xuèmài	蚜虫 yáchóng	沿袭 yánxí	厌倦 yànjuàn
虚拟 xūnǐ	选集 xuǎnjí	血泊 xuèpō	哑剧 yǎjù	沿线 yánxiàn	厌世 yànshì
虚弱 xūruò	选民 xuǎnmín	血气 xuèqì	雅致 yǎzhì	沿用 yányòng	艳丽 yànlì
虚实 xūshí	选派 xuǎnpài	血亲 xuèqīn	亚军 yàjūn	研读 yándú	宴席 yànxí
虚妄 xūwàng	选票 xuǎnpiào	血清 xuèqīng	亚麻 yàmá	研究员	验收 yànshōu
虚伪 xūwěi	选取 xuǎnqǔ	血肉 xuèròu	亚热带 yàrèdài	yánjiūyuán	谚语 yànyǔ
虚无 xūwú	选送 xuǎnsòng	血色 xuèsè	咽喉 yānhóu	研讨 yántǎo	燕麦 yànmài
虚线 xūxiàn	选种 xuǎnzhǒng	血糖 xuètáng	殷红 yānhóng	盐场 yánchǎng	央求 yāngqiú
虚心 xūxīn	炫耀 xuànyào	血统 xuètǒng	烟草 yāncǎo	盐分 yánfèn	秧苗 yāngmiáo
许久 xǔjiǔ	绚丽 xuànlì	血腥 xuèxīng	烟尘 yānchén	盐田 yántián	秧田 yāngtián
许诺 xǔnuò	眩晕 xuànyùn	血型 xuèxíng	烟袋 yāndài	筵席 yánxí	扬弃 yángqì
许愿 xǔyuàn	旋风 xuànfēng	血压 xuèyā	烟斗 yāndǒu	颜料 yánliào	扬言 yángyán
旭日 xùrì	渲染 xuànrǎn	血缘 xuèyuán	烟花 yānhuā	颜面 yánmiàn	羊羔 yánggāo
序列 xùliè	削价 xuējià	勋章 xūnzhāng	烟灰 yānhuī	俨然 yǎnrán	阳历 yánglì
序幕 xùmù	削减 xuējiǎn	熏陶 xūntáo	烟火 yānhuǒ	掩蔽 yǎnbì	阳台 yángtái
序曲 xùqǔ	穴位 xuéwèi	寻常 xúncháng	烟幕 yānmù	掩埋 yǎnmái	阳性 yángxìng
序数 xùshù	学报 xuébào	寻根 xúngēn	烟雾 yānwù	掩饰 yǎnshì	杨柳 yángliǔ
序言 xùyán	学费 xuéfèi	寻觅 xúnmì	烟叶 yānyè	掩映 yǎnyìng	杨梅 yángméi
叙事 xùshì	学风 xuéfēng	巡回 xúnhuí	淹没 yānmò	眼底 yǎndǐ	洋葱 yángcōng
叙说 xùshuō	学府 xuéfǔ	巡警 xúnjǐng	湮没 yānmò	眼红 yǎnhóng	洋流 yángliú
畜牧 xùmù	学界 xuéjiè	巡逻 xúnluó	延迟 yánchí	眼花 yǎnhuā	洋溢 yángyì

仰慕 yǎngmù	野性 yěxìng	依偎 yīwēi	异己 yìjǐ	阴险 yīnxiǎn	印花 yìnhuā
仰望 yǎngwàng	业绩 yèjì	依稀 yīxī	异体 yìtǐ	阴性 yīnxìng	印记 yìnjì
养病 yǎngbìng	业已 yèyǐ	依仗 yīzhàng	异同 yìtóng	阴雨 yīnyǔ	印染 yìnrǎn
养护 yǎnghù	业主 yèzhǔ	仪表 yíbiǎo	异物 yìwù	阴郁 yīnyù	印行 yìnxíng
养老 yǎnglǎo	叶柄 yèbǐng	宜人 yírén	异乡 yìxiāng	阴云 yīnyún	印章 yìnzhāng
养生 yǎngshēng	叶绿素 yèlǜsù	贻误 yíwù	异性 yìxìng	音标 yīnbiāo	印证 yìnzhèng
养育 yǎngyù	叶脉 yèmài	姨妈 yímā	异样 yìyàng	音程 yīnchéng	荫庇 yìnbì
样板 yàngbǎn	夜班 yèbān	胰岛素 yídǎosù	异议 yìyì	音符 yīnfú	应届 yīngjiè
夭折 yāozhé	夜空 yèkōng	胰腺 yíxiàn	异族 yìzú	音高 yīngāo	应允 yīngyǔn
要挟 yāoxié	夜幕 yèmù	移交 yíjiāo	抑或 yìhuò	音量 yīnliàng	英镑 yīngbàng
腰带 yāodài	夜色 yèsè	移居 yíjū	抑扬顿挫	音律 yīnlǜ	英俊 yīngjùn
腰身 yāoshēn	夜市 yèshì	遗存 yícún	yìyáng-dùncuò	音色 yīnsè	英明 yīngmíng
窑洞 yáodòng	夜校 yèxiào	遗风 yífēng	抑郁 yìyù	音讯 yīnxùn	英武 yīngwǔ
谣言 yáoyán	液化 yèhuà	遗迹 yíjì	役使 yìshǐ	音译 yīnyì	樱花 yīnghuā
摇摆 yáobǎi	液晶 yèjīng	遗漏 yílòu	译本 yìběn	音韵 yīnyùn	鹦鹉 yīngwǔ
摇动 yáodòng	一筹莫展	遗弃 yíqì	译文 yìwén	姻缘 yīnyuán	迎风 yíngfēng
摇篮 yáolán	yīchóu-mòzhǎn	遗失 yíshī	驿站 yìzhàn	殷切 yīnqiè	迎合 yínghé
摇曳 yáoyè	一帆风顺	遗体 yítǐ	疫苗 yìmiáo	殷勤 yīnqín	迎面 yíngmiàn
徭役 yáoyì	yīfān-fēngshùn	遗忘 yíwàng	益虫 yìchóng	银河 yínhé	迎亲 yíngqīn
遥控 yáokòng	一概 yīgài	遗物 yíwù	翌日 yìrì	银幕 yínmù	迎头 yíngtóu
遥望 yáowàng	一举 yījǔ	遗像 yíxiàng	意会 yìhuì	银杏 yínxìng	迎战 yíngzhàn
窈窕 yǎotiǎo	一流 yīliú	遗言 yíyán	意料 yìliào	银元 yínyuán	荧光 yíngguāng
药材 yàocái	一目了然	疑虑 yílǜ	意念 yìniàn	淫秽 yínhuì	荧屏 yíngpíng
药店 yàodiàn	yīmù-liǎorán	疑难 yínán	意想 yìxiǎng	引发 yǐnfā	盈亏 yíngkuī
药方 yàofāng	一瞥 yīpiē	疑团 yítuán	意向 yìxiàng	引路 yǐnlù	盈余 yíngyú
药剂 yàojì	一气 yīqì	疑心 yíxīn	意愿 yìyuàn	引擎 yǐnqíng	营地 yíngdì
药水 yàoshuǐ	一瞬 yīshùn	已然 yǐrán	意蕴 yìyùn	引申 yǐnshēn	营房 yíngfáng
要道 yàodào	一丝不苟	已往 yǐwǎng	意旨 yìzhǐ	引水 yǐnshuǐ	营救 yíngjiù
要地 yàodì	yīsī-bùgǒu	倚靠 yǐkào	毅力 yìlì	引文 yǐnwén	营垒 yínglěi
要点 yàodiǎn	衣襟 yījīn	艺人 yìrén	熠熠 yìyì	引诱 yǐnyòu	营造 yíngzào
要害 yàohài	衣料 yīliào	议案 yì'àn	臆造 yìzào	引证 yǐnzhèng	萦绕 yíngrào
要好 yàohǎo	衣衫 yīshān	议程 yìchéng	因袭 yīnxí	饮料 yǐnliào	赢利 yínglì
要件 yàojiàn	衣食 yīshí	议定 yìdìng	阴暗 yīn'àn	饮水 yǐnshuǐ	影射 yǐngshè
要领 yàolǐng	衣物 yīwù	议价 yìjià	阴沉 yīnchén	隐患 yǐnhuàn	影像 yǐngxiàng
要命 yàomìng	衣着 yīzhuó	议决 yìjué	阴极 yīnjí	隐居 yǐnjū	影院 yǐngyuàn
要人 yàorén	医师 yīshī	议题 yìtí	阴间 yīnjiān	隐瞒 yǐnmán	应变 yìngbiàn
要职 yàozhí	医务 yīwù	屹立 yìlì	阴冷 yīnlěng	隐秘 yǐnmì	应对 yìngduì
耀眼 yàoyǎn	医治 yīzhì	异彩 yìcǎi	阴历 yīnlì	隐没 yǐnmò	应急 yìngjí
野菜 yěcài	依存 yīcún	异端 yìduān	阴凉 yīnliáng	隐士 yǐnshì	应考 yìngkǎo
野地 yědì	依恋 yīliàn	异国 yìguó	阴霾 yīnmái	隐约 yǐnyuē	应邀 yìngyāo
野心 yěxīn	依托 yītuō	异化 yìhuà	阴森 yīnsēn	印发 yìnfā	应战 yìngzhàn

应征 yìngzhēng　幽灵 yōulíng　有偿 yǒucháng　与日俱增 yǔrìjùzēng　渊源 yuānyuán　圆柱 yuánzhù

映照 yìngzhào　幽深 yōushēn　有待 yǒudài　　元宝 yuánbǎo　圆锥 yuánzhuī

硬币 yìngbì　幽雅 yōuyǎ　有的放矢　宇航 yǔháng　元旦 Yuándàn　圆桌 yuánzhuō

硬度 yìngdù　悠长 yōucháng　yǒudì-fàngshǐ 羽毛球　元件 yuánjiàn　援兵 yuánbīng

硬化 yìnghuà　悠然 yōurán　有埋 yǒulǐ　yǔmáoqiú　元老 yuánlǎo　缘由 yuányóu

硬件 yìngjiàn　悠闲 yōuxián　有心 yǒuxīn　羽绒 yǔróng　元气 yuánqì　猿猴 yuánhóu

硬性 yìngxìng　悠扬 yōuyáng　有形 yǒuxíng　雨季 yǔjì　元首 yuánshǒu　猿人 yuánrén

拥抱 yōngbào　由来 yóulái　有幸 yǒuxìng　雨量 yǔliàng　元帅 yuánshuài　源流 yuánliú

拥戴 yōngdài　由衷 yóuzhōng　有余 yǒuyú　雨伞 yǔsǎn　元宵 yuánxiāo　源头 yuántóu

庸俗 yōngsú　邮电 yóudiàn　黝黑 yǒuhēi　雨衣 yǔyī　元音 yuányīn　远程 yuǎnchéng

臃肿 yōngzhǒng邮寄 yóujì　右倾 yòuqīng　语词 yǔcí　元月 yuányuè　远大 yuǎndà

永别 yǒngbié　邮件 yóujiàn　右翼 yòuyì　语调 yǔdiào　园地 yuándì　远古 yuǎngǔ

永生 yǒngshēng邮局 yóujú　幼儿园　语汇 yǔhuì　园丁 yuándīng　远航 yuǎnháng

甬道 yǒngdào　邮政 yóuzhèng　yòu'éryuán　语录 yǔlù　园林 yuánlín　远见 yuǎnjiàn

咏叹调　犹疑 yóuyí　幼体 yòutǐ　语重心长　园艺 yuányì　远近 yuǎnjìn

yǒngtàndiào　油菜 yóucài　幼小 yòuxiǎo　yǔzhòng-xīncháng 员工 yuángōng 远景 yuǎnjǐng

勇猛 yǒngměng 油茶 yóuchá　幼稚 yòuzhì　与会 yùhuì　原本 yuánběn　远洋 yuǎnyáng

勇士 yǒngshì　油井 yóujǐng　诱发 yòufā　郁闷 yùmèn　原稿 yuángǎo　远征 yuǎnzhēng

踊跃 yǒngyuè　油轮 yóulún　诱惑 yòuhuò　育才 yùcái　原告 yuángào　怨恨 yuànhèn

用场　油门 yóumén　诱因 yòuyīn　育苗 yùmiáo　原故 yuángù　怨气 yuànqì

yòngchǎng　油墨 yóumò　迂回 yūhuí　浴场 yùchǎng　原籍 yuánjí　怨言 yuànyán

用法 yòngfǎ　油腻 yóunì　淤积 yūjī　浴池 yùchí　原价 yuánjià　院落 yuànluò

用工 yònggōng　油漆 yóuqī　淤泥 yūní　浴室 yùshì　原煤 yuánméi　院士 yuànshì

用功 yònggōng　油条 yóutiáo　余额 yú'é　预感 yùgǎn　原文 yuánwén　约定 yuēdìng

用劲 yòngjìn　油污 yóuwū　余粮 yúliáng　预见 yùjiàn　原形 yuánxíng　约法 yuēfǎ

用具 yòngjù　油脂 yóuzhī　余年 yúnián　预示 yùshì　原型 yuánxíng　约会 yuēhuì

用心 yòngxīn　游荡 yóudàng　鱼雷 yúléi　预想 yùxiǎng　原样 yuányàng　月刊 yuèkān

用意 yòngyì　游记 yóujì　鱼鳞 yúlín　预约 yùyuē　原野 yuányě　月色 yuèsè

佣金 yòngjīn　游客 yóukè　鱼苗 yúmiáo　预兆 yùzhào　原意 yuányì　月食 yuèshí

优待 yōudài　游览 yóulǎn　鱼网 yúwǎng　预知 yùzhī　原油 yuányóu　月夜 yuèyè

优厚 yōuhòu　游乐 yóulè　渔场 yúchǎng　欲念 yùniàn　原著 yuánzhù　乐谱 yuèpǔ

优化 yōuhuà　游离 yóulí　渔船 yúchuán　遇难 yùnàn　原状　乐师 yuèshī

优生 yōushēng　游历 yóulì　渔村 yúcūn　愈合 yùhé　yuánzhuàng　乐团 yuètuán

优胜 yōushèng　游牧 yóumù　渔夫 yúfū　愈加 yùjiā　原作 yuánzuò　乐音 yuèyīn

优雅 yōuyǎ　游人 yóurén　渔民 yúmín　愈益 yùyì　圆场 yuánchǎng乐章 yuèzhāng

优异 yōuyì　游玩 yóuwán　逾期 yúqī　寓所 yùsuǒ　圆满 yuánmǎn　岳父 yuèfù

忧愁 yōuchóu　游艺 yóuyì　逾越 yúyuè　寓言 yùyán　圆圈 yuánquān　岳母 yuèmǔ

忧虑 yōulǜ　游子 yóuzǐ　愉悦 yúyuè　寓意 yùyì　圆润 yuánrùn　阅兵 yuèbīng

忧伤 yōushāng　友爱 yǒu'ài　愚蠢 yúchǔn　寓于 yùyú　圆舞曲　阅历 yuèlì

幽暗 yōu'àn　友邦 yǒubāng　愚昧 yúmèi　冤案 yuān'àn　yuánwǔqǔ　悦耳 yuè'ěr

幽静 yōujìng　友情 yǒuqíng　愚弄 yúnòng　渊博 yuānbó　圆周 yuánzhōu　越发 yuèfā

越轨 yuèguǐ	再度 zàidù	造句 zàojù	辗转 zhǎnzhuǎn	招收 zhāoshōu	针头 zhēntóu
云层 yúncéng	再会 zàihuì	造谣 zàoyáo	战败 zhànbài	招手 zhāoshǒu	侦破 zhēnpò
云端 yúnduān	再婚 zàihūn	造诣 zàoyì	战备 zhànbèi	招致 zhāozhì	侦探 zhēntàn
云朵 yúnduǒ	再造 zàizào	噪声 zàoshēng	战地 zhàndì	朝气 zhāoqì	珍宝 zhēnbǎo
云海 yúnhǎi	在行 zàiháng	噪音 zàoyīn	战犯 zhànfàn	朝夕 zhāoxī	珍藏 zhēncáng
云集 yúnjí	在世 zàishì	责备 zébèi	战俘 zhànfú	朝霞 zhāoxiá	珍品 zhēnpǐn
云雾 yúnwù	在望 zàiwàng	责成 zéchéng	战功 zhàngōng	朝阳 zhāoyáng	珍视 zhēnshì
云游 yúnyóu	在位 zàiwèi	责怪 zéguài	战壕 zhànháo	着火 zháohuǒ	珍惜 zhēnxī
陨石 yǔnshí	在意 zàiyì	责令 zélìng	战火 zhànhuǒ	着迷 zháomí	珍稀 zhēnxī
孕妇 yùnfù	在职 zàizhí	责骂 zémà	战绩 zhànjì	爪牙 zhǎoyá	珍重 zhēnzhòng
孕育 yùnyù	在座 zàizuò	责难 zénàn	战局 zhànjú	找寻 zhǎoxún	真迹 zhēnjì
运筹 yùnchóu	载体 zàitǐ	责问 zéwèn	战栗 zhànlì	沼气 zhǎoqì	真菌 zhēnjūn
运费 yùnfèi	载重 zàizhòng	择优 zéyōu	战乱 zhànluàn	沼泽 zhǎozé	真皮 zhēnpí
运河 yùnhé	暂且 zànqiě	啧啧 zézé	战区 zhànqū	召唤 zhàohuàn	真切 zhēnqiè
运送 yùnsòng	暂行 zànxíng	增补 zēngbǔ	战事 zhànshì	召见 zhàojiàn	真情 zhēnqíng
运销 yùnxiāo	赞歌 zàngē	增设 zēngshè	站岗 zhàngǎng	诏书 zhàoshū	真丝 zhēnsī
运载 yùnzài	赞赏 zànshǎng	增生 zēngshēng	站立 zhànlì	照搬 zhàobān	真相 zhēnxiàng
运作 yùnzuò	赞颂 zànsòng	增收 zēngshōu	站台 zhàntái	照办 zhàobàn	真心 zhēnxīn
酝酿 yùnniàng	赞同 zàntóng	增援 zēngyuán	张贴 zhāngtiē	照常 zhàocháng	真知 zhēnzhī
韵律 yùnlǜ	赞许 zànxǔ	增值 zēngzhí	张望	照管 zhàoguǎn	真挚 zhēnzhì
韵味 yùnwèi	赞誉 zànyù	憎恨 zēnghèn	zhāngwàng	照会 zhàohuì	斟酌 zhēnzhuó
蕴含 yùnhán	赞助 zànzhù	憎恶 zēngwù	章法 zhāngfǎ	照旧 zhàojiù	诊所 zhěnsuǒ
蕴涵 yùnhán	脏腑 zàngfǔ	赠送 zèngsòng	章节 zhāngjié	照看 zhàokàn	诊治 zhěnzhì
杂费 záfèi	葬礼 zànglǐ	扎根 zhāgēn	樟脑 zhāngnǎo	照料 zhàoliào	阵容 zhènróng
杂技 zájì	葬身 zàngshēn	闸门 zhámén	长辈 zhǎngbèi	肇事 zhàoshì	阵亡 zhènwáng
杂居 zájū	葬送 zàngsòng	眨眼 zhǎyǎn	长老 zhǎnglǎo	遮蔽 zhēbì	阵线 zhènxiàn
杂剧 zájù	遭殃 zāoyāng	诈骗 zhàpiàn	长者 zhǎngzhě	遮挡 zhēdǎng	阵营 zhènyíng
杂粮 záliáng	糟糕 zāogāo	炸药 zhàyào	涨潮 zhǎngcháo	遮盖 zhēgài	振作 zhènzuò
杂乱 záluàn	糟粕 zāopò	榨取 zhàqǔ	掌舵 zhǎngduò	遮掩 zhēyǎn	震颤 zhènchàn
杂事 záshì	早春 zǎochūn	蚱蜢 zhàměng	掌管 zhǎngguǎn	折叠 zhédié	震荡 zhèndàng
杂文 záwén	早稻 zǎodào	摘除 zhāichú	掌权 zhǎngquán	折光 zhéguāng	震耳欲聋
杂音 záyīn	早点 zǎodiǎn	择菜 zháicài	掌心 zhǎngxīn	折合 zhéhé	zhèn'ěryùlóng
灾害 zāihài	早饭 zǎofàn	债权 zhàiquán	丈量 zhàngliáng	折旧 zhéjiù	震撼 zhènhàn
灾荒 zāihuāng	早婚 zǎohūn	债券 zhàiquàn	账本 zhàngběn	折扣 zhékòu	镇定 zhèndìng
灾祸 zāihuò	早年 zǎonián	占卜 zhānbǔ	账房 zhàngfáng	折算 zhésuàn	镇静 zhènjìng
灾民 zāimín	早熟 zǎoshú	沾染 zhānrǎn	账目 zhàngmù	折中 zhézhōng	镇守 zhènshǒu
灾情 zāiqíng	早晚 zǎowǎn	粘连 zhānlián	招标 zhāobiāo	哲理 zhélǐ	正月 zhēngyuè
栽植 zāizhí	早先 zǎoxiān	瞻仰 zhānyǎng	招考 zhāokǎo	哲人 zhérén	争辩 zhēngbiàn
栽种 zāizhòng	造反 zàofǎn	展翅 zhǎnchì	招徕 zhāolái	褶皱 zhězhòu	争吵 zhēngchǎo
宰割 zǎigē	造福 zàofú	展望 zhǎnwàng	招募 zhāomù	蔗糖 zhètáng	争斗 zhēngdòu
宰相 zǎixiàng	造价 zàojià	展销 zhǎnxiāo	招聘 zhāopìn	贞操 zhēncāo	争端 zhēngduān

争光 zhēngguāng
争鸣 zhēngmíng
争气 zhēngqì
争议 zhēngyì
争执 zhēngzhí
征购 zhēnggòu
征集 zhēngjí
征途 zhēngtú
征文 zhēngwén
征询 zhēngxún
征兆 zhēngzhào
症结 zhēngjié
蒸馏 zhēngliú
蒸馏水 zhēngliúshuǐ
蒸汽 zhēngqì
蒸腾 zhēngténg
拯救 zhěngjiù
整编 zhěngbiān
整风 zhěngfēng
整洁 zhěngjié
整数 zhěngshù
整形 zhěngxíng
整修 zhěngxiū
整治 zhěngzhì
正比 zhèngbǐ
正比例 zhèngbǐlì
正步 zhèngbù
正道 zhèngdào
正轨 zhèngguǐ
正极 zhèngjí
正门 zhèngmén
正派 zhèngpài
正气 zhèngqì
正巧 zhèngqiǎo
正视 zhèngshì
正统 zhèngtǒng
正文 zhèngwén
正午 zhèngwǔ

正直 zhèngzhí
正中 zhèngzhōng
正宗 zhèngzōng
证件 zhèngjiàn
证券 zhèngquàn
郑重 zhèngzhòng
政变 zhèngbiàn
政法 zhèngfǎ
政界 zhèngjiè
政局 zhèngjú
政客 zhèngkè
政论 zhènglùn
政事 zhèngshì
政体 zhèngtǐ
政务 zhèngwù
支架 zhījià
支流 zhīliú
支票 zhīpiào
支取 zhīqǔ
支柱 zhīzhù
只身 zhīshēn
汁液 zhīyè
知己 zhījǐ
知了 zhīliǎo
知名 zhīmíng
知情 zhīqíng
知晓 zhīxiǎo
知心 zhīxīn
知音 zhīyīn
肢体 zhītǐ
织物 zhīwù
脂粉 zhīfěn
执笔 zhíbǐ
执法 zhífǎ
执教 zhíjiào
执拗 zhíniù
执勤 zhíqín
执意 zhíyì
执照 zhízhào

执政 zhízhèng
执着 zhízhuó
直播 zhíbō
直肠 zhícháng
直达 zhídá
直属 zhíshǔ
直率 zhíshuài
直爽 zhíshuǎng
值勤 zhíqín
值日 zhírì
职称 zhíchēng
职位 zhíwèi
植被 zhíbèi
止步 zhǐbù
只管 zhǐguǎn
只消 zhǐxiāo
旨意 zhǐyì
纸板 zhǐbǎn
纸币 zhǐbì
纸浆 zhǐjiāng
纸烟 zhǐyān
纸张 zhǐzhāng
指点 zhǐdiǎn
指控 zhǐkòng
指南 zhǐnán
指南针 zhǐnánzhēn
指派 zhǐpài
指使 zhǐshǐ
指望 zhǐwàng
指纹 zhǐwén
指引 zhǐyǐn
指摘 zhǐzhāi
指针 zhǐzhēn
至多 zhìduō
至上 zhìshàng
志趣 zhìqù
志向 zhìxiàng
志愿 zhìyuàn
志愿军 zhìyuànjūn

制备 zhìbèi
制裁 zhìcái
制服 zhìfú
制剂 zhìjì
制图 zhìtú
质地 zhìdì
质朴 zhìpǔ
质问 zhìwèn
治水 zhìshuǐ
治学 zhìxué
致敬 zhìjìng
致密 zhìmì
致命 zhìmìng
致死 zhìsǐ
致意 zhìyì
桎梏 zhìgù
窒息 zhìxī
智育 zhìyù
滞留 zhìliú
滞销 zhìxiāo
置换 zhìhuàn
置身 zhìshēn
稚嫩 zhìnèn
稚气 zhìqì
中层 zhōngcéng
中级 zhōngjí
中间人 zhōngjiānrén
中介 zhōngjiè
中立 zhōnglì
中秋 Zhōngqiū
中途 zhōngtú
中文 zhōngwén
中西 zhōngxī
中线 zhōngxiàn
中药 zhōngyào
中庸 zhōngyōng
中用 zhōngyòng
中游 zhōngyóu
中止 zhōngzhǐ
中转 zhōngzhuǎn

忠厚 zhōnghòu
忠于 zhōngyú
忠贞 zhōngzhēn
终点 zhōngdiǎn
终端 zhōngduān
终归 zhōngguī
终极 zhōngjí
终结 zhōngjié
终了 zhōngliǎo
终日 zhōngrì
终生 zhōngshēng
终止 zhōngzhǐ
钟表 zhōngbiǎo
钟点 zhōngdiǎn
衷心 zhōngxīn
肿胀 zhǒngzhàng
种姓 zhǒngxìng
中风 zhòngfēng
中肯 zhòngkěn
中意 zhòngyì
仲裁 zhòngcái
众生 zhòngshēng
种地 zhòngdì
种田 zhòngtián
重兵 zhòngbīng
重担 zhòngdàn
重金 zhòngjīn
重任 zhòngrèn
重伤 zhòngshāng
重心 zhòngxīn
重型 zhòngxíng
重音 zhòngyīn
重用 zhòngyòng
周报 zhōubào
周而复始 zhōu'érfùshǐ
周刊 zhōukān

周末 zhōumò
周身 zhōushēn
周岁 zhōusuì
周旋 zhōuxuán
周延 zhōuyán
周折 zhōuzhé
轴线 zhóuxiàn
咒骂 zhòumà
皱纹 zhòuwén
骤然 zhòurán
珠宝 zhūbǎo
株连 zhūlián
诸侯 zhūhóu
诸如此类 zhūrúcǐlèi
诸位 zhūwèi
蛛网 zhūwǎng
竹竿 zhúgān
竹笋 zhúsǔn
主办 zhǔbàn
主次 zhǔcì
主峰 zhǔfēng
主干 zhǔgàn
主根 zhǔgēn
主攻 zhǔgōng
主顾 zhǔgù
主机 zhǔjī
主见 zhǔjiàn
主将 zhǔjiàng
主角 zhǔjué
主考 zhǔkǎo
主流 zhǔliú
主人翁 zhǔrénwēng
主食 zhǔshí
主事 zhǔshì
主线 zhǔxiàn
主演 zhǔyǎn
主宰 zhǔzǎi
主旨 zhǔzhǐ
嘱托 zhǔtuō

瞩目 zhǔmù	专科 zhuānkē	装点	捉拿 zhuōná	自强 zìqiáng	纵容 zòngróng
伫立 zhùlì	专款 zhuānkuǎn	zhuāngdiǎn	灼热 zhuórè	自如 zìrú	纵身 zòngshēn
助教 zhùjiào	专栏 zhuānlán	装潢	茁壮	自始至终	纵深 zòngshēn
助理 zhùlǐ	专卖 zhuānmài	zhuānghuáng	zhuózhuàng	zìshǐ-zhìzhōng	纵使 zòngshǐ
助长 zhùzhǎng	专区 zhuānqū	装配 zhuāngpèi	卓著 zhuózhù	自首 zìshǒu	纵向 zòngxiàng
住址 zhùzhǐ	专人 zhuānrén	装束 zhuāngshù	着力 zhuólì	自述 zìshù	走动 zǒudòng
住户 zhùhù	专心 zhuānxīn	装卸 zhuāngxiè	着陆 zhuólù	自私 zìsī	走访 zǒufǎng
住家 zhùjiā	专一 zhuānyī	装修 zhuāngxiū	着落 zhuóluò	自修 zìxiū	走私 zǒusī
住宿 zhùsù	专员 zhuānyuán	装运 zhuāngyùn	着实 zhuóshí	自学 zìxué	奏鸣曲
住所 zhùsuǒ	专职 zhuānzhí	装载 zhuāngzài	着想 zhuóxiǎng	自以为是	zòumíngqǔ
住院 zhùyuàn	专注 zhuānzhù	壮丁	着眼 zhuóyǎn	zìyǐwéishì	奏效 zòuxiào
住址 zhùzhǐ	专著 zhuānzhù	zhuàngdīng	着意 zhuóyì	自制 zìzhì	奏章 zòuzhāng
贮备 zhùbèi	砖头 zhuāntóu	壮观	资财 zīcái	自重 zìzhòng	租借 zūjiè
注册 zhùcè	转播 zhuǎnbō	zhuàngguān	资方 zīfāng	自传 zìzhuàn	租金 zūjīn
注定 zhùdìng	转产 zhuǎnchǎn	壮举 zhuàngjǔ	资历 zīlì	自尊 zìzūn	租赁 zūlìn
注解 zhùjiě	转达 zhuǎndá	壮丽 zhuànglì	资助 zīzhù	字典 zìdiǎn	租用 zūyòng
注目 zhùmù	转告 zhuǎngào	壮烈 zhuàngliè	滋补 zībǔ	字画 zìhuà	足迹 zújì
注射器	转机 zhuǎnjī	壮年	滋润 zīrùn	字迹 zìjì	足见 zújjiàn
zhùshèqì	转嫁 zhuǎnjià	zhuàngnián	滋生 zīshēng	字句 zìjù	诅咒 zǔzhòu
注释 zhùshì	转交 zhuǎnjiāo	壮士 zhuàngshì	滋养 zīyǎng	字体 zìtǐ	阻挡 zǔdǎng
注销 zhùxiāo	转脸 zhuǎnliǎn	壮志 zhuàngzhì	滋长 zīzhǎng	字条 zìtiáo	阻隔 zǔgé
注音 zhùyīn	转念 zhuǎnniàn	状语 zhuàngyǔ	紫菜 zǐcài	字形 zìxíng	阻击 zǔjī
驻地 zhùdì	转让 zhuǎnràng	撞击 zhuàngjī	紫外线	字义 zìyì	阻拦 zǔlán
驻防 zhùfáng	转手 zhuǎnshǒu	追捕 zhuībǔ	zǐwàixiàn	字音 zìyīn	阻挠 zǔnáo
驻军 zhùjūn	转瞬 zhuǎnshùn	追查 zhuīchá	自卑 zìbēi	宗法 zōngfǎ	阻塞 zǔsè
驻守 zhùshǒu	转弯 zhuǎnwān	追悼 zhuīdào	自大 zìdà	宗派 zōngpài	组建 zǔjiàn
驻扎 zhùzhā	转眼 zhuǎnyǎn	追肥 zhuīféi	自得 zìdé	宗室 zōngshì	组装 zǔzhuāng
祝福 zhùfú	转业 zhuǎnyè	追赶 zhuīgǎn	自费 zìfèi	棕榈 zōnglú	祖传 zǔchuán
祝愿 zhùyuàn	转运 zhuǎnyùn	追击 zhuījī	自封 zìfēng	棕色 zōngsè	钻探 zuāntàn
著称 zhùchēng	转战 zhuǎnzhàn	追加 zhuījiā	自负 zìfù	踪迹 zōngjì	钻石 zuànshí
著述 zhùshù	转折 zhuǎnzhé	追溯 zhuīsù	自给 zìjǐ	踪影 zōngyǐng	钻头 zuàntóu
著者 zhùzhě	传记 zhuànjì	追随 zhuīsuí	自家 zìjiā	总称 zǒngchēng	嘴脸 zuǐliǎn
铸造 zhùzào	转速 zhuànsù	追问 zhuīwèn	自尽 zìjìn	总得 zǒngděi	罪过 zuìguò
抓获 zhuāhuò	转轴 zhuànzhóu	追寻 zhuīxún	自救 zìjiù	总队 zǒngduì	罪名 zuìmíng
专长	撰写 zhuànxiě	追忆 zhuīyì	自居 zìjū	总共 zǒnggòng	罪孽 zuìniè
zhuāncháng	篆刻 zhuànkè	追踪 zhuīzōng	自来水 zìláishuǐ	总管 zǒngguǎn	罪人 zuìrén
专车 zhuānchē	庄园	坠落 zhuìluò	自理 zìlǐ	总归 zǒngguī	罪证 zuìzhèng
专程	zhuāngyuán	赘述 zhuìshù	自立 zìlì	总计 zǒngjì	罪状 zuìzhuàng
zhuānchéng	庄重	准绳 zhǔnshéng	自流 zìliú	总务 zǒngwù	醉人 zuìrén
专断 zhuānduàn	zhuāngzhòng	准时 zhǔnshí	自律 zìlǜ	纵横 zònghéng	醉心 zuìxīn
专横 zhuānhèng	装扮 zhuāngbàn	准许 zhǔnxǔ	自满 zìmǎn	纵然 zòngrán	尊称 zūnchēng

尊贵 zūnguì	左翼 zuǒyì	作怪 zuòguài	作文 zuòwén	座谈 zuòtán	做声 zuòshēng
遵从 zūncóng	作案 zuò'àn	作价 zuòjià	坐落 zuòluò	做工 zuògōng	做戏 zuòxì
遵照 zūnzhào	作对 zuòduì	作客 zuòkè	坐镇 zuòzhèn	做功 zuògōng	做主 zuòzhǔ
左倾 zuǒqīng	作恶 zuò'è	作祟 zuòsuì	座舱 zuòcāng	做人 zuòrén	

三 普通话水平测试用必读轻声词语

爱人 àiren	步子 bùzi	大夫 dàifu	多么 duōme	姑娘 gūniang	幌子 huǎngzi
案子 ànzi	部分 bùfen	带子 dàizi	蛾子 ézi	谷子 gǔzi	胡萝卜 húluóbo
巴掌 bāzhang	裁缝 cáifeng	袋子 dàizi	儿子 érzi	骨头 gǔtou	活泼 huópo
把子 bǎzi	财主 cáizhu	耽搁 dānge	耳朵 ěrduo	故事 gùshi	火候 huǒhou
把子 bàzi	苍蝇 cāngying	耽误 dānwu	贩子 fànzi	寡妇 guǎfu	伙计 huǒji
爸爸 bàba	差事 chāishi	单子 dānzi	房子 fángzi	褂子 guàzi	护士 hùshi
白净 báijing	柴火 cháihuo	胆子 dǎnzi	份子 fènzi	怪物 guàiwu	机灵 jīling
班子 bānzi	肠子 chángzi	担子 dànzi	风筝 fēngzheng	关系 guānxi	脊梁 jǐliang
板子 bǎnzi	厂子 chǎngzi	刀子 dāozi	疯子 fēngzi	官司 guānsi	记号 jìhao
帮手 bāngshou	场子 chǎngzi	道士 dàoshi	福气 fúqi	罐头 guàntou	记性 jìxing
梆子 bāngzi	车子 chēzi	稻子 dàozi	甘蔗 gānzhe	罐子 guànzi	夹子 jiāzi
膀子 bǎngzi	称呼 chēnghu	灯笼 dēnglong	杆子 gānzi	规矩 guīju	家伙 jiāhuo
棒槌 bàngchui	池子 chízi	提防 dīfang	甘蔗 gānzhe	闺女 guīnü	架势 jiàshi
棒子 bàngzi	尺子 chǐzi	笛子 dízi	杆子 gǎnzi	鬼子 guǐzi	架子 jiàzi
包袱 bāofu	虫子 chóngzi	底子 dǐzi	柜子 guìzi	嫁妆 jiàzhuang
包涵 bāohan	绸子 chóuzi	地道 dìdào	干事 gànshi	棍子 gùnzi	尖子 jiānzi
包子 bāozi	除了 chúle	地方 dìfang	杠子 gàngzi	锅子 guōzi	茧子 jiǎnzi
豹子 bàozi	锄头 chútou	弟弟 dìdi	高粱 gāoliang	果子 guǒzi	剪子 jiǎnzi
杯子 bēizi	畜生 chùsheng	弟兄 dìxiong	膏药 gāoyao	蛤蟆 háma	见识 jiànshi
被子 bèizi	窗户 chuānghu	点心 diǎnxin	稿子 gǎozi	孩子 háizi	毽子 jiànzi
本事 běnshi	窗子 chuāngzi	调子 diàozi	告诉 gàosu	含糊 hánhu	将就 jiāngjiu
本子 běnzi	锤子 chuízi	钉子 dīngzi	哥哥 gēge	汉子 hànzi	交情 jiāoqing
鼻子 bízi	刺猬 cìwei	东家 dōngjia	胳膊 gēbo	行当 hángdang	饺子 jiǎozi
比方 bǐfang	凑合 còuhe	东西 dōngxi	鸽子 gēzi	合同 hétong	叫唤 jiàohuan
鞭子 biānzi	村子 cūnzi	动静 dòngjing	格子 gézi	和尚 héshang	轿子 jiàozi
扁担 biǎndan	奤拉 dāla	动弹 dòngtan	个子 gèzi	核桃 hétao	结实 jiēshi
辫子 biànzi	答应 dāying	豆腐 dòufu	根子 gēnzi	盒子 hézi	街坊 jiēfang
别扭 bièniu	打扮 dǎban	豆子 dòuzi	跟头 gēntou	红火 hónghuo	姐夫 jiěfu
饼子 bǐngzi	打点 dǎdian	嘟囔 dūnang	工夫 gōngfu	猴子 hóuzi	姐姐 jiějie
拨弄 bōnong	打发 dǎfa	肚子 dǔzi	弓子 gōngzi	后头 hòutou	戒指 jièzhi
脖子 bózi	打量 dǎliang	肚子 dùzi	公公 gōnggong	厚道 hòudao	金子 jīnzi
簸箕 bòji	打算 dǎsuan	缎子 duànzi	功夫 gōngfu	狐狸 húli	精神 jīngshen
补丁 bǔding	打听 dǎting	对付 duìfu	钩子 gōuzi	胡琴 húqin	镜子 jìngzi
不由得 bùyóude	大方 dàfang	对头 duìtou	姑姑 gūgu	糊涂 hútu	舅舅 jiùjiu
不在乎 bùzàihu	大爷 dàye	队伍 duìwu	姑姑 gūgu	皇上 huángshang	橘子 júzi

句子 jùzi	粮食 liángshi	模糊 móhu	欺负 qīfu	师傅 shīfu	挑子 tiāozi
卷子 juànzi	两口子 liǎngkǒuzi	木匠 mùjiang	旗子 qízi	虱子 shīzi	条子 tiáozi
咳嗽 késou		木头 mùtou	前头 qiántou	狮子 shīzi	跳蚤 tiàozao
客气 kèqi	料子 liàozi	那么 nàme	钳子 qiánzi	石匠 shíjiang	铁匠 tiějiang
空子 kòngzi	林子 línzi	奶奶 nǎinai	茄子 qiézi	石榴 shíliu	亭子 tíngzi
口袋 kǒudai	翎子 língzi	难为 nánwei	亲戚 qīnqi	石头 shítou	头发 tóufa
口子 kǒuzi	领子 lǐngzi	脑袋 nǎodai	勤快 qínkuai	时候 shíhou	头子 tóuzi
扣子 kòuzi	溜达 liūda	脑子 nǎozi	清楚 qīngchu	实在 shízai	兔子 tùzi
窟窿 kūlong	聋子 lóngzi	能耐 néngnai	亲家 qìngjia	拾掇 shíduo	妥当 tuǒdang
裤子 kùzi	笼子 lóngzi	你们 nǐmen	曲子 qǔzi	使唤 shǐhuan	唾沫 tuòmo
快活 kuàihuo	炉子 lúzi	念叨 niàndao	圈子 quānzi	世故 shìgu	挖苦 wāku
筷子 kuàizi	路子 lùzi	念头 niàntou	拳头 quántou	似的 shìde	娃娃 wáwa
框子 kuàngzi	轮子 lúnzi	娘家 niángjia	裙子 qúnzi	事情 shìqing	袜子 wàzi
困难 kùnnan	萝卜 luóbo	镊子 nièzi	热闹 rènao	柿子 shìzi	晚上 wǎnshang
阔气 kuòqi	骡子 luózi	奴才 núcai	人家 rénjia	收成 shōucheng	尾巴 wěiba
喇叭 lǎba	骆驼 luòtuo	女婿 nǚxu	人们 rénmen	收拾 shōushi	委屈 wěiqu
喇嘛 lǎma	妈妈 māma	暖和 nuǎnhuo	认识 rènshi	首饰 shǒushi	为了 wèile
篮子 lánzi	麻烦 máfan	疟疾 nüèji	日子 rìzi	叔叔 shūshu	位置 wèizhi
懒得 lǎnde	麻利 máli	拍子 pāizi	褥子 rùzi	梳子 shūzi	位子 wèizi
浪头 làngtou	麻子 mázi	牌楼 páilou	塞子 sāizi	舒服 shūfu	蚊子 wénzi
老婆 lǎopo	马虎 mǎhu	牌子 páizi	嗓子 sǎngzi	舒坦 shūtan	稳当 wěndang
老实 lǎoshi	码头 mǎtou	盘算 pánsuan	嫂子 sǎozi	疏忽 shūhu	我们 wǒmen
老太太	买卖 mǎimai	盘子 pánzi	扫帚 sàozhou	爽快	屋子 wūzi
lǎotàitai	麦子 màizi	胖子 pàngzi	沙子 shāzi	shuǎngkuai	稀罕 xīhan
老头子 lǎotóuzi	馒头 mántou	狍子 páozi	傻子 shǎzi	思量 sīliang	席子 xízi
老爷 lǎoye	忙活 mánghuo	盆子 pénzi	扇子 shànzi	算计 suànji	媳妇 xífu
老子 lǎozi	冒失 màoshi	朋友 péngyou	商量 shāngliang	岁数 suìshu	喜欢 xǐhuan
姥姥 lǎolao	帽子 màozi	棚子 péngzi	上司 shàngsi	孙子 sūnzi	瞎子 xiāzi
累赘 léizhui	眉毛 méimao	脾气 píqi	上头 shàngtou	他们 tāmen	匣子 xiázi
篱笆 líba	媒人 méiren	皮子 pízi	烧饼 shāobing	它们 tāmen	下巴 xiàba
里头 lǐtou	妹妹 mèimei	痞子 pǐzi	勺子 sháozi	她们 tāmen	吓唬 xiàhu
力气 lìqi	门道 méndao	屁股 pìgu	少爷 shàoye	台子 táizi	先生 xiānsheng
厉害 lìhai	眯缝 mīfeng	片子 piānzi	哨子 shàozi	太太 tàitai	乡下 xiāngxia
利落 lìluo	迷糊 míhu	便宜 piányi	舌头 shétou	摊子 tānzi	箱子 xiāngzi
利索 lìsuo	面子 miànzi	骗子 piànzi	身子 shēnzi	坛子 tánzi	相声 xiàngsheng
例子 lìzi	苗条 miáotiao	票子 piàozi	什么 shénme	毯子 tǎnzi	消息 xiāoxi
栗子 lìzi	苗头 miáotou	漂亮 piàoliang	婶子 shěnzi	桃子 táozi	小伙子 xiǎohuǒzi
痢疾 lìji	名堂 míngtang	瓶子 píngzi	生意 shēngyi	特务 tèwu	小气 xiǎoqi
连累 liánlei	名字 míngzi	婆家 pójia	牲口 shēngkou	梯子 tīzi	小子 xiǎozi
帘子 liánzi	明白 míngbai	婆婆 pópo	绳子 shéngzi	蹄子 tízi	笑话 xiàohua
凉快 liángkuai	蘑菇 mógu	铺盖 pūgai	师父 shīfu	挑剔 tiāoti	谢谢 xièxie

心思 xīnsi	哑巴 yǎba	衣裳 yīshang	怎么 zěnme	枕头 zhěntou	爪子 zhuǎzi
星星 xīngxing	胭脂 yānzhi	椅子 yǐzi	扎实 zhāshi	镇子 zhènzi	转悠 zhuànyou
猩猩 xīngxing	烟筒 yāntong	意思 yìsi	眨巴 zhǎba	芝麻 zhīma	庄稼 zhuāngjia
行李 xíngli	眼睛 yǎnjing	银子 yínzi	栅栏 zhàlan	知识 zhīshi	庄子 zhuāngzi
性子 xìngzi	燕子 yànzi	影子 yǐngzi	宅子 zháizi	侄子 zhízi	壮实 zhuàngshi
兄弟 xiōngdi	秧歌 yāngge	应酬 yìngchou	寨子 zhàizi	指甲	状元
休息 xiūxi	养活 yǎnghuo	柚子 yòuzi	张罗 zhāngluo	zhǐjia(zhíjia)	zhuàngyuan
秀才 xiùcai	样子 yàngzi	冤枉 yuānwang	丈夫 zhàngfu	指头	锥子 zhuīzi
秀气 xiùqi	吆喝 yāohe	院子 yuànzi	帐篷 zhàngpeng	zhǐtou(zhítou)	桌子 zhuōzi
袖子 xiùzi	妖精 yāojing	月饼 yuèbing	丈人 zhàngren	种子 zhǒngzi	字号 zìhao
靴子 xuēzi	钥匙 yàoshi	月亮 yuèliang	帐子 zhàngzi	珠子 zhūzi	自在 zìzai
学生 xuésheng	椰子 yēzi	云彩 yúncai	招呼 zhāohu	竹子 zhúzi	粽子 zòngzi
学问 xuéwen	爷爷 yéye	运气 yùnqi	招牌 zhāopai	主意	祖宗 zǔzong
丫头 yātou	叶子 yèzi	在乎 zàihu	折腾 zhēteng	zhǔyi(zhúyi)	嘴巴 zuǐba
鸭子 yāzi	一辈子 yībèizi	咱们 zánmen	这个 zhège	主子 zhǔzi	作坊 zuōfang
衙门 yámen	衣服 yīfu	早上 zǎoshang	这么 zhème	柱子 zhùzi	琢磨 zuómo

四　普通话水平测试用重次轻格式词语

把手 bǎ·shǒu	诚实 chéng·shí	点缀 diǎn·zhuì	感激 gǎn·jī	花费 huā·fèi	禁不住
白天 bái·tiān	吃不消	惦记 diàn·jì	告示 gào·shì	滑稽 huá·jī	jīn·bùzhù
摆布 bǎi·bù	chī·bùxiāo	东边 dōng·biān	格式 gé·shì	荒唐	进来 jìn·lái
摆弄 bǎi·nòng	尺寸 chǐ·cùn	懂得 dǒng·dé	跟前 gēn·qián	huāng·táng	进去 jìn·qù
摆设 bǎi·shè	抽屉 chōu·ti	短处 duǎn·chù	公家 gōng·jiā	黄瓜 huáng·guā	近视 jìn·shì
褒贬 bāo·biǎn	出来 chū·lái	对不起 duì·bùqǐ	功劳 gōng·láo	恍惚 huǎng·hū	觉得 jué·dé
报酬 bào·chóu	出去 chū·qù	多少 duō·shǎo	公平 gōng·píng	回来 huí·lái	看不起
报复 bào·fù	刺激 cì·jī	多数 duō·shù	工钱 gōng·qián	回去 huí·qù	kàn·bùqǐ
报应 bào·yìng	聪明	翻腾 fān·téng	工人 gōng·rén	晦气 huì·qì	看见 kàn·jiàn
抱怨 bào·yuàn	cōng·míng	反正 fǎn·zhèng	恭维 gōng·wéi	活动 huó·dòng	考究 kǎo·jiū
北边 běi·biān	错误 cuò·wù	费用 fèi·yòng	勾当 gòu·dàng	火气 huǒ·qì	靠不住
本钱 běn·qián	搭讪 dā·shàn	分寸 fēn·cùn	估量 gū·liáng	伙食 huǒ·shí	kào·bùzhù
鼻涕 bí·tì	答复 dá·fù	分量 fèn·liàng	固执 gù·zhí	祸害 huò·hài	客人 kè·rén
别人 bié·rén	打交道	风水 fēng·shuǐ	过来 guò·lái	机会 jī·huì	苦头 kǔ·tóu
别致 bié·zhì	dǎjiāo·dào	凤凰	过去 guò·qù	机器 jī·qì	会计 kuài·jì
玻璃 bō·lí	大不了	fèng·huáng	好处 hǎo·chù	机器人 jī·qìrén	宽敞
不见得	dà·bùliǎo	夫人 fū·rén	害处 hài·chù	记得 jì·dé	kuān·chǎng
bùjiàn·dé	当铺 dàng·pù	扶手 fú·shǒu	行家 háng·jiā	忌讳 jì·huì	魁梧 kuí·wú
残疾 cán·jí	道理 dào·lǐ	服侍 fú·shì	和气 hé·qì	家具 jiā·jù	拉拢 lā·lǒng
差不多	得罪 dé·zuì	斧头 fǔ·tóu	荷包 hé·bāo	价钱 jià·qián	来不及 lái·bù jí
chà·bù duō	底细 dǐ·xì	父亲 fù·qīn	喉咙 hóu·lóng	讲究 jiǎng·jiū	牢骚 láo·sāo
长处 cháng·chù	底下 dǐ·xià	干净 gān·jìng	后边 hòu·biān	缰绳	老人家
成分 chéng·fèn	地下 dì·xià	干粮 gān·liáng	后面 hòu·miàn	jiāng·shéng	lǎo·rén jiā

老鼠 lǎo•shǔ	牡丹 mǔ•dān	起来 qǐ•lái	尸首 shī•shǒu	下边 xià•biān	右面 yòu•miàn
冷不防	哪里 nǎ•lǐ	气氛 qì•fēn	使得 shǐ•dé	下来 xià•lái	遇见 yù•jiàn
lěng•bùfáng	那里 nà•lǐ	前边 qián•biān	势力 shì•lì	下面 xià•miàn	鸳鸯 yuān•yāng
冷清 lěng•qīng	南边 nán•biān	前面 qián•miàn	势头 shì•tóu	下去 xià•qù	愿意 yuàn•yì
里边 lǐ•biān	难处 nán•chù	敲打 qiāo•dǎ	手巾 shǒu•jīn	显得 xiǎn•dé	月季 yuè•jì
里面 lǐ•miàn	南瓜 nán•guā	瞧见 qiáo•jiàn	书记 shū•jì	想法 xiǎng•fǎ	匀称 yún•chèn
理事 lǐ•shì	南面 nán•miàn	俏皮 qiào•pí	熟悉 shú•xī	晓得 xiǎo•dé	糟蹋 zāo•tà
力量 lì•liàng	泥鳅 ní•qiū	亲事 qīn•shì	说法 shuō•fǎ	小姐 xiǎo•jiě	早晨 zǎo•chén
了不得	挪动 nuó•dòng	轻巧 qīng•qiǎo	算盘 suàn•pán	小心 xiǎo•xīn	渣滓 zhā•zǐ
liǎo•bù•dé	排场 pái•chǎng	情形 qíng•xíng	孙女 sūn•nǚ	心里 xīn•lǐ	照顾 zhào•gù
了不起	牌坊 pái•fāng	情绪 qíng•xù	态度 tài•dù	薪水 xīn•shuǐ	照应 zhào•yìng
liǎo•bùqǐ	佩服 pèi•fú	去处 qù•chù	太阳 tài•yáng	新鲜 xīn•xiān	折磨 zhé•mó
邻居 lín•jū	喷嚏 pēn•tì	任务 rèn•wù	太监 tài•jiàn	修行 xiū•xíng	这里 zhè•lǐ
伶俐 líng•lì	碰见 pèng•jiàn	容易 róng•yì	提拔 tí•bá	烟囱 yān•cōng	阵势 zhèn•shì
琉璃 liú•lí	琵琶 pí•pá	洒脱 sǎ•tuō	体谅 tǐ•liàng	妖怪 yāo•guài	证人 zhèng•rén
露水 lù•shuǐ	篇幅 piān•fú	上边	体面 tǐ•miàn	摇晃 yáo•huàng	知道 zhī•dào
逻辑 luó•jí	撇开 piē•kāi	shàng•biān	替换 tì•huàn	夜里 yè•lǐ	值得 zhí•dé
埋伏 mái•fú	泼辣 pō•là	上来 shàng•lái	听见 tīng•jiàn	已经 yǐ•jīng	侄女 zhí•nǚ
卖弄 mài•nòng	破绽 pò•zhàn	上面	通融 tōng•róng	益处 yì•chù	志气 zhì•qì
毛病 máo•bìng	魄力 pò•lì	shàng•miàn	痛快 tòng•kuài	意见 yì•jiàn	周到 zhōu•dào
玫瑰 méi•guī	菩萨 pú•sà	上去 shàng•qù	透亮 tòu•liàng	义气 yì•qì	嘱咐 zhǔ•fù
眉目 méi•mù	葡萄 pú•táo	舍不得	外边 wài•biān	意识 yì•shí	主人 zhǔ•rén
没有 méi•yǒu	葡萄酒	shě•bù•dé	外面 wài•miàn	因为 yīn•wèi	住处 zhù•chù
门面 mén•miàn	pú•táojiǔ	身份 shēn•fèn	围裙 wéi•qún	樱桃 yīng•táo	资格 zī•gé
棉花 mián•huā	葡萄糖	神气 shén•qì	味道 wèi•dào	应付 yìng•fù	左边 zuǒ•biān
免得 miǎn•dé	pú•táotáng	神仙 shén•xiān	西瓜 xī•guā	用处 yòng•chù	左面 zuǒ•miàn
摸索 mō•suǒ	妻子 qī•zǐ	生日 shēng•rì	喜鹊 xǐ•què	右边 yòu•biān	坐位 zuò•wèi
母亲 mǔ•qīn					

五　普通话水平测试用儿化词语

刀把儿 dāobàr	加塞儿 jiāsāir	药方儿 yàofāngr	差点儿 chàdiǎnr	透亮儿 tòuliàngr
号码儿 hàomǎr	快板儿 kuàibǎnr	赶趟儿 gǎntàngr	一点儿 yīdiǎnr	花样儿 huāyàngr
戏法儿 xìfǎr	老伴儿 lǎobànr	香肠儿	雨点儿 yǔdiǎnr	脑瓜儿 nǎoguār
在哪儿 zàinǎr	蒜瓣儿 suànbànr	xiāngchángr	聊天儿 liáotiānr	大褂儿 dàguàr
找茬儿 zhǎochár	脸盘儿 liǎnpánr	瓜瓤儿 guārángr	拉链儿 lāliànr	麻花儿 máhuār
打杂儿 dǎzár	脸蛋儿 liǎndànr	掉价儿 diàojiàr	冒尖儿 màojiānr	笑话儿 xiàohuar
板擦儿 bǎncār	收摊儿 shōutānr	一下儿 yīxiàr	坎肩儿 kǎnjiānr	牙刷儿 yáshuār
名牌儿 míngpáir	栅栏儿 zhàlanr	豆芽儿 dòuyár	牙签儿 yáqiānr	一块儿 yīkuàir
鞋带儿 xiédàir	包干儿 bāogānr	小辫儿 xiǎobiànr	露馅儿 lòuxiànr	茶馆儿 cháguǎnr
壶盖儿 húgàir	笔杆儿 bǐgǎnr	照片儿 zhàopiānr	心眼儿 xīnyǎnr	饭馆儿 fànguǎnr
小孩儿 xiǎoháir	门槛儿 ménkǎnr	扇面儿 shànmiànr	鼻梁儿 bíliángr	火罐儿 huǒguànr

落款儿 luòkuǎnr	走神儿 zǒushénr	石子儿 shízǐr	唱歌儿 chànggēr	蜜枣儿 mìzǎor
打转儿 dǎzhuànr	大婶儿 dàshěnr	没词儿 méicír	挨个儿 āigèr	鱼漂儿 yúpiāor
拐弯儿 guǎiwānr	小人儿书	挑刺儿 tiāocìr	打嗝儿 dǎgér	火苗儿 huǒmiáor
好玩儿 hǎowánr	xiǎorénrshū	墨汁儿 mòzhīr	饭盒儿 fànhér	跑调儿 pǎodiàor
大腕儿 dàwànr	杏仁儿 xìngrénr	锯齿儿 jùchǐr	在这儿 zàizhèr	面条儿 miàntiáor
蛋黄儿 dànhuángr	刀刃儿 dāorènr	记事儿 jìshìr	碎步儿 suìbùr	豆角儿 dòujiǎor
打晃儿 dǎhuàngr	钢镚儿 gāngbèngr	针鼻儿 zhēnbír	没谱儿 méipǔr	开窍儿 kāiqiàor
天窗儿 tiānchuāngr	夹缝儿 jiāfèngr	垫底儿 diàndǐr	儿媳妇儿 érxífur	衣兜儿 yīdōur
烟卷儿 yānjuǎnr	脖颈儿 bógěngr	肚脐儿 dùqír	梨核儿 líhúr	老头儿 lǎotóur
手绢儿 shǒujuànr	提成儿 tíchéngr	玩意儿 wányìr	泪珠儿 lèizhūr	年头儿 niántóur
出圈儿 chūquānr	半截儿 bànjiér	有劲儿 yǒujìnr	有数儿 yǒushùr	小偷儿 xiǎotōur
包圆儿 bāoyuánr	小鞋儿 xiǎoxiér	送信儿 sòngxìnr	果冻儿 guǒdòngr	门口儿 ménkǒur
人缘儿 rényuánr	旦角儿 dànjuér	脚印儿 jiǎoyìnr	门洞儿 méndòngr	纽扣儿 niǔkòur
绕远儿 ràoyuǎnr	主角儿 zhǔjuér	花瓶儿 huāpíngr	胡同儿 hútòngr	线轴儿 xiànzhóur
杂院儿 záyuànr	跑腿儿 pǎotuǐr	打鸣儿 dǎmíngr	抽空儿 chōukòngr	小丑儿 xiǎochǒur
刀背儿 dāobèir	一会儿 yīhuìr	图钉儿 túdīngr	酒盅儿 jiǔzhōngr	加油儿 jiāyóur
摸黑儿 mōhēir	耳垂儿 ěrchuír	门铃儿 ménlíngr	小葱儿 xiǎocōngr	顶牛儿 dǐngniúr
老本儿 lǎoběnr	墨水儿 mòshuǐr	眼镜儿 yǎnjìngr	小熊儿 xiǎoxióngr	抓阄儿 zhuājiūr
花盆儿 huāpénr	围嘴儿 wéizuǐr	蛋清儿 dànqīngr	红包儿 hóngbāor	棉球儿 miánqiúr
嗓门儿 sǎngménr	走味儿 zǒuwèir	火星儿 huǒxīngr	灯泡儿 dēngpàor	火锅儿 huǒguōr
把门儿 bǎménr	打盹儿 dǎdǔnr	人影儿 rényǐngr	半道儿 bàndàor	做活儿 zuòhuór
哥们儿 gēmenr	胖墩儿 pàngdūnr	毛驴儿 máolúr	手套儿 shǒutàor	大伙儿 dàhuǒr
纳闷儿 nàmènr	砂轮儿 shālúnr	小曲儿 xiǎoqǔr	跳高儿 tiàogāor	邮戳儿 yóuchuōr
后跟儿 hòugēnr	冰棍儿 bīnggùnr	痰盂儿 tányúr	叫好儿 jiàohǎor	小说儿 xiǎoshuōr
高跟儿鞋	没准儿 méizhǔnr	合群儿 héqúnr	口罩儿 kǒuzhàor	被窝儿 bèiwōr
gāogēnrxié	开春儿 kāichūnr	模特儿 mótèr	绝着儿 juézhāor	耳膜儿 ěrmór
别针儿 biézhēnr	小瓮儿 xiǎowèngr	逗乐儿 dòulèr	口哨儿 kǒushàor	粉末儿 fěnmòr
一阵儿 yīzhènr	瓜子儿 guāzǐr			

第三章　普通话水平测试朗读概要

朗读是把书面语言转化为有声语言的一种再创作活动。朗读不仅可以提高阅读能力,而且可以强化理解能力。系统化的朗读训练,更可以有效地强化从无声文字到有声语言的转换能力。朗读者要在深入分析理解作品内容的基础上,加深感受,产生真实的感情,鲜明的态度,然后通过富有感染力的声音,准确生动地再现作品的思想内容,加深听者对作品的理解,引起共鸣,从而达到朗读的目的。朗读能力强,可以忠实地再现朗读文本的全部思想,还可以通过有声语言调节弥补原朗读文本文字底稿的某些不足。

在普通话水平测试中,朗读的目的是测查应试人使用普通话朗读书面作品的水平,在测查声母、韵母、声调读音标准程度的同时,重点测查连续音变、停连、语调以及流畅程度,是对应试人普通话运用能力的一种综合检测形式。

朗读短文从"附录:普通话水平测试用朗读作品"中选取。

第一节　朗读的要求

一　语音标准

语音标准是普通话水平测试"朗读"项的基本要求。在普通话水平测试"朗读短文"部分中,语音标准指的是要读准音节的声母、韵母、声调,同时音变要正确;尽可能避免出现声母或韵母系统性的语音缺陷。《普通话水平测试大纲》(以下简称《大纲》)规定以所读作品的前 400 个音节(不含标点符号和括注的音节)为限,每错一个音节扣 0.1 分;出现声母或韵母系统性的语音缺陷,视程度扣 0.5 分、1 分。为了在测试中避免语音失误,提高测试成绩,在练习时应注意以下几个问题。

(一)避免出现增读、漏读等与文字材料不一致的情况

朗读属于将书面文字转换成有声语言的一种语言表述活动,通常以文字底稿为依据。朗读本质上是一种"念读",一种应用型的朗声阅读。因此,普通话水平测试的朗读应该如实地遵循限定的文本材料。在朗读测试时如出现增读、漏读等情况,不管是否影响朗读材料的语义,每个音节扣 0.1 分。

(二)注意朗读短文语境中多音字、形声字、形近字的读音

多音字指字形相同、读音不同的字。多音字虽然有多个读音,表示不同的意义,但在具体的朗读语境中,它的意义是确定的,因此读音也是确定的。在实际朗读过程中,我们应该根据具体的语境意义来确定读音。例如:

但脸上的神情却是那样祥和兴奋(xīng,不念 xìng)

我为什么不高兴呢(xìng,不念 xīng)

光阴似箭,日月如梭(sì,不念 shì)

牛似的模样(shì,不念 sì)

望着这些孜孜地、勤奋地工作(zhuó,不念 zhù)

从那些往哲先贤以及当代才俊的著述中学得他们的人格(zhù,不念 zhuó)

老太太穿着破旧(zhuó,不念 zhe)

她笑眯眯地看着我(zhe,不念 zhuó)

使我的小心眼儿里不只是着急(zháo,不念 zhāo)

走得很仔细(zǐ,不念 zǎi)

在湾仔(zǎi,不念 zǐ)

　　形声字是把表音、表意两部分合起来造成的汉字,表音的成分叫声旁,表意的成分叫形旁。形声字在汉字中占有大量的比例。形声字的声旁可以帮助人们认读汉字,但是有一定的局限,实际上形声字声旁的表音准确率并不高,我们不能完全依靠声旁来确定形声字的读音。在朗读测试时,遇到作品中的形声字要谨慎,不能盲目类推,只念半边,从而导致语音错误。例如:

它毫不悭吝地把自己的艺术青春奉献给了哺育它的人(qiān,不念 jiān)

蜕变的桥(tuì,不念 duì)

浴着朝霞熠熠闪光(yì,不念 xí)

它没有婆娑的姿态(suō,不念 shā)

慢慢地便现出王母池、斗母宫、经石峪(yù,不念 gǔ)

萌生为人类孕育新的歌声的兴致(méng,不念 míng)

由于濒临大海(bīn,不念 pín)

这种伟大表现在他始终恪守着自己的原则(kè,不念 gé)

　　形近字指结构相近的字。形近字的差别小,在朗读测试时由于心情紧张或疏忽大意等原因,很容易产生混淆。例如:

犹如窗前的乌桕(jiù,不念"柏"bǎi)

他不就是被大家称为"乡巴佬"的卡廷吗(tíng,不念"延"yán)

变成了粉妆玉砌的世界(qì,不念"沏"qī)

那是乡亲为了追求多棱的希望(léng,不念"凌"líng)

而且还在于精神的感化与陶冶(yě,不念"治"zhì)

最要紧的是寻觅到那片代表着生命绿色和人类希望的丛林(mì,不念,"览"lǎn)

然后选一高高的枝头站在那里观览人生(lǎn,不念"览"mì)

割刈着欢笑的花果(yì,不念"刘"liú)

(三)异读词的读音要规范

　　异读词是指同一个词有多种读音。异读产生的原因很多,异读现象的存在不利于现代汉语语音的规范化。在朗读测试时,如果遇到异读词,要按照普通话审音委员会 1985 年 12 月 27 日公布的《普通话异读词审音表》审定的规范读音来念。

信封上是陌生的字迹(jì,不念 jī)

在维护生态环境方面也是功劳卓著(zhuó,不念 zhuō)

一种面临磨难坦荡从容的气度(cóng,不念 cōng)

由地壳、地幔和地核三层组成(qiào,不念 ké)

风猛烈地吹打着林阴路上的白桦树(yīn,不念 yìn)

(四)语流音变念读要正确

朗读时连续发出一连串的音节,称为"语流"。在语流中,音素和音素、音节和音节、声调和声调之间会相互影响,从而产生语音上的变化,这种现象就叫做音变。朗读测试时不仅要读好每个音节的声、韵、调,而且要注意语流音变的变化。普通话中的音变现象主要是指变调、轻声、儿化以及语气词"啊"的变读等。

好大的雪啊!(实际读作 ya)

一身素净的白衣黑裙。(sùjing,不念 sùjìng)

落光了叶子的柳树上挂满了毛茸茸亮晶晶的银条儿("毛茸茸"实际读作 máorōngrōng;"银条儿"读作 yíntiáor)

二 吐字清晰,自然流畅

朗读测试时,发音吐字不能含糊,口齿不清,出现"滑音"现象。这些情况将影响字音的准确程度,情况严重时,将被判为语音错误。为了提高朗读的质量,在朗读时应注意吐字归音的方法。吐字归音是传统说唱艺术对吐字方法的概括,简单地说,就是由"出字"、"立字"、"归音"三部分组成。"出字"是指字头(声母和介音)发音时要找准发音部位,蓄积气流,字音弹出有力度;"立字"是指韵腹的发音过程,韵腹的发音要响而长;"归音"是指对字尾(韵尾)的处理,要求干净利索,趋向明确,到位弱收。

在吐字归音清晰的基础上,还要注意语流的自然流畅程度。自然流畅就是读得连贯、顺畅、快慢适当,朗读测试时不能读破词语、句子,不能重复,也不能一字一拍、断断续续地读,停顿断句要符合语义。在测试时,如果出现朗读不流畅(包括回读)的现象,视程度扣 0.5 分、1 分、2 分。

三 把握基调,感情贴切

朗读测试虽然没有对感情基调因素提出单项的评分要求,但从朗读测试的总体评判来看,良好的朗读状态有助于应试人测试成绩的提高。因此,把握好作品的基调及感情色彩,也是非常重要的一环。

朗读基调来自作品的基调,朗读必须把握作品的基调。所谓作品的基调,是指作品的基本情调,即作品的总的态度、感情、色彩及分量。朗读材料的每一篇作品都是一个整体,是部分、层次、段落、语句中思想感情的综合表露,也就是具体情感的总和。把握好朗读基调,其实就是把握住作品的整体感。我们可以从分析作品的基本内容和中心思想入手,着重抓住作者的态度感情来概括提炼,一旦作品的基调确定了,朗读基调也就可以准确把握了。

普通话水平测试的朗读材料都经过精心挑选,每篇文章都蕴涵着作者丰富的思想感情。所谓感情贴切到位,是指在掌握作品基调的前提下,对作品形成强烈的、完整的认同感,忠实地表现文章内在的思想感情。真挚贴切的感情是朗读者在朗读过程中自然流露的,并非通过外在手段强加表现的。

第二节 朗读的语调

在普通话朗读时,除了每个音节原有的声调以外,整个句子里还有抑扬顿挫的调子。处理语句时,有的地方要有一个停顿,有的词要读得重一些,有的句子音高逐渐上扬,有的句子、段落语速要快一些,等等。这些现象跟句子的意思和朗读者的感情有密切的关系。语句中这种用来表达意思和感情的抑扬顿挫的调子,就叫语调。

语调是语气的外在表现形式。语调不同于字调,字调指单个字的调子,功用在于区别词义或语素义。语调贯穿于语句乃至篇章的始终,是由朗读时语气的色彩和分量决定的。朗读时语气的变化多端,决定了语调的丰富多彩。

语调的内容比较复杂,一般来说,它主要包括停顿、重音、句调、快慢四个要素。

一 停 顿

停顿是指词或语句之间声音上的间歇。从生理上说,停顿是被动的。一个人不可能一口气念完一个很长的句子,更不可能一口气读完一个段落,朗读者要调节气息,要使声带、唇舌等发音器官稍作休息。从心理上说,停顿是主动的。停顿是为了更好地表现作品内容、结构和作者的思想感情,由朗读者主观设定。适当的停顿还可以给听者以理解、思考、回味作品内容的机会。在朗读时,停顿只是声音的暂时休止,并非思想感情运动的中断。

在朗读测试时,要注意语流中声音的停顿和连接,非必要的停顿过多、过长,会导致语意支离破碎;或者必要的停顿过少、过短,会导致语意含糊不清,产生歧义。《大纲》规定,朗读中如出现停连不当现象,视程度扣 0.5 分、1 分、2 分。

朗读时的停顿,一般可以分为语法停顿和强调停顿。

(一)语法停顿

语法停顿是句子中一般的间歇,停顿的依据是标点符号。通过语法停顿可以反映句子之间、句子之中的语法关系。

停顿时间的长短一般是:顿号<逗号<分号(冒号)<句号(问号、叹号、省略号)。例如:

啊!∧小桥呢?∧它躲起来了?∧河中一道长虹,∧浴着朝霞熠熠闪光。∧哦,∧雄浑的大桥敞开胸怀,∧汽车的呼啸、∧摩托的笛音、∧自行车的叮铃,∧合奏着进行交响乐;∧南来的钢筋、∧花布,∧北往的柑橙、∧家禽,∧绘出交流欢悦图……

(说明:符号"∧"表示停顿)

此语句的停顿长短基本遵循上述的停顿规律,语法关系反映得很清晰。

在没有标点的地方常常也有一些表示语法关系的停顿:较长的主语和谓语之间,动词和较长的宾语之间,较长的附加成分和中心语之间,较长的联合成分之间。例如:

深蓝色的天空里∧悬着无数半明半昧的星。

三百多年前,建筑设计师莱伊恩∧受命设计了英国温泽市政府大厅。

自从传言∧有人在萨文河畔散步时∧无意发现了金子后,这里便常有∧来自四面八方的淘金者。

这是∧虽在北方的风雪的压迫下∧却保持着倔强挺立的一种树!

(二)强调停顿

强调停顿是句子中特殊的停顿,是为了强调某个事物或突出某个语意、某种感情所用的停顿。这种停顿是由朗读者的意图和感情决定的,所以没有明确的规律。它可以跟语法停顿一致,也可以在语法停顿的基础上改变停顿时间的长短,还可以跟语法停顿不一致。例如:

人们从《论语》中∧学得智慧的思考,从《史记》中∧学得严肃的历史精神,从《正气歌》中∧学得人格的刚烈,从马克思∧学得人世的激情,从鲁迅∧学得批判精神,从托尔斯泰

∧学得道德的执著。

我∧惊慌失措地发现,再也找不到∧要回家的那条孤寂的小道了。

我在加拿大学习期间∧遇到过两次募捐,那情景∧至今使我难以忘怀。

二 重 音

朗读时,对句子中某些词或词组从音量上加以突出的现象就是重音。重音能使听者准确地把握句子词语的主次关系,领会全句的意思;同时,还可以使听者对一些色彩鲜明、形象生动的词语产生深刻的印象。能否恰当地运用重音,关系到能否准确、生动地表现作品。

重音一般分为语法重音和强调重音。

(一)语法重音

语法重音是根据句子的语法结构确定的重音。它不带特别强调的色彩,音量只是稍稍加重,重音位置也比较固定。例如:

一般语句中的谓语:

父亲发怒了,/捧着作文本,他笑了。

句中的宾语:

我爱月夜,但我也爱星天。/她的名字叫翁香玉。

名词前的定语:

它是最贵的一棵树。/这是一种青春的、诗意的情感。

动词或形容词前面的状语:

王友惊疑地接过糖果。/大雪整整下了一夜。

动词后面的补语:

他眼睛睁得大大的。/搂得很紧很紧。

(说明:符号"·"表示重音)

(二)强调重音

强调重音是为了有意突出语意重点,表达特殊思想感情而把句子里的某些词语、短语说得较重的语音现象,也称为逻辑重音。强调重音在句子中的出现是没有规律的,完全由朗读者根据自己的意图和感情来确定。强调重音落在不同的词语上,表达的语意也随之发生变化。例如:

①我非常喜欢罗大佑的歌。(表示不是喜欢他的其他东西)

②我非常喜欢罗大佑的歌。(突出喜欢的对象)

③我非常喜欢罗大佑的歌。(表明喜欢的程度)

④我非常喜欢罗大佑的歌。(突出强调喜欢的主体对象)

强调重音不一定每句话都有,表示并列、对比、呼应、比喻等内容的词语往往采用重音。表达重音最常用的方式除了加强音量外,还可以采用轻读、慢读、顿读、虚声、拖音等方式。例如:

给水,不喝! 喂肉,不吃!

在这幽美的夜色中,我踏着软绵绵的沙滩,沿着海边,慢慢地向前走去。海水,轻轻地抚摸着细软的沙滩,发出温柔的刷刷声。

是的,智力可以受损,但爱永远不会。

"什么是永远不会回来呢?"我问着。"所有时间里的事物,都永远不会回来。……"

三　句　调

句调是指语句声音的高低变化。句子的升降是贯穿整个句子的,只是在句末音节(指句尾最后一个非轻声音节)上表现得特别明显。升降最能表达朗读者的态度情感,同一句话,升降不同,所表达的态度情感甚至意义都有所不同。

句调大致可以分为四种类型:

(一)高升调

语句前低后高,语气上扬。一般用于表现感情激昂的语句和设问、反问句。

> 小姐,您是哪国人? 喜欢渥太华吗?

> 你以为这是什么车? 旅游车?

(二)降抑调

前高后低,语气渐低。一般用于表现肯定、许可、感叹、祝愿等语气的句子。

> 假若你一直和时间比赛,你就可以成功。

> 这美丽的南国的树!

(三)平直调

语气平缓,起伏不大。一般用于叙述性的语句以及表达平淡或庄重的感情。

> 苏州园林里都有假山和池沼。

> 读小学的时候,我的外祖母过世了。

(四)曲折调

语调曲折有变化,有时先升后降,有时降低再升。一般用于表现惊疑、夸张、嘲讽等语气。

> 许是累了? 还是发现了"新大陆"?

> 树,活的树,又不卖何言其贵?

四　快　慢

快慢就是节奏、速度,是指朗读时每个音节的长短和音节之间的紧松。朗读的快慢,是由作品本身所传达出的感情强度所决定的。一般来说,表达紧张、热烈、欢快、激动、愤怒、惊慌的情绪时,朗读的语速快一些;表达沉痛、庄重、失望、犹豫的情绪或幽静、凄凉的环境时,朗读的语速要慢一些。语速的具体形式有三种,即快速、中速、慢速。

> (稍快)忽然,小鸟张开翅膀,在人们头顶盘旋了几圈儿,"噗啦"一声落到了船上。(中速)许是累了? 还是发现了"新大陆"? 水手撵它它不走,抓它,它乖乖地落在掌心。(慢速)可爱的小鸟和善良的水手结成了朋友。

朗读时的快慢是相对而言的。在普通话水平测试中朗读短文限时 4 分钟,超时扣 1 分。我们在练习时把握要得当,尽可能做到快而不乱,吐字清晰;慢而不拖,不松懈沉闷。如果快慢有致,长短适度,那么就能更好地表情达意。

附录 普通话水平测试用朗读作品

一 精读(作品 1~40 号)

【作品 1 号】

Nà shì lìzhēng shàngyóu de yī zhǒng shù, bǐzhí de gàn, bǐzhí de zhī. Tā de gàn
那是 力争 上游 的 一 种 树, 笔直 的 干, 笔直 的 枝。它 的 干

ne, tōngcháng shì zhàng bǎ gāo, xiàngshì jiāyǐ réngōng shìde, yī zhàng yǐnèi, juéwú
呢, 通常 是 丈 把 高, 像是 加以 人工 似的, 一 丈 以内, 绝无

pángzhī; tā suǒyǒu de yāzhī ne, yīlǜ xiàngshàng, érqiě jǐnjǐn kàolǒng, yě xiàngshì
旁枝; 它 所有 的 桠枝 呢, 一律 向上, 而且 紧紧 靠拢, 也 像是

jiāyǐ réngōng shìde, chéngwéi yī shù, juéwú héng xié yì chū; tā de kuāndà de yèzi
加以 人工 似的, 成为 一 束, 绝无 横 斜 逸出; 它 的 宽大 的 叶子

yě shì piànpiàn xiàngshàng, jīhū méi·yǒu xié shēng de, gèng bùyòng shuō dàochuí
也 是 片片 向上, 几乎 没有 斜 生 的, 更 不用 说 倒垂

le; tā de pí, guānghuá ér yǒu yínsè de yùnquān, wēiwēi fànchū dànqīngsè. Zhè shì
了; 它 的 皮, 光滑 而有 银色 的 晕圈, 微微 泛出 淡青色。 这是

suī zài běifāng de fēngxuě de yāpò xià què bǎochízhe juéjiàng tǐnglì de yī zhǒng shù!
虽 在 北方 的 风雪 的 压迫 下 却 保持着 倔强 挺立 的 一 种 树!

Nǎpà zhǐyǒu wǎn lái cūxì ba, tā què nǔlì xiàngshàng fāzhǎn, gāo dào zhàng xǔ,
哪怕 只有 碗 来 粗细 罢, 它 却 努力 向上 发展, 高到 丈 许,

liǎng zhàng, cāntiān sǒnglì, bùzhé-bùnáo, duìkàngzhe xīběifēng.
两 丈, 参天 耸立, 不折不挠, 对抗着 西北风。

Zhè jiùshì báiyángshù, xīběi jí pǔtōng de yī zhǒng shù, rán'ér jué bù shì píngfán
这 就是 白杨树, 西北 极 普通 的 一 种 树, 然而 决不 是 平凡

de shù!
的 树!

Tā méi·yǒu pósuō de zītài, méi·yǒu qūqū pánxuán de qiúzhī, yěxǔ nǐ yào shuō
它 没有 婆娑 的 姿态, 没有 屈曲 盘旋 的 虬枝, 也许 你 要 说

tā bù měilì, ——Rúguǒ měi shì zhuān zhǐ "pósuō" huò "héng xié yì chū" zhīlèi ér yán,
它 不 美丽, ——如果 美 是 专 指 "婆娑" 或 "横 斜 逸出" 之类 而 言,

nàme, báiyángshù suàn·bù·dé shù zhōng de hǎo nǚzǐ; dànshì tā què shì wěi'àn,
那么, 白杨树 算 不得 树 中 的 好女子; 但是 它 却 是 伟岸,

zhèngzhí, pǔzhì, yánsù, yě bù quēfá wēnhé, gèng bùyòng tí tā de jiānqiáng bùqū yǔ
正直, 朴质, 严肃, 也 不 缺乏 温和, 更 不用 提它 的 坚强 不屈 与

tǐngbá, tā shì shù zhōng de wěizhàngfu! Dāng nǐ zài jīxuě chū róng de gāoyuán
挺拔, 它 是 树 中 的 伟丈夫! 当 你 在 积雪 初 融 的 高原

·shàng zǒuguo, kàn·jiàn píngtǎn de dàdì·shàng àorán tǐnglì zhème yī zhū huò yī
上 走过, 看见 平坦 的 大地 上 傲然 挺立 这么 一 株 或 一

pái báiyángshù, nándào nǐ jiù zhǐ jué·dé shù zhǐshì shù, nándào nǐ jiù bù xiǎngdào
排 白杨树, 难道 你 就 只 觉得 树 只是 树, 难道 你 就 不 想到

tā de pǔzhì, yánsù, jiānqiáng bùqū, zhìshǎo yě xiàngzhēngle běifāng de nóngmín;
它 的 朴质, 严肃, 坚强 不屈, 至少 也 象征了 北方 的 农民;

nándào nǐ jìng yīdiǎnr yě bù liánxiǎng dào, zài díhòu de guǎngdà tǔdì •shàng,
难道 你 竟 一点儿 也 不 联想 到， 在 敌后 的 广大 土//地 上，

dàochù yǒu jiānqiáng bùqū, jiù xiàng zhè báiyángshù yīyàng àorán tǐnglì de shǒuwèi
到处 有 坚强 不屈， 就 像 这 白杨树 一样 傲然 挺立 的 守卫

tāmen jiāxiāng de shàobīng! Nándào nǐ yòu bù gèng yuǎn yīdiǎnr xiǎngdào zhèyàng
他们 家乡 的 哨兵！ 难道 你 又 不 更 远 一点 想到 这样

zhīzhī-yèyè kàojǐn tuánjié, lìqiú shàngjìn de báiyángshù, wǎnrán xiàngzhēngle jīntiān
枝枝叶叶 靠紧 团结， 力求 上进 的 白杨树， 宛然 象征了 今天

zài Huáběi Píngyuán zònghéng juédàng yòng xuè xiěchū xīn Zhōngguó lìshǐ de nà
在 华北 平原 纵横 决荡 用 血 写出 新 中国 历史 的 那

zhǒng jīngshén hé yìzhì.
种 精神 和 意志。

（节选自茅盾《白杨礼赞》）

【作品 2 号】

Wǒ chángcháng yíhàn wǒ jiā mén qián nà kuài chǒu shí: Tā hēiyǒuyǒu* de wò zài
我 常常 遗憾 我家 门 前 那 块 丑 石： 它 黑黝黝 地 卧 在

nà •lǐ, niú shìde múyàng; shéi yě bù zhī •dào shì shénme shíhou liú zài zhè •lǐ de,
那里， 牛 似的 模样； 谁 也 不 知道 是 什么 时候 留 在 这里 的，

shéi yě bù qù lǐhuì tā. Zhǐshì màishōu shíjié, mén qián tānle màizi, nǎinai zǒngshì
谁 也 不 去 理会 它。 只是 麦收 时节， 门 前 摊了 麦子， 奶奶 总是

shuō: Zhè kuài chǒu shí, duō zhàn dìmiàn ya, chōukòng bǎ tā bānzǒu ba.
说： 这 块 丑 石， 多 占 地面 呀， 抽空 把 它 搬走 吧。

Tā bù xiàng hànbáiyù nàyàng de xìnì, kěyǐ kèzì diāohuā, yě bù xiàng dà qīngshí
它 不 像 汉白玉 那样 的 细腻，可以 刻字 雕花， 也 不 像 大 青石

nàyàng de guānghuá, kěyǐ gōng lái huànshā chuíbù. Tā jìngjìng de wò zài nà •lǐ,
那样 的 光滑， 可以 供 来 浣纱 捶布。 它 静静 地 卧 在 那里，

yuàn biān de huáiyīn méi •yǒu bìfù tā, huā'ér yě bùzài zài tā shēnbiān shēngzhǎng.
院 边 的 槐阴 没有 庇覆 它， 花儿 也 不再 在 它 身边 生长。

Huángcǎo biàn fányǎn chū •lái, zhīwàn shàngxià, mànmàn de, tā jìng xiùshàngle
荒草 便 繁衍 出来， 枝蔓 上下， 慢慢 地， 它 竟 锈上了

lùtái、hēibān. Wǒmen zhèxiē zuò háizi de, yě tǎoyàn •qǐ tā •lái, céng héhuǒ yào
绿苔、黑斑。 我们 这些 做 孩子 的， 也 讨厌 起 它 来， 曾 合伙 要

bānzǒu tā, dàn lìqi yòu bùzú; suī shíshí zhòumà tā, xiánqì tā, yě wúkě-nàihé,
搬走 它， 但 力气 又 不足； 虽 时时 咒骂 它， 嫌弃 它， 也 无可奈何，

zhǐhǎo rèn tā liú zài nà •lǐ le.
只好 任 它 留 在 那里 了。

Zhōng yǒu yī rì, cūnzi •lǐ láile yī gè tiānwénxuéjiā. Tā zài wǒ jiā mén qián
终 有 一日， 村子 里 来了 一个 天文学家。 他 在 我 家 门 前

lùguò, tūrán fāxiànle zhè kuài shítou, yǎnguāng lìjí jiù lāzhí le. Tā zài méi •yǒu
路过， 突然 发现了 这 块 石头， 眼光 立即 就 拉直 了。 他 再 没有

líkāi, jiù zhùle xià •lái; yǐhòu yòu láile hǎoxiē rén, dōu shuō zhè shì yī kuài yǔnshí,
离开， 就 住了 下来； 以后 又 来了 好些 人， 都 说 这 是 一 块 陨石，

cóng tiān •shàng luò xià •lái yǐ •jīng yǒu èr-sānbǎi nián le, shì yī jiàn liǎo •bùqǐ de
从 天上 落 下来 已经 有 二三百 年 了， 是 一 件 了不起 的

---

* 口语一般读 hēiyōuyōu.

dōngxi, Bùjiǔ biàn láile chē, xiǎoxīn-yìyì de jiāng tā yùnzǒu le.
东西。 不久 便 来了 车， 小心翼翼 地 将 它 运走 了。

Zhè shǐ wǒmen dōu hěn jīngqí, zhè yòu guài yòu chǒu de shítou, yuánlái shì
这使 我们 都 很 惊奇， 这 又 怪 又 丑 的 石头， 原来 是

tiān·shàng de a! Tā bǔguo tiān, zài tiān·shàng fāguo rè, shǎnguo guāng, wǒmen
天上 的 啊！它 补过 天， 在 天上 发过 热、 闪过 光， 我们

de xiānzǔ huòxǔ yǎngwàngguo tā, tā gěile tāmen guāngmíng、xiàngwǎng、chōngjǐng;
的 先祖 或许 仰望过 它，它 给了 他们 光明、 向往、 憧憬；

ér tā luò xià·lái le, zài wūtǔ·lǐ, huāngcǎo·lǐ, yī tǎng jiùshì jǐbǎi nián le!
而它 落 下来 了，在 污土 里， 荒草 里， 一 躺 就//是 几百 年 了！

Wǒ gǎndào zìjǐ de wúzhī, yě gǎndàole chǒu shí de wěidà, wǒ shènzhì yuànhèn
我 感到 自己 的 无知，也 感到了 丑 石 的 伟大，我 甚至 怨恨

tā zhème duō nián jìng huì mòmò de rěnshòuzhe zhè yīqiè! Ér wǒ yòu lìjí shēnshēn
它 这么 多 年 竟 会 默默 地 忍受着 这 一切！而 我 又 立即 深深

de gǎndào tā nà zhǒng bùqū yú wùjiě、jìmò de shēngcún de wěidà.
地 感到 它 那 种 不屈于 误解、寂寞的 生存 的 伟大。

(节选自贾平凹《丑石》)

【作品 3 号】

Zài Dáruì bā suì de shíhou, yǒu yī tiān tā xiǎng qù kàn diànyǐng. Yīn·wèi
在 达瑞 八 岁 的 时候， 有 一 天 他 想 去 看 电影。 因为

méi·yǒu qián, tā xiǎng shì xiàng bà mā yào qián, háishi zìjǐ zhèngqián. Zuìhòu tā
没有 钱， 他 想 是 向 爸妈 要 钱， 还是 自己 挣钱。 最后 他

xuǎnzéle hòuzhě. Tā zìjǐ tiáozhìle yī zhǒng qìshuǐr, xiàng guòlù de xíngrén chūshòu.
选择了 后者。 他 自己 调制了 一 种 汽水， 向 过路 的 行人 出售。

kě nàshí zhèngshì hánlěng de dōngtiān, méi·yǒu rén mǎi, zhǐyǒu liǎng gè rén lìwài
可 那时 正是 寒冷 的 冬天， 没有 人 买， 只有 两 个 人 例外

—— tā de bàba hé māma.
—— 他 的 爸爸 和 妈妈。

Tā ǒurán yǒu yī gè hé fēicháng chénggōng de shāngrén tánhuà de jī·huì. Dāng
他 偶然 有 一 个 和 非常 成功 的 商人 谈话 的 机会。 当

tā duì shāngrén jiǎngshùle zìjǐ de "pòchǎnshǐ" hòu, shāngrén gěile tā liǎng gè
他 对 商人 讲述了 自己 的 "破产史" 后， 商人 给了 他 两 个

zhòngyào de jiànyì: yī shì chángshì wèi bié·rén jiějué yī gè nántí; èr shì bǎ jīnglì
重要 的 建议：一 是 尝试 为 别人 解决 一 个 难题；二 是 把 精力

jízhōng zài nǐ zhī·dào de、nǐ huì de hé nǐ yōngyǒude dōngxi·shàng.
集中 在 你 知道 的、你 会 的 和 你 拥有 的 东西 上。

Zhè liǎng gè jiànyì hěn guānjiàn. Yīn·wèi duìyú yī gè bā suì de háizi ér yán, tā
这 两 个 建议 很 关键。 因为 对于 一 个 八 岁 的 孩子 而 言，他

bù huì zuò de shìqing hěn duō. Yúshì tā chuānguo dàjiē xiǎoxiàng, bùtíng de síkǎo:
不 会 做 的 事情 很 多。 于是 他 穿过 大街 小巷， 不停 地 思考：

rénmen huì yǒu shénme nántí, tā yòu rúhé lìyòng zhège jī·huì?
人们 会 有 什么 难题，他 又 如何 利用 这个 机会？

Yī tiān, chī zǎofàn shí fù·qīn ràng Dáruì qù qǔ bàozhǐ. Měiguó de sòngbàoyuán
一 天， 吃 早饭 时 父亲 让 达瑞 去 取 报纸。 美国 的 送报员

zǒngshì bǎ bàozhǐ cóng huāyuán líba de yī gè tèzhì de guǎnzi·lǐ sāi jìn·lái. Jiǎrú
总是 把 报纸 从 花园 篱笆 的 一 个 特制 的 管子 里 塞 进来。 假如

nǐ xiǎng chuānzhe shuìyī shūshū-fúfú* de chī zǎofàn hé kàn bàozhǐ, jiù bìxū líkāi
你 想 穿着 睡衣 舒舒服服 地 吃 早饭 和 看 报纸, 就 必须 离开

wēnnuǎn de fángjiān, màozhe hánfēng, dào huāyuán qù qǔ. Suīrán lù duǎn, dàn
温暖 的 房间, 冒着 寒风, 到 花园 去 取。 虽然 路 短, 但

shífēn máfan.
十分 麻烦。

　　Dāng Dáruì wèi fù·qīn qǔ bàozhǐ de shíhou, yī gè zhǔyi dànshēng le. Dàngtiān
　　当 达瑞 为 父亲 取 报纸 的 时候, 一 个 主意 诞生 了。 当天

tā jiù ànxiǎng lín·jū de ménlíng, duì tāmen shuō, měi gè yuè zhǐ xū fùgěi tā yī
他 就 按响 邻居 的 门铃, 对 他们 说, 每 个 月 只 需 付给 他 一

měiyuán, tā jiù měitiān zǎoshang bǎ bàozhǐ sāidào tāmen de fángmén dǐ·xià.
美元, 他 就 每天 早上 把 报纸 塞到 他们 的 房门 底下。

Dàduōshù rén dōu tóngyì le, hěn kuài tā yǒule qīshí duō gè gùkè. Yī gè yuè hòu,
大多数 人 都 同意 了, 很 快 他 有//了 七十 多 个 顾客。 一 个 月 后,

dāng tā nádào zìjǐ zhuàn de qián shí, jué·dé zìjǐ jiǎnzhí shì fēi·shàngle tiān.
当 他 拿到 自己 赚 的 钱 时, 觉得 自己 简直 是 飞 上了 天。

　　Hěn kuài tā yòu yǒule xīn de jī·huì, tā ràng tā de gùkè měitiān bǎ lājīdài fàng
　　很 快 他 又 有了 新 的 机会, 他 让 他 的 顾客 每天 把 垃圾袋 放

zài mén qián, ránhòu yóu tā zǎoshang yùndào lājītǒng·lǐ, měi gè yuè jiā yī
在 门 前, 然后 由 他 早上 运到 垃圾桶 里, 每 个 月 加 一

měiyuán. Zhīhòu tā hái xiǎngchūle xǔduō háizi zhuànqián de bànfǎ, bìng bǎ tā jíjié
美元。 之后 他 还 想出了 许多 孩子 赚钱 的 办法, 并 把 它 集结

chéng shū, shūmíng wéi 《Értóng Zhèngqián de Erbǎi Wǔshí gè zhǔyi》. Wèicǐ, Dáruì
成 书, 书名 为 《儿童 挣钱 的 二百 五十 个 主意》。 为此, 达瑞

shí'èr suì shí jiù chéngle chàngxiāoshū zuòjiā, shíwǔ suì yǒule zìjǐ de tánhuà jiémù,
十二 岁 时 就 成了 畅销书 作家, 十五 岁 有了 自己 的 谈话 节目,

shíqī suì jiù yōngyǒule jǐ bǎiwàn měiyuán.
十七 岁 就 拥有了 几 百万 美元。

(节选自[德]博多·舍费尔《达瑞的故事》,刘志明译)

【作品 4 号】

　　Zhè shì rùdōng yǐlái, Jiāodōng Bàndǎo·shàng dì-yī chǎng xuě.
　　这 是 入冬 以来, 胶东 半岛 上 第一 场 雪。

　　Xuě fēnfēn-yángyáng, xià de hěn dà. Kāishǐ hái bànzhe yīzhènr xiǎoyǔ, bùjiǔ jiù
　　雪 纷纷扬扬, 下 得 很 大。 开始 还 伴着 一阵儿 小雨, 不久 就

zhǐ jiàn dàpiàn dàpiàn de xuěhuā, cóng tóngyún-mìbù de tiānkōng zhōng piāoluò
只 见 大片 大片 的 雪花, 从 彤云密布 的 天空 中 飘落

xià·lái. Dìmiàn·shàng yīhuìr jiù bái le. Dōngtiān de shāncūn, dàole yè·lǐ jiù
下来。 地面 上 一会儿 就 白 了。 冬天 的 山村, 到了 夜里 就

wànlàijùjì, zhǐ tīng de xuěhuā sùsù de bùduàn wǎngxià luò, shùmù de kūzhī bèi xuě
万籁俱寂, 只 听 得 雪花 簌簌 地 不断 往下 落, 树木 的 枯枝 被 雪

yāduàn le, ǒu'ěr gēzhī yī shēng xiǎng.
压断 了, 偶尔 咯吱 一 声 响。

---

* 口语一般读 shūshu-fūfū.

Dàxuě zhěngzhěng xiàle yī yè. Jīntiān zǎo‧chén, tiān fàngqíng le, tài‧yáng
大雪　整整　下了一夜。今天　早晨，天　放晴了，太阳

chū‧lái le. Tuīkāi mén yī kàn, hè! Hǎo dà de xuě a! Shānchuān、héliú、shùmù、
出来了。推开门一看，嗬！好大的雪啊！山川、河流、树木、

fángwū, quán dōu zhào‧shàngle yī céng hòuhòu de xuě, wànlǐ jiāngshān,
房屋，全都罩上了一层厚厚的雪，万里江山，

biànchéngle fěnzhuāng-yùqì de shìjiè. Luòguāngle yèzi de liǔshù‧shàng guàmǎnle
变成了粉妆玉砌的世界。落光了叶子的柳树上挂满了

máorōngrōng liàngjīngjīng de yíntiáor; ér nàxiē dōng-xià chángqīng de sōngshù hé
毛茸茸亮晶晶的银条儿；而那些冬夏常青的松树和

bǎishù‧shàng, zé guàmǎnle péngsōngsōng chéndiàndiàn de xuěqiúr. Yīzhèn fēng
柏树上，则挂满了蓬松松沉甸甸的雪球儿。一阵风

chuīlái, shùzhī qīngqīng de yáo‧huàng, měilì de yíntiáor hé xuěqiúr sùsù de luò
吹来，树枝轻轻地摇晃，美丽的银条儿和雪球儿簌簌地落

xià‧lái, yùxiè shìde xuěmòr suí fēng piāoyáng, yìngzhe qīngchén de yángguāng,
下来，玉屑似的雪末儿随风飘扬，映着清晨的阳光，

xiǎnchū yī dàodào wǔguāng-shísè de cǎihóng.
显出一道道五光十色的彩虹。

Dàjiē‧shàng de jīxuě zú yǒu yī chǐ duō shēn, rén cǎi shàng‧qù, jiǎo dǐ‧xià
大街上的积雪足有一尺多深，人踩上去，脚底下

fāchū gēzhī gēzhī de xiǎngshēng. Yī qúnqún háizi zài xuědì‧lǐ duī xuěrén, zhì
发出咯吱咯吱的响声。一群群孩子在雪地里堆雪人，掷

xuěqiúr. Nà huānlè de jiàohǎn shēng, bǎ shùzhī‧shàng de xuě dōu zhènluò
雪球儿。那欢乐的叫喊声，把树枝上的雪都震落

xià‧lái le.
下来了。

Súhuà shuō, "Ruìxuě zhào fēngnián". Zhège huà yǒu chōngfèn de kēxué gēnjù,
俗话说，"瑞雪兆丰年"。这个话有充分的科学根据，

bìng bù shì yī jù míxìn de chéngyǔ. Hándōng dàxuě, kěyǐ dòngsǐ yī bùfen yuèdōng de
并不是一句迷信的成语。寒冬大雪，可以冻死一部分越冬的

hàichóng; rónghuàle de shuǐ shènjìn tǔcéng shēnchù, yòu néng gōngyìng zhuāngjia
害虫；融化了的水渗进土层深处，又能供应//庄稼

shēngzhǎng de xūyào. Wǒ xiāngxìn zhè yī cháng shífēn jíshí de dàxuě, yīdìng huì
生长的需要。我相信这一场十分及时的大雪，一定会

cùjìn míngnián chūnjì zuòwù, yóuqí shì xiǎomài de fēngshōu. Yǒu jīngyàn de lǎonóng
促进明年春季作物，尤其是小麦的丰收。有经验的老农

bǎ xuě bǐzuò shì "màizi de miánbèi". Dōngtiān "miánbèi" gài de yuè hòu, míngchūn
把雪比做是"麦子的棉被"。冬天"棉被"盖得越厚，明春

màizi jiù zhǎng de yuè hǎo, suǒyǐ yòu yǒu zhèyàng yī jù yànyǔ: "Dōngtiān mài gài
麦子就长得越好，所以又有这样一句谚语："冬天麦盖

sān céng bèi, láinián zhěnzhe mántou shuì".
三层被，来年枕着馒头睡"。

Wǒ xiǎng, zhè jiùshì rénmen wèishénme bǎ jíshí de dàxuě chēngwéi "ruìxuě" de
我想，这就是人们为什么把及时的大雪称为"瑞雪"的

dào‧lǐ ba.
道理吧。

（节选自峻青《第一场雪》）

【作品5号】

Wǒ cháng xiǎng dúshūrén shì shìjiān xìngfú rén, yīn·wèi tā chúle yōngyǒu xiànshí
我 常 想 读书人 是 世间 幸福 人, 因为 他 除了 拥有 现实

de shìjiè zhīwài, hái yōngyǒu lìng yī gè gèng wéi hàohàn yě gèng wéi fēngfù de
的 世界 之外, 还 拥有 另 一 个 更 为 浩瀚 也 更 为 丰富 的

shìjiè. Xiànshí de shìjiè shì rénrén dōu yǒu de, ér hòu yī gè shìjiè què wéi dúshūrén
世界。 现实 的 世界 是 人人 都 有 的, 而 后 一 个 世界 却 为 读书人

suǒ dúyǒu. Yóu cǐ wǒ xiǎng, nàxiē shīqù huò bùnéng yuèdú de rén shì duōme de
所 独有。 由 此 我 想, 那些 失去 或 不能 阅读 的 人 是 多么 的

bùxìng, tāmen de sàngshī shì bùkě bǔcháng de. Shìjiān yǒu zhūduō de bù píngděng,
不幸, 他们 的 丧失 是 不可 补偿 的。 世间 有 诸多 的 不 平等,

cáifù de bù píngděng, quánlì de bù píngděng, ér yuèdú nénglì de yōngyǒu huò sàngshī
财富 的 不 平等, 权力 的 不 平等, 而 阅读 能力 的 拥有 或 丧失

què tǐxiàn wéi jīngshén de bù píngděng.
却 体现 为 精神 的 不 平等。

Yī gè rén de yīshēng, zhǐnéng jīnglì zìjǐ yōngyǒu de nà yī fèn xīnyuè, nà yī fèn
一个 人 的 一生, 只能 经历 自己 拥有 的 那一 份 欣悦, 那 一 份

kǔnàn, yěxǔ zài jiā·shàng tā qīnzì wén zhī de nà yīxiē guānyú zìshēn yǐwài de jīnglì
苦难, 也许 再 加上 他 亲自 闻 知 的 那 一些 关于 自身 以外 的 经历

hé jīngyàn. Rán'ér, rénmen tōngguò yuèdú, què néng jìnrù bùtóng shíkōng de zhūduō
和 经验。 然而, 人们 通过 阅读, 却 能 进入 不同 时空 的 诸多

tārén de shìjiè. Zhèyàng, jùyǒu yuèdú nénglì de rén, wúxíng jiān huòdéle chāoyuè
他人 的 世界。 这样, 具有 阅读 能力 的 人, 无形 间 获得了 超越

yǒuxiàn shēngmìng de wúxiàn kěnéngxìng. Yuèdú bùjǐn shǐ tā duō shíle
有限 生命 的 无限 可能性。 阅读 不仅 使 他 多 识了

cǎo-mù-chóng-yú zhī míng, érqiě kěyǐ shàngsù yuǎngǔ xià jí wèilái, bǎolǎn cúnzài de
草木虫鱼 之名, 而且 可以 上溯 远古 下及 未来, 饱览 存在 的

yǔ fēicúnzài de qífēng-yìsú.
与 非存在 的 奇风异俗。

Gèng wéi zhòngyào de shì, dúshū jiāhuì yú rénmen de bùjǐn shì zhīshi de
更 为 重要 的 是, 读书 加惠 于 人们 的 不仅 是 知识 的

zēngguǎng, érqiě hái zàiyú jīngshén de gǎnhuà yǔ táoyě. Rénmen cóng dúshū xué zuò
增广, 而且 还 在于 精神 的 感化 与 陶冶。 人们 从 读书 学 做

rén, cóng nàxiē wǎngzhé xiānxián yǐjí dāngdài cáijùn de zhùshù zhōng xuédé tāmen
人, 从 那些 往哲 先贤 以及 当代 才俊 的 著述 中 学得 他们

de réngé. Rénmen cóng 《Lúnyǔ》 zhōng xuédé zhìhuì de sīkǎo, cóng 《Shǐjì》 zhōng
的 人格。 人们 从 《论语》 中 学得 智慧 的 思考, 从 《史记》 中

xuédé yánsù de lìshǐ jīngshén, cóng 《Zhèngqì Gē》 zhōng xuédé réngé de gāngliè, cóng
学得 严肃 的 历史 精神, 从 《正气 歌》 中 学得 人格 的 刚烈, 从

Mǎkèsī xuédé rénshì de jīqíng, cóng Lǔ Xùn xuédé pīpàn jīngshén, cóng Tuō'ěrsītài
马克思 学得 人世// 的 激情, 从 鲁迅 学得 批判 精神, 从 托尔斯泰

xuédé dàodé de zhízhuó. Gēdé de shījù kèxiězhe ruìzhì de rénshēng, Bàilún de shījù
学得 道德 的 执着。 歌德 的 诗句 刻写着 睿智 的 人生, 拜伦 的 诗句

hūhuànzhe fèndòu de rèqíng. Yī gè dúshūrén, yī gè yǒu jī·huì yōngyǒu chāohū gèrén
呼唤着 奋斗 的 热情。 一个 读书人, 一个 有 机会 拥有 超乎 个人

shēngmìng tǐyàn de xìngyùn rén.
生命 体验 的 幸运 人。

(节选自谢冕《读书人是幸福人》)

【作品6号】

　　Yī tiān, bàba xiàbān huídào jiā yǐ·jīng hěn wǎn le, tā hěn lèi yě yǒu diǎnr fán,
　　一 天，爸爸　下班　回到　家 已经　很　晚 了，他 很 累 也 有 点儿 烦，
tā fāxiàn wǔ suì de érzi kào zài mén páng zhèng děngzhe tā.
他 发现 五 岁 的 儿子 靠 在 门 旁　正　等着 他。

　　"Bà, wǒ kěyǐ wèn nín yī gè wèntí ma?"
　　"爸，我 可以 问 您 一 个 问题 吗?"

　　"Shénme wèntí?" "Bà, nín yī xiǎoshí kěyǐ zhuàn duō·shǎo qián?" "Zhè yǔ nǐ
　　"什么　问题?"爸，您 一 小时 可以　赚　多少　钱?""这 与 你
wúguān, nǐ wèishénme wèn zhège wèntí?" Fù·qīn shēngqì de shuō.
无关，你 为什么　问 这个 问题?" 父亲　生气 地 说。

　　"Wǒ zhǐshì xiǎng zhī·dào, qǐng gàosu wǒ, nín yī xiǎoshí zhuàn duō·shǎo qián?"
　　我 只是　想　知道，请 告诉 我，您 一 小时 赚 多少　钱?"
Xiǎoháir āiqiú dào. "Jiǎrú nǐ yīdìng yào zhī·dào de huà, wǒ yī xiǎoshí zhuàn
小孩儿 哀求 道。"假如 你 一定 要 知道 的 话，我 一 小时　赚
èrshí měijīn."
二十 美金。"

　　"Ó," Xiǎoháir dīxiàle tóu, jiēzhe yòu shuō, "Bà, kěyǐ jiè wǒ shí měijīn ma?"
　　"哦，" 小孩儿 低下了 头，接着 又 说，"爸，可以 借 我 十 美金 吗?"
Fù·qīn fānù le: "Rúguǒ nǐ zhǐshì yào jiè qián qù mǎi háowú yìyì de wánjù de huà,
父亲 发怒 了: "如果 你 只是 要 借 钱 去 买 毫无 意义 的 玩具 的 话，
gěi wǒ huídào nǐ de fángjiān shuìjiào·qù. Hǎohǎo xiǎngxiang wèishénme nǐ huì
给 我 回到 你 的 房间 睡觉 去。好好　想想　为什么 你 会
nàme zìsī. Wǒ měitiān xīnkǔ gōngzuò, méi shíjiān hé nǐ wánr xiǎoháizi de yóuxì."
那么 自私。我 每天 辛苦　工作，没　时间 和 你 玩儿 小孩子 的 游戏。"

　　Xiǎoháir mòmò de huídào zìjǐ de fángjiān guān·shàng mén.
　　小孩儿 默默 地 回到 自己 的 房间　关上　门。

　　Fù·qīn zuò xià·lái hái zài shēngqì. Hòulái, tā píngjìng xià·lái le. Xīnxiǎng tā
　　父亲 坐 下来 还 在 生气。后来，他 平静　下来 了。心想 他
kěnéng duì háizi tài xiōng le —— huòxǔ háizi zhēnde hěn xiǎng mǎi shénme dōngxi,
可能 对 孩子 太 凶 了 —— 或许 孩子 真的 很 想 买 什么　东西，
zài shuō tā píngshí hěn shǎo yàoguo qián.
再 说 他 平时 很 少 要过 钱。

　　Fù·qīn zǒujìn háizi de fángjiān: "Nǐ shuìle ma?" "Bà, hái méi·yǒu, wǒ hái
　　父亲 走进 孩子 的 房间: "你 睡了 吗?""爸，还 没 有，我 还
xǐngzhe." Háizi huídá.
醒着。" 孩子 回答。

　　"Wǒ gāngcái kěnéng duì nǐ tài xiōng le," Fù·qīn shuō, "Wǒ bù yīnggāi fā nàme
　　我　刚才 可能 对 你 太 凶 了，" 父亲　说，"我 不 应该 发 那么
dà de huǒr —— zhè shì nǐ yào de shí měijīn." "Bà, xièxie nín." Háizi gāoxìng de
大 的 火儿 —— 这 是 你 要 的 十 美金。"爸，谢谢 您。" 孩子 高兴 地
cóng zhěntou·xià náchū yīxiē bèi nòngzhòu de chāopiào, mànmàn de shǔzhe.
从　枕头　下 拿出 一些 被　弄皱 的　钞票，慢慢 地 数着。

　　"Wèishénme nǐ yǐ·jīng yǒuqiánle lái yào?" Fù·qīn bùjiě de wèn.
　　"为什么 你 已经　有钱了 还 要?" 父亲 不解 地 问。

　　"Yīn·wèi yuánlái bùgòu, dàn xiànzài còugòu le." Háizi huídá: "Bà, wǒ xiànzài
　　"因为　原来 不够，但 现在　凑够 了。" 孩子 回答: "爸，我　现在

yǒu èrshí měijīn le, wǒ kěyǐ xiàng nín mǎi yī gè xiǎoshí de shíjiān ma? Míngtiān qǐng
有 // 二十 美金 了，我 可以 向 您 买 一 个 小时 的 时间 吗？ 明天 请

zǎo yīdiǎnr huíjiā —— wǒ xiǎng hé nín yīqǐ chī wǎncān."
早 一点儿 回家 —— 我 想 和 您 一起 吃 晚餐。"

（节选自《二十美金的价值》，唐继柳编译）

【作品7号】

Wǒ ài yuèyè, dàn wǒ yě ài xīngtiān. Cóngqián zài jiāxiāng qī-bāyuè de yèwǎn
我 爱 月夜，但 我 也 爱 星天。 从前 在 家乡 七八月 的 夜晚

zài tíngyuàn • lǐ nàliáng de shíhou, wǒ zuì ài kàn tiān • shàng mìmì-mámá de fánxīng.
在 庭院 里 纳凉 的 时候，我 最 爱 看 天上 密密麻麻 的 繁星。

Wàngzhe xīngtiān, wǒ jiù huì wàngjì yīqiè, fǎngfú huídàole mǔ • qīn de huái • lǐ shìde.
望着 星天，我 就 会 忘记 一切，仿佛 回到了 母亲 的 怀里 似的。

Sān nián qián zài Nánjīng wǒ zhù de dìfang yǒu yī dào hòumén, měi wǎn wǒ
三 年 前 在 南京 我 住 的 地方 有 一 道 后门，每 晚 我

dǎkāi hòumén, biàn kàn • jiàn yī gè jìngjì de yè. Xià • miàn shì yī piàn càiyuán,
打开 后门，便 看见 一 个 静寂 的 夜。 下面 是 一 片 菜园，

shàng • miàn shì xīngqún mìbù de lántiān. Xīngguāng zài wǒmen de ròuyǎn • lǐ suīrán
上面 是 星群 密布 的 蓝天。 星光 在 我们 的 肉眼 里 虽然

wēixiǎo, rán'ér tā shǐ wǒmen jué • dé guāngmíng wúchù-bùzài. Nà shíhou wǒ zhèngzài
微小， 然而 它 使 我们 觉得 光明 无处不在。 那 时候 我 正在

dú yīxiē tiānwénxué de shū, yě rènde yīxiē xīngxing, hǎoxiàng tāmen jiùshì wǒ de
读 一些 天文学 的 书，也 认得 一些 星星， 好像 它们 就是 我 的

péngyou, tāmen chángcháng zài hé wǒ tánhuà yīyàng.
朋友， 它们 常常 在 和 我 谈话 一样。

Rújīn zài hǎi • shàng, měi wǎn hé fánxīng xiāngduì, wǒ bǎ tāmen rènde hěn shú
如今 在 海 上， 每 晚 和 繁星 相对， 我 把 它们 认得 很 熟

le. Wǒ tǎng zài cāngmiàn • shàng, yǎngwàng tiānkōng. Shēnlánsè de tiānkōng • lǐ
了。我 躺 在 舱面 上， 仰望 天空。 深蓝色 的 天空 里

xuánzhe wúshù bànmíng-bànmèi de xīng. Chuán zài dòng, xīng yě zài dòng, tāmen shì
悬着 无数 半明半昧 的 星。 船 在 动， 星 也 在 动，它们 是

zhèyàng dī, zhēn shì yáoyáo-yùzhuì ne! Jiànjiàn de wǒ de yǎnjing móhu le, wǒ
这样 低， 真 是 摇摇欲坠 呢！ 渐渐 地 我 的 眼睛 模糊 了，我

hǎoxiàng kàn • jiàn wúshù yínghuǒchóng zài wǒ de zhōuwéi fēiwǔ. hǎi • shàng, de yè
好像 看见 无数 萤火虫 在 我 的 周围 飞舞。海 上， 的 夜

shì róuhé de, shì jìngjì de, shì mènghuàn de. Wǒ wàngzhe xǔduō rènshi de xīng, wǒ
是 柔和 的，是 静寂 的，是 梦幻 的。我 望着 许多 认识 的 星，我

fǎngfú kàn • jiàn tāmen zài duì wǒ zhǎyǎn, wǒ fǎngfú tīng • jiàn tāmen zài xiǎoshēng
仿佛 看见 它们 在 对 我 眨眼，我 仿佛 听见 它们 在 小声

shuōhuà. Zhèshí wǒ wàngjìle yīqiè. Zài xīng de huáibào zhōng wǒ wēixiàozhe, wǒ
说话。 这时 我 忘记了 一切。 在 星 的 怀抱 中 我 微笑着，我

chénshuìzhe. Wǒ jué • dé zìjǐ shì yī gè xiǎoháizi, xiànzài shuì zài mǔ • qīn de huái • lǐ le.
沉睡着。 我 觉得 自己 是 一 个 小孩子， 现在 睡 在 母亲 的 怀里 了。

Yǒu yī yè, nàge zài Gēlúnbō shàng chuán de Yīngguórén zhǐ gěi wǒ kàn
有 一 夜，那个 在 哥伦波 上 船 的 英国人 指 给 我 看

tiān • shàng de jùrén. Tā yòng shǒu zhǐzhe: Nà sì kē míngliàng de xīng shì tóu,
天上 的 巨人。 他 用 手 指着：// 那 四 颗 明亮 的 星 是 头，

xià·miàn de jǐ kē shì shēnzi, zhè jǐ kē shì shǒu, nà jǐ kē shì tuǐ hé jiǎo, háiyǒu sān
下面 的 几 颗 是 身子, 这 几 颗 是 手, 那 几 颗 是 腿 和 脚, 还有 三
kē xīng suàn shì yāodài. Jīng tā zhè yīfān zhǐdiǎn, wǒ guǒrán kàn qīngchule nàge
颗 星 算 是 腰带。 经 他 这 一番 指点, 我 果然 看 清楚了 那个
tiān·shàng de jùrén. Kàn, nàge jùrén hái zài pǎo ne!
天上 的 巨人。 看, 那个 巨人 还 在 跑 呢!

（节选自巴金《繁星》）

【作品 8 号】

Bà bù dǒng·dé zěnyàng biǎodá ài, shǐ wǒmen yī jiā rén róngqià xiāngchǔ de shì
爸 不 懂得 怎样 表达 爱, 使 我们 一 家 人 融洽 相处 的 是
wǒ mā. Tā zhǐshì měi tiān shàngbān xiàbān, ér mā zé bǎ wǒmen zuòguo de cuòshì
我 妈。 他 只是 每 天 上班 下班, 而 妈 则 把 我们 做过 的 错事
kāiliè qīngdān, ránhòu yóu tā lái zémà wǒmen.
开列 清单, 然后 由 他 来 责骂 我们。

Yǒu yī cì wǒ tōule yī kuài tángguǒ, tā yào wǒ bǎ tā sòng huí·qù, gàosu mài
有 一 次 我 偷了 一 块 糖果, 他 要 我 把 它 送 回去, 告诉 卖
táng de shuō shì wǒ tōu·lái de, shuō wǒ yuàn·yì tì tā chāi xiāng xiè huò zuòwéi
糖 的 说 是 我 偷来 的, 说 我 愿意 替 他 拆 箱 卸 货 作为
péicháng. Dàn māma què míngbai wǒ zhǐshì ge háizi.
赔偿。 但 妈妈 却 明白 我 只是 个 孩子。

Wǒ zài yùndòngchǎng dǎ qiūqiān diēduànle tuǐ, zài qiánwǎng yīyuàn túzhōng
我 在 运动场 打 秋千 跌断了 腿, 在 前往 医院 途中
yīzhí bàozhe wǒ de, shì wǒ mā. Bà bǎ qìchē tíng zài jízhěnshì ménkǒu, tāmen jiào tā
一直 抱着 我 的, 是 我 妈。 爸 把 汽车 停 在 急诊室 门口, 他们 叫 他
shǐkāi, shuō nà kòngwèi shì liúgěi jǐnjí chēliàng tíngfàng de. Bà tīngle biàn jiàorǎng
驶开, 说 那 空位 是 留给 紧急 车辆 停放 的。 爸 听了 便 叫嚷
dào: "Nǐ yǐwéi zhè shì shénme chē? Lǚyóuchē?"
道:"你 以为 这 是 什么 车? 旅游车?"

Zài wǒ shēngrì huì·shàng, bà zǒngshì xiǎn·dé yǒuxiē bùdà xiāngchèn. Tā
在 我 生日 会 上, 爸 总是 显得 有些 不大 相称。 他
zhǐshì mángyú chuī qìqiú, bùzhì cānzhuō, zuò záwù. Bǎ chāzhe làzhú de dàngāo tuī
只是 忙于 吹 气球, 布置 餐桌, 做 杂务。 把 插着 蜡烛 的 蛋糕 推
guò·lái ràng wǒ chuī de, shì wǒ mā.
过来 让 我 吹 的, 是 我 妈。

Wǒ fānyuè zhàoxiàngcè shí, rénmen zǒngshì wèn: "Nǐ bàba shì shénme yàngzi
我 翻阅 照相册 时, 人们 总是 问:"你 爸爸 是 什么 样子
de?" Tiān xiǎo·dé! Tā lǎoshì mángzhe tì bié·rén pāizhào. Mā hé wǒ xiàoróng-kějū
的?" 天 晓得! 他 老是 忙着 替 别人 拍照。 妈 和 我 笑容可掬
de yīqǐ pāi de zhàopiàn, duō de bùkě-shèngshǔ.
地 一起 拍 的 照片, 多 得 不可胜数。

Wǒ jì·dé mā yǒu yī cì jiào tā jiāo wǒ qí zìxíngchē. Wǒ jiào tā bié fàngshǒu,
我 记得 妈 有 一 次 叫 他 教 我 骑 自行车。 我 叫 他 别 放手,
dàn tā què shuō shì yīnggāi fàngshǒu de shíhou le. Wǒ shuāidǎo zhīhòu, mā pǎo
但 他 却 说 是 应该 放手 的 时候 了。 我 摔倒 之后, 妈 跑
guò·lái fú wǒ, bà què huīshǒu yào tā zǒukāi. Wǒ dāngshí shēngqì jí le, juéxīn yào
过来 扶 我, 爸 却 挥手 要 她 走开。 我 当时 生气 极 了, 决心 要

gěi tā diǎnr yánsè kàn. Yúshì wǒ mǎshàng pá·shàng zìxíngchē, érqiě zìjǐ qí gěi tā
给 他 点儿 颜色 看。 于是 我 马上 爬上 自行车， 而且 自己 骑 给 他

kàn. Tā zhǐshì wēixiào.
看。 他 只是 微笑。

Wǒ niàn dàxué shí, suǒyǒu de jiāxìn dōu shì mā xiě de. Tā chúle jì zhīpiào
我 念 大学 时， 所有 的 家信 都 是 妈 写 的。 他 //除了 寄 支票

wài, hái jìguo yī fēng duǎn jiǎn gěi wǒ, shuō yīn·wèi wǒ bù zài cǎopíng·shàng tī
外， 还 寄过 一 封 短 柬 给 我， 说 因为 我 不 在 草坪 上 踢

zúqiú le, suǒyǐ tā de cǎopíng zhǎng dé hěn měi.
足球 了， 所以 他 的 草坪 长 得 很 美。

Měi cì wǒ dǎ diànhuà huíjiā, tā sìhū dōu xiǎng gēn wǒ shuōhuà, dàn jiéguǒ
每 次 我 打 电话 回家， 他 似乎 都 想 跟 我 说话， 但 结果

zǒngshì shuō: "Wǒ jiào nǐ mā lái jiē."
总是 说： "我 叫 你 妈 来 接。"

Wǒ jiéhūn shí, diào yǎnlèi de shì wǒ mā. Tā zhǐshì dàshēng xǐngle yīxià bízi,
我 结婚 时， 掉 眼泪 的 是 我 妈。 他 只是 大声 擤了 一下 鼻子，

biàn zǒuchū fángjiān.
便 走出 房间。

Wǒ cóng xiǎo dào dà dōu tīng tā shuō: "Nǐ dào nǎ·lǐ qù? Shénme shíhou huíjiā?
我 从 小 到 大 都 听 他 说： "你 到 哪里 去? 什么 时候 回家?

Qìchē yǒu méi·yǒu qìyóu? Bù, bù zhǔn qù." Bà wánquán bù zhī·dào zěnyàng
汽车 有 没有 汽油? 不， 不 准 去。" 爸 完全 不 知道 怎样

biǎodá ài. Chúfēi ……
表达 爱。 除非 ……

Huìbuhuì shì tā yǐ·jīng biǎodále ér wǒ què wèi néng chájué?
会不会 是 他 已经 表达了 而 我 却 未 能 察觉?

（节选自［美］艾尔玛·邦贝克《父亲的爱》）

【作品 9 号】

Yī gè dà wèntí yīzhí pánjù zài wǒ nǎodai·lǐ:
一 个 大 问题 一直 盘踞 在 我 脑袋 里:

Shìjièbēi zěnme huì yǒu rúcǐ jùdà de xīyǐnlì? Chúqù zúqiú běnshēn de mèilì
世界杯 怎么 会 有 如此 巨大 的 吸引力? 除去 足球 本身 的 魅力

zhīwài, hái yǒu shénme chāohūqíshàng ér gèng wěidà de dōngxi?
之外， 还 有 什么 超乎其上 而 更 伟大 的 东西?

Jìnlái guānkàn shìjièbēi, hūrán cóngzhōng dédàole dá'àn: Shì yóuyú yī zhǒng
近来 观看 世界杯， 忽然 从中 得到了 答案: 是 由于 一 种

wúshàng chónggāo de jīngshén qínggǎn —— guójiā róngyùgǎn!
无上 崇高 的 精神 情感 —— 国家 荣誉感!

Dìqiú·shàng de rén dōu huì yǒu guójiā de gàiniàn, dàn wèibì shíshí dōu yǒu
地球 上 的 人 都 会 有 国家 的 概念， 但 未必 时时 都 有

guójiā de gǎnqíng. Wǎngwǎng rén dào yìguó, sīniàn jiāxiāng, xīn huái gùguó, zhè
国家 的 感情。 往往 人 到 异国， 思念 家乡， 心 怀 故国， 这

guójiā gàiniàn jiù biànde yǒu xiě yǒu ròu, àiguó zhī qíng lái de fēicháng jùtǐ. Ér
国家 概念 就 变得 有 血 有 肉， 爱国 之 情 来 得 非常 具体。 而

xiàndài shèhuì, kējì chāngdá, xìnxī kuàijié, shìshì shàngwǎng, shìjiè zhēn shì tài xiǎo
现代 社会， 科技 昌达， 信息 快捷， 事事 上网， 世界 真 是 太 小

tài xiǎo, guójiā de jièxiàn sìhū yě bù nàme qīngxī le. Zàishuō zúqiú zhèngzài kuàisù
太 小， 国家 的 界限 似乎 也 不 那么 清晰 了。 再说 足球 正在 快速

shìjièhuà, píngrì · lǐ gè guó qiúyuán pínfán zhuǎn huì, wǎnglái suíyì, zhìshǐ yuèláiyuè
世界化， 平日 里 各国 球员 频繁 转 会， 往来 随意， 致使 越来越

duō de guójiā liánsài dōu jùyǒu guójì de yīnsù. Qiúyuánmen bùlùn guójí, zhǐ xiàolì yú
多 的 国家 联赛 都 具有 国际 的 因素。 球员们 不论 国籍， 只 效力 于

zìjǐ de jùlèbù, tāmen bǐsài shí de jīqíng zhōng wánquán méi · yǒu àiguó zhǔyì
自己 的 俱乐部， 他们 比赛 时 的 激情 中 完全 没有 爱国 主义

de yīnzǐ.
的 因子。

　　Rán'ér, dàole shìjièbēi dàsài, tiānxià dàbiàn. Gè guó qiúyuán dōu huíguó xiàolì,
　　然而， 到了 世界杯 大赛， 天下 大变。 各国 球员 都 回国 效力，

chuān · shàng yǔ guāngróng de guóqí tóngyàng sècǎi de fúzhuāng. Zài měi yī chǎng
穿上 与 光荣 的 国旗 同样 色彩 的 服装。 在 每 一 场

bǐsài qián, hái gāochàng guógē yǐ xuānshì duì zìjǐ zǔguó de zhì'ài yǔ zhōngchéng.
比赛 前， 还 高唱 国歌 以 宣誓 对 自己 祖国 的 挚爱 与 忠诚。

yī zhǒng xuèyuán qínggǎn kāishǐ zài quánshēn de xuèguǎn · lǐ ránshāo qǐ · lái, érqiě
一 种 血缘 情感 开始 在 全身 的 血管 里 燃烧 起来， 而且

lìkè rèxuè fèiténg.
立刻 热血 沸腾。

　　Zài lìshǐ shídài, guójiā jiān jīngcháng fāshēng duìkàng, hǎo nán'ér róngzhuāng
　　在 历史 时代， 国家 间 经常 发生 对抗， 好 男儿 戎装

wèiguó. Guójiā de róngyù wǎngwǎng xūyào yǐ zìjǐ de shēngmìng qù huànqǔ. Dàn
卫国。 国家 的 荣誉 往往 需要 以 自己 的 生命 去// 换取。 但

zài hépíng shídài, wéiyǒu zhè zhǒng guójiā zhījiān dàguīmó duìkàngxìng de dàsài, cái
在 和平 时代， 唯有 这 种 国家 之间 大规模 对抗性 的 大赛， 才

kěyǐ huànqǐ nà zhǒng yáoyuǎn ér shénshèng de qínggǎn, nà jiùshì: Wèi zǔguó
可以 唤起 那 种 遥远 而 神圣 的 情感， 那 就是： 为 祖国

ér zhàn!
而 战！

（节选自冯骥才《国家荣誉感》）

【作品 10 号】

　　Xīyáng luòshān bùjiǔ, xīfāng de tiānkōng, hái ránshāozhe yī piàn júhóngsè de
　　夕阳 落山 不久， 西方 的 天空， 还 燃烧着 一 片 橘红色 的

wǎnxiá. Dàhǎi, yě bèi zhè xiáguāng rǎnchéngle hóngsè, érqiě bǐ tiānkōng de jǐngsè
晚霞。 大海， 也 被 这 霞光 染成了 红色， 而且 比 天空 的 景色

gèng yào zhuàngguān. Yīn · wèi tā shì huó · dòng de, měidāng yīpáipái bōlàng yǒngqǐ
更 要 壮观。 因为 它 是 活动 的， 每当 一排排 波浪 涌起

de shíhou, nà yìngzhào zài làngfēng · shàng de xiáguāng, yòu hóng yòu liàng, jiǎnzhí
的 时候， 那 映照 在 浪峰 上 的 霞光， 又 红 又 亮， 简直

jiù xiàng yīpiànpiàn huòhuò ránshāozhe de huǒyàn, shǎnshuòzhe, xiāoshī le. Ér
就 像 一片片 霍霍 燃烧着 的 火焰， 闪烁着， 消失 了。 而

hòu · miàn de yī pái, yòu shǎnshuòzhe, gǔndòngzhe, yǒngle guò · lái.
后面 的 一 排， 又 闪烁着， 滚动着， 涌了 过来。

　　Tiānkōng de xiáguāng jiànjiàn de dàn xià · qù le, shēnhóng de yánsè biànchéngle
　　天空 的 霞光 渐渐 地 淡 下去 了， 深红 的 颜色 变成了

fēihóng, fēihóng yòu biànwéi qiǎnhóng. Zuìhòu, dāng zhè yīqiè hóngguāng dōu
绯红， 绯红 又 变为 浅红。 最后， 当 这 一切 红光 都
xiāoshīle de shíhou, nà tūrán xiǎn·dé gāo ér yuǎnle de tiānkōng, zé chéngxiàn
消失了 的 时候， 那 突然 显得 高 而 远了 的 天空， 则 呈现
chu yī piàn sùmù de shénsè. Zuì zǎo chūxiàn de qǐmíngxīng, zài zhè lánsè de
出 一片 肃穆 的 神色。 最早 出现 的 启明星， 在 这 蓝色 的
tiānmù·shàng shǎnshuò qǐ·lái le. Tā shì nàme dà, nàme liàng, zhěnggè guǎngmò
天幕 上 闪烁 起来 了。它 是 那么 大， 那么 亮， 整个 广漠
de tiānmù·shàng zhǐyǒu tā zài nà·lǐ fàngshèzhe lìng rén zhùmù de guānghuī,
的 天幕 上 只有 它 在 那里 放射着 令 人 注目 的 光辉，
huóxiàng yī zhǎn xuánguà zài gāokōng de míngdēng.
活像 一盏 悬挂 在 高空 的 明灯。

　　Yèsè jiā nóng, cāngkōng zhōng de "míngdēng" yuèláiyuè duō le. Ér chéngshì gè
夜色 加浓， 苍空 中 的 "明灯" 越来越 多 了。而 城市 各
chù de zhēn de dēnghuǒ yě cìdì liàngle qǐ·lái, yóuqí shì wéirào zài hǎigǎng zhōuwéi
处 的 真的 灯火 也 次第 亮了 起来， 尤其 是 围绕 在 海港 周围
shānpō·shàng de nà yī piàn dēngguāng, cóng bànkōng dàoyìng zài wūlán de
山坡 上 的 那 一片 灯光， 从 半空 倒映 在 乌蓝 的
hǎimiàn shang, suízhe bōlàng, huàngdòngzhe, shǎnshuòzhe, xiàng yī chuàn
海面 上， 随着 波浪， 晃动着， 闪烁着， 像 一 串
liúdòngzhe de zhēnzhū, hé nà yīpiànpiàn mìbù zài cāngqióng·lǐ de xīngdǒu hùxiāng
流动着 的 珍珠， 和 那 一片片 密布 在 苍穹 里 的 星斗 互相
huīyìng, shà shì hǎokàn.
辉映， 煞 是 好看。

　　Zài zhè yōuměi de yèsè zhōng, wǒ tàzhe ruǎnmiánmián de shātān, yánzhe
在 这 幽美 的 夜色 中， 我 踏着 软绵绵 的 沙滩， 沿着
hǎibiān, mànmàn de xiàng qián zǒu·qù. Hǎishuǐ, qīngqīng de fǔmōzhe xìruǎn de
海边， 慢慢 地 向 前 走去。 海水， 轻轻 地 抚摸着 细软 的
shātān, fāchū wēnróu de shuāshuā shēng. Wǎnlái de hǎifēng, qīngxīn ér yòu
沙滩， 发出 温柔 的// 刷刷 声。 晚来 的 海风， 清新 而 又
liángshuǎng. Wǒ de xīn·lǐ, yǒuzhe shuō·bùchū de xīngfèn hé yúkuài.
凉爽。 我 的 心里， 有着 说 不出 的 兴奋 和 愉快。

　　Yèfēng qīngpiāopiāo de chuīfúzhe, kōngqì zhōng piāodàngzhe yī zhǒng dàhǎi hé
夜风 轻飘飘 地 吹拂着， 空气 中 飘荡着 一 种 大海 和
tiánhé xiāng hùnhé de xiāngwèir, róuruǎn de shātān·shàng hái cánliúzhe bái·tiān
田禾 相 混合 的 香味儿， 柔软 的 沙滩 上 还 残留着 白天
tài·yáng zhìshài de yúwēn. Nàxiē zài gè gè gōngzuò gǎngwèi·shàng láodòngle yī
太阳 炙晒 的 余温。 那些 在 各个 工作 岗位 上 劳动了 一
tiān de rénmen, sānsān-liǎngliǎng de láidào zhè ruǎnmiánmián de shātān·shàng,
天 的 人们， 三三两两 地 来到 这 软绵绵 的 沙滩 上，
tāmen yùzhe liángshuǎng de hǎifēng, wàngzhe nà zhuìmǎnle xīngxing de yèkōng,
他们 浴着 凉爽 的 海风， 望着 那 缀满了 星星 的 夜空，
jìnqíng de shuōxiào, jìnqíng de xiūqì.
尽情 地 说笑， 尽情 地 休憩。

（节选自峻青《海滨仲夏夜》）

【作品 11 号】

　　Shēngmìng zài hǎiyáng·lǐ dànshēng jué bù shì ǒurán de, hǎiyáng de wùlǐ hé
生命 在 海洋 里 诞生 绝 不 是 偶然 的， 海洋 的 物理 和

huàxué xìngzhì, shǐ tā chéngwéi yùnyù yuánshǐ shēngmìng de yáolán.
化学　　性质，　使 它　成为　孕育　原始　　生命　的　摇篮。

　　Wǒmen zhī·dào, shuǐ shì shēngwù de zhòngyào zǔchéng bùfen, xǔduō dòngwù
　　我们　　知道，　水 是　生物　的　　重要　组成　部分，　许多　　动物

zǔzhī de hánshuǐliàng zài bǎi fēn zhī bāshí yǐshàng, ér yīxiē hǎiyáng shēngwù de
组织 的 含水量　　在 百 分 之 八十　以上，　而 一些　海洋　　生物　的

hánshuǐliàng gāodá bǎi fēn zhī jiǔshíwǔ. Shuǐ shì xīnchén-dàixiè de zhòngyào méijiè,
含水量　　高达 百 分 之 九十五。　水 是　新陈代谢　的　重要　媒介，

méi·yǒu tā, tǐnèi de yīxìliè shēnglǐ hé shēngwù huàxué fǎnyìng jiù wúfǎ jìnxíng,
没有　它，体内 的　一系列　生理 和　生物　化学　反应　就 无法　进行，

shēngmìng yě jiù tíngzhǐ. Yīncǐ, zài duǎn shíqī nèi dòngwù quē shuǐ yào bǐ quēshǎo
生命　　也 就　停止。　因此，　在 短 时期 内 动物　缺 水 要 比　缺少

shíwù gèngjiā wēixiǎn. Shuǐ duì jīntiān de shēngmìng shì rúcǐ zhòngyào, tā duì cuìruò
食物　更加　危险。　水 对 今天 的　生命　是 如此　重要，　它 对 脆弱

de yuánshǐ shēngmìng, gèng shì jǔzú-qīngzhòng le. Shēngmìng zài hǎiyáng·lǐ
的　原始　　生命，　更 是　举足轻重　了。　生命　在　海洋 里

dànshēng, jiù bù huì yǒu quē shuǐ zhī yōu.
诞生，　就 不 会 有 缺 水 之 忧。

　　Shuǐ shì yī zhǒng liánghǎo de róngjì. Hǎiyáng zhōng hányǒu xǔduō shēngmìng suǒ
　　水 是 一 种　良好 的 溶剂。　海洋　中　含有　许多　生命　所

bìxū de wújīyán, rú lǜhuànà, lǜhuàjiǎ, tànsuānyán, línsuānyán, háiyǒu róngjiěyǎng,
必需 的 无机盐，如 氯化钠、　氯化钾、　碳酸盐、　磷酸盐，　还有　溶解氧，

yuánshǐ shēngmìng kěyǐ háobù fèilì de cóngzhōng xīqǔ tā suǒ xūyào de yuánsù.
原始　　生命　可以　毫不 费力地　从中　吸取 它 所 需要 的 元素。

　　Shuǐ jùyǒu hěn gāo de rè róngliàng, jiāzhī hǎiyáng hàodà, rènpíng xiàjì lièrì
　　水 具有 很 高 的 热　容量，　加之 海洋　浩大，　任凭 夏季　烈日

pùshài, dōngjì hánfēng sǎodàng, tā de wēndù biànhuà què bǐjiào xiǎo. Yīncǐ, jùdà de
曝晒，　冬季　寒风　扫荡，　它 的 温度　变化　却 比较 小。　因此，巨大 的

hǎiyáng jiù xiàng shì tiānrán de "wēnxiāng", shì yùnyù yuánshǐ shēngmìng
海洋　就　像 是　天然 的　"温箱"，　是 孕育 原始　　生命

de wēnchuáng.
的　温床。

　　Yángguāng suīrán wéi shēngmìng suǒ bìxū, dànshì yángguāng zhōng de zǐwàixiàn
　　阳光　　虽然 为　生命　所 必需，　但是　阳光　中 的　紫外线

què yǒu èshā yuánshǐ shēngmìng de wēixiǎn. Shuǐ néng yǒuxiào de xīshōu zǐwàixiàn,
却 有 扼杀 原始　　生命 的　危险。　水 能　有效地　吸收　紫外线，

yīn'ér yòu wèi yuánshǐ shēngmìng tígōngle tiānrán de "píngzhàng".
因而 又 为 原始　　生命　提供了　天然 的　"屏障"。

　　Zhè yīqiè dōu shì yuánshǐ shēngmìng déyǐ chǎnshēng hé fāzhǎn de bìyào tiáojiàn.
　　这 一切 都 是 原始　　生命　得以　产生 和 发展 的 必要 条件。//

（节选自童裳亮《海洋与生命》）

【作品 12 号】

　　Dú xiǎoxué de shíhou, wǒ de Wàizǔmǔ qùshì le. Wàizǔmǔ shēngqián zuì téng'ài
　　读 小学 的 时候，我 的　外祖母 去世 了。外祖母　生前　最 疼爱

wǒ, wǒ wúfǎ páichú zìjǐ de yōushāng, měi tiān zài xuéxiào de cāochǎng·shàng yī
我，我 无法 排除 自己 的　忧伤，每 天 在 学校 的　操场　　上 一

quānr yòu yī quānr de pǎozhe, pǎo de lèidǎo zài dì · shàng, pū zài cǎopíng · shàng
圈儿 又 一 圈儿 地 跑着， 跑 得 累倒 在 地 上， 扑 在 草坪 上
tòngkū.
痛哭。

　　Nà āitòng de rìzi, duànduàn-xùxù de chíxùle hěn jiǔ, bàba māma yě bù zhī · dào
　　那 哀痛 的 日子， 断断续续 地 持续了 很 久， 爸爸 妈妈 也 不 知道
rúhé ānwèi wǒ. Tāmen zhī · dào yǔqí piàn wǒ shuō Wàizǔmǔ shuìzháole, hái bùrú duì
如何 安慰 我。 他们 知道 与其 骗 我 说 外祖母 睡着了， 还不如 对
wǒ shuō shíhuà: Wàizǔmǔ yǒngyuǎn bù huì huí · lái le.
我 说 实话： 外祖母 永远 不会 回来 了。

　　"Shénme shì yǒngyuǎn bù huì huí · lái ne?" Wǒ wènzhe.
　　"什么 是 永远 不会 回来 呢?" 我 问着。

　　"Suǒyǒu shíjiān · lǐ de shìwù, dōu yǒngyuǎn bù huì huí · lái. Nǐ de zuótiān
　　"所有 时间 里 的 事物， 都 永远 不会 回来。 你 的 昨天
guò · qù, tā jiù yǒngyuǎn biànchéng zuótiān, nǐ bùnéng zài huídào zuótiān. Bàba
过去， 它 就 永远 变成 昨天， 你 不能 再 回到 昨天。 爸爸
yǐqián yě hé nǐ yīyàng xiǎo, xiànzài yě bùnéng huídào nǐ zhème xiǎo de tóngnián le;
以前 也 和 你 一样 小， 现在 也 不能 回到 你 这么 小 的 童年 了；
yǒu yī tiān nǐ huì zhǎngdà, nǐ huì xiàng wàizǔmǔ yīyàng lǎo; yǒu yī tiān nǐ dùguòle
有 一 天 你 会 长大， 你 会 像 外祖母 一样 老； 有 一 天 你 度过了
nǐ de shíjiān, jiù yǒngyuǎn bù huì huí · lái le." Bàba shuō.
你 的 时间， 就 永远 不会 回来 了。" 爸爸 说。

　　Bàba děngyú gěi wǒ yī gè míyǔ, zhè míyǔ bǐ kèběn · shàng de "Rìlì guà zài
　　爸爸 等于 给 我 一个 谜语， 这 谜语 比 课本 上 的 "日历 挂 在
qiángbì, yī tiān sī · qù yī yè shǐ wǒ xīn · lǐ zháojí" hé "Yī cùn guāngyīn yī cùn jīn,
墙壁， 一 天 撕去 一 页， 使 我 心里 着急" 和 "一 寸 光阴 一 寸 金，
cùn jīn nán mǎi cùn guāngyīn" hái ràng wǒ gǎndào kěpà; yě bǐ zuòwénběn · shàng de
寸 金 难 买 寸 光阴" 还 让 我 感到 可怕； 也 比 作文本 上 的
"Guāngyīn sì jiàn, rìyuè rú suō" gèng ràng wǒ jué · dé yǒu yī zhǒng shuō · bùchū
"光阴 似 箭， 日月 如 梭" 更 让 我 觉得 有 一 种 说不出
de zīwèi.
的 滋味。

　　Shíjiān guò de nàme fēikuài, shǐ wǒ de xiǎoxīnyǎnr lǐ bù zhǐshì zháojí, hǎiyǒu
　　时间 过 得 那么 飞快， 使 我 的 小心眼儿 里 不 只是 着急， 还有
bēishāng. Yǒu yī tiān wǒ fàngxué huíjiā, kàndào tài · yáng kuài luòshān le, jiù xià
悲伤。 有 一 天 我 放学 回家， 看到 太阳 快 落山 了， 就 下
juéxīn shuō: "Wǒ yào bǐ tài · yáng gèng kuài de huíjiā." Wǒ kuángbēn huí · qù, zhàn
决心 说："我 要 比 太阳 更 快 地 回家。" 我 狂奔 回去， 站
zài tíngyuàn qián chuǎnqì de shíhou, kàndào tài · yáng hái lòuzhe bàn biān liǎn, wǒ
在 庭院 前 喘气 的 时候， 看到 太阳 //还 露着 半 边 脸， 我
gāoxìng de tiàoyuè qǐ · lái, nà yī tiān wǒ pǎoyíngle tài · yáng. Yǐhòu wǒ jiù shícháng
高兴 地 跳跃 起来， 那 一 天 我 跑赢了 太阳。 以后 我 就 时常
zuò nàyàng de yóuxì, yǒushí hé tài · yáng sài pǎo, yǒushí hé xīběifēng bǐ kuài, yǒushí
做 那样 的 游戏， 有时 和 太阳 赛跑， 有时 和 西北风 比 快， 有时
yī ge shǔjià cái néng zuòwán de zuòyè, wǒ shí tiān jiù zuòwán le; nà shí wǒ
一个 暑假 才 能 做完 的 作业， 我 十 天 就 做完 了； 那 时 我
sānniánjí, chángcháng bǎ gēge wǔniánjí de zuòyè ná · lái zuò. Měi yī cì bǐsài
三年级， 常常 把 哥哥 五年级 的 作业 拿来 做。 每 一 次 比赛

shèngguo shíjiān, wǒ jiù kuàilè de bù zhī·dào zěnme xíngróng.
胜过 时间, 我 就 快乐 得 不 知道 怎么 形容。

Rúguǒ jiānglái wǒ yǒu shénme yào jiāo gěi wǒ de háizi, wǒ huì gàosu tā: Jiǎruò
如果 将来 我 有 什么 要 教给 我 的孩子, 我 会 告诉 他: 假若

nǐ yīzhí hé shíjiān bǐsài, nǐ jiù kěyǐ chénggōng!
你 一直 和 时间 比赛, 你 就 可以 成功!

(节选自（台湾）林清玄《和时间赛跑》)

【作品 13 号】

Sānshí niándài chū, Hú Shì zài Běijīng Dàxué rèn jiàoshòu. Jiǎngkè shí tā
三十 年代 初, 胡适 在 北京 大学 任 教授。 讲课 时他

chángcháng duì báihuàwén dàjiā chēngzàn, yǐnqǐ yīxiē zhǐ xǐhuan wényánwén ér bù
常常 对 白话文 大加 称赞, 引起 一些 只 喜欢 文言文 而 不

xǐhuan báihuàwén de xuésheng de bùmǎn.
喜欢 白话文 的 学生 的 不满。

Yī cì, Hú Shì zhèng jiǎng de déyì de shíhou, yī wèi xìng Wèi de xuésheng tūrán
一次, 胡适 正 讲 得得意 的时候, 一位 姓 魏 的 学生 突然

zhànle qǐ·lái, shēngqì de wèn: "Hú xiānsheng, nándào shuō báihuàwén jiù háowú
站了 起来, 生气 地 问: "胡 先生, 难道 说 白话文 就 毫无

quēdiǎn ma?" Hú Shì wēixiàozhe huídá shuō: "Méi·yǒu." Nà wèi xuésheng gèngjiā
缺点 吗?" 胡适 微笑着 回答 说: "没有。" 那 位 学生 更加

jīdòng le: "Kěndìng yǒu! Báihuàwén fèihuà tài duō, dǎ diànbào yòng zì duō, huāqián
激动 了: "肯定 有! 白话文 废话 太 多, 打 电报 用 字 多, 花钱

duō." Hú Shì de mùguāng dùnshí biàn liàng le. Qīngshēng de jiěshì shuō: "Bù yīdìng
多。" 胡适 的 目光 顿时 变 亮 了。 轻声 地 解释 说: "不 一定

ba! Qián jǐ tiān yǒu wèi péngyou gěi wǒ dǎ·lái diàndào, qǐng wǒ qù zhèngfǔ bùmén
吧! 前 几 天 有 位 朋友 给 我 打来 电报, 请 我 去 政府 部门

gōngzuò, wǒ juédìng bù qù, jiù huídiàn jùjué le. Fùdiàn shì yòng báihuà xiě de,
工作, 我 决定 不 去, 就 回电 拒绝 了。 复电 是 用 白话 写 的,

kànlái yě hěn shěng zì. Qǐng tóngxuémen gēnjù wǒ zhège yìsi, yòng wényánwén xiě
看来 也 很 省 字。 请 同学们 根据 我 这个 意思, 用 文言文 写

yī gè huídiàn, kànkan jiūjìng shì báihuàwén shěng zì, háishi wényánwén shěng zì?"
一个 回电, 看看 究竟 是 白话文 省 字, 还是 文言文 省 字?"

Hú jiàoshòu gāng shuōwán, tóngxuémen lìkè rènzhēn de xiěle qǐ·lái.
胡 教授 刚 说完, 同学们 立刻 认真 地 写了 起来。

Shíwǔ fēnzhōng guò·qù, Hú Shì ràng tóngxué jǔshǒu, bàogào yòng zì de shùmù,
十五 分钟 过去, 胡适 让 同学 举手, 报告 用 字 的 数目,

ránhòu tiāole yī fèn yòng zì zuì shǎo de wényán diànbàogǎo, diànwén shì zhèyàng
然后 挑了 一 份 用 字 最少 的 文言 电报稿, 电文 是 这样

xiě de:
写 的:

"Cáishū-xuéqiǎn, kǒng nán shèngrèn, bùkān cóngmìng." Báihuàwén de yìsi shì:
"才疏学浅, 恐 难 胜任, 不堪 从命。" 白话文 的 意思 是:

Xuéwen bù shēn, kǒngpà hěn nán dānrèn zhège gōngzuò, bùnéng fúcóng ānpái.
学问 不 深, 恐怕 很 难 担任 这个 工作, 不能 服从 安排。

Hú Shì shuō, zhè fèn xiě de quèshí bùcuò, jǐn yòngle shí'èr gè zì. Dàn wǒ de
胡适 说, 这 份 写 得 确实 不错, 仅 用了 十二 个 字。 但 我 的

báihuà diànbào què zhǐ yòngle wǔ gè zì:
白话　电报　却　只　用了　五　个　字：

"Gàn · bùliǎo, xièxie!"
"干不了，　谢谢!"

Hú Shì yòu jiěshì shuō: "Gàn · bùliǎo" jiù yǒu cáishū-xuéqiǎn、kǒng nán shèngrèn
胡适　又　解释　说：　"干不了"　就　有　才疏学浅、　恐　难　胜任

de yìsi; "Xièxie" jì duì péngyou de jièshào biǎoshì gǎnxiè, yòu yǒu jùjué de yìsi.
的　意思；"谢谢"　既//　对　朋友　的　介绍　表示　感谢，　又　有　拒绝　的　意思。

Suǒyǐ, fèihuà duō · bùduō, bìng bù kàn tā shì wényánwén háishì báihuàwén, zhǐyào
所以，　废话　多不多，　并　不　看　它　是　文言文　还是　白话文，　只要

zhùyì xuǎnyòng zìcí, báihuàwén shì kéyǐ bǐ wényánwén gèng shěng zì de.
注意　选用　字词，　白话文　是　可以　比　文言文　更　省　字　的。

（节选自《胡适的白话电报》，陈灼主编《实用汉语中级教程》(上)）

【作品 14 号】

Duìyú yī gè zài Běipíng zhùguàn de rén, xiàng wǒ, dōngtiān yàoshì bù guāfēng,
对于　一个　在　北平　住惯　的　人，　像　我，　冬天　要是　不　刮风，

biàn jué · dé shì qíjì; Jǐnán de dōngtiān shì méi · yǒu fēngshēng de. Duìyú yī gè
便　觉得　是　奇迹；济南　的　冬天　是　没有　风声　的。对于　一个

gāng yóu Lúndūn huí · lái de rén, xiàng wǒ, dōngtiān yào néng kàn de jiàn rìguāng,
刚　由　伦敦　回来　的　人，　像　我，　冬天　要　能　看得见　日光，

biàn jué · dé shì guàishì; Jǐnán de dōngtiān shì xiǎngqíng de. Zìrán, zài rèdài de
便　觉得　是　怪事；济南　的　冬天　是　响晴　的。自然，　在　热带　的

dìfang, rìguāng yǒngyuǎn shì nàme dú, xiǎngliàng de tiānqì, fǎn yǒudiǎnr jiào rén
地方，　日光　永远　是　那么　毒，　响亮　的　天气，　反　有点儿　叫　人

hàipà. Kěshì, zài běifāng de dōngtiān, ér néng yǒu wēnqíng de tiānqì, Jǐnán zhēn děi
害怕。可是，　在　北方　的　冬天，　而　能　有　温晴　的　天气，济南　真　得

suàn gè bǎodì.
算　个　宝地。

Shèruò dāndān shì yǒu yángguāng, nà yě suàn · bùliǎo chūqí. Qǐng bì · shàng
设若　单单　是　有　阳光，　那　也　算不了　出奇。请　闭上

yǎnjing xiǎng: Yī gè lǎochéng, yǒu shān yǒu shuǐ, quán zài tiān dǐ · xià shàizhe
眼睛　想：一个　老城，　有　山　有　水，　全　在　天　底下　晒着

yángguāng, nuǎnhuo ānshì de shuìzhe, zhǐ děng chūnfēng lái bǎ tāmen huànxǐng, zhè
阳光，　暖和　安适　地　睡着，　只　等　春风　来　把　它们　唤醒，　这

shì · bùshì lǐxiǎng de jìngjiè? Xiǎoshān bǎ Jǐnán wéile gè quānr, zhǐyǒu běi · biān
是不是　理想　的　境界？小山　把　济南　围了　个　圈儿，　只有　北边

quēzhe diǎn kǒur. Zhè yī quān xiǎoshān zài dōngtiān tèbié kě'ài, hǎoxiàng shì bǎ
缺着　点　口儿。这　一　圈　小山　在　冬天　特别　可爱，　好像　是　把

Jǐnán fàng zài yī gè xiǎo yáolán · lǐ, tāmen ānjìng bù dòng de dīshēng de shuō:
济南　放　在　一个　小　摇篮　里，　它们　安静　不　动　地　低声　地　说：

"Nǐmen fàngxīn ba, zhèr zhǔnbǎo nuǎnhuo." Zhēn de, Jǐnán de rénmen zài dōngtiān
"你们　放心　吧，这儿　准保　暖和。"　真　的，　济南　的　人们　在　冬天

shì miàn · shàng hánxiào de. Tāmen yī kàn nàxiē xiǎoshān, xīnzhōng biàn jué · dé
是　面　上　含笑　的。他们　一　看　那些　小山，　心中　便　觉得

yǒule zhuóluò, yǒule yīkào. Tāmen yóu tiān · shàng kàndào shān · shàng, biàn
有了　着落，　有了　依靠。他们　由　天上　看到　山　上，　便

bùzhī-bùjué de xiǎngqǐ: Míngtiān yěxǔ jiùshì chūntiānle ba? Zhèyàng de wēnnuǎn,
不知不觉 地 想起： 明天 也许 就是 春天了 吧？ 这样 的 温暖，

jīntiān yè·lǐ shāncǎo yěxǔ jiù lǜ qǐ·lái le ba? Jiùshì zhè diǎnr huànxiǎng bùnéng
今天 夜里 山草 也许 就 绿 起来 了 吧？ 就是 这 点儿 幻想 不能

yīshí shíxiàn, tāmen yě bìng bù zháojí, yīn·wèi zhèyàng císhàn de dōngtiān,
一时 实现， 他们 也 并 不 着急， 因为 这样 慈善 的 冬天，

gànshénme hái xīwàng biéde ne!
干什么 还 希望 别的 呢！

　　Zuì miào de shì xià diǎnr xiǎoxuě ya. Kàn ba, shān·shàng de ǎisōng yuèfā de
　　最 妙 的 是 下 点儿 小雪 呀。看 吧， 山 上 的 矮松 越发 的

qīnghēi, shùjiānr·shàng dǐngzhe yījìr báihuā, hǎoxiàng Rìběn kānhùfù. Shānjiānr
青黑， 树尖儿 上 顶着 一髻儿 白花， 好像 日本 看护妇。 山尖儿

quán bái le, gěi lántiān xiāng·shàng yī dào yínbiānr. Shānpō·shàng, yǒude dìfang
全 白 了，给 蓝天 镶上 一 道 银边。 山坡 上， 有的 地方

xuě hòu diǎnr, yǒude dìfang cǎosè hái lòuzhe; zhèyàng, yīdào bái, yīdàor ànhuáng,
雪 厚 点儿， 有的 地方 草色 还 露着； 这样， 一道儿 白， 一道儿 暗黄，

gěi shānmen chuān·shàng yī jiàn dài shuǐwénr de huāyī; kànzhe kànzhe, zhè jiàn
给 山们 穿上 一 件 带 水纹儿 的 花衣； 看着 看着， 这 件

huāyī hǎoxiàng bèi fēng'ér chuīdòng, jiào nǐ xīwàng kàn·jiàn yīdiǎnr gèng měi de
花衣 好像 被 风儿 吹动， 叫 你 希望 看见 一点儿 更 美 的

shān de jīfū. Děngdào kuài rìluò de shíhou, wēihuáng de yángguāng xié shè zài
山 的 肌肤。 等到 快 日落 的 时候， 微黄 的 阳光 斜 射 在

shānyāo·shàng, nà diǎnr báo xuě hǎoxiàng hūrán hàixiū, wēiwēi lòuchū diǎnr fěnsè.
山腰 上， 那点儿 薄雪 好像 忽然 害羞， 微微 露出 点儿 粉色。

Jiùshì xià xiǎoxuě ba, Jǐnán shì shòu·bùzhù dàxuě de, nàxiē xiǎoshān tài xiùqi.
就是 下 小雪 吧，济南 是 受不住 大雪 的，那些 小山 太 秀气。

（节选自老舍《济南的冬天》）

【作品 15 号】

　　Chúnpǔ de jiāxiāng cūn biān yǒu yī tiáo hé, qūqū-wānwān, hé zhōng jià yī wān
　　纯朴 的 家乡 村 边 有 一 条 河， 曲曲弯弯， 河 中 架 一 弯

shíqiáo, gōng yàng de xiǎoqiáo héngkuà liǎng'àn.
石桥， 弓 样 的 小桥 横跨 两岸。

　　Měi tiān, bùguǎn shì jī míng xiǎo yuè, rì lì zhōng tiān, háishi yuè huá xiè dì,
　　每 天， 不管 是 鸡 鸣 晓 月， 日 丽 中 天， 还是 月 华 泻 地，

xiǎoqiáo dōu yìnxià chuànchuàn zújì, sǎluò chuànchuàn hànzhū. Nà shì xiāngqīn
小桥 都 印下 串串 足迹， 洒落 串串 汗珠。 那 是 乡亲

wèile zhuīqiú duōléng de xīwàng, duìxiàn měihǎo de xiáxiǎng. Wānwān xiǎoqiáo,
为了 追求 多棱 的 希望， 兑现 美好 的 遐想。 弯弯 小桥，

bùshí dàngguo qīngyín-dīchàng, bùshí lùchū shūxīn de xiàoróng.
不时 荡过 轻吟低唱， 不时 露出 舒心 的 笑容。

　　Yīn'ér, wǒ zhìxiǎo de xīnlíng, céng jiāng xīnshēng xiàngěi xiǎoqiáo: Nǐ shì yī
　　因而， 我 稚小 的 心灵， 曾 将 心声 献给 小桥： 你 是 一

wān yínsè de xīnyuè, gěi rénjiān pǔzhào guānghuī; nǐ shì yī bǎ shǎnliàng de liándāo,
弯 银色 的 新月， 给 人间 普照 光辉； 你 是 一 把 闪亮 的 镰刀，

gēyìzhe huānxiào de huāguǒ; nǐ shì yī gēn huàngyōuyōu de biǎndan, tiāoqǐle cǎisè de
割刈着 欢笑 的 花果； 你 是 一 根 晃悠悠 的 扁担， 挑起了 彩色 的

míngtiān! Ò, xiǎoqiáo zǒujìn wǒ de mèng zhōng.
明天！ 哦， 小桥 走进 我的 梦中。

Wǒ zài piāobó tāxiāng de suìyuè, xīnzhōng zǒng yǒngdòngzhe gùxiāng de héshuǐ,
我 在 飘泊 他乡 的 岁月， 心中 总 涌动着 故乡 的 河水，

mèng zhōng zǒng kàndào gōng yàng de xiǎoqiáo. Dāng wǒ fǎng nánjiāng tàn běiguó,
梦 中 总 看到 弓 样的 小桥。 当 我 访 南疆 探 北国，

yǎnlián chuǎngjìn zuòzuò xióngwěi de chángqiáo shí, wǒ de mèng biàn de fēngmǎn
眼帘 闯进 座座 雄伟 的 长桥 时，我的 梦 变得 丰满

le, zēngtiānle chì-chéng-huáng-lǜ-qīng-lán-zǐ.
了， 增添了 赤橙黄绿青蓝紫。

Sānshí duō nián guò·qù, wǒ dàizhe mǎntóu shuānghuā huídào gùxiāng, dì-yī
三十 多 年 过去， 我 戴着 满头 霜花 回到 故乡， 第一

jǐnyào de biànshì qù kànwàng xiǎoqiáo.
紧要 的 便是 去 看望 小桥。

Ā! Xiǎoqiáo ne? Tā duǒ qǐ·lái le? Hé zhōng yī dào chánghóng, yùzhe zhāoxiá
啊！ 小桥 呢？它 躲 起来 了？河 中 一 道 长虹， 浴着 朝霞

yìyì shǎnguāng. Ò, xiónghún de dàqiáo chǎngkāi xiōnghuái, qìchē de hūxiào、
熠熠 闪光。 哦， 雄浑 的 大桥 敞开 胸怀， 汽车 的 呼啸、

mótuō de díyīn, zìxíngchē de dīnglíng, hézòuzhe jìnxíng jiāoxiǎngyuè; nán lái de
摩托 的 笛音， 自行车 的 叮铃， 合奏着 进行 交响乐； 南 来 的

gāngjīn、 huābù, běi wǎng de gānchéng、 jiāqín, huìchū jiāoliú huānyuètú ……
钢筋、 花布， 北 往 的 柑橙、 家禽， 绘出 交流 欢悦图 ……

Ā! Tuìbiàn de qiáo, chuándìle jiāxiāng jìnbù de xiāoxi, tòulùle jiāxiāng fùyù de
啊！ 蜕变 的 桥， 传递了 家乡 进步 的 消息，透露了 家乡 富裕 的

shēngyīn. Shídài de chūnfēng, měihǎo de zhuīqiú, wǒ mòdì jìqǐ érshí chànggěi
声音。 时代 的 春风， 美好 的 追求， 我 蓦地 记起 儿时 唱∥给

xiǎoqiáo de gē, ò, míngyànyàn de tài·yáng zhàoyào le, fāngxiāng tiánmì de
小桥 的 歌， 哦， 明艳艳 的 太阳 照耀 了， 芳香 甜蜜 的

huāguǒ pěnglái le, wǔcǎi bānlán de suì yuè lākāi le!
花果 捧来 了，五彩 斑斓 的 岁月 拉开了！

Wǒ xīnzhōng yǒngdòng de héshuǐ, jīdàng qi tiánměi de lànghuā. Wǒ yǎngwàng yī
我 心中 涌动 的 河水， 激荡 起 甜美 的 浪花。 我 仰望 一

bì lántiān, xīndǐ qīngshēng hūhǎn: Jiāxiāng de qiáo ā, wǒ mèng zhōng de qiáo!
碧 蓝天， 心底 轻声 呼喊： 家乡 的 桥啊，我 梦 中 的 桥！

（节选自郑莹《家乡的桥》）

【作品 16 号】

Sānbǎi duō nián qián, jiànzhù shèjìshī Láiyī'ēn shòumìng shèjìle Yīngguó Wēnzé
三百 多 年 前， 建筑 设计师 莱伊恩 受命 设计了 英国 温泽

shìzhèngfǔ dàtīng. Tā yùnyòng gōngchéng lìxué de zhīshi, yījù zìjǐ duōnián de
市政府 大厅。 他 运用 工程 力学 的 知识， 依据 自己 多年 的

shíjiàn, qiǎomiào de shèjìle zhǐ yòng yī gēn zhùzi zhīchēng de dàtīng tiānhuābǎn. Yī
实践， 巧妙 地 设计了 只 用 一 根 柱子 支撑 的 大厅 天花板。 一

nián yǐhòu, shìzhèngfǔ quánwēi rénshì jìnxíng gōngchéng yànshōu shí, què shuō zhǐ
年 以后， 市政府 权威 人士 进行 工程 验收 时， 却 说 只

yòng yī gēn zhùzi zhīchēng tiānhuābǎn tài wēixiǎn, yāoqiú Láiyī'ēn zài duō jiā jǐ gēn
用 一 根 柱子 支撑 天花板 太 危险， 要求 莱伊恩 再 多 加 几 根

zhùzi.
柱子。

Láiyī'ēn zìxìn zhǐyào yī gēn jiāngù de zhùzi zúyǐ bǎozhèng dàtīng ānquán, tā de
莱伊恩　自信　只要　一　根　坚固　的　柱子　足以　保证　大厅　安全，他的

"gùzhi" rěnǎole shìzhèng guānyuán, xiǎnxiē bèi sòng·shàng fǎtíng. Tā fēicháng
"固执"　惹恼了　市政　官员，　险些　被　送上　法庭。他　非常

kǔnǎo, jiānchí zìjǐ yuánxiān de zhǔzhāng ba, shìzhèng guānyuán kěndìng huì lìng
苦恼，坚持　自己　原先　的　主张　吧，　市政　官员　肯定　会另

zhǎo rén xiūgǎi shèjì; bù jiānchí ba, yòu yǒu bèi zìjǐ wéirén de zhǔnzé. Máodùnle
找　人　修改　设计；不　坚持　吧，又　有　悖自己　为人　的　准则。　矛盾了

hěn cháng yī duàn shíjiān, Láiyī'ēn zhōngyú xiǎngchūle yī tiáo miàojì, tā zài
很　长　一　段　时间，莱伊恩　终于　想出了　一　条　妙计，他在

dàtīng·lǐ zēngjiāle sì gēn zhùzi, bùguò zhèxiē zhùzi bìng wèi yǔ tiānhuābǎn
大厅　里　增加了　四　根　柱子，不过　这些　柱子　并　未　与　天花板

jiēchù, zhǐ·bùguò shì zhuāngzhuang yàngzi.
接触，　只　不过　是　　装装　样子。

Sānbǎi duō nián guò·qù le, zhège mìmì shǐzhōng méi·yǒu bèi rén fāxiàn.
三百　多　年　过去　了，这个　秘密　始终　没有　被　人　发现。

Zhídào qián liǎng nián, shìzhèngfǔ zhǔnbèi xiūshàn dàtīng de tiānhuābǎn, cái fāxiàn
直到　前　两　年，市政府　准备　修缮　大厅　的　天花板，才　发现

Láiyī'ēn dāngnián de "nòngxū-zuòjiǎ". Xiāoxi chuánchū hòu, shìjiè gè guó de jiànzhù
莱伊恩　当年　的　"弄虚作假"。　消息　传出　后，世界　各　国的　建筑

zhuānjiā hé yóukè yúnjí, dāngdì zhèngfǔ duìcǐ yě bù jiā yǎnshì, zài xīn shìjì dàolái zhī
专家　和　游客云集，当地　政府　对此　也不加　掩饰，在　新　世纪　到来之

jì, tèyì jiāng dàtīng zuòwéi yī gè lǚyóu jǐngdiǎn duìwài kāifàng, zhǐ zài yǐndǎo
际，特意　将　大厅　作为　一　个　旅游　景点　对外　开放，旨在　引导

rénmen chóngshàng hé xiāngxìn kēxué.
人们　崇尚　和　相信　科学。

Zuòwéi yī míng jiànzhùshī, Láiyī'ēn bìng bù shì zuì chūsè de. Dàn zuòwéi yī gè
作为　一　名　建筑师，莱伊恩　并不　是　最　出色　的。但　作为　一个

rén, tā wúyí fēicháng wěidà, zhè zhǒng wěidà biǎoxiàn zài tā shǐzhōng kèshǒuzhe
人，他　无疑　非常　伟大，这　种　//伟大　表现　在他　始终　恪守着

zìjǐ de yuánzé, gěi gāoguì de xīnlíng yī gè měilì de zhùsuǒ, nǎpà shì zāoyù dào zài
自己的　原则，给　高贵　的　心灵　一个　美丽　的　住所：哪怕　是　遭遇　到　再

dà de zǔlì, yě yào xiǎng bànfǎ dǐdá shènglì.
大　的　阻力，也　要　想　办法　抵达　胜利。

（节选自游宇明《坚守你的高贵》）

【作品 17 号】

Zìcóng chuányán yǒu rén zài Sàwén hépàn sànbù shí wúyì fāxiànle jīnzi hòu,
自从　传言　有　人　在　萨文　河畔　散步　时无意　发现了　金子　后，

zhè·lǐ biàn cháng yǒu láizì sìmiàn-bāfāng de táojīnzhě. Tāmen dōu xiǎng chéngwéi
这里　便　常　有　来自　四面八方　的　淘金者。他们　都　想　成为

fùwēng, yúshì xúnbiànle zhěnggè héchuáng, hái zài héchuáng·shàng wāchū hěn duō
富翁，于是　寻遍了　整个　河床，还　在　河床　上　挖出很　多

dà kēng, xīwàng jièzhù tāmen zhǎodào gèng duō de jīnzi. Díquè, yǒu yīxiē rén
大　坑，　希望　借助　它们　找到　更　多　的　金子。的确，有　一些　人

zhǎodào le, dàn lìngwài yīxiē rén yīn · wèi yīwú-suǒdé ér zhǐhǎo sǎoxìng guīqù.
找到 了，但 另外 一些 人 因为 一无所得 而 只好 扫兴 归去。

　　Yě yǒu bù gānxīn luòkōng de, biàn zhùzhā zài zhè·lǐ, jìxù xúnzhǎo.
　　也 有 不 甘心 落空 的，便 驻扎 在 这里， 继续 寻找。

Bǐdé Fúléitè jiùshì qízhōng yī yuán. Tā zài héchuáng fùjìn mǎile yī kuài méi rén yào
彼得·弗雷特 就是 其中 一 员。他 在 河床 附近 买了 一 块 没 人 要

de tǔdì, yī gè rén mòmò de gōngzuò. Tā wèile zhǎo jīnzi, yǐ bǎ suǒyǒu de qián dōu
的 土地，一 个 人 默默地 工作。 他 为了 找 金子，已 把 所有 的 钱 都

yā zài zhè kuài tǔdì · shàng. Tā máitóu-kǔgànle jǐ ge yuè, zhídào tǔdì quán
押 在 这 块 土地 上。 他 埋头苦干了 几 个 月， 直到 土地 全

biànchéngle kēngkeng-wāwā, tā shīwàng le —— tā fānbiànle zhěng kuài tǔdì, dàn
变成了 坑坑洼洼， 他 失望 了 —— 他 翻遍了 整 块 土地，但

lián yīdīngdiǎnr jīnzi dōu méi kàn · jiàn.
连 一丁点儿 金子 都 没 看见。

　　Liù ge yuè hòu, tā lián mǎi miànbāo de qián dōu méi · yǒu le. Yúshì tā zhǔnbèi
　　六 个 月 后，他 连 买 面包 的 钱 都 没有 了。于是 他 准备

líkāi zhèr dào biéchù qù móushēng.
离开 这儿 到 别处 去 谋生。

　　Jiù zài tā jíjiāng líqù de qián yī ge wǎnshang, tiān xiàqǐle qīngpén-dàyǔ,
　　就 在 他 即将 离去 的 前 一 个 晚上， 天 下起了 倾盆大雨，

bìngqiě yīxià jiùshì sān tiān sān yè. Yǔ zhōngyú tíng le, Bǐdé zǒuchū xiǎo mù wū,
并且 一下 就是 三 天 三 夜。雨 终于 停 了，彼得 走出 小 木 屋，

fāxiàn yǎnqián de tǔdì kàn shàng · qù hǎoxiàng hé yǐqián bù yīyàng: Kēngkeng-wāwā
发现 眼前 的 土地 看 上去 好像 和 以前 不 一样： 坑坑洼洼

yǐ bèi dàshuǐ chōngshuā píngzhěng, sōngruǎn de tǔdì · shàng zhǎngchū yī céng
已 被 大水 冲刷 平整， 松软 的 土地 上 长出 一 层

lǜróngróng de xiǎocǎo.
绿茸茸 的 小草。

　　"Zhè·lǐ méi zhǎodào jīnzi," Bǐdé hū yǒu suǒ wù de shuō, "dàn zhè tǔdì hěn
　　"这里 没 找到 金子，"彼得 忽有所悟地 说，"但 这 土地 很

féiwò, wǒ kěyǐ yònglái zhòng huā, bìngqiě nádào zhèn · shàng qù màigěi nàxiē
肥沃，我 可以 用来 种 花，并且 拿到 镇 上 去 卖给 那些

fùrén, tāmen yīdìng huì mǎi xiē huā zhuāngbàn tāmen huálì de kètīng. Rúguǒ zhēn
富人， 他们 一定 会 买 些 花 装扮 他们 华丽 的// 客厅。如果 真

shì zhèyàng de huà, nàme wǒ yīdìng huì zhuàn xǔduō qián, yǒuzhāo-yīrì wǒ yě huì
是 这样 的 话，那么 我 一定 会 赚 许多 钱， 有朝一日 我 也 会

chéngwéi fùrén ……"
成为 富人 ……"

　　Yúshì tā liúle xià · lái. Bǐdé huāle bù shǎo jīnglì péiyù huāmiáo, bùjiǔ tiándì · lǐ
　　于是 他 留了 下来。彼得 花了 不 少 精力 培育 花苗， 不久 田地 里

zhǎngmǎnle měilì jiāoyàn de gè sè xiānhuā.
长满了 美丽 娇艳 的 各色 鲜花。

　　Wǔ nián yǐhòu, Bǐdé zhōngyú shíxiànle tā de mèngxiǎng —— chéngle yī gè
　　五 年 以后，彼得 终于 实现了 他 的 梦想 —— 成了 一 个

fùwēng. "Wǒ shì wéiyī de yī gè zhǎodào zhēnjīn de rén!" Tā shícháng bùwú jiāo'ào
富翁。"我 是 唯一 的 一 个 找到 真金 的 人!" 他 时常 不无 骄傲

de gàosu bié · rén, "Bié · rén zài zhèr zhǎo · bùdào jīnzi hòu biàn yuǎnyuǎn de líkāi,
地 告诉 别人， "别人 在 这儿 找不到 金子 后 便 远远 地 离开，

ér wǒ de 'jīnzi' shì zài zhè kuài tǔdì • lǐ, zhǐyǒu chéng • shí de rén yòng qínláo
而 我 的 '金子' 是 在 这 块 土地 里, 只有 诚实 的 人 用 勤劳
cáinéng cǎijí dào."
才能 采集 到。"

（节选自《金子》,陶猛译）

【作品 18 号】

　　Wǒ zài Jiānádà xuéxí qījiān yùdào guo liǎng cì mùjuān, nà qíngjǐng zhìjīn shǐ wǒ
　　我 在 加拿大 学习 期间 遇到 过 两 次 募捐, 那 情景 至今 使我
nányǐ-wànghuái.
难以 忘怀。

　　Yī tiān, wǒ zài Wòtàihuá de jiē • shàng bèi liǎng gè nánháizi lánzhù qùlù. Tāmen
　　一 天, 我 在 渥太华 的 街上 被 两 个 男孩子 拦住 去路。 他们
shí lái suì, chuān de zhěngzhěng-qíqí, měi rén tóu • shàng dàizhe gè zuògōng
十 来 岁, 穿 得 整整齐齐, 每 人 头 上 戴着 个 做工
jīngqiǎo、sècǎi xiānyàn de zhǐ mào, shàng • miàn xiězhe "Wèi bāngzhù huàn xiǎo'ér
精巧、 色彩 鲜艳 的 纸 帽, 上面 写着 "为 帮助 患 小儿
mábì de huǒbàn mùjuān." Qízhōng de yī ge, bùyóu-fēnshuō jiù zuò zài xiǎodèng
麻痹 的 伙伴 募捐。" 其中 的 一 个, 不由分说 就 坐 在 小凳
• shàng gěi wǒ cā • qǐ píxié • lái, lìng yī ge zé bīnbīn-yǒulǐ de fāwèn: "Xiǎo • jiě, nín
上 给 我 擦起 皮鞋 来, 另 一 个 则 彬彬有礼 地 发问: "小姐, 您
shì nǎ guó rén? Xǐhuan Wòtàihuá ma?" "Xiǎo • jiě, zài nǐmen guójiā yǒu měi • yǒu
是 哪 国 人? 喜欢 渥太华 吗?" "小姐, 在 你们 国家 有 没有
xiǎoháir huàn xiǎo'ér mábì? Shéi gěi tāmen yīliáofèi?" Yīliánchuàn de wèntí, shǐ wǒ
小孩儿 患 小儿 麻痹? 谁 给 他们 医疗费?" 一连串 的 问题, 使我
zhège yǒushēng-yǐlái tóu yī cì zài zhòngmù-kuíkuí zhī xià ràng bié • rén cā xié de
这个 有生以来 头 一 次 在 众目睽睽 之 下 让 别人 擦鞋 的
yìxiāng rén, cóng jìnhū lángbèi de jiǒngtài zhōng jiětuō chū • lái. Wǒmen xiàng
异乡 人, 从 近乎 狼狈 的 窘态 中 解脱 出来。 我们 像
péngyou yīyàng liáo • qǐ tiānr • lái……
朋友 一样 聊起 天儿 来……

　　Jǐ gè yuè zhīhòu, yě shì zài jiē • shàng. Yīxiē shízì lùkǒu chù huò chēzhàn zuòzhe
　　几 个 月 之后, 也 是 在 街上。 一些 十字 路口 处 或 车站 坐着
jǐ wèi lǎorén. Tāmen mǎntóu yínfà, shēn chuān gè zhǒng lǎoshì jūnzhuāng,
几 位 老人。 他们 满头 银发, 身 穿 各 种 老式 军装,
shàng • miàn bùmǎnle dàdà-xiǎoxiǎo xíngxíng-sèsè de huīzhāng、jiǎngzhāng, měi rén
上面 布满了 大大小小 形形色色 的 徽章、 奖章, 每 人
shǒu pěng yī dà shù xiānhuā, yǒu shuǐxiān、shízhú、méi • guī jí jiào • bùchū míngzi
手 捧 一 大 束 鲜花, 有 水仙、 石竹、 玫瑰 及 叫不出 名字
de, yīsè xuěbái. Cōngcōng guòwǎng de xíngrén fēnfēn zhǐbù, bǎ qián tóujìn zhèxiē
的, 一色 雪白。 匆匆 过往 的 行人 纷纷 止步, 把 钱 投进 这些
lǎorén shēnpáng de báisè mùxiāng nèi, ránhòu xiàng tāmen wēiwēi jūgōng, cóng
老人 身旁 的 白色 木箱 内, 然后 向 他们 微微 鞠躬, 从
tāmen shǒu zhōng jiēguò yī duǒ huā. Wǒ kànle yīhuìr, yǒu rén tóu yī-liǎng yuán, yǒu
他们 手中 接过 一朵 花。 我 看了 一会儿, 有 人 投 一两 元, 有
rén tóu jǐ bǎi yuán, hái yǒu rén tāochū zhīpiào tiánhǎo hòu tóujìn mùxiāng. Nàxiē
人 投 几百 元, 还 有 人 掏出 支票 填好 后 投进 木箱。 那些

lǎojūnrén háobù zhùyì rénmen juān duō • shǎo qián, yīzhí bù tíng de xiàng rénmen
老军人 毫不 注意 人们 捐 多少 钱, 一直 不 // 停地 向 人们

dīshēng dàoxiè. Tóngxíng de péngyou gàosu wǒ, zhè shì wèi jìniàn Er Cì Dàzhàn
低声 道谢。 同行 的 朋友 告诉 我, 这是 为 纪念 二次 大战

zhōng cānzhàn de yǒngshì, mùjuān jiùjì cánfèi jūnrén hé lièshì yíshuāng, měinián yī
中 参战 的 勇士, 募捐 救济 残废 军人 和 烈士 遗孀, 每年 一

cì; rèn juān de rén kěwèi yǒngyuè, érqiě zhìxù jǐngrán, qì • fēn zhuāngyán. Yǒuxiē
次；认 捐 的 人 可谓 踊跃, 而且 秩序 井然, 气氛 庄严。 有些

dìfang, rénmen hái nàixīn de páizhe duì. Wǒ xiǎng, zhè shì yīn • wèi tāmen dōu
地方, 人们 还 耐心地 排着 队。 我 想, 这是 因为 他们 都

zhī • dào: Zhèng shì zhèxiē lǎorénmen de liúxuè xīshēng huànláile bāokuò tāmen
知道: 正是 这些 老人们 的 流血 牺牲 换来了 包括 他们

xìnyǎng zìyóu zài nèi de xǔxǔ-duōduō.
信仰 自由 在 内 的 许许多多。

　　Wǒ liǎng cì bǎ nà wēibùzúdào de yīdiǎnr qián pěnggěi tāmen, zhǐ xiǎng duì
　　我 两 次 把 那 微不足道 的 一点儿 钱 捧给 他们, 只 想 对

tāmen shuō shēng "xièxie".
他们 说 声 "谢谢"。

（节选自青白《捐诚》）

【作品 19 号】

　　Méi • yǒu yī piàn lǜyè, méi • yǒu yī lǚ chuīyān, méi • yǒu yī lì nítǔ, méiyǒu yī
　　没有 一 片 绿叶, 没有 一 缕 炊烟, 没有 一 粒 泥土, 没有 一

sī huāxiāng, zhǐyǒu shuǐ de shìjiè, yún de hǎiyáng.
丝 花香, 只有 水 的 世界, 云 的 海洋。

　　Yī zhèn táifēng xíguò, yī zhī gūdān de xiǎoniǎo wújiā-kěguī, luòdào bèi juǎndào
　　一 阵 台风 袭过, 一 只 孤单 的 小鸟 无家可归, 落到 被 卷到

yáng • lǐ de mùbǎn • shàng, chéng liú ér xià, shānshān ér lái, jìn le, jìn le! ……
洋里 的 木板 上, 乘 流而下, 姗姗 而来, 近了, 近了! ……

　　Hūrán, xiǎoniǎo zhāngkāi chìbǎng, zài rénmen tóudǐng pánxuánle jǐ quānr,
　　忽然, 小鸟 张开 翅膀, 在 人们 头顶 盘旋了 几 圈儿,

"pūlā" yī shēng luòdàole chuán • shàng. Xǔ shì lèi le? Háishi fāxiànle "xīn dàlù"?
"噗啦" 一 声 落到了 船 上。 许是 累了? 还是 发现了 "新 大陆"?

Shuǐshǒu niǎn tā tā bù zǒu, zhuā tā, tā guāiguāi de luò zài zhǎngxīn. Kě'ài de
水手 撵 它 它 不 走, 抓 它, 它 乖乖 地 落 在 掌心。 可爱 的

xiǎoniǎo hé shànliáng de shuǐshǒu jiéchéngle péngyou.
小鸟 和 善良 的 水手 结成了 朋友。

　　Qiáo, tā duō měilì, jiāoqiǎo de xiǎozuǐ, zhuólǐzhe lǜsè de yǔmáo, yāzi yàng de
　　瞧, 它 多 美丽, 娇巧 的 小嘴, 啄理着 绿色 的 羽毛, 鸭子 样 的

biǎnjiǎo, chéngxiàn chū chūncǎo de éhuáng. Shuǐshǒumen bǎ tā dàidào cāng • lǐ, gěi
扁脚, 呈现 出 春草 的 鹅黄。 水手们 把 它 带到 舱 里, 给

tā "dā pù", ràng tā zài chuán • shàng ānjiā-luòhù, měi tiān, bǎ fēndào de yī
它 "搭铺", 让 它 在 船 上 安家落户, 每 天, 把 分到 的 一

sùliàotǒng dànshuǐ yúngěi tā hē, bǎ cóng zǔguó dài • lái de xiānměi de yúròu fēngěi
塑料筒 淡水 匀给 它 喝, 把 从 祖国 带来 的 鲜美 的 鱼肉 分给

tā chī, tiāncháng-rìjiǔ, xiǎoniǎo hé shuǐshǒu de gǎnqíng rìqū dǔhòu. Qīngchén, dāng
它 吃, 天长日久, 小鸟 和 水手 的 感情 日趋 笃厚。 清晨, 当

dì-yī shù yángguāng shèjìn xiánchuāng shí, tā biàn chǎngkāi měilì de gēhóu, chàng a
第一 束 阳光 射进 舷窗 时，它 便 敞开 美丽 的 歌喉，唱 啊

chàng, yīngyīng-yǒuyùn, wǎnrú chūnshuǐ cóngcóng. Rénlèi gěi tā yǐ shēngmìng, tā
唱， 嘤嘤有韵， 宛如 春水 淙淙。 人类 给 它 以 生命， 它

háo bù qiānlìn de bǎ zìjǐ de yìshù qīngchūn fèngxiàn gěile bǔyù tā de rén. Kěnéng
毫 不 悭吝 地 把 自己 的 艺术 青春 奉献 给了 哺育 它 的 人。 可能

dōu shì zhèyàng? Yìshùjiāmen de qīngchūn zhǐ huì xiàngěi zūnjìng tāmen de rén.
都 是 这样？ 艺术家们 的 青春 只 会 献给 尊敬 他们 的 人。

　　Xiǎoniǎo gěi yuǎnháng shēnghuó méng·shàngle yī céng làngmàn sèdiào.
　　小鸟 给 远航 生活 蒙上了 一 层 浪漫 色调。

Fǎnháng shí, rénmen àibùshìshǒu, liànliàn-bùshě de xiǎng bǎ tā dàidào yìxiāng. Kě
返航 时， 人们 爱不释手， 恋恋不舍 地 想 把 它 带到 异乡。 可

xiǎoniǎo qiáocuì le, gěi shuǐ, bù hē! Wèi ròu, bù chī! Yóuliàng de yǔmáo shīqùle
小鸟 憔悴 了，给 水，不 喝！ 喂 肉，不 吃！ 油亮 的 羽毛 失去了

guāngzé. Shì a, wǒmen yǒu zìjǐ de zǔguó, xiǎoniǎo yě yǒu tā de guīsù, rén hé
光泽。 是 啊，我//们 有 自己 的 祖国， 小鸟 也 有 它 的 归宿，人 和

dòngwù dōu shì yīyàng a, nǎr yě bùrú gùxiāng hǎo!
动物 都 是 一样 啊，哪儿 也 不如 故乡 好！

　　Cí'ài de shuǐshǒumen juédìng fàngkai tā, ràng tā huídào dàhǎi de yáolán ·qù,
　　慈爱 的 水手们 决定 放开 它， 让 它 回到 大海 的 摇篮 去，

huídào lánsè de gùxiāng ·qù. Líbié qián, zhège dàzìrán de péngyou yǔ shuǐshǒumen
回到 蓝色 的 故乡 去。离别 前， 这个 大自然 的 朋友 与 水手们

liúyǐng jìniàn. Tā zhàn zài xǔduō rén de tóu ·shàng, jiān ·shàng, zhǎng ·shàng,
留影 纪念。 它 站 在 许多 人 的 头 上， 肩 上， 掌 上，

gēbo ·shàng, yǔ wèiyǎngguo tā de rénmen, yīqǐ róngjìn nà lánsè de huàmiàn ……
胳膊 上， 与 喂养过 它 的 人们， 一起 融进 那 蓝色 的 画面 ……

（节选自王文杰《可爱的小鸟》）

【作品 20 号】

　　Niǔyuē de dōngtiān cháng yǒu dà fēngxuě, pūmiàn de xuěhuā bùdàn lìng rén
　　纽约 的 冬天 常 有 大 风雪， 扑面 的 雪花 不但 令 人

nányǐ zhēngkāi yǎnjing, shènzhì hūxī dōu huì xīrù bīnglěng de xuěhuā. Yǒushí qián yī
难以 睁开 眼睛， 甚至 呼吸 都 会 吸入 冰冷 的 雪花。 有时 前 一

tiān wǎnshang háishì yī piàn qínglǎng, dì-èr tiān lākāi chuānglián, què yǐ·jīng jīxuě
天 晚上 还是 一 片 晴朗， 第二 天 拉开 窗帘， 却 已经 积雪

yíng chǐ, lián mén dōu tuī ·bùkāi le.
盈 尺，连 门 都 推不开 了。

　　Yùdào zhèyàng de qíngkuàng, gōngsī、shāngdiàn cháng huì tíngzhǐ shàngbān,
　　遇到 这样 的 情况， 公司、 商店 常 会 停止 上班，

xuéxiào yě tōngguò guǎngbō, xuānbù tíngkè. Dàn lìng rén bùjiě de shì, wéiyǒu gōnglì
学校 也 通过 广播， 宣布 停课。 但 令 人 不解 的 是， 惟有 公立

xiǎoxué, réngrán kāifàng. Zhǐ jiàn huángsè de xiǎochē, jiānnán de zài lùbiān jiē
小学， 仍然 开放。 只 见 黄色 的 校车， 艰难 地 在 路边 接

háizi, lǎoshī zé yīdàzǎo jiù kǒuzhōng pēnzhe rèqì, chǎnqù chēzi qiánhòu de jīxuě,
孩子，老师 则 一大早 就 口中 喷着 热气， 铲去 车子 前后 的 积雪，

xiǎoxīn-yìyì de kāichē qù xuéxiào.
小心翼翼 地 开车 去 学校。

Jù tǒngjì, shí nián lái Niǔyuē de gōnglì xiǎoxué zhǐ yīn·wèi chāojí bàofēngxuě
据 统计， 十 年 来 纽约 的 公立 小学 只 因为 超级 暴风雪

tíngguo qī cì kè. Zhè shì duōme lìng rén jīngyà de shì. Fàndezháo zài dàrén dōu wúxū
停过 七 次 课。 这 是 多么 令 人 惊讶 的 事。 犯得着 在 大人 都 无须

shàngbān de shíhou ràng háizi qù xuéxiào ma? Xiǎoxué de lǎoshī yě tài dǎoméile ba?
上班 的 时候 让 孩子 去 学校 吗？ 小学 的 老师 也 太 倒霉了 吧？

Yúshì, měiféng dàxuě ér xiǎoxué bù tíngkè shí, dōu yǒu jiāzhǎng dǎ diànhuà qù
于是， 每逢 大雪 而 小学 不 停课 时， 都 有 家长 打 电话 去

mà. Miào de shì, měi gè dǎ diànhuà de rén, fǎnyìng quán yīyàng —— xiān shì
骂。 妙 的 是， 每 个 打 电话 的 人， 反应 全 一样 —— 先是

nùqichōngchōng de zéwèn, ránhòu mǎnkǒu dàoqiàn, zuìhòu xiàoróng mǎnmiàn de
怒气冲冲 地 责问， 然后 满口 道歉， 最后 笑容 满面 地

guà·shàng diànhuà. Yuányīn shì, xuéxiào gàosu jiāzhǎng:
挂上 电话。 原因 是， 学校 告诉 家长：

Zài Niǔyuē yǒu xǔduō bǎiwàn fùwēng, dàn yě yǒu bùshǎo pínkùn de jiātíng.
在 纽约 有 许多 百万 富翁， 但 也 有 不少 贫困 的 家庭。

Hòuzhě bái·tiān kāi·bùqǐ nuǎnqì, gōng·bùqǐ wǔcān, háizi de yíngyǎng quán kào
后者 白天 开不起 暖气， 供不起 午餐， 孩子 的 营养 全 靠

xuéxiào·lǐ miǎnfèi de zhōngfàn, shènzhì kěyǐ duō ná xiē huíjiā dàng wǎncān.
学校 里 免费 的 中饭， 甚至 可以 多 拿 些 回家 当 晚餐。

Xuéxiào tíngkè yī tiān, qióng háizi jiù shòu yī tiān dòng, ái yī tiān è, suǒyǐ
学校 停课 一 天， 穷 孩子 就 受 一 天 冻， 挨 一 天 饿， 所以

lǎoshīmen nìngyuàn zìjǐ kǔ yīdiǎnr, yě bù néng tíngkè. //
老师们 宁愿 自己 苦 一点儿， 也 不 能 停课。 //

Huòxǔ yǒu jiāzhǎng huì shuō: Hé bù ràng fùyù de háizi zài jiā·lǐ, ràng pínqióng
或许 有 家长 会 说： 何 不 让 富裕 的 孩子 在 家里， 让 贫穷

de háizi qù xuéxiào xiǎngshòu nuǎnqì hé yíngyǎng wǔcān ne?
的 孩子 去 学校 享受 暖气 和 营养 午餐 呢？

Xuéxiào de dá·fù shì: Wǒmen bùyuàn ràng nàxiē qióngkǔ de háizi gǎndào tāmen
学校 的 答复 是： 我们 不愿 让 那些 穷苦 的 孩子 感到 他们

shì zài jiēshòu jiùjì, yīn·wèi shīshě de zuìgāo yuánzé shì bǎochí shòushīzhě
是 在 接受 救济， 因为 施舍 的 最高 原则 是 保持 受施者

de zūnyán.
的 尊严。

(节选自(台湾)刘墉《课不能停》)

【作品 21 号】

Wǒ dǎliè guīlái, yánzhe huāyuán de línyīnlù zǒuzhe. Gǒu pǎo zài wǒ qián·biān.
我 打猎 归来， 沿着 花园 的 林阴路 走着。 狗 跑 在 我 前边。

Tūrán, gǒu fàngmàn jiǎobù, nièzú-qiánxíng, hǎoxiàng xiùdàole qián·biān yǒu
突然， 狗 放慢 脚步， 蹑足潜行， 好像 嗅到了 前边 有

shénme yěwù.
什么 野物。

Wǒ shùnzhe línyīnlù wàng·qù, kàn·jiànle yī zhī zuǐ biān hái dài huángsè、tóu·shàng
我 顺着 林阴路 望去， 看见了 一 只 嘴 边 还 带 黄色、 头 上

shēngzhe róumáo de xiǎo máquè. Fēng měngliè de chuīdǎzhe línyīnlù·shàng de
生着 柔毛 的 小 麻雀。 风 猛烈 地 吹打着 林阴路 上 的

báihuàshù, máquè cóng cháo·lǐ diēluò xià·lái, dāidāi de fú zài dì·shàng, gūlì
白桦树， 麻雀 从 巢 里 跌落 下来， 呆呆 地 伏 在 地 上， 孤立

wúyuán de zhāngkāi liǎng zhī yǔmáo hái wèi fēngmǎn de xiǎo chìbǎng.
无援地 张开 两只 羽毛 还 未 丰满 的 小 翅膀。

Wǒ de gǒu mànmàn xiàng tā kàojìn. Hūrán, cóng fùjìn yī kē shù · shàng fēi · xià
我的 狗 慢慢 向 它 靠近。 忽然, 从 附近 一棵 树 上 飞 下

yī zhī hēi xiōngpú de lǎo máquè, xiàng yī kē shízǐ shìde luòdào gǒu de gēn · qián.
一只 黑 胸脯 的 老 麻雀, 像 一颗 石子 似的 落到 狗 的 跟前。

Lǎo máquè quánshēn dàoshùzhe yǔmáo, jīngkǒng-wànzhuàng, fāchū juéwàng、 qīcǎn
老 麻雀 全身 倒竖着 羽毛, 惊恐万状, 发出 绝望、 凄惨

de jiàoshēng, jiēzhe xiàng lòuchū yáchǐ、 dà zhāngzhe de gǒuzuǐ pū · qù.
的 叫声, 接着 向 露出 牙齿、 大 张着 的 狗嘴 扑去。

Lǎo máquè shì měng pū xià · lái jiùhù yòuquè de. Tā yòng shēntǐ yǎnhùzhe zìjǐ
老 麻雀 是 猛 扑 下来 救护 幼雀 的。它 用 身体 掩护着 自己

de yòu'ér …… Dàn tā zhěnggè xiǎoxiǎo de shēntǐ yīn kǒngbù ér zhànlìzhe, tā
的 幼儿 …… 但 它 整个 小小 的 身体 因 恐怖 而 战栗着, 它

xiǎoxiǎo de shēngyīn yě biànde cūbào sīyǎ, tā zài xīshēng zìjǐ!
小小 的 声音 也 变得 粗暴 嘶哑,它 在 牺牲 自己!

Zài tā kànlái, gǒu gāi shì duōme pángdà de guàiwu a! Rán'ér, tā háishi bùnéng
在 它 看来, 狗 该 是 多么 庞大 的 怪物 啊! 然而, 它 还是 不能

zhàn zài zìjǐ gāogāo de、 ānquán de shùzhī · shàng …… Yī zhǒng bǐ tā de lǐzhì gèng
站 在 自己 高高 的、 安全 的 树枝 上 …… 一 种 比它 的 理智 更

qiángliè de lì · liàng, shǐ tā cóng nàr pū · xià shēn · lái.
强烈 的 力量, 使它 从 那儿 扑 下 身 来。

Wǒ de gǒu zhànzhù le, xiàng hòu tuìle tuì …… Kànlái, tā yě gǎndàole zhè zhǒng
我的 狗 站住 了, 向 后 退了 退 …… 看来,它 也 感到了 这 种

lì · liàng.
力量。

Wǒ gǎnjǐn huànzhù jīnghuāng-shīcuò de gǒu, ránhòu wǒ huáizhe chóngjìng de
我 赶紧 唤住 惊慌失措 的 狗, 然后 我 怀着 崇敬 的

xīnqíng, zǒukāi le.
心情, 走开 了。

Shì a, qǐng bùyào jiànxiào. Wǒ chóngjìng nà zhī xiǎoxiǎo de、 yīngyǒng de niǎor,
是 啊, 请 不要 见笑。我 崇敬 那只 小小 的、 英勇 的 鸟儿,

wǒ chóngjìng tā nà zhǒng ài de chōngdòng hé lì · liàng.
我 崇敬 它那 种 爱 的 冲动 和 力量。

Ài, wǒ xiǎng, bǐ sǐ hé sǐ de kǒngjù gèng qiángdà. Zhǐyǒu yīkào tā, yīkào zhè
爱, 我 想, 比// 死和死 的 恐惧 更 强大。 只有 依靠 它, 依靠 这

zhǒng ài, shēngmìng cái néng wéichí xià · qù, fāzhǎn xià · qù.
种 爱, 生命 才 能 维持 下去, 发展 下去。

(节选自[俄]屠格涅夫《麻雀》,巴金译)

【作品 22 号】

Nà nián wǒ liù suì. Lí wǒ jiā jǐn yī jiàn zhī yáo de xiǎo shānpō páng, yǒu yī ge
那 年 我 六岁。离 我 家 仅 一 箭 之 遥的 小 山坡 旁, 有 一个

zǎo yǐ bèi fèiqì de cǎishíchǎng, shuāngqīn cónglái bùzhǔn wǒ qù nàr, qíshí nàr
早 已 被 废弃 的 采石场, 双亲 从来 不准 我 去 那儿, 其实 那儿

fēngjǐng shífēn mírén.
风景 十分 迷人。

一个夏季的下午，我随着一群小伙伴偷偷上那儿去了。就在我们穿越了一条孤寂的小路后，他们却把我一个人留在原地，然后奔向"更危险的地带"了。

等他们走后，我惊慌失措地发现，再也找不到要回家的那条孤寂的小道了。像只无头的苍蝇，我到处乱钻，衣裤上挂满了芒刺。太阳已经落山，而此时此刻，家里一定开始吃晚餐了，双亲正盼着我回家……想着想着，我不由得背靠着一棵树，伤心地呜呜大哭起来……

突然，不远处传来了声声柳笛。我像找到了救星，急忙循声走去。一条小道边的树桩上坐着一位吹笛人，手里还正削着什么。走近细看，他不就是被大家称为"乡巴佬"的卡廷吗？

"你好，小家伙儿，"卡廷说，"看天气多美，你是出来散步的吧？"

我怯生生地点点头，答道："我要回家了。"

"请耐心等上几分钟，"卡廷说，"瞧，我正在削一支柳笛，差不多就要做好了，完工后就送给你吧！"

卡廷边削边不时把尚未成形的柳笛放在嘴里试吹一下。没过多久，一支柳笛便递到我手中。我俩在一阵阵清脆悦耳的笛音中，踏上了归途……

当时，我心中只充满感激，而今天，当我自己也成了祖父时，却突然领悟到他用心之良苦！那天当他听到我的哭声时，便判定我一定迷了路，但他并不想在孩子面前扮演"救星"的角色，于是吹响柳笛以便让我能发现他，并

gēnzhe tā zǒuchū kùnjìng! Kǎtíng xiānsheng yǐ xiāngxiarén de chúnpǔ, bǎohùle yī gè
跟着 他 走出 困境！ 卡廷 先生 以 乡下人 的 纯朴，保护了 一 个
xiǎo nánháir qiángliè de zìzūn.
小 男孩儿 强烈 的 自尊。

（节选自《迷途笛音》，唐若水译）

【作品 23 号】

Sēnlín hányǎng shuǐyuán, bǎochí shuǐtǔ, fángzhǐ shuǐhàn zāihài de zuòyòng
森林 涵养 水源，保持 水土，防止 水旱 灾害 的 作用
fēicháng dà. Jù zhuānjiā cèsuàn, yī piàn shíwàn mǔ miànjī de sēnlín, xiāngdāngyú yī
非常 大。据 专家 测算，一 片 十万 亩 面积 的 森林， 相当于 一
gè liǎngbǎi wàn lìfāngmǐ de shuǐkù, zhè zhèng rú nóngyàn suǒ shuō de: "Shān
个 两百 万 立方米 的 水库， 这 正 如 农谚 所说 的："山
• shàng duō zāi shù, děngyú xiū shuǐkù. Yǔ duō tā néng tūn, yǔ shǎo tā néng tǔ."
• 上 多 栽 树，等于 修 水库。雨 多 它 能 吞，雨 少 它 能 吐。"
Shuōqǐ sēnlín de gōng • láo, nà hái duō de hěn. Tā chúle wèi rénlèi tígōng mùcái
说起 森林 的 功劳，那 还 多 得 很。它 除了 为 人类 提供 木材
jí xǔduō zhǒng shēngchǎn、shēnghuó de yuánliào zhīwài, zài wéihù shēngtài huánjìng
及 许多 种 生产、 生活 的 原料 之外，在 维护 生态 环境
fāngmiàn yě shì gōng • láo zhuózhù, tā yòng lìng yī zhǒng "néngtūn-néngtǔ" de tèshū
方面 也是 功劳 卓著，它 用 另一 种 "能吞能吐" 的 特殊
gōngnéng yùnyùle rénlèi. Yīn • wèi dìqiú zài xíngchéng zhīchū, dàqì zhōng de
功能 孕育了 人类。 因为 地球 在 形成 之初，大气 中 的
èryǎnghuàtàn hánliàng hěn gāo, yǎngqì hěn shǎo, qìwēn yě gāo, shēngwù shì nányǐ
二氧化碳 含量 很 高，氧气 很 少， 气温 也 高， 生物 是 难以
shēngcún de. Dàyuē zài sìyì nián zhīqián, lùdì cái chǎnshēngle sēnlín. Sēnlín
生存 的。大约 在 四亿 年 之前， 陆地 才 产生了 森林。森林
mànmàn jiāng dàqì zhōng de èryǎnghuàtàn xīshōu, tóngshí tǔ • chū xīn • xiān yǎngqì,
慢慢 将 大气 中 的 二氧化碳 吸收， 同时 吐出 新鲜 氧气，
tiáojié qìwēn: Zhè cái jùbèile rénlèi shēngcún de tiáojiàn, dìqiú • shàng cái zuìzhōng
调节 气温： 这 才 具备了 人类 生存 的 条件，地球 上 才 最终
yǒule rénlèi.
有了 人类。

Sēnlín, shì dìqiú shēngtài xìtǒng de zhǔtǐ, shì dàzìrán de zǒng diàodùshì, shì
森林，是 地球 生态 系统 的 主体，是 大自然 的 总 调度室，是
dìqiú de lǜsè zhī fèi. Sēnlín wéihù dìqiú shēngtài huánjìng de zhè zhǒng
地球 的 绿色 之肺。森林 维护 地球 生态 环境 的 这 种
"néngtūn-néntǔ" de tèshū gōngnéng shì qítā rènhé wùtǐ dōu bù néng qǔdài de.
"能吞能吐" 的 特殊 功能 是 其他 任何 物体 都 不 能 取代 的。
Rán'ér, yóuyú dìqiú • shàng de ránshāowù zēngduō, èryǎnghuàtàn de páifàngliàng
然而， 由于 地球 上 的 燃烧物 增多， 二氧化碳 的 排放量
jíjù zēngjiā, shǐ • dé dìqiú shēngtài huánjìng jíjù èhuà, zhǔyào biǎoxiàn wéi quánqiú
急剧 增加， 使得 地球 生态 环境 急剧 恶化，主要 表现 为 全球
qìhòu biàn nuǎn, shuǐfèn zhēngfā jiākuài, gǎibiànle qìliú de xúnhuán, shǐ qìhòu
气候 变 暖， 水分 蒸发 加快， 改变了 气流 的 循环，使 气候
biànhuà jiājù, cóng'ér yǐnfā rèlàng、jùfēng、bàoyǔ、hónglào jí gānhàn.
变化 加剧， 从而 引发 热浪、 飓风、 暴雨、 洪涝 及 干旱。

Wèile shǐ dìqiú de zhège "néngtūn-néngtǔ" de lùsè shī fèi huīfù jiànzhuàng, yǐ
为了// 使 地球 的 这个 "能吞能吐" 的 绿色 之 肺 恢复 健壮, 以
gǎishàn shēngtài huánjìng, yìzhì quánqiú biàn nuǎn, jiǎnshǎo shuǐhàn děng zìrán
改善 生态 环境, 抑制 全球 变暖, 减少 水旱 等 自然
zāihài, wǒmen yīnggāi dàlì zào lín、hù lín, shǐ měi yī zuò huāngshān dōu lù qǐ·lái.
灾害, 我们 应该 大力 造林、护林, 使 每 一 座 荒山 都 绿 起来。

(节选自《"能吞能吐"的森林》,《中考语文课外阅读试题精选》)

【作品 24 号】

Péngyou jíjiāng yuǎnxíng.
朋友 即将 远行。

Mùchūn shíjié, yòu yāole jǐ wèi péngyou zài jiā xiǎojù. Suīrán dōu shì jí shóu de
暮春 时节, 又 邀了 几 位 朋友 在 家 小聚。 虽然 都 是 极 熟 的
péngyou, què shì zhōngnián nándé yī jiàn, ǒu'ěr diànhuà·lǐ xiāngyù, yě wúfēi shì jǐ
朋友, 却 是 终年 难得 一 见, 偶尔 电话 里 相遇, 也 无非 是 几
jù xúnchánghuà. Yī guō xiǎomǐ xīfàn, yī dié dàtóucài, yī pán zìjiā niàngzhì de
句 寻常话。 一 锅 小米 稀饭, 一 碟 大头菜, 一 盘 自家 酿制 的
pàocài, yī zhī xiàngkǒu mǎihuí de kǎoyā, jiǎnjiǎn-dāndān, bù xiàng qǐngkè, dàoxiàng
泡菜, 一 只 巷口 买回 的 烤鸭, 简简单单, 不 像 请客, 倒像
jiārén tuánjù.
家人 团聚。

Qíshí, yǒuqíng yě hǎo, àiqíng yě hǎo, jiǔ'érjiǔzhī dōu huì zhuǎnhuà wéi qīnqíng.
其实, 友情 也 好, 爱情 也 好, 久而久之 都 会 转化 为 亲情。

Shuō yě qíguài, hé xīn péngyou huì tán wénxué、tán zhéxué、tán rénshēng dào·lǐ
说 也 奇怪, 和 新 朋友 会 谈 文学、谈 哲学、谈 人生 道理
děngděng, hé lǎo péngyou què zhǐ huà jiācháng, chái-mǐ-yóu-yán, xìxì-suìsuì,
等等, 和 老 朋友 却 只 话 家常, 柴米油盐, 细细碎碎,
zhǒngzhǒng suǒshì. Hěn duō shíhou, xīnlíng de qìhé yǐ·jīng bù xūyào tài duō de
种种 琐事。 很 多 时候, 心灵 的 契合 已经 不 需要 太 多 的
yányǔ lái biǎodá.
言语 来 表达。

Péngyou xīn tàngle ge tóu. bùgǎn huíjiā jiàn mǔ·qīn, kǒngpà jīnghàile
朋友 新 烫了 个 头, 不敢 回家 见 母亲, 恐怕 惊骇了
lǎo·rén·jiā, què huāntiān-xǐdì lái jiàn wǒmen, lǎo péngyou pō néng yǐ yī zhǒng
老人家, 却 欢天喜地 来 见 我们, 老 朋友 颇 能 以 一 种
qùwèixìng de yǎnguāng xīnshǎng zhège gǎibiàn.
趣味性 的 眼光 欣赏 这个 改变。

Niánshào de shíhou, wǒmen chà·bùduō dōu zài wèi bié·rén ér huó, wèi
年少 的 时候, 我们 差不多 都 在 为 别人 而 活, 为
kǔkǒu-póxīn de fùmǔ huó, wèi xúnxún-shànyòu de shīzhǎng huó, wèi xǔduō guānniàn、
苦口婆心 的 父母 活, 为 循循善诱 的 师长 活, 为 许多 观念、
xǔduō chuántǒng de yuēshùlì ér huó. Niánsuì zhú zēng, jiànjiàn zhèngtuō wàizài de
许多 传统 的 约束力 而 活。 年岁 逐 增, 渐渐 挣脱 外在 的
xiànzhì yǔ shùfù, kāishǐ dǒng·dé wèi zìjǐ huó, zhào zìjǐ de fāngshì zuò yīxiē zìjǐ
限制与束缚, 开始 懂得 为 自己 活, 照 自己 的 方式 做 一些 自己
xǐhuan de shì, bù zàihu bié·rén de pīpíng yì·jiàn, bù zàihu bié·rén de dǐhuǐ liúyán,
喜欢 的 事, 不 在乎 别人 的 批评 意见, 不 在乎 别人 的 诋毁 流言,

zhǐ zàihu nà yī fèn suíxīn-suǒyù de shūtan zìrán. Ǒu'ěr, yě nénggòu zòngróng zìjǐ
只 在乎 那 一 份 随心所欲 的 舒坦 自然。 偶尔, 也 能够 纵容 自己

fànglàng yīxià, bìngqiě yǒu yī zhǒng èzuòjù de qièxǐ.
放浪 一下, 并且 有 一 种 恶作剧 的 窃喜。

　　Jiù ràng shēngmìng shùn qí zìrán, shuǐdào-qúchéng ba, yóurú chuāng qián de
　　就 让 生命 顺 其 自然, 水到渠成 吧, 犹如 窗 前 的 //

wūjiù, zìshēng-zìluò zhījiān, zì yǒu yī fèn yuánróng fēngmǎn de xǐyuè. Chūnyǔ
乌桕, 自生自落 之间, 自 有 一 份 圆融 丰满 的 喜悦。 春雨

qīngqīng luòzhe, méi·yǒu shī, méi·yǒu jiǔ, yǒude zhǐshì yī fēn xiāng zhī xiāng zhǔ
轻轻 落着, 没有 诗, 没有 酒, 有的 只是 一 分 相 知 相 属

de zìzài zìdé.
的 自在 自得。

　　Yèsè zài xiàoyǔ zhōng jiànjiàn chénluò, péngyou qǐshēn gàocí, méi·yǒu wǎnliú,
　　夜色 在 笑语 中 渐渐 沉落, 朋友 起身 告辞, 没有 挽留,

méi·yǒu sòngbié, shènzhì yě méi·yǒu wèn guīqī.
没有 送别, 甚至 也 没有 问 归期。

　　Yǐ·jīng guòle dàxǐ-dàbēi de suìyuè, yǐ·jīng guòle shānggǎn liúlèi de niánhuá,
　　已经 过了 大喜大悲 的 岁月, 已经 过了 伤感 流泪 的 年华,

zhī·dàole jù-sàn yuánlái shì zhèyàng de zìrán hé shùnlǐ-chéngzhāng, dǒng·dé zhè
知道了 聚散 原来 是 这样 的 自然 和 顺理成章, 懂得 这

diǎn, biàn dǒng·dé zhēnxī měi yī cì xiāngjù de wēnxīn, líbié biàn yě huānxǐ.
点, 便 懂得 珍惜 每 一 次 相聚 的 温馨, 离别 便 也 欢喜。

(节选自(台湾)杏林子《朋友和其他》)

【作品 25 号】

　　Wǒmen zài tiányě sànbù: Wǒ, wǒ de mǔ·qīn, wǒ de qī·zǐ hé érzi.
　　我们 在 田野 散步: 我, 我 的 母亲, 我 的 妻子 和 儿子。

　　Mǔ·qīn běn bù yuàn chū·lái de. Tā lǎo le, shēntǐ bù hǎo, zǒu yuǎn yīdiǎnr jiù
　　母亲 本 不 愿 出来 的。 她 老 了, 身体 不 好, 走 远 一点儿 就

jué·dé hěn lèi. Wǒ shuō, zhèng yīn·wèi rúcǐ, cái yīnggāi duō zǒuzou. Mǔ·qīn
觉得 很 累。 我 说, 正 因为 如此, 才 应该 多 走走。 母亲

xìnfú de diǎndiǎn tóu, biàn qù ná wàitào. Tā xiànzài hěn tīng wǒ de huà, jiù xiàng
信服地 点点 头, 便 去 拿 外套。 她 现在 很 听 我 的 话, 就 像

wǒ xiǎoshíhou hěn tīng tā de huà yīyàng.
我 小时候 很 听 她 的 话 一样。

　　Zhè nánfāng chūchūn de tiányě, dàkuài xiǎokuài de xīnlǜ suíyì de pūzhe, yǒude
　　这 南方 初春 的 田野, 大块 小块 的 新绿 随意地 铺着, 有的

nóng, yǒude dàn, shù·shàng de nènyá yě mì le, tián·lǐ de dōngshuǐ yě gūgū de
浓, 有的 淡, 树 上 的 嫩芽 也 密 了, 田 里 的 冬水 也 咕咕地

qǐzhe shuǐpào. Zhè yīqiè dōu shǐ rén xiǎngzhe yī yàng dōngxi —— shēngmìng.
起着 水泡。 这 一切 都 使 人 想着 一 样 东西 —— 生命。

　　Wǒ hé mǔ·qīn zǒu zài qián·miàn, wǒ de qī·zǐ hé érzi zǒu zài hòu·miàn.
　　我 和 母亲 走 在 前面, 我 的 妻子 和 儿子 走 在 后面。

Xiǎojiāhuo tūrán jiào qǐ·lái: "Qián·miàn shì māma hé érzi, hòu·miàn yě shì māma
小家伙 突然 叫 起来: "前面 是 妈妈 和 儿子, 后面 也 是 妈妈

hé érzi." Wǒmen dōu xiào le.
和 儿子。" 我们 都 笑 了。

Hòulái fāshēngle fēnqí: Mǔ·qīn yào zǒu dàlù, dàlù píngshùn; wǒ de érzi yào zǒu
后来 发生了 分歧： 母亲 要 走 大路，大路 平顺； 我 的 儿子 要 走

xiǎolù, xiǎolù yǒu yìsi. Bùguò, yīqiè dōu qǔjuéyú wǒ. Wǒ de mǔ·qīn lǎo le, tā
小路， 小路 有 意思。 不过， 一切 都 取决于 我。 我 的 母亲 老 了， 她

zǎoyǐ xíguàn tīngcóng tā qiángzhuàng de érzi; wǒ de érzi hái xiǎo, tā hái xíguàn
早已 习惯 听从 她 强壮 的 儿子； 我 的 儿子 还 小， 他 还 习惯

tīngcóng tā gāodà de fù·qīn; qī·zǐ ne, zài wài·miàn, tā zǒngshì tīng wǒ de.
听从 他 高大 的 父亲； 妻子 呢， 在 外面， 她 总是 听 我 的。

Yīshàshí wǒ gǎndàole zérèn de zhòngdà. Wǒ xiǎng zhǎo yí gè liǎngquán de bànfǎ,
一霎时 我 感到了 责任 的 重大。 我 想 找 一 个 两全 的 办法，

zhǎobùchū; wǒ xiǎng chāisàn yī jiā rén, fēnchéng liǎng lù, gèdé·qísuǒ, zhōng bù
找不出； 我 想 拆散 一家人， 分成 两路， 各得其所， 终 不

yuàn·yì. Wǒ juédìng wěiqu érzi, yīn·wèi wǒ bàntóng tā de shírì hái cháng. Wǒ
愿意。 我 决定 委屈 儿子， 因为 我 伴同 他 的 时日 还 长。 我

shuō: "Zǒu dàlù."
说： "走 大路。"

Dànshì mǔ·qīn mōmo sūn'ér de xiǎo nǎoguā, biànle zhǔyì: "Háishì zǒu xiǎolù
但是 母亲 摸摸 孙儿 的 小 脑瓜， 变了 主意： "还是 走 小路

ba." Tā de yǎn suí xiǎolù wàng·qù: Nà·lǐ yǒu jīnsè de càihuā, liǎng háng zhěngqí
吧。"她的 眼 随 小路 望 去： 那里 有 金色 的 菜花， 两 行 整齐

de sānshù, // jìntóu yī kǒu shuǐbō línlín de yútáng. "Wǒ zǒu bù guò·qù de dìfang,
的 桑树， // 尽头 一 口 水波 粼粼 的 鱼塘。 "我 走 不 过去 的 地方，

nǐ jiù bēizhe wǒ." Mǔ·qīn duì wǒ shuō.
你 就 背着 我。" 母亲 对 我 说。

Zhèyàng, wǒmen zài yángguāng·xià, xiàngzhe nà càihuā, sāngshù hé yútáng
这样， 我们 在 阳光 下， 向着 那 菜花、 桑树 和 鱼塘

zǒu·qù. Dàole yī chù, wǒ dūn xià·lái, bēiqǐle mǔ·qīn; qī·zǐ yě dūn xià·lái,
走 去。 到了 一 处， 我 蹲 下来， 背起了 母亲； 妻子 也 蹲 下来，

bēiqǐle érzi. Wǒ hé qī·zǐ dōu shì mànmàn de, wěnwěn de, zǒu de hěn zǐxì,
背起了 儿子。 我 和 妻子 都 是 慢慢 地， 稳稳 地， 走 得 很 仔细，

hǎoxiàng wǒ bèi·shàng de tóng tā bèi·shàng de jiā qǐ·lái, jiùshì zhěnggè shìjiè.
好像 我 背 上 的 同 她 背 上 的 加 起来， 就是 整个 世界。

（节选自莫怀戚《散步》）

【作品 26 号】

Dìqiú·shàng shìfǒu zhēn de cúnzài "wúdǐdòng"? Ànshuō dìqiú shì yuán de, yóu
地球 上 是否 真 的 存在 "无底洞"？ 按说 地球 是 圆 的， 由

dìqiào, dìmàn hé dìhé sān céng zǔchéng, zhēnzhèng de "wúdǐdòng" shì bù yīng
地壳、 地幔 和 地核 三 层 组成， 真正 的 "无底洞" 是 不 应

cúnzài de, wǒmen suǒ kàndào de gè zhǒng shāndòng, lièkǒu, lièfèng, shènzhì
存在 的， 我们 所 看到 的 各 种 山洞、 裂口、 裂缝， 甚至

huǒshānkǒu yě dōu zhǐshì dìqiào qiánbù de yī zhǒng xiànxiàng. Rán'ér zhōngguó yīxiē
火山口 也 都 只是 地壳 浅部 的 一 种 现象。 然而 中国 一些

gǔjí què duō cì tídào hǎiwài yǒu gè shēn'ào-mòcè de wúdǐdòng. Shìshí·shàng
古籍 却 多 次 提到 海外 有 个 深奥莫测 的 无底洞。 事实 上

dìqiú·shàng quèshí yǒu zhèyàng yī gè "wúdǐdòng".
地球 上 确实 有 这样 一 个 "无底洞"。

Tā wèiyú Xīlà Yàgèsī gǔchéng de hǎibīn. Yóuyú bīnlín dàhǎi, dà zhǎngcháo shí,
它 位于 希腊 亚各斯 古城 的 海滨。 由于 濒临 大海, 大 涨潮 时,

xiōngyǒng de hǎishuǐ biàn huì páishān-dǎohǎi bān de yǒngrù dòng zhōng, xíngchéng
汹涌 的 海水 便 会 排山倒海 般 地 涌入 洞 中, 形成

yī gǔ tuāntuān de jíliú. Jù cè, měi tiān liúrù dòng nèi de hǎishuǐliàng dá sānwàn duō
一 股 湍湍 的 急流。据测, 每 天 流入 洞内 的 海水量 达 三万 多

dūn. Qíguài de shì, rúcǐ dàliàng de hǎishuǐ guànrù dòng zhōng, què cónglái méi·yǒu
吨。 奇怪 的 是, 如此 大量 的 海水 灌入 洞 中, 却 从来 没有

bǎ dòng guànmǎn. Céng yǒu rén huáiyí, zhège "wúdǐdòng", huì·bùhuì jiù xiàng
把 洞 灌满。 曾 有 人 怀疑, 这个 "无底洞", 会不会 就 像

shíhuīyán dìqū de lòudǒu, shùjǐng, luòshuǐdòng yīlèi de dìxíng. Rán'ér cóng èrshí shìjì
石灰岩 地区 的 漏斗、 竖井、 落水洞 一类 的 地形。 然而 从 二十 世纪

sānshí niándài yǐlái, rénmen jiù zuòle duō zhǒng nǔlì qǐtú xúnzhǎo tā de chūkǒu, què
三十 年代 以来, 人们 就 做了 多 种 努力 企图 寻找 它 的 出口, 却

dōu shì wǎngfèi-xīnjī.
都 是 枉费心机。

Wèile jiēkāi zhège mìmì, yī jiǔ wǔ bā nián Měiguó Dìlǐ Xuéhuì pàichū yī zhī
为了 揭开 这个 秘密, 一九五八 年 美国 地理 学会 派出 一 支

kǎocháduì, tāmen bǎ yī zhǒng jīngjiǔ-bùbiàn de dài sè rǎnliào róngjiě zài hǎishuǐ
考察队, 他们 把 一 种 经久不变 的 带色 染料 溶解 在 海水

zhōng, guānchá rǎnliào shì rúhé suízhe hǎishuǐ yīqǐ chén xià·qù. Jiēzhe yòu
中, 观察 染料 是 如何 随着 海水 一起 沉 下去。 接着 又

chákànle fùjìn hǎimiàn yǐjí dǎo·shàng de gè tiáo hé、hú, mǎnhuái xīwàng de
察看了 附近 海面 以及 岛 上 的 各 条 河、湖, 满怀 希望 的

xúnzhǎo zhè zhǒng dài yánsè de shuǐ, jiéguǒ lìng rén shīwàng. Nándào shì
寻找 这 种 带 颜色 的 水, 结果 令 人 失望。 难道 是

hǎishuǐliàng tài dà bǎ yǒusèshuǐ xīshì de tài dàn, yǐzhì wúfǎ fāxiàn? //
海水量 太 大 把 有色水 稀释 得 太 淡,以致 无法 发现? //

Zhìjīn shéi yě bù zhī·dào wèishénme zhè·lǐ de hǎishuǐ huì méiwán-méiliǎo de
至今 谁 也 不 知道 为什么 这里 的 海水 会 没完没了 地

"lòu" xià·qù, zhège "wúdǐdòng" de chūkǒu yòu zài nǎ·lǐ, měi tiān dàliàng de
"漏" 下去, 这个 "无底洞" 的 出口 又 在 哪里, 每 天 大量 的

hǎishuǐ jiūjìng dōu liúdào nǎ·lǐ qù le?
海水 究竟 都 流到 哪里 去 了?

(节选自罗伯特·罗威尔《神秘的"无底洞"》)

【作品 27 号】

Wǒguó de jiànzhù, cóng gǔdài de gōngdiàn dào jìndài de yībān zhùfáng, jué dà
我国 的 建筑, 从 古代 的 宫殿 到 近代 的 一般 住房, 绝大

bùfen shì duìchèn de, zuǒ·biān zěnmeyàng, yòu·biān zěnmeyàng. Sūzhōu yuánlín
部分 是 对称 的, 左边 怎么样, 右边 怎么样。 苏州 园林

kě juébù jiǎng·jiū duìchèn, hǎoxiàng gùyì bìmiǎn shìde. Dōng·biān yǒule yī gè
可 绝不 讲究 对称, 好像 故意 避免 似的。 东边 有了 一 个

tíngzi huòzhě yī dào huíláng, xī·biān juébù huì lái yī gè tóngyàng de tíngzi huòzhě
亭子 或者 一 道 回廊, 西边 决不 会 来 一 个 同样 的 亭子 或者

yī dào tóngyàng de huíláng. Zhè shì wèishénme? Wǒ xiǎng, yòng túhuà lái bǐfang,
一 道 同样 的 回廊。 这 是 为什么? 我 想, 用 图画 来 比方,

duìchèn de jiànzhù shì tú'ànhuà, bù shì měishùhuà, ér yuánlín shì měishùhuà,
对称 的 建筑 是 图案画， 不 是 美术画， 而 园林 是 美术画，

měishùhuà yāoqiú zìrán zhī qù, shì bù jiǎng·jiū duìchèn de.
美术画 要求 自然 之 趣， 是 不 讲究 对称 的。

　　Sūzhōu yuánlín·lǐ dōu yǒu jiǎshān hé chízhǎo.
　　苏州 园林 里 都 有 假山 和 池沼。

　　Jiǎshān de duīdié, kěyǐ shuō shì yī xiàng yìshù ér bùjǐn shì jìshù. Huòzhě shì
　　假山 的 堆叠， 可以 说 是 一 项 艺术 而不仅 是 技术。 或者 是

chóngluán-diézhàng, huòzhě shì jǐ zuò xiǎoshān pèihézhe zhúzi huāmù, quán zàihu
重峦叠嶂， 或者 是 几 座 小山 配合着 竹子 花木， 全 在乎

shèjìzhě hé jiàngshīmen shēngpíng duō yuèlì, xiōng zhōng yǒu qiūhè, cái néng shǐ
设计者 和 匠师们 生平 多 阅历， 胸 中 有 丘壑， 才 能 使

yóulǎnzhě pāndēng de shíhou wàngquè Sūzhōu chéngshì, zhǐ juéde shēn zài shān jiān.
游览者 攀登 的 时候 忘却 苏州 城市， 只 觉得 身 在 山 间。

　　Zhìyú chízhǎo, dàduō yǐnyòng huóshuǐ. Yǒuxiē yuánlín chízhǎo kuān·chǎng, jiù
　　至于 池沼， 大多 引用 活水。 有些 园林 池沼 宽敞， 就

bǎ chízhǎo zuòwéi quán yuán de zhōngxīn, qítā jǐngwù pèihézhe bùzhì. Shuǐmiàn jiǎrú
把 池沼 作为 全 园 的 中心， 其他 景物 配合着 布置。 水面 假如

chéng hédào múyàng, wǎngwǎng ānpái qiáoliáng. Jiǎrú ānpái liǎng zuò yǐshàng de
成 河道 模样， 往往 安排 桥梁。 假如 安排 两 座 以上 的

qiáoliáng, nà jiù yī zuò yī gè yàng, jué bù léitóng.
桥梁， 那就 一座 一个 样， 决不 雷同。

　　Chízhǎo huò hédào de biānyán hěn shǎo qì qízhěng de shí'àn, zǒngshì gāodī qūqū
　　池沼 或 河道 的 边沿 很 少 砌 齐整 的 石岸， 总是 高低 屈曲

rèn qí zìrán. Hái zài nàr bùzhì jǐ kuài línglóng de shítou, huòzhě zhòng xiē huācǎo.
任 其 自然。 还 在 那儿 布置 几 块 玲珑 的 石头， 或者 种 些 花草。

Zhè yě shì wèile qǔde cóng gègè jiǎodù kàn dōu chéng yī fú huà de xiàoguǒ. Chízhǎo
这 也 是 为了 取得 从 各个 角度 看 都 成 一 幅 画 的 效果。 池沼

·lǐ yǎngzhe jīnyú huò gè sè lǐyú, xià-qiū jìjié héhuā huò shuǐlián kāifàng, yóulǎnzhě
里 养着 金鱼 或 各色 鲤鱼， 夏秋 季节 荷花 或 睡莲 开//放， 游览者

kàn "yú xì liányè jiān", yòu shì rù huà de yī jǐng.
看 "鱼戏 莲叶 间"， 又 是 入 画 的 一 景。

（节选自叶圣陶《苏州园林》）

【作品 28 号】

　　Yī wèi fǎng Měi Zhōngguó nǚzuòjiā, zài Niǔyuē yùdào yī wèi mài huā de
　　一 位 访 美 中国 女作家， 在 纽约 遇到 一 位 卖花 的

lǎotàitai. Lǎotàitai chuānzhuó pòjiù, shēntǐ xūruò, dàn liǎn·shàng de shénqíng què
老太太。 老太太 穿着 破旧， 身体 虚弱， 但 脸 上 的 神情 却

shì nàyàng xiánghé xīngfèn. Nǚzuòjiā tiāole yī duǒ huā shuō: "Kàn qǐ·lái, nǐ hěn
是 那样 祥和 兴奋。 女作家 挑了 一 朵 花 说： "看 起 来， 你 很

gāoxìng." Lǎotàitai miàn dài wēixiào de shuō: "Shìde, yīqiè dōu zhème měihǎo, wǒ
高兴。" 老太太 面 带 微笑 地 说： "是的， 一切 都 这么 美好， 我

wèishénme bù gāoxìng ne?" "Duì fánnǎo, nǐ dào zhēn néng kàndekāi." Nǚzuòjiā yòu
为什么 不 高兴 呢？" "对 烦恼， 你 倒 真 能 看得开。" 女作家 又

shuōle yī jù. Méi liàodào, lǎotàitai de huídá gèng lìng nǚzuòjiā dàchī-yījīng: "Yēsū
说了 一 句。 没 料到， 老太太 的 回答 更 令 女作家 大吃一惊： "耶稣

zài xīngqīwǔ bèi dìng·shàng shízìjià shí, shì quán shìjiè zuì zāogāo de yī tiān, kě
在 星期五 被 钉上 十字架 时，是 全 世界 最 糟糕 的 一 天，可

sān tiān hòu jiùshì Fùhuójié. Suǒyǐ, dāng wǒ yùdào bùxìng shí, jiù huì děngdài sān
三 天 后 就是 复活节。 所以，当 我 遇到 不幸 时，就 会 等待 三

tiān, zhèyàng yīqiè jiù huīfù zhèngcháng le."
天， 这样 一切 就 恢复 正常 了。"

"Děngdài sān tiān", duōme fùyú zhélǐ de huàyǔ, duōme lèguān de shēnghuó
"等待 三 天"， 多么 富于 哲理 的 话语， 多么 乐观 的 生活

fāngshì. Tā bǎ fánnǎo hé tòngkǔ pāo·xià, quánlì qù shōuhuò kuàilè.
方式。 它 把 烦恼 和 痛苦 抛下， 全力 去 收获 快乐。

Shěn Cóngwén zài "wén-gé" qījiān, xiànrùle fēirén de jìngdì. kě tā háobù zàiyì,
沈 从文 在 "文革" 期间， 陷入了 非人 的 境地。 可 他 毫不 在意，

tā zài Xiánníng shí gěi tā de biǎozhí、huàjiā Huáng Yǒngyù xiěxìn shuō: "Zhè·lǐ de
他 在 咸宁 时 给 他 的 表侄、 画家 黄 永玉 写信 说："这里 的

héhuā zhēn hǎo, nǐ ruò lái ……" Shěn xiàn kǔnàn què réng wèi héhuā de shèngkāi
荷花 真 好， 你 若 来……" 身 陷 苦难 却 仍 为 荷花 的 盛开

xīnxǐ zàntàn bùyǐ, zhè shì yī zhǒng qūyú chéngmíng de jìngjiè, yīzhǒng kuàngdá
欣喜 赞叹 不已， 这 是 一 种 趋于 澄明 的 境界， 一种 旷达

sǎ·tuō de xiōngjīn, yī zhǒng miànlín mónàn tǎndàng cóngróng de qìdù, yī zhǒng duì
洒脱 的 胸襟， 一 种 面临 磨难 坦荡 从容 的 气度， 一 种 对

shēnghuó tóngzǐ bān de rè'ài hé duì měihǎo shìwù wúxiàn xiàngwǎng de
生活 童子 般 的 热爱 和 对 美好 事物 无限 向往 的

shēngmìng qínggǎn.
生命 情感。

Yóucǐ-kějiàn, yǐngxiǎng yī gè rén kuàilè de, yǒushí bìng bùshì kùnjìng jí mónàn,
由此可见， 影响 一个人 快乐 的， 有时 并 不是 困境 及 磨难，

érshì yī gè rén de xīntài. Rúguǒ bǎ zìjǐ jìnpào zài jījí、lèguān、xiàngshàng de
而是 一 个 人 的 心态。 如果 把 自己 浸泡 在 积极、 乐观、 向上 的

xīntài zhōng, kuàilè bìrán huì zhànjù nǐ de měi yī tiān.
心态 中， 快乐 必然 会// 占据 你 的 每 一 天。

（节选自《态度创造快乐》）

【作品 29 号】

Tài Shān jí dǐng kàn rìchū, lìlái bèi miáohuì chéng shífēn zhuàngguān de qíjǐng.
泰 山 极 顶 看 日出， 历来 被 描绘 成 十分 壮观 的 奇景。

Yǒu rén shuō: Dēng Tài Shān ér kàn·bùdào rìchū, jiù xiàng yī chū dàxì méi·yǒu
有 人 说： 登 泰 山 而 看不到 日出， 就 像 一 出 大戏 没有

xìyǎn, wèir zhōngjiū yǒu diǎnr guǎdàn.
戏眼， 味儿 终究 有 点儿 寡淡。

Wǒ qù páshān nà tiān, zhèng gǎn·shàng gè nándé de hǎotiān, wànlǐ chángkōng,
我 去 爬山 那 天， 正 赶上 个 难得 的 好天， 万里 长空，

yúncaisīr dōu bù jiàn. Sùcháng, yānwù téngténg de shāntóu, xiǎn·dé méi·mù
云彩丝儿 都 不 见。 素常， 烟雾 腾腾 的 山头， 显得 眉目

fēnmíng. Tóngbànmen dōu xīnxǐ de shuō: "Míngtiān zǎo·chén zhǔn kěyǐ kàn·jiàn
分明。 同伴们 都 欣喜地 说："明天 早晨 准 可以 看见

rìchū le." Wǒ yě shì bàozhe zhè zhǒng xiǎngtou, pá·shàng shān·qù.
日出 了。" 我 也 是 抱着 这 种 想头， 爬上 山 去。

Yīlù cóng shānjiǎo wǎngshàng pá, xì kàn shānjǐng, wǒ jué·dé guà zài yǎnqián
一路 从 山脚 往上 爬，细看 山景，我 觉得 挂在 眼前

de bù shì Wǔ Yuè dú zūn de Tài Shān, què xiàng yī fú guīmó jīngrén de qīnglǜ
的不是 五岳 独尊 的 泰山，却 像 一幅 规模 惊人 的 青绿

shānshuǐhuà, cóng xià·miàn dào zhǎn kāi·lái. Zài huàjuàn zhōng zuì xiān lòuchū de
山水画， 从 下面 倒展 开来。 在 画卷 中 最先 露出 的

shì shāngēnr dǐ nà zuò Míngcháo jiànzhù Dàizōngfāng, mànmàn de biàn xiànchū
是 山根 底 那座 明朝 建筑 岱宗坊， 慢慢 地 便 现出

Wángmǔchí、Dǒumǔgōng、Jīngshíyù. Shān shì yī céng bǐ yī céng shēn, yī dié bǐ yī
王母池、 斗母宫、 经石峪。 山 是 一 层 比 一 层 深，一 叠 比 一

dié qí, céngcéng-diédié, bù zhī hái huì yǒu duō shēn duō qí. Wàn shān cóng zhōng,
叠 奇， 层层叠叠， 不知 还会 有 多 深 多 奇。 万 山 丛 中，

shí'ér diǎnrǎnzhe jíqí gōngxì de rénwù. Wángmǔchí páng de Lǚzǔdiàn·lǐ yǒu
时而 点染着 极其 工细 的 人物。 王母池 旁 的 吕祖殿 里 有

bùshǎo zūn míngsù, sùzhe Lǚ Dòngbīn děng yīxiē rén, zītài shénqíng shì nàyàng yǒu
不少 尊 明塑， 塑着 吕 洞宾 等 一些 人，姿态 神情 是 那样 有

shēngqì, nǐ kàn le, bùjīn huì tuōkǒu zàntàn shuō: "Huó la."
生气，你 看 了，不禁 会 脱口 赞叹 说："活 啦。"

Huàjuàn jìxù zhǎnkāi, lùyīn sēnsēn de Bǎidòng lòumiàn bù tài jiǔ, biàn láidào
画卷 继续 展开，绿阴 森森 的 柏洞 露面 不 太久， 便 来到

Duìsōngshān. Liǎngmiàn qífēng duìzhìzhe, mǎn shānfēng dōu shì qíxíng-guàizhuàng de
对松山。 两面 奇峰 对峙着， 满 山峰 都是 奇形怪状 的

lǎosōng, niánjì pà dōu yǒu shàng qiān suì le, yánsè jìng nàme nóng, nóng de
老松， 年纪 怕 都 有 上 千 岁 了，颜色 竟 那么 浓， 浓得

hǎoxiàng yào liú xià·lái shìde. Láidào zhèr, nǐ bùfáng quándāng yī cì huà·lǐ de
好像 要 流 下来 似的。 来到 这儿，你 不妨 权当 一 次 画里 的

xiěyì rénwù, zuò zài lùpáng de Duìsōngtíng·lǐ, kànkan shānsè, tīngting liúshuǐ
写意 人物， 坐 在 路旁 的 对松亭 里， 看看 山色， 听听 流//水

hé sōngtāo.
和 松涛。

Yī shíjiān, wǒ yòu jué·dé zìjǐ bùjǐn zài kàn huàjuàn, què yòu xiàng shì zài
一 时间，我 又 觉得 自己 不仅 在 看 画卷， 却 又 像 是 在

línglíng-luànluàn fānzhe yī juàn lìshǐ gǎoběn.
零零乱乱 翻着 一 卷 历史 稿本。

（节选自杨朔《泰山极顶》）

【作品 30 号】

Yùcái Xiǎoxué xiàozhǎng Táo Xíngzhī zài xiàoyuán kàndào xuésheng Wáng Yǒu
育才 小学 校长 陶 行知 在 校园 看到 学生 王 友

yòng níkuài zá zìjǐ bān·shàng de tóngxué, Táo Xíngzhī dāngjí hèzhǐle tā, bìng lìng
用 泥块 砸 自己 班 上 的 同学， 陶 行知 当即 喝止了 他，并 令

tā fàngxué hòu dào xiàozhǎngshì qù. Wúyí, Táo Xíngzhī shì yào hǎohǎo jiàoyù zhège
他 放学 后 到 校长室 去。无疑，陶 行知 是 要 好好 教育 这个

"wánpí" de xuésheng. Nàme tā shì rúhé jiàoyù de ne?
"顽皮" 的 学生。 那么 他 是 如何 教育 的 呢?

Fàngxué hòu, Táo Xíngzhī láidào xiàozhǎngshì, Wáng Yǒu yǐ·jīng děng zài
放学 后， 陶 行知 来到 校长室， 王 友 已经 等 在

ménkǒu zhǔnbèi ái xùn le. Kě yī jiànmiàn, Táo Xíngzhī què tāochū yī kuài tángguǒ
门口　　准备　挨训了。可一　见面，　　陶　行知　却　掏出　一　块　糖果

sònggěi Wáng Yǒu, bìng shuō: "Zhè shì jiǎnggěi nǐ de, yīn·wèi nǐ ànshí láidào
送给　　王　友，并　说："这　是　奖给　你　的，　因为　你　按时　来到

zhè·lǐ, ér wǒ què chídào le." Wáng Yǒu jīngyí de jiēguo tángguǒ.
这里，而　我　却　迟到　了。"　王　友　惊疑地　接过　糖果。

　　Suíhòu, Táo Xíngzhī yòu tāochū yī kuài tángguǒ fàngdào tā shǒu·lǐ, shuō: "Zhè
　　随后，陶　行知　又　掏出　一　块　糖果　放到　他　手里，说："这

dì-èr kuài tángguǒ yě shì jiǎnggěi nǐ de, yīn·wèi dāng wǒ bùràng nǐ zài dǎrén shí, nǐ
第二　块　糖果　也　是　奖给　你　的，　因为　当　我　不让　你　再　打人　时，你

lìjí jiù zhùshǒu le, zhè shuōmíng nǐ hěn zūnzhòng wǒ, wǒ yīnggāi jiǎng nǐ." Wáng
立即　就　住手　了，这　说明　你　很　尊重　我，我　应该　奖　你。" 王

Yǒu gèng jīngyí le, tā yǎnjing zhēng de dàdà de.
友　更　惊疑　了，他　眼睛　睁　得　大大　的。

　　Táo Xíngzhī yòu tāochū dì-sān kuài tángguǒ sāidào Wáng Yǒu shǒu·lǐ, shuō: "Wǒ
　　陶　行知　又　掏出　第三　块　糖果　塞到　王　友　手里，说："我

diàocháguo le, nǐ yòng níkuài zá nàxiē nánshēng, shì yīn·wèi tāmen bù shǒu yóuxì
调查过　了，你　用　泥块　砸　那些　男生，是　因为　他们　不　守　游戏

guīzé, qīfu nǚshēng; nǐ zá tāmen, shuōmíng nǐ hěn zhèngzhí shànliáng, qiě yǒu
规则，欺负　女生；你　砸　他们，说明　你　很　正直　善良，　且　有

pīpíng bùliáng xíngwéi de yǒngqì, yīnggāi jiǎnglì nǐ a!" Wáng Yǒu gǎndòng jí le,
批评　不良　行为　的　勇气，　应该　奖励　你啊！" 王　友　感动　极了，

tā liúzhe yǎnlèi hòuhuǐ de hǎndào: "Táo …… Táo xiàozhǎng nǐ dǎ wǒ liǎng xià ba!
他　流着　眼泪　后悔　地　喊道："陶……　陶　校长　你　打　我　两　下　吧！

Wǒ zá de bù shì huàirén, ér shì zìjǐ de tóngxué a……"
我　砸　的　不　是　坏人，而　是　自己　的　同学　啊……"

　　Táo Xíngzhī mǎnyì de xiào le, tā suíjí tāochū dì-sì kuài tángguǒ dìgěi Wáng Yǒu,
　　陶　行知　满意地　笑　了，他　随即　掏出　第四　块　糖果　递给　王　友，

shuō: "Wèi nǐ zhèngquè de rènshi cuò·wù, wǒ zài jiǎnggěi nǐ yī kuài tángguǒ, zhǐ
说："为　你　正确　地　认识　错误，我　再　奖给　你　一　块　糖果，只

kěxī wǒ zhǐyǒu zhè yī kuài tángguǒ le. Wǒ de tángguǒ méi·yǒu le, wǒ kàn wǒmen
可惜　我　只有　这　一　块　糖果　了。我　的　糖果// 　没有　了，我　看　我们

de tánhuà yě gāi jiéshù le ba!" Shuōwán, jiù zǒuchūle xiàozhǎngshì.
的　谈话　也　该　结束　了　吧！"　说完，　就　走出了　校长室。

　　　　　　　　　　　　　　　　（节选自《陶行知的"四块糖果"》，《教师博览·百期精华》）

【作品 31 号】

　　Jì·dé wǒ shísān suì shí, hé mǔ·qīn zhù zài Fǎguó dōngnánbù de Nàisī Chéng.
　　记得　我　十三　岁　时，和　母亲　住　在　法国　东南部　的　耐斯　城。

Mǔ·qīn méi·yǒu zhàngfu, yě méi·yǒu qīnqi, gòu qīngkǔ de, dàn tā jīngcháng néng
母亲　没有　丈夫，也　没有　亲戚，够　清苦　的，但　她　经常　能

ná·chū lìng rén chījīng de dōngxi, bǎi zài wǒ miànqián. Tā cónglái bù chī ròu, yīzài
拿出　令　人　吃惊　的　东西，摆　在　我　面前。她　从来　不　吃　肉，一再

shuō zìjǐ shì sùshízhě. Rán'ér yǒu yī tiān, wǒ fāxiàn mǔ·qīn zhèng zǐxì de yòng yī
说　自己　是　素食者。然而　有　一　天，我　发现　母亲　正　仔细地　用　一

xiǎo kuàir suì miànbāo cā nà gěi wǒ jiān niúpái yòng de yóuguō. Wǒ míngbaile tā
小　块儿　碎　面包　擦　那　给　我　煎　牛排　用　的　油锅。我　明白了　她

chēng zìjǐ wéi sùshízhě de zhēnzhèng yuányīn.
称 自己 为 素食者 的 真正 原因。

Wǒ shíliù suì shí, mǔ·qīn chéngle Nàisī Shì Měiméng lǚguǎn de nǚ jīnglǐ. Zhèshí,
我 十六 岁 时, 母亲 成了 耐斯市 美蒙 旅馆 的 女 经理。 这时,

tā gèng mánglù le. Yītiān, tā tān zài yǐzi·shàng, liǎnsè cāngbái, zuǐchún fā huī.
她 更 忙碌 了。 一天, 她 瘫 在 椅子 上, 脸色 苍白, 嘴唇 发 灰。

Mǎshàng zhǎolái yīshēng, zuò·chū zhěnduàn: Tā shèqǔle guòduō de yídǎosù. Zhídào
马上 找来 医生, 做出 诊断: 她 摄取了 过多 的 胰岛素。 直到

zhèshí wǒ cái zhī·dào mǔ·qīn duōnián yīzhí duì wǒ yǐnmán de jítòng
这时 我 才 知道 母亲 多年 一直 对 我 隐瞒 的 疾痛

—— tángniàobìng.
—— 糖尿病。

Tā de tóu wāixiàng zhěntou yībiān, tòngkǔ de yòng shǒu zhuānao xiōngkǒu.
她的 头 歪向 枕头 一边, 痛苦 地 用 手 抓挠 胸口。

Chuángjià shàngfāng, zé guàzhe yī méi wǒ yī jiǔ sān èr nián yíngdé Nàisī Shì
床架 上方, 则 挂着 一 枚 我 一 九 三 二 年 赢得 耐斯市

shàonián pīngpāngqiú guànjūn de yínzhì jiǎngzhāng.
少年 乒乓球 冠军 的 银质 奖章。

Ā, shì duì wǒ de měihǎo qiántú de chōngjǐng zhīchēngzhe tā huó xià·qù, wèile
啊, 是 对 我 的 美好 前途 的 憧憬 支撑着 她 活 下去, 为了

gěi tā nà huāngtáng de mèng zhìshǎo jiā yīdiǎn zhēnshí de sècǎi, wǒ zhǐnéng jìxù
给 她 那 荒唐 的 梦 至少 加 一点 真实 的 色彩, 我 只能 继续

nǔlì, yǔ shíjiān jìngzhēng, zhízhì yī jiǔ sān bā nián wǒ bèi zhēng rù Kōngjūn. Bālí
努力, 与 时间 竞争, 直至 一 九 三 八 年 我 被 征 入 空军。 巴黎

hěn kuài shīxiàn, wǒ zhǎnzhuǎn diàodào Yīngguó Huángjiā Kōngjūn. Gāng dào
很 快 失陷, 我 辗转 调到 英国 皇家 空军。 刚 到

Yīngguó jiù jiēdàole mǔ·qīn de láixìn. Zhèxiē xìn shì yóu zài Ruìshì de yī gè péngyou
英国 就 接到了 母亲 的 来信。 这些 信 是 由 在 瑞士 的 一 个 朋友

mìmì de zhuǎndào Lúndūn, sòngdào wǒ shǒuzhōng de.
秘密 地 转到 伦敦, 送到 我 手中 的。

Xiànzài wǒ yào huíjiā le, xiōngqián pèidàizhe xǐngmù de lǜ-hēi liǎng sè de jiěfàng
现在 我 要 回家 了, 胸前 佩带着 醒目 的 绿黑 两色 的 解放

shízì shòu//dài, shàng·miàn guàzhe wǔ-liù méi wǒ zhōngshēn nánwàng de xūnzhāng,
十字 绶带, 上面 挂着 五六 枚 我 终身 难忘 的 勋章,

jiān·shàng hái pèidàizhe jūnguān jiānzhāng. Dàodá lǚguǎn shí, méi·yǒu yī gè rén
肩 上 还 佩带着 军官 肩章。 到达 旅馆 时, 没有 一 个 人

gēn wǒ dǎ zhāohu. Yuánlái, wǒ mǔ·qīn zài sān nián bàn yǐqián jiù yǐ·jīng líkāi
跟 我 打 招呼。 原来, 我 母亲 在 三 年 半 以前 就 已经 离开

rénjiān le.
人间 了。

Zài tā sǐ qián de jǐ tiān zhōng, tā xiěle jìn èrbǎi wǔshí fēng xìn, bǎ zhèxiē xìn
在 她 死前 的 几 天 中, 她 写了 近 二百 五十 封 信, 把 这些 信

jiāogěi tā zài Ruìshì de péngyou, qǐng zhège péngyou dìngshí jì gěi wǒ. Jiù zhèyàng,
交给 她 在 瑞士 的 朋友, 请 这个 朋友 定时 寄 给 我。 就 这样,

zài mǔ·qīn sǐ hòu de sān nián bàn de shíjiān·lǐ, wǒ yīzhí cóng tā shēn·shàng
在 母亲 死 后 的 三 年 半 的 时间里, 我 一直 从 她 身 上

xīqǔzhe lì·liàng hé yǒngqì —— zhè shǐ wǒ nénggòu jìxù zhàndòu dào shènglì nà
吸取着 力量 和 勇气 —— 这 使 我 能够 继续 战斗 到 胜利 那

yī tiān.
一 天。

（节选自［法］罗曼·加里《我的母亲独一无二》）

【作品 32 号】

Shēnghuó duìyú rènhé rén dōu fēi yì shì, wǒmen bìxū yǒu jiānrèn-bùbá de
生活 对于 任何 人 都 非易 事， 我们 必须 有 坚韧不拔 的

jīngshén. Zuì yàojǐn de, háishi wǒmen zìjǐ yào yǒu xìnxīn. Wǒmen bìxū xiāngxìn,
精神。 最 要紧 的， 还是 我们 自己 要 有 信心。 我们 必须 相信，

wǒmen duì měi yī jiàn shìqing dōu jùyǒu tiānfù de cáinéng, bìngqiě, wúlùn fùchū
我们 对 每 一 件 事情 都 具有 天赋 的 才能， 并且， 无论 付出

rènhé dàijià, dōu yào bǎ zhè jiàn shì wánchéng. Dāng shìqing jiéshù de shíhou, nǐ
任何 代价， 都 要 把 这 件 事 完成。 当 事情 结束 的 时候， 你

yào néng wènxīn-wúkuì de shuō: "Wǒ yǐ·jīng jìn wǒ suǒ néng le."
要 能 问心无愧 地 说："我 已经 尽 我 所 能 了。"

Yǒu yī nián de chūntiān, wǒ yīn bìng bèipò zài jiā·lǐ xiūxi shù zhōu. Wǒ
有 一 年 的 春天， 我 因 病 被迫 在 家里 休息 数 周。 我

zhùshìzhe wǒ de nǚ'érmen suǒ yǎng de cán zhèngzài jié jiǎn, zhè shǐ wǒ hěn gǎn
注视着 我 的 女儿们 所 养 的 蚕 正在 结 茧， 这 使 我 很 感

xìngqù. Wàngzhe zhèxiē cán zhízhuó de、qínfèn de gōngzuò, wǒ gǎndào wǒ hé tāmen
兴趣。 望着 这些 蚕 执著 地、 勤奋 地 工作， 我 感到 我 和 它们

fēicháng xiāngsì. Xiàng tāmen yīyàng, wǒ zǒngshì nàixīn de bǎ zìjǐ de nǔlì jízhōng
非常 相似。 像 它们 一样， 我 总是 耐心 地 把 自己 的 努力 集中

zài yī gè mùbiāo·shàng. Wǒ zhīsuǒyǐ rúcǐ, huòxǔ shì yīn·wèi yǒu mǒu zhǒng
在 一 个 目标 上。 我 之所以 如此， 或许 是 因为 有 某 种

lì·liàng zài biāncèzhe wǒ —— zhèng rú cán bèi biāncèzhe qù jié jiǎn yībān.
力量 在 鞭策着 我 —— 正 如 蚕 被 鞭策着 去 结 茧 一般。

Jìn wǔshí nián lái, wǒ zhìlìyú kēxué yánjiū, ér yánjiū, jiùshì duì zhēnlǐ de tàntǎo.
近 五十 年 来， 我 致力于 科学 研究， 而 研究， 就是 对 真理 的 探讨。

Wǒ yǒu xǔduō měihǎo kuàilè de jìyì. Shàonǚ shíqī wǒ zài Bālí Dàxué, gūdú de
我 有 许多 美好 快乐 的 记忆。 少女 时期 我 在 巴黎 大学， 孤独 地

guòzhe qiúxué de suìyuè; zài hòulái xiànshēn kēxué de zhěnggè shíqī, wǒ zhàngfu hé
过着 求学 的 岁月； 在 后来 献身 科学 的 整个 时期， 我 丈夫 和

wǒ zhuānxīn-zhìzhì, xiàng zài mènghuàn zhōng yībān, zuò zài jiǎnlòu de shūfáng·lǐ
我 专心致志， 像 在 梦幻 中 一般， 坐 在 简陋 的 书房 里

jiānxīn de yánjiū, hòulái wǒmen jiù zài nà·lǐ fāxiànle léi.
艰辛 地 研究， 后来 我们 就 在 那里 发现了 镭。

Wǒ yǒngyuǎn zhuīqiú ānjìng de gōngzuò hé jiǎndān de jiātíng shēnghuó. Wèile
我 永远 追求 安静 的 工作 和 简单 的 家庭 生活。 为了

shíxiàn zhège lǐxiǎng, wǒ jiélì bǎochí níngjìng de huánjìng, yǐmiǎn shòu rénshì de
实现 这个 理想， 我 竭力 保持 宁静 的 环境， 以免 受 人事 的

gānrǎo hé shèngmíng de tuōlěi.
干扰 和 盛名 的 拖累。

Wǒ shēnxìn, zài kēxué fāngmiàn wǒmen yǒu duì shìyè ér bù shì duì cáifù de
我 深信， 在 科学 方面 我们 有 对 事业 而 不 是// 对 财富 的

xìngqù. Wǒ de wéiyī shēwàng shì zài yī gè zìyóu guójiā zhōng, yǐ yī gè zìyóu xuézhě
兴趣。 我 的 惟一 奢望 是 在 一 个 自由 国家 中 以 一 个 自由 学者

de shēn • fèn cóngshì yánjiū gōngzuò.
的 身份 从事 研究 工作。

Wǒ yīzhí chénzuì yú shìjiè de yōuměi zhīzhōng, wǒ suǒ rè'ài de kēxué yě bùduàn
我 一直 沉醉 于 世界 的 优美 之中, 我 所 热爱 的 科学 也 不断

zēngjiā tā zhǎnxīn de yuǎnjǐng. Wǒ rèndìng kēxué běnshēn jiù jùyǒu wěidà de měi.
增加 它 崭新 的 远景。 我 认定 科学 本身 就 具有 伟大 的 美。

(节选自[波兰]玛丽•居里《我的信念》,剑捷译)

【作品 33 号】

　　Gāoxìng, zhè shì yī zhǒng jùtǐ de bèi kàndedào mōdezháo de shìwù suǒ huànqǐ
　　高兴, 这 是 一 种 具体 的 被 看得到 摸得着 的 事物 所 唤起

de qíng • xù. Tā shì xīnlǐ de, gèng shì shēnglǐ de. Tā róng • yì lái yě róng • yì qù, shéi
的 情绪。 它 是 心理 的, 更 是 生理 的。它 容易 来 也 容易 去, 谁

yě bù yīnggāi duì tā shì'érbùjiàn shīzhījiāobì, shéi yě bù yīnggāi zǒngshì zuò nàxiē shǐ
也 不 应该 对 它 视而不见 失之交臂, 谁 也 不 应该 总是 做 那些 使

zìjǐ bù gāoxìng yě shǐ pángrén bù gāoxìng de shì. Ràng wǒmen shuō yī jiàn zuì
自己 不 高兴 也 使 旁人 不 高兴 的 事。 让 我们 说 一 件 最

ráng • yì zuò yě zuì lìng rén gāoxìng de shì ba, zūnzhòng nǐ zìjǐ, yě zūnzhòng
容易 做 也 最 令 人 高兴 的 事 吧, 尊重 你 自己, 也 尊重

bié • rén, zhè shì měi yī gè rén de quánlì, wǒ háiyào shuō zhè shì měi yī gè rén
别人, 这 是 每 一 个 人 的 权利, 我 还要 说 这 是 每 一 个 人

de yìwù.
的 义务。

　　Kuàilè, tā shì yī zhǒng fùyǒu gàikuòxìng de shēngcún zhuàngtài、 gōngzuò
　　快乐, 它 是 一 种 富有 概括性 的 生存 状态、 工作

zhuàngtài. Tā jīhū shì xiānyàn de, tā láizì shēngmìng běnshēn de huólì, láizì yǔzhòu、
状态。 它 几乎 是 先验 的, 它 来自 生命 本身 的 活力, 来自 宇宙、

dìqiú hé rénjiān de xīyǐn, tā shì shìjiè de fēngfù、 xuànlì、 kuòdà、 yōujiǔ de tǐxiàn.
地球 和 人间 的 吸引, 它 是 世界 的 丰富、 绚丽、 阔大、 悠久 的 体现。

Kuàilè háishì yī zhǒng lì • liàng, shì mái zài dìxià de gēnmài. Xiāomiè yī gè rén de
快乐 还是 一 种 力量, 是 埋 在 地下 的 根脉。 消灭 一 个 人 的

kuàilè bǐ wājué diào yī kē dàshù de gēn yào nán de duō.
快乐 比 挖掘 掉 一 棵 大树 的 根 要 难 得 多。

　　Huānxīn, zhè shì yī zhǒng qīngchūn de、 shīyì de qínggǎn. Tā láizì miànxiàngzhe
　　欢欣, 这 是 一 种 青春 的、诗意 的 情感。 它 来自 面向着

wèilái shēnkāi shuāngbì bēnpǎo de chōnglì, tā láizì yī zhǒng qīngsōng ér yòu shénmì、
未来 伸开 双臂 奔跑 的 冲力, 它 来自 一 种 轻松 而 又 神秘、

ménglóng ér yòu yǐnmì de jīdòng, tā shì jīqíng jíjiāng dàolái de yùzhào, tā yòu shì
朦胧 而 又 隐秘 的 激动, 它 是 激情 即将 到来 的 预兆, 它 又 是

dàyǔ guòhòu de bǐ xiàyǔ háiyào měimiào de duō yě jiǔyuǎn de duō de huíwèi ……
大雨 过后 的 比 下雨 还要 美妙 得 多 也 久远 得 多 的 回味 ……

　　Xǐyuè, tā shì yī zhǒng dàiyǒu xíng ér shàng sècǎi de xiūyǎng hé jìngjiè. Yǔqí
　　喜悦, 它 是 一 种 带有 形 而 上 色彩 的 修养 和 境界。 与其

shuō tā shì yī zhǒng qíng • xù, bùrú shuō tā shì yī zhǒng zhìhuì、 yī zhǒng chāobá、 yī
说 它 是 一 种 情绪, 不如 说 它 是 一 种 智慧、一 种 超拔、一

zhǒng bēitiān-mǐnrén de kuānróng hé lǐjiě, yī zhǒng bǎojīng-cāngsāng de chōngshí hé
种 悲天悯人 的 宽容 和 理解, 一 种 饱经沧桑 的 充实 和

zìxìn, yī zhǒng guāngmíng de lǐxìng, yī zhǒng jiāndìng de chéngshú, yī zhǒng
自信，一 种 光明 的 理性，一 种 坚定// 的 成熟，一 种

zhànshèngle fánnǎo hé yōngsú de qīngmíng chéngchè. Tā shì yī tán qīngshuǐ, tā shì
战胜了 烦恼 和 庸俗 的 清明 澄澈。它 是 一潭 清水，它 是

yī mǒ zhāoxiá, tā shì wúbiān de píngyuán, tā shì chénmò de dìpíngxiàn. Duō yīdiǎnr、
一 抹 朝霞，它 是 无边 的 平原，它 是 沉默 的 地平线。多 一点儿、

zài duō yīdiǎnr xǐyuè ba, tā shì chìbǎng, yě shì guīcháo. Tā shì yī bēi měijiǔ, yě shì
再 多 一点儿 喜悦 吧，它 是 翅膀，也 是 归巢。它 是 一杯 美酒，也 是

yī duǒ yǒngyuǎn kāi bù bài de liánhuā.
一 朵 永远 开 不 败 的 莲花。

（节选自王蒙《喜悦》）

【作品 34 号】

Zài Wānzǎi, Xiānggǎng zuì rènao de dìfang, yǒu yī kē róngshù, tā shì zuì guì de
在 湾仔，香港 最 热闹 的 地方，有 一棵 榕树，它 是 最贵 的

yī kē shù, bùguāng zài Xiānggǎng, zài quánshìjiè, dōu shì zuì guì de.
一棵 树，不光 在 香港，在 全世界，都 是 最贵 的。

Shù, huó de shù, yòu bù mài hé yán qí guì? Zhǐ yīn tā lǎo, tā cū, shì Xiānggǎng
树，活 的 树，又 不 卖 何 言 其 贵？只 因 它 老，它 粗，是 香港

bǎinián cāngsāng de huó jiànzhèng, Xiānggǎngrén bùrěn kànzhe tā bèi kǎnfá, huòzhě
百年 沧桑 的 活 见证，香港人 不忍 看着 它 被 砍伐，或者

bèi yízǒu, biàn gēn yào zhànyòng zhè piàn shānpō de jiànzhùzhě tán tiáojiàn: Kěyǐ zài
被 移走，便 跟 要 占用 这 片 山坡 的 建筑者 谈 条件：可以 在

zhèr jiàn dàlóu gài shāngshà, dàn yī bùzhǔn kǎn shù, èr bùzhǔn nuó shù, bìxū bǎ tā
这儿 建 大楼 盖 商厦，但 一 不准 砍 树，二 不准 挪 树，必须 把 它

yuándì jīngxīn yǎng qǐ·lái, chéngwéi Xiānggǎng nàoshì zhōng de yī jǐng. Tàigǔ
原地 精心 养 起来，成为 香港 闹市 中 的 一景。太古

Dàshà de jiànshèzhě zuìhòu qiānle hétong, zhànyòng zhège dà shānpō jiàn háohuá
大厦 的 建设者 最后 签了 合同，占用 这个 大 山坡 建 豪华

shāngshà de xiānjué tiáojiàn shì tóngyì bǎohù zhè kē lǎoshù.
商厦 的 先决 条件 是 同意 保护 这 棵 老树。

Shù zhǎng zài bànshānpō ·shàng, jìhuà jiāng shù xià·miàn de
树 长 在 半山坡 上，计划 将 树 下面 的

chéngqiānshàngwàn dūn shānshí quánbù tāokōng qǔzǒu, téngchū dìfang ·lái gài lóu,
成千上万 吨 山石 全部 掏空 取走，腾出 地方 来 盖 楼，

bǎ shù jià zài dàlóu shàng·miàn, fǎngfú tā yuánběn shì zhǎng zài lóudǐng ·shàng
把 树 架 在 大楼 上面，仿佛 它 原本 是 长 在 楼顶 上

shìde.
似的。

Jiànshèzhě jiùdì zàole yī gè zhíjìng shíbā mǐ、shēn shí mǐ de dà huāpén, xiān
建设者 就地 造了 一 个 直径 十八 米、深 十 米 的 大 花盆，先

gùdìng hǎo zhè kē lǎoshù, zài zài dà huāpén dǐ·xià gài lóu. Guāng zhè yī xiàng jiù
固定 好 这 棵 老树，再 在 大 花盆 底下 盖 楼。光 这 一 项 就

huāle liǎngqiān sānbǎi bāshíjiǔ wàn gǎngbì, kānchēng shì zuì ángguì de bǎohù
花了 两千 三百 八十九 万 港币，堪称 是 最 昂贵 的 保护

cuòshī le.
措施 了。

169

Tàigǔ Dàshà luòchéng zhīhòu, rénmen kěyǐ chéng gǔndòng fútī yī cì dàowèi,
太古 大厦 落成 之后, 人们 可以 乘 滚动 扶梯一次 到位,

láidào Tàigǔ Dàshà de dǐngcéng, chū hòumén, nàr shì yī piàn zìrán jǐngsè. Yī kē
来到 太古 大厦 的 顶层, 出 后门, 那儿 是 一 片 自然 景色。一棵

dàshù chūxiàn zài rénmen miànqián, shùgàn yǒu yī mǐ bàn cū, shùguān zhíjìng zú yǒu
大树 出现 在 人们 面前, 树干 有 一 米 半 粗, 树冠 直径 足 有

èrshí duō mǐ, dúmù-chénglín, fēicháng zhuàngguān, xíngchéng yī zuò yǐ tā wéi
二十 多 米, 独木成林, 非常 壮观, 形成 一 座 以 它 为

zhōngxīn de xiǎo gōngyuán, qǔ míng jiào "róngpǔ". Shù qián • miàn chāzhe tóngpái,
中心 的 小 公园, 取 名 叫 "榕圃"。 树 前面// 插着 铜牌,

shuōmíng yuányóu. Cǐqíng cǐjǐng, rú bù kàn tóngpái de shuōmíng, juéduì
说明 原由。 此情 此景, 如 不 看 铜牌 的 说明, 绝对

xiǎng • bùdào jùshùgēn dǐ • xià háiyǒu yī zuò hóngwěi de xiàndài dàlóu.
想不到 巨树根 底下 还有 一 座 宏伟 的 现代 大楼。

（节选自舒乙《香港：最贵的一棵树》）

【作品 35 号】

Wǒmen de chuán jiànjiàn de bījìn róngshù le. Wǒ yǒu jī • huì kànqīng tā de zhēn
我们 的 船 渐渐 地 逼近 榕树 了。我 有 机 会 看清 它 的 真

miànmù: Shì yī kē dàshù, yǒu shǔ • bùqīng de yāzhī, zhī • shàng yòu shēng gēn, yǒu
面目： 是 一 棵 大树, 有 数不清 的 丫枝, 枝 上 又 生 根, 有

xǔduō gēn yīzhí chuídào dì • shàng, shēnjìn nítǔ • lǐ. Yī bùfen shùzhī chuídào
许多 根 一直 垂到 地上, 伸进 泥土 里。一 部分 树枝 垂到

shuǐmiàn, cóng yuǎnchù kàn, jiù xiàng yī kē dàshù xié tǎng zài shuǐmiàn
水面, 从 远处 看, 就 像 一 棵 大树 斜 躺 在 水面

• shàng yīyàng.
上 一样。

Xiànzài zhèngshì zhīfán-yèmào de shíjié. Zhè kē róngshù hǎoxiàng zài bǎ tā de
现在 正是 枝繁叶茂 的 时节。这 棵 榕树 好像 在 把 它 的

quánbù shēngmìnglì zhǎnshì gěi wǒmen kàn, nàme duō de lǜyè, yī cù duī zài lìng yī
全部 生命力 展示 给 我们 看, 那么 多 的 绿叶, 一 簇 堆 在 另一

cù de shàng • miàn, bù liú yīdiǎnr fèngxì. Cuìlǜ de yánsè míngliàng de zài wǒmen de
簇 的 上面, 不 留 一点儿 缝隙。翠绿的 颜色 明亮 地 在 我们 的

yǎnqián shǎnyào, sìhū měi yī piàn shùyè • shàng dōu yǒu yī ge xīn de shēngmìng zài
眼前 闪耀, 似乎 每 一 片 树叶 上 都 有 一 个 新 的 生命 在

chàndòng, zhè měilì de nánguó de shù!
颤动, 这 美丽 的 南国 的 树！

Chuán zài shù • xià bóle piànkè, àn • shàng hěn shī, wǒmen méi • yǒu
船 在 树 下 泊了 片刻, 岸 上 很 湿, 我们 没有

shàng • qù. Péngyou shuō zhè • lǐ shì "niǎo de tiāntáng", yǒu xǔduō niǎo zài zhè kē
上去。 朋友 说 这里 是 "鸟 的 天堂", 有 许多 鸟 在 这 棵

shù • shàng zuò wō, nóngmín bùxǔ rén qù zhuō tāmen. Wǒ fǎngfú tīng • jiàn jǐ zhī
树 上 做 窝, 农民 不许 人 去 捉 它们。我 仿佛 听见 几 只

niǎo pū chì de shēngyīn, dànshì děngdào wǒ de yǎnjing zhùyì de kàn nà • lǐ shí, wǒ
鸟 扑 翅 的 声音, 但是 等到 我 的 眼睛 注意 地 看 那里 时, 我

què kàn • bùjiàn yī zhī niǎo de yǐngzi. Zhǐyǒu wúshù de shùgēn lì zài dì • shàng,
却 看不见 一 只 鸟 的 影子。只有 无数 的 树根 立 在 地 上,

xiàng xǔduō gēn mùzhuāng. Dì shì shī de, dàgài zhǎngcháo shí héshuǐ chángcháng
像 许多 根 木桩。 地是 湿 的, 大概 涨潮 时 河水 常常

chōng·shàng àn·qù. "Niǎo de tiāntáng"·lǐ méi·yǒu yī zhī niǎo, wǒ zhèyàng
冲上 岸去。 "鸟 的 天堂" 里 没有 一 只 鸟, 我 这样

xiǎngdào. Chuán kāi le, yī gè péngyou bōzhe chuán, huǎnhuǎn de liúdào hé
想到。 船 开了,一 个 朋友 拨着 船, 缓缓 地 流到 河

zhōngjiān qù.
中间 去。

　　Dì-èr tiān, wǒmen huázhe chuán dào yī gè péngyou de jiāxiāng qù, jiùshì nàge
　　第二 天, 我们 划着 船 到 一 个 朋友 的 家乡 去, 就是 那个

yǒu shān yǒu tǎ de dìfang. Cóng xuéxiào chūfā, wǒmen yòu jīngguò nà "niǎo
有 山 有 塔 的 地方。 从 学校 出发, 我们 又 经过 那 "鸟

de tiāntáng".
的 天堂"。

　　Zhè yī cì shì zài zǎo·chén, yángguāng zhào zài shuǐmiàn·shàng, yě zhào zài
　　这 一 次 是 在 早晨, 阳光 照 在 水面 上, 也 照 在

shùshāo·shàng. Yīqiè dōu xiǎn·dé fēicháng guāngmíng. Wǒmen de chuán yě zài
树梢 上。 一切 都 //显得 非常 光明。 我们 的 船 也 在

shù·xià bóle piànkè.
树 下 泊了 片刻。

　　Qǐchū sìzhōuwéi fēicháng qīngjìng. Hòulái hūrán qǐle yī shēng niǎojiào. Wǒmen
　　起初 四周围 非常 清静。 后来 忽然 起了 一 声 鸟叫。 我们

bǎ shǒu yī pāi, biàn kàn·jiàn yī zhī dàniǎo fēile qǐ·lái, jiēzhe yòu kàn·jiàn dì-èr
把手 一 拍, 便 看见 一 只 大鸟 飞了 起来, 接着 又 看见 第二

zhī, dì-sān zhī. Wǒmen jìxù pāizhǎng, hěn kuài de zhège shùlín jiù biàn de hěn rènao
只, 第三 只。 我们 继续 拍掌, 很 快 地 这个 树林 就 变 得 很 热闹

le. Dàochù dōu shì niǎo shēng, dàochù dōu shì niǎo yǐng. Dà de, xiǎo de, huā de,
了。 到处 都 是 鸟 声, 到处 都 是 鸟 影。 大 的, 小 的, 花 的,

hēi de, yǒude zhàn zài zhī·shàng jiào, yǒude fēi qǐ·lái, zài pū chìbǎng.
黑 的, 有的 站 在 枝 上 叫, 有的 飞 起来, 在 扑 翅膀。

（节选自巴金《小鸟的天堂》）

【作品 36 号】

　　Yǒu gè tā bízi de xiǎonánháir, yīn·wèi liǎng suì shí déguo nǎoyán, zhìlì shòu
　　有 个 塌 鼻子 的 小男孩儿, 因为 两 岁 时 得过 脑炎, 智力 受

sǔn, xuéxí qǐ·lái hěn chīlì. Dǎ gè bǐfang, bié·rén xiě zuòwén néng xiě èr-sānbǎi zì,
损, 学习 起来 很 吃力。打 个 比方, 别人 写 作文 能 写 二三百 字,

tā què zhǐnéng xiě sān-wǔ háng. Dàn jíbiàn zhèyàng de zuòwén, tā tóngyàng néng xiě
他 却 只能 写 三五 行。 但 即便 这样 的 作文, 他 同样 能 写

de hěn dòngrén.
得 很 动人。

　　Nà shì yī cì zuòwén kè, tímù shì《Yuànwàng》. Tā jíqí rènzhēn de xiǎngle
　　那 是 一 次 作文 课, 题目 是 《愿望》。 他 极其 认真 地 想了

bàntiān, ránhòu jí rènzhēn de xiě, nà zuòwén jí duǎn. Zhǐyǒu sān jù huà: Wǒ yǒu
半天, 然后 极 认真 地 写, 那 作文 极 短。 只有 三 句 话：我 有

liǎng gè yuànwàng, dì-yī gè shì, māma tiāntiān xiàomīmī de kànzhe wǒ shuō: "Nǐ
两 个 愿望, 第一 个 是, 妈妈 天天 笑眯眯 地 看着 我 说："你

zhēn cōng·míng," dì-èr gè shì, lǎoshī tiāntiān xiàomīmī de kànzhe wǒ shuō: "Nǐ
真　　聪明，"　　第二　个　是，　老师　天天　　笑眯眯　地　看着　我　说："你

yīdiǎnr yě bù bèn."
一点儿 也 不 笨。"

　　Yúshì, jiùshì zhè piān zuòwén, shēnshēn de dǎdòngle tā de lǎoshī, nà wèi māma
　　于是，就是 这 篇 作文，　深深 地 打动了 他 的 老师，那 位 妈妈

shì de lǎoshī bùjǐn gěile tā zuì gāo fēn, zài bān·shàng dài gǎnqíng de lángdúle zhè
式 的 老师 不仅 给了 他 最 高 分，在　班　　上　带 感情 地 朗读了 这

piān zuōwén, hái yībǐ-yīhuà de pīdào: Nǐ hěn cōng·míng, nǐ de zuòwén xiě de
篇　作文，　还 一笔一画 地 批道：你 很　　聪明，　你 的 作文 写 得

fēicháng gǎnrén, qǐng fàngxīn, māma kěndìng huì géwài xǐhuan nǐ de, lǎoshī kěndìng
非常　感人，请 放心，妈妈 肯定 会 格外 喜欢 你 的，老师　肯定

huì géwài xǐhuan nǐ de, dàjiā kěndìng huì géwài xǐhuan nǐ de.
会 格外 喜欢 你 的，大家 肯定 会 格外 喜欢 你 的。

　　Pěngzhe zuòwénběn, tā xiào le, bèngbèng-tiàotiào de huíjiā le, xiàng zhī
　　捧着　作文本，他 笑 了，　蹦蹦跳跳 地 回家 了，像 只

xǐ·què. Dàn tā bìng méi·yǒu bǎ zuòwénběn nágěi māma kàn, tā shì zài děngdài,
喜鹊。但 他 并　没有 把 作文本 拿给 妈妈 看，他 是 在　等待，

děngdàizhe yī gè měihǎo de shíkè.
等待着 一 个 美好 的 时刻。

　　Nàge shíkè zhōngyú dào le, shì māma de shēng·rì —— yī gè yángguāng cànlàn
　　那个 时刻 终于 到 了，是 妈妈 的　生日 ——一 个 阳光　　灿烂

de xīngqītiān: Nà tiān, tā qǐ de tèbié zǎo, bǎ zuòwénběn zhuāng zài yī gè qīnshǒu
的 星期天：那 天，他 起 得 特别 早，把 作文本　装 在 一 个 亲手

zuò de měilì de dà xìnfēng·lǐ, děngzhe māma xǐng·lái. māma gānggāng zhēng yǎn
做 的 美丽 的 大 信封 里，等着 妈妈 醒来。妈妈　刚刚　　睁眼

xǐng·lái, tā jiù xiàomīmī de zǒudào māma gēn·qián shuō: "Māma, jīntiān shì nín de
醒来，　他 就 笑眯眯 地 走到 妈妈 跟前 说："妈妈，今天 是 您 的

shēng·rì, wǒ yào sònggěi nín yī jiàn lǐwù."
生日，　我 要// 送给 您 一 件 礼物。"

　　Guǒrán, kànzhe zhè piān zuòwén, māma tiántián de yǒngchūle liǎng háng rèlèi,
　　果然，看着 这 篇 作文，妈妈 甜甜 地 涌出了　两 行 热泪，

yī bǎ lǒuzhù xiǎonánháir, lǒude hěn jǐn hěn jǐn.
一 把 搂住 小男孩儿，搂得 很 紧 很 紧。

　　Shìde, zhìlì kěyǐ shòu sǔn, dàn ài yǒngyuǎn bù huì.
　　是的，智力 可以 受 损，但 爱　永远　不 会。

（节选自张玉庭《一个美丽的故事》）

【作品 37 号】

　　Xiǎoxué de shíhou, yǒu yī cì wǒmen qù hǎibiān yuǎnzú, māma méi·yǒu zuò
　　小学 的 时候，有 一 次 我们 去 海边 远足，妈妈 没有 做

biànfàn, gěile wǒ shí kuài qián mǎi wǔcān. Hǎoxiàng zǒule hěn jiǔ, hěn jiǔ, zhōngyú
便饭，　给了 我 十 块 钱 买 午餐。 好像 走了 很 久，很 久，终于

dào hǎibiān le, dàjiā zuò xià·lái biàn chīfàn. Huāngliáng de hǎibiān méi·yǒu
到 海边 了，大家 坐 下来 便 吃饭。荒凉 的 海边　没有

shāngdiàn, wǒ yī gè rén pǎodào fángfēnglín wài·miàn qù, jírèn lǎoshī yào dàjiā bǎ
商店，　我 一 个 人 跑到　防风林　外面 去，级任 老师 要 大家 把

吃剩的饭菜分给我一点儿。有两三个男生留下一点儿给我，还有一个女生，她的米饭拌了酱油，很香。我吃完的时候，她笑眯眯地看着我，短头发，脸圆圆的。

她的名字叫翁香玉。

每天放学的时候，她走的是经过我们家的一条小路，带着一位比她小的男孩儿，可能是弟弟。小路边是一条清澈见底的小溪，两旁竹阴覆盖，我总是远远地跟在她后面，夏日的午后特别炎热，走到半路她会停下来，拿手帕在溪水里浸湿，为小男孩儿擦脸。我也在后面停下来，把肮脏的手帕弄湿了擦脸，再一路远远跟着她回家。

后来我们家搬到镇上去了，过几年我也上了中学。有一天放学回家，在火车上，看见斜对面一位短头发、圆圆脸的女孩儿，一身素净的白衣黑裙。我想她一定不认识我了。火车很快到站了，我随着人群挤向门口，她也走近了，叫我的名字。这是她第一次和我说话。

她笑眯眯的，和我一起走过月台。以后就没有再见过她了。

这篇文章收在我出版的《少年心事》这本书里。

书出版后半年，有一天我忽然收到出版社转来的一封信，信封上是陌生的字迹，但清楚地写着我的本名。

信里面说她看到了这篇文章心里非常激动，没想到在离开家乡，漂泊异地这么久之后，会看见自己仍然在一个人的记忆里，她自己也深深记得这其中的每一幕，

zhǐshì méi xiǎngdào yuèguò yáoyuǎn de shíkōng, jìngrán lìng yī gè rén yě
只是 没 想到 越过 遥远 的 时空， 竟然 另 一 个 人 也

shēnshēn jì·dé.
深深 记得。

（节选自苦伶《永远的记忆》）

【作品 38 号】

　　Zài fánhuá de Bālí dàjiē de lùpáng, zhànzhe yī gè yīshān lánlǚ, tóufa
　　在 繁华 的 巴黎 大街 的 路旁， 站着 一 个 衣衫 褴褛、 头发

bānbái, shuāngmù shīmíng de lǎorén. Tā bù xiàng qítā qǐgài nàyàng shēnshǒu
斑白、 双目 失明 的 老人。 他 不 像 其他 乞丐 那样 伸手

xiàng guòlù xíngrén qǐtǎo, ér shì zài shēnpáng lì yī kuài mùpái, shàng·miàn
向 过路 行人 乞讨，而 是 在 身旁 立 一 块 木牌， 上面

xiězhe: "Wǒ shénme yě kàn·bùjiàn!" Jiē·shàng guòwǎng de xíngrén hěn duō,
写着："我 什么 也 看不见！" 街上 过往 的 行人 很 多，

kànle mùpái·shàng de zì dōu wúdòngyúzhōng, yǒude hái dàndàn yī xiào, biàn
看了 木牌 上 的 字都 无动于衷， 有的 还 淡淡 一 笑， 便

shānshān ér qù le.
姗姗 而 去 了。

　　Zhè tiān zhōngwǔ, Fǎguó zhùmíng shīrén Ràng Bǐhàolè yě jīngguò zhè·lǐ. Tā
　　这 天 中午， 法国 著名 诗人 让·彼浩勒 也 经过 这里。 他

kànkan mùpái·shàng de zì, wèn máng lǎorén: "Lǎo·rén·jiā, jīntiān shàngwǔ yǒu
看看 木牌 上 的 字，问 盲 老人： "老人家， 今天 上午 有

rén gěi nǐ qián ma?"
人 给 你 钱 吗？"

　　Máng lǎorén tànxīzhe huídá: "Wǒ, wǒ shénme yě méi·yǒu dédào." Shuōzhe,
　　盲 老人 叹息着 回答："我，我 什么 也 没有 得到。" 说着，

liǎn·shàng de shénqíng fēicháng bēishāng.
脸 上 的 神情 非常 悲伤。

　　Ràng Bǐhàolè tīng le, náqǐ bǐ qiāoqiāo de zài nà háng zì de qián·miàn
　　让·彼浩勒 听 了， 拿起 笔 悄悄 地 在 那 行 字 的 前面

tiān·shàngle "chūntiān dào le, kěshì" jǐ gè zì, jiù cōngcōng de líkāi le.
添上了 "春天 到 了，可是" 几 个 字，就 匆匆 地 离开 了。

　　Wǎnshang, Ràng Bǐhàolè yòu jīngguò zhè·lǐ, wèn nàge máng lǎorén xiàxǔ de
　　晚上， 让·彼浩勒 又 经过 这里， 问 那个 盲 老人 下午 的

qíngkuàng. Máng lǎorén xiàozhe huídá shuō: "Xiānsheng, bù zhī wèishénme, xiàxǔ
情况。 盲 老人 笑着 回答 说： "先生， 不 知 为什么， 下午

gěi wǒ qián de rén duō jí le!" Ràng Bǐhàolè tīng le, mōzhe húzi mǎnyì de
给 我 钱 的 人 多 极 了！" 让·彼浩勒 听 了， 摸着 胡子 满意 地

xiào le.
笑 了。

　　"Chūntiān dào le, kěshì wǒ shénme yě kàn·bùjiàn!" Zhè fùyǒu shīyì de yǔyán,
　　"春天 到 了，可是 我 什么 也 看不见！" 这 富有 诗意 的 语言，

chǎnshēng zhème dà de zuòyòng, jiù zàiyú tā yǒu fēicháng nónghòu de gǎnqíng
产生 这么 大 的 作用， 就 在于 它 有 非常 浓厚 的 感情

sècǎi. Shìde, chūntiān shì měihǎo de, nà lántiān báiyún, nà lǜshù hónghuā, nà
色彩。 是的， 春天 是 美好 的， 那 蓝天 白云， 那 绿树 红花， 那

yīnggē-yànwǔ, nà liúshuǐ rénjiā, zěnme bù jiào rén táozuì ne? Dàn zhè liángchén
莺歌燕舞，　那　流水　人家，　怎么　不　叫　人　陶醉　呢？但　这　良辰

měijǐng, duìyú yī gè shuāngmù shīmíng de rén lái shuō, zhǐshì yī piàn qīhēi. Dāng
美景，　对于　一　个　双目　　失明　的　人　来　说，　只是　一　片　漆黑。　当

rénmen xiǎngdào zhège máng lǎorén, yīshēng zhōng jìng lián wànzǐ-qiānhóng de
人们　想到　这个　盲　老人，　一生　中　竟　连　万紫千红　的

chūntiān dōu bùcéng kàndào, zěn néng bù duì tā chǎnshēng tóngqíng zhī xīn ne?
春天　//　都　不曾　看到，　怎能　不　对他　产生　同情　之　心　呢？

（节选自《语言的魅力》，小学《语文》第六册）

【作品 39 号】

Rén huózhe, zuì yàojǐn de shì xúnmì dào nà piàn dàibiǎozhe shēngmìng lǜsè hé
人　活着，　最　要紧　的　是　寻觅　到　那　片　代表着　生命　绿色　和

rénlèi xīwàng de cónglín, ránhòu xuǎn yī gāogāo de zhītóu zhàn zài nà•lǐ guānlǎn
人类　希望　的　丛林，　然后　选　一　高高　的　枝头　站　在　那里　观览

rénshēng, xiāohuà tòngkǔ, yùnyù gēshēng, yúyuè shìjiè!
人生，　消化　痛苦，　孕育　歌声，　愉悦　世界！

Zhè kě zhēn shì yī zhǒng xiāosǎ de rénshēng tài•dù, zhè kě zhēn shì yī zhǒng
这　可　真　是　一　种　潇洒　的　人生　态度，　这　可　真　是　一　种

xīnjìng shuǎnglǎng de qínggǎn fēngmào.
心境　爽朗　的　情感　风貌。

Zhàn zài lìshǐ de zhītóu wēixiào, kěyǐ jiǎnmiǎn xǔduō fánnǎo. Zài nà•lǐ, nǐ kěyǐ
站　在　历史　的　枝头　微笑，　可以　减免　许多　烦恼。　在　那里，　你　可以

cóng zhòngshēngxiàng suǒ bāohán de tián-suān-kǔ-là, bǎiwèi rénshēng zhōng xúnzhǎo
从　众生相　所　包含　的　甜酸苦辣、　百味　人生　中　寻找

nǐ zìjǐ; nǐ jìngyù zhōng de nà diǎnr kǔtòng, yěxǔ xiāngbǐ zhīxià, zài yě nányǐ zhànjù
你　自己；你　境遇　中　的　那点儿　苦痛，　也许　相比　之下，　再　也　难以　占据

yī xí zhī dì; nǐ huì jiào róng•yì de huòdé cóng bùyuè zhōng jiětuō línghún de
一　席　之　地；你　会　较　容易　地　获得　从　不悦　中　解脱　灵魂　的

lì•liàng, shǐ zhī bùzhì biànde huīsè.
力量，　使　之　不致　变得　灰色。

Rén zhàn de gāo xiē, bùdàn néng yǒuxìng zǎo xiē lǐnglüè dào xīwàng de
人　站　得　高　些，　不但　能　有幸　早　些　领略　到　希望　的

shǔguāng, hái néng yǒuxìng fāxiàn shēngmìng de lìtǐ de shīpiān. Měi yī gè rén de
曙光，　还　能　有幸　发现　生命　的　立体　的　诗篇。　每　一　个　人　的

rénshēng, dōu shì zhè shīpiān zhōng de yī gè cí、yī gè jùzi huòzhě yī gè biāodiǎn.
人生，　都　是　这　诗篇　中　的　一　个　词、一　个　句子　或者　一　个　标点。

Nǐ kěnéng méi•yǒu chéngwéi yī gè měilì de cí, yī gè yǐnrén-zhùmù de jùzi, yī gè
你　可能　没有　成为　一　个　美丽　的　词，　一　个　引人注目　的　句子，　一　个

jīngtànhào, dàn nǐ yīrán shì zhè shēngmìng de lìtǐ shīpiān zhōng de yī gè yīnjié、yī
惊叹号，　但　你　依然　是　这　生命　的　立体　诗篇　中　的　一　个　音节、一

gè tíngdùn、yī gè bìbùkěshǎo de zǔchéng bùfen. Zhè zúyǐ shǐ nǐ fàngqì qiánxián,
个　停顿、一　个　必不可少　的　组成　部分。　这　足以　使　你　放弃　前嫌，

méngshēng wèi rénlèi yùnyù xīn de gēshēng de xìngzhì, wèi shìjiè dài•lái gèng duō
萌生　为　人类　孕育　新　的　歌声　的　兴致，　为　世界　带来　更　多

de shīyì.
的　诗意。

Zuì kěpà de rénshēng jiànjiě, shì bǎ duōwéi de shēngcún tújǐng kànchéng
最可怕的 人生 见解，是把 多维 的 生存 图景 看成
píngmiàn. Yīn·wèi nà píngmiàn·shàng kèxià de dàduō shì nínggùle de lìshǐ ——
平面。 因为那 平面 上 刻下的大多是 凝固了的 历史 ——
guòqù de yíjì; dàn huózhe de rénmen, huó de què shì chōngmǎnzhe xīnshēng zhìhuì
过去的 遗迹；但 活着的 人们， 活得却是 充满着 新生 智慧
de, yóu bùduàn shìqù de "xiànzài" zǔchéng de wèilái. Rénshēng bùnéng xiàng mǒu
的，由 // 不断 逝去的 "现在" 组成的 未来。 人生 不能 像某
xiē yúlèi tǎngzhe yóu, rénshēng yě bùnéng xiàng mǒu xiē shòulèi pázhe zǒu, ér
些 鱼类 躺着 游， 人生 也 不能 像 某些 兽类 爬着 走，而
yīnggāi zhànzhe xiànqián xíng, zhè cái shì rénlèi yīngyǒu de shēngcún zītài.
应该 站着 向前 行， 这才是 人类 应有的 生存 姿态。

(节选自〔美〕本杰明·拉什《站在历史的枝头微笑》)

【作品 40 号】

Zài yī cì míngrén fǎngwèn zhōng, bèi wèn jí shàng gè shìjì zuì zhòngyào de
在 一次 名人 访问 中， 被 问 及 上 个 世纪 最 重要 的
fāmíng shì shénme shí, yǒu rén shuō shì diànnǎo, yǒu rén shuō shì qìchē, děngděng.
发明 是 什么 时，有人 说是 电脑，有人 说是 汽车， 等等。
Dàn Xīnjiāpō de yī wèi zhīmíng rénshì què shuō shì lěngqìjī. Tā jiěshì, rúguǒ méi·yǒu
但 新加坡的一位 知名 人士 却 说是 冷气机。他 解释，如果 没有
lěngqì, rèdài dìqū rú Dōngnányà guójiā, jiù bù kěnéng yǒu hěn gāo de shēngchǎnlì,
冷气，热带 地区 如 东南亚 国家， 就 不 可能 有 很 高 的 生产力，
jiù bù kěnéng dádào jīntiān de shēnghuó shuǐzhǔn. Tā de huídá
就 不 可能 达到 今天 的 生活 水准。 他 的 回答
shíshì-qiúshì, yǒulǐyǒujù.
实事求是， 有理有据。

Kànle shàngshù bàodào, wǒ tūfā qí xiǎng: Wèishénme méi·yǒu jìzhě wèn:
看了 上述 报道，我 突发 奇 想： 为什么 没有 记者 问：
"Èrshí shìjì zuì zāogāo de fāmíng shì shénme?" Qíshí èr líng líng èr nián shí yuè
"二十 世纪 最 糟糕 的 发明 是 什么?" 其实 二〇〇二 年 十月
zhōngxún, Yīngguó de yī jiā bàozhǐ jiù píngchūle "rénlèi zuì zāogāo de fāmíng". Huò
中旬， 英国 的 一 家 报纸 就 评出了 "人类 最 糟糕 的 发明"。 获
cǐ "shūróng" de, jiùshì rénmen měi tiān dàliàng shǐyòng de sùliàodài.
此 "殊荣" 的，就是 人们 每 天 大量 使用 的 塑料袋。

Dànshēng yú shàng gè shìjì sānshí niándài de sùliàodài, qí jiāzú bāokuò yòng
诞生 于 上 个 世纪 三十 年代 的 塑料袋， 其 家族 包括 用
sùliào zhìchéng de kuàicān fànhé, bāozhuāngzhǐ, cān yòng bēi pán, yǐnliàopíng、
塑料 制成 的 快餐 饭盒、 包装纸、 餐 用 杯 盘、 饮料瓶、
suānnǎibēi、 xuěgāobēi děngděng. Zhèxiē fèiqìwù xíngchéng de lājī, shùliàng duō、
酸奶杯、 雪糕杯 等等。 这些 废弃物 形成 的 垃圾，数量 多、
tǐjī dà、 zhòngliàng qīng、 bù jiàngjiě, gěi zhìlǐ gōngzuò dàilái hěn duō jìshù nántí hé
体积大、 重量 轻、 不 降解， 给 治理 工作 带来 很 多 技术 难题 和
shèhuì wèntí.
社会 问题。

Bǐrú, sànluò zài tiánjiān、 lùbiān jí cǎocóng zhōng de sùliào cānhé, yīdàn bèi
比如， 散落 在 田间、 路边 及 草丛 中 的 塑料 餐盒， 一旦 被

shēngchù tūnshí, jiù huì wēijí jiànkāng shènzhì dǎozhì sǐwáng. Tiánmái fèiqì sùliàodài、
牲畜　　吞食，　就　会　危及　健康　　甚至　导致　死亡。　填埋　废弃　塑料袋、

sùliào cānhé de tǔdì, bùnéng shēngzhǎng zhuāngjia hé shùmù, zàochéng tǔdì bǎnjié,
塑料　餐盒　的　土地，不能　　生长　　庄稼　和　树木，　造成　土地　板结，

ér fénshāo chǔlǐ zhèxiē sùliào lājī, zé huì shìfàng chū duō zhǒng huàxué yǒudú qìtǐ,
而　焚烧　处理　这些　塑料　垃圾，则　会　释放　出　多　种　化学　有毒　气体，

qízhōng yī zhǒng chēngwéi èr'èyīng de huàhéwù, dúxìng jí dà.
其中　一　种　　称为　　二噁英　的　化合物，毒性　极　大。

　　Cǐwài, zài shēngchǎn sùliàodài、sùliào cānhé de　guòchéng zhōng shǐyòng de
　　此外，在　生产　塑料袋、塑料　餐盒　的//　过程　　中　　使用　的

fúlì'áng, duì réntǐ miǎnyì xìtǒng hé shēngtài huánjìng zàochéng de pòhuài yě
氟利昂，对　人体　免疫　系统　和　生态　环境　造成　的　破坏　也

jíwéi yánzhòng.
极为　严重。

（节选自林光如《最糟糕的发明》）

二　泛读(作品41~60号)

【作品41号】

　　Liǎng gè tónglíng de niánqīngrén tóngshí shòugù yú yī jiā diànpù, bìngqiě ná
　　两　个　同龄　的　年轻人　　同时　受雇　于　一　家　店铺，　并且　拿

tóngyàng de xīn·shuǐ.
同样　的　薪水。

　　Kěshì yī duàn shíjiān hòu, jiào Ānuòdé de nàge xiǎohuǒzi qīngyún zhíshàng, ér
　　可是　一　段　时间　后，叫　阿诺德　的　那个　小伙子　青云　直上，　而

nàge jiào Bùlǔnuò de xiǎohuǒzi què réng zài yuándì tābù. Bùlǔnuò hěn bù mǎnyì
那个　叫　布鲁诺　的　小伙子　却　仍　在　原地　踏步。布鲁诺　很　不　满意

lǎobǎn de bù gōngzhèng dàiyù. Zhōngyú yǒu yī tiān tā dào lǎobǎn nàr fā láo·são
老板　的　不　　公正　待遇。　终于　有　一　天　他　到　老板　那儿　发　牢骚

le. Lǎobǎn yībiān nàixīn dì tīngzhe tā de bào·yuàn, yībiān zài xīn·lǐ pánsuanzhe
了。老板　一边　耐心　地　听着　他　的　抱怨，　一边　在　心里　　盘算着

zěnyàng xiàng tā jiěshì qīngchu tā hé Ānuòdé zhījiān de chābié.
怎样　　向　他　解释　清楚　他　和　阿诺德　之间　的　差别。

　　"Bùlǔnuò xiānsheng," Lǎobǎn kāikǒu shuōhuà le, "Nín xiànzài dào jíshì·shàng
　　"布鲁诺　先生，"　老板　开口　说话　了，"您　现在　到　集市　上

qù yīxià, kànkan jīntiān zǎoshang yǒu shénme mài de."
去　一下，看看　今天　早上　有　什么　卖　的。"

　　Bùlǔnuò cóng jíshì·shàng huí·lái xiàng lǎobǎn huìbào shuō, jīnzǎo
　　布鲁诺　从　集市　　上　　回来　向　老板　汇报　说，今早

jíshì·shàng zhǐyǒu yī gè nóngmín lāle yī chē tǔdòu zài mài.
集市　上　　只有　一　个　农民　拉了　一　车　土豆　在　卖。

　　"Yǒu duō·shǎo?" Lǎobǎn wèn.
　　"有　多少？"　老板　问。

　　Bùlǔnuò gǎnkuài dài·shàng màozi yòu pǎodào jí·shàng, ránhòu huí·lái gàosu
　　布鲁诺　赶快　戴上　帽子　又　跑到　集上，　然后　回来　告诉

lǎobǎn yīgòng sìshí dài tǔdòu.
老板　一共　四十　袋　土豆。

· 177 ·

"Jiàgé shì duō·shǎo?"
"价格 是 多少?"

Bùlǔnuò yòu dì-sān cì pǎodào jí·shàng wènláile jiàgé.
布鲁诺 又 第三次 跑到 集 上 问来了 价格。

"Hǎo ba," Lǎobǎn duì tā shuō, "Xiànzài qǐng nín zuòdào zhè bǎ yǐzi·shàng yī
"好吧," 老板 对他 说, "现在 请 您 坐到 这把 椅子 上 一

jù huà yě bùyào shuō, kànkan Ānuòdé zěnme shuō."
句 话 也 不要 说, 看看 阿诺德 怎么 说。"

Ānuòdé hěn kuài jiù cóng jíshì·shàng huí·lái le. xiàng lǎobǎn huìbào shuō dào
阿诺德 很 快 就 从 集市 上 回来了。向 老板 汇报 说到

xiànzài wéizhǐ zhǐyǒu yī gè nóngmín zài mài tǔdòu, yīgòng sìshí kǒudai, jiàgé shì
现在 为止 只有 一个 农民 在 卖 土豆, 一共 四十 口袋, 价格 是

duō·shǎo duō·shǎo; tǔdòu zhìliàng hěn bùcuò, tā dài huí·lái yī gè ràng lǎobǎn
多少 多少; 土豆 质量 很 不错, 他 带 回来 一个 让 老板

kànkan. zhège nóngmín yī gè zhōngtóu yǐhòu hái huì nònglái jǐ xiāng xīhóngshì, jù tā
看看。 这个 农民 一个 钟头 以后 还会 弄来 几箱 西红柿, 据他

kàn jiàgé fēicháng gōngdào. Zuótiān tāmen pùzi de xīhóngshì mài de hěn kuài, kùcún
看 价格 非常 公道。 昨天 他们 铺子 的 西红柿 卖得 很 快, 库存

yǐ·jīng bù duō le. tā xiǎng zhème piányi de xīhóngshì, lǎobǎn kěndìng huì yào jìn
已经 不//多了。他 想 这么 便宜 的 西红柿, 老板 肯定 会 要 进

yīxiē de, suǒyǐ tā bùjǐn dàihuíle yī gè xīhóngshì zuò yàngpǐn, érqiě bǎ nàgè nóngmín
一些 的, 所以 他 不仅 带回了 一个 西红柿 做 样品, 而且 把 那个 农民

yě dài·lái le, tā xiànzài zhèngzài wài·miàn děng huíhuà ne.
也 带来 了, 他 现在 正在 外面 等 回话 呢。

Cǐshí lǎobǎn zhuǎnxiàngle Bùlǔnuò, shuō: "Xiànzài nín kěndìng zhī·dào
此时 老板 转向了 布鲁诺, 说: "现在 您 肯定 知道

wèishénme Ānuòdé de xīn·shuǐ bǐ nín gāo le ba!"
为什么 阿诺德 的 薪水 比 您 高 了 吧!"

(节选自张健鹏、胡足青主编《故事时代》中《差别》)

【作品 42 号】

Jiàrì dào hétān·shàng zhuǎnzhuan, kàn·jiàn xǔduō háizi zài fàng fēngzheng.
假日 到 河滩 上 转转, 看见 许多 孩子 在 放 风筝。

Yīgēngēn chángcháng de yǐnxiàn, yītóur jì zài tiān·shàng, yītóur jì zài dì·shàng
一根根 长长 的 引线, 一头 系 在 天上, 一头 系 在 地 上

háizi tóng fēngzheng dōu zài tiān yǔ dì zhījiān yōudàng, lián xīn yě bèi yōudàng de
孩子 同 风筝 都 在 天 与 地 之间 悠荡, 连 心 也 被 悠荡 得

huǎnghuǎng-hūhū le, hǎoxiàng yòu huídàole tóngnián.
恍恍惚惚 了, 好像 又 回到了 童年。

Érshí de fàng fēngzheng, dàduō shì zìjǐ de zhǎngbèi huò jiārén biānzā de, jǐ gēn
儿时 的 放 风筝, 大多 是 自己 的 长辈 或 家人 编扎 的, 几 根

xiāo dé hěn báo de miè, yòng xì shāxiàn zāchéng gè zhǒng niǎo shòu de zàoxíng,
削 得 很 薄 的 篾, 用 细 纱线 扎成 各 种 鸟兽 的 造型,

hú·shàng xuěbái de zhǐpiàn, zài yòng cǎibǐ gōulè chū miànkǒng yǔ chìbǎng de
糊 上 雪白 的 纸片, 再 用 彩笔 勾勒 出 面孔 与 翅膀 的

tú·àn. tōngcháng zā de zuì duō de shì "lǎodiāo" "měirénr" "huā húdié" děng.
图案。 通常 扎 得 最多 的 是 "老雕" "美人儿" "花 蝴蝶" 等。

Wǒmen jiā qiányuàn jiù yǒu wèi shūshū, shàn zā fēngzheng, yuǎn-jìn wénmíng. Tā
我们 家 前院 就 有 位 叔叔，擅 扎 风筝， 远近 闻名。 他

zā de fēngzheng bùzhǐ tǐxíng hǎokàn, sècǎi yànlì, fàngfēi de gāo yuǎn, hái zài
扎 的 风筝 不只 体型 好看， 色彩 艳丽， 放飞 得 高 远， 还 在

fēngzheng •shàng bēng yī yè yòng púwěi xiāochéng de mópiàn, jīng fēng yī chuī,
风筝 上 绷 一 叶 用 蒲苇 削成 的 膜片， 经 风 一 吹，

fāchū "wēngwēng" de shēngxiǎng, fǎngfú shì fēngzheng de gēchàng, zài lántiān •xià
发出 "嗡嗡" 的 声响， 仿佛 是 风筝 的 歌唱， 在 蓝天 下

bō yáng, gěi kāikuò de tiāndì zēngtiānle wújìn de yùnwèi, gěi chídàng de tóngxīn
播 扬， 给 开阔 的 天地 增添了 无尽 的 韵味， 给 驰荡 的 童心

dàilái jǐ fēn fēngkuáng.
带来 几 分 疯狂。

Wǒmen nà tiáo hútòngr de zuǒlín-yòushè de háizimen fàng de fēngzheng jīhū dōu
我们 那 条 胡同 的 左邻右舍 的 孩子们 放 的 风筝 几乎 都

shì shūshu biānzā de. Tā de fēngzheng bù mài qián, shéi shàngmén qù yào, jiù gěi
是 叔叔 编扎 的。他 的 风筝 不 卖 钱， 谁 上门 去 要， 就 给

shéi, tā lèyì zìjǐ tiē qián mǎi cáiliào.
谁， 他 乐意 自己 贴 钱 买 材料。

Hòulái, zhèwèi shūshu qùle hǎiwài, fàng fēngzheng yě jiàn yǔ háizimen yuǎnlí le.
后来， 这位 叔叔 去了 海外， 放 风筝 也 渐 与 孩子们 远离 了。

Bùguò niánnián shūshu gěi jiāxiāng xiěxìn, zǒng bù wàng tíqǐ érshí de fàng
不过 年年 叔叔 给 家乡 写信， 总 不 忘 提起 儿时 的 放

fēngzheng. Xiānggǎng huíguī zhīhòu, tā zài jiāxìn zhōng shuōdào, tā zhè zhī bèi
风筝。 香港 回归 之后， 他 在 家信 中 说到， 他 这 只 被

gùxiāng fàngfēi dào hǎiwài de fēngzheng, jìnguǎn piāodàng yóuyì, jīng mù fēngyǔ, kě
故乡 放飞 到 海外 的 风筝， 尽管 飘荡 游弋， 经 沐 风雨， 可

nà xiàntóur yīzhí zài gùxiāng hé qīnrén shǒu zhōng qiānzhe, rújīn piāo de tài lèi le,
那 线头儿 一 直 在 故乡 和 // 亲人 手 中 牵着， 如今 飘 得 太 累 了，

yě gāi yào huíguī dào jiāxiāng hé qīnrén shēnbiān lái le.
也 该 要 回归 到 家乡 和 亲人 身边 来 了。

Shì de. wǒ xiǎng, bùguāng shì shūshu, wǒmen měi gè rén dōu shì fēngzheng, zài
是 的。我 想， 不光 是 叔叔， 我们 每 个 人 都 是 风筝， 在

māma shǒu zhōng qiānzhe, cóngxiǎo fàngdào dà, zài cóng jiāxiāng fàngdào zǔguó zuì
妈妈 手 中 牵着， 从小 放到 大， 再 从 家乡 放到 祖国 最

xūyào de dìfang qù ā!
需要 的 地方 去 啊!

（节选自李恒瑞《风筝畅想曲》）

【作品 43 号】

Hěn jiǔ yǐqián, zài yī gè qīhēi de qiūtiān de yèwǎn, wǒ fànzhōu zài Xībólìyà yī
很 久 以前， 在 一 个 漆黑 的 秋天 的 夜晚， 我 泛舟 在 西伯利亚 一

tiáo yīnsēnsēn de hé •shàng. Chuán dào yī gè zhuǎnwān chù, zhǐ jiàn qiánmiàn
条 阴森森 的 河 上。 船 到 一 个 转弯 处， 只 见 前面

hēiqūqū de shānfēng xià •miàn yī xīng huǒguāng mòdì yī shǎn.
黑黢黢 的 山峰 下面 一 星 火光 蓦地 一 闪。

Huǒguāng yòu míng yòu liàng, hǎoxiàng jiù zài yǎnqián ……
火光 又 明 又 亮， 好像 就 在 眼前 ……

"Hǎo la, xiètiān-xièdì!" Wǒ gāoxìng de shuō, "mǎshàng jiù dào guòyè de
"好 啦, 谢天谢地!" 我 高兴 地 说, "马上 就 到 过夜 的
dìfang la!"
地方 啦!"

Chuánfū niǔtóu cháo shēnhòu de huǒguāng wàng le yī yǎn, yòu bùyǐwéirán de
船夫 扭头 朝 身后 的 火光 望 了一 眼, 又 不以为然 地
huá·qǐ jiǎng lái.
划起 桨 来.

"Yuǎnzhe ne!"
"远着 呢!"

Wǒ bù xiāngxìn tā de huà, yīn·wèi huǒguāng chōngpò ménglóng de yèsè,
我 不 相信 他 的 话, 因为 火光 冲破 朦胧 的 夜色,
míngmíng jiù zài nàr shǎnshuò. Bùguò chuánfū shì duì de, shìshí·shàng, huǒguāng
明明 就 在 那儿 闪烁. 不过 船夫 是 对 的, 事实 上, 火光
díquè hái yuǎnzhe ne.
的确 还 远着 呢.

Zhèxiē hēiyè de huǒguāng de tèdiǎn shì: Qūsàn hēi'àn, shǎnshǎn fāliàng, jìn zài
这些 黑夜 的 火光 的 特点 是: 驱散 黑暗, 闪闪 发亮, 近 在
yǎnqián, lìngrén shénwǎng. Zhà yī kàn, zài huá jǐ xià jiù dào le…… Qíshí què hái
眼前, 令人 神往. 乍 一 看, 再 划 几 下 就 到 了…… 其实 却 还
yuǎnzhe ne!……
远着 呢!……

Wǒmen zài qīhēi rú mò de hé·shàng yòu huále hěn jiǔ. Yīgègè xiágǔ hé xuányá,
我们 在 漆黑如墨的 河 上 又 划了 很 久. 一个个 峡谷 和 悬崖,
yíngmiàn shǐ·lái, yòu xiàng hòu yí·qù, fǎngfú xiāoshī zài mángmáng de yuǎnfāng,
迎面 驶来, 又 向 后 移去, 仿佛 消失 在 茫茫 的 远方,
ér huǒguāng què yīrán tíng zài qiántou, shǎnshǎn fāliàng, lìngrén shénwǎng── yīrán
而 火光 却 依然 停 在 前头, 闪闪 发亮, 令人 神往── 依然
shì zhème jìn, yòu yīrán shì nàme yuǎn……
是 这么 近, 又 依然 是 那么 远……

Xiànzài, wúlùn shì zhè tiáo bèi xuányá qiàobì de yīnyǐng lǒngzhào de qīhēi de
现在, 无论 是 这 条 被 悬崖 峭壁 的 阴影 笼罩 的 漆黑的
héliú, háishì nà yī xīng míngliàng de huǒguāng, dōu jīngcháng fúxiàn zài wǒ de nǎojì,
河流, 还是 那 一 星 明亮 的 火光, 都 经常 浮现 在 我 的 脑际,
zài zhè yǐqián hé zài zhè yǐhòu, céng yǒu xǔduō huǒguāng, shìhū jìn zài zhǐchǐ, bùzhǐ
在 这 以前 和 在 这 以后, 曾 有 许多 火光, 似乎 近 在 咫尺, 不止
shǐ wǒ yī rén xīnchí-shénwǎng. Kěshì shēnghuó zhī hé què réngrán zài nà yīnsēnsēn de
使 我 一人 心驰神往. 可是 生活 之 河 却 仍然 在 那 阴森森 的
liǎng'àn zhījiān liúzhe, ér huǒguāng yě yījiù fēicháng yáoyuǎn. Yīncǐ, bìxū jiā jìn huá
两岸 之间 流着, 而 火光 也 依旧 非常 遥远. 因此, 必须 加劲 划
jiǎng……
桨……

Rán'ér, huǒguāng a…… bìjìng…… bìjìng jiù zài qiántou!
然而, 火光 啊…… 毕竟…… 毕竟 就 // 在 前头!

（节选自[俄]柯罗连科《火光》,张铁夫译）

【作品 44 号】

Shí nián, zài lìshǐ·shàng bùguò shì yī shùnjiān. Zhǐyào shāo jiā zhùyì, rénmen
十 年, 在 历史 上 不过 是 一 瞬间. 只要 稍 加 注意, 人们

jiù huì fāxiàn: Zài zhè yī shùnjiān · lǐ, gè zhǒng shìwù dōu qiāoqiāo jīnglìle zìjǐ
就 会 发现：在 这 一 瞬间 里，各 种 事物 都 悄悄 经历了 自己

de qiānbiàn-wànhuà.
的 千变万化。

Zhè cì chóngxīn fǎng Rì, wǒ chùchù gǎndào qīnqiē hé shú·xī, yě zài xǔduō
这 次 重新 访日，我 处处 感到 亲切 和 熟悉，也 在 许多

fāngmiàn fājuéle Rìběn de biànhuà. Jiù ná Nàiliáng de yī gè jiǎoluò lái shuō ba, wǒ
方面 发觉了 日本 的 变化。就 拿 奈良 的 一 个 角落 来 说 吧，我

chóngyóule wèi zhī gǎnshòu hěn shēn de Táng Zhāotísì, zài sì nèi gè chù cōngcōng
重游了 为之 感受 很 深 的 唐 招提寺，在 寺内 各 处 匆匆

zǒule yī biàn, tíngyuàn yījiù, dàn yìxiǎngbùdào hái kàndàole yīxiē xīn de dōngxi.
走了 一 遍，庭院 依旧，但 意想不到 还 看到了 一些 新 的 东西。

Qízhōng zhīyī, jiùshì jìn jǐ nián cóng Zhōngguó yízhí lái de "yǒuyì zhī lián".
其中 之一，就是 近 几 年 从 中国 移植 来 的 "友谊 之 莲"。

Zài cúnfàng Jiànzhēn yíxiàng de nàge yuànzi · lǐ, jǐ zhū Zhōngguó lián ángrán
在 存放 鉴真 遗像 的 那个 院子 里，几 株 中国 莲 昂然

tǐnglì, cuìlǜ de kuāndà héyè zhèng yíngfēng ér wǔ, xiǎn·de shífēn yúkuài. Kāihuā de
挺立，翠绿 的 宽大 荷叶 正 迎风 而 舞，显得 十分 愉快。开花 的

jìjié yǐ guò, héhuā duǒduǒ yǐ biànwéi liánpéng lěilěi. Liánzǐ de yánsè zhèngzài yóu
季节 已 过，荷花 朵朵 已 变为 莲蓬 累累。莲子 的 颜色 正在 由

qīng zhuǎn zǐ, kàn·lái yǐ·jīng chéngshú le.
青 转 紫，看来 已经 成熟 了。

Wǒ jìn·bùzhù xiǎng: "yīn" yǐ zhuǎnhuà wéi "guǒ".
我 禁不住 想："因" 已 转化 为 "果"。

Zhōngguó de liánhuā kāi zài Rìběn, Rìběn de yīnghuā kāi zài Zhōngguó, zhè bù
中国 的 莲花 开 在 日本，日本 的 樱花 开 在 中国，这 不

shì ǒurán. wǒ xīwàng zhèyàng yī zhǒng shèngkuàng yánxù bù shuāi. Kěnéng yǒu rén
是 偶然。我 希望 这样 一 种 盛况 延续 不 衰。可能 有 人

bù xīnshǎng huā, dàn jué bùhuì yǒu rén xīnshǎng luò zài zìjǐ miànqián de pàodàn.
不 欣赏 花，但 决 不会 有 人 欣赏 落 在 自己 面前 的 炮弹。

Zài zhèxiē rìzi · lǐ, wǒ kàndàole bùshǎo duō nián bù jiàn de lǎopéngyou, yòu
在 这些 日子 里，我 看到了 不少 多 年 不 见 的 老朋友，又

jiéshíle yīxiē xīn péngyou. Dàjiā xǐhuan shèjí de huàtí zhīyī, jiùshì gǔ Cháng'ān hé gǔ
结识了 一些 新 朋友。大家 喜欢 涉及 的 话题 之一，就是 古 长安 和 古

Nàiliáng. Nà hái yòngdezháo wèn ma, péngyoumen miǎnhuái guòqù, zhèngshì
奈良。那 还 用得着 问 吗，朋友们 缅怀 过去，正是

zhǔwàng wèilái. Zhǔmù yú wèilái de rénmen bìjiāng huòdé wèilái.
瞩望 未来。瞩目 于 未来 的 人们 必将 获得 未来。

Wǒ bù lìwài, yě xīwàng yī gè měihǎo de wèilái.
我 不 例外，也 希望 一 个 美好 的 未来。

Wèile Zhōng-Rì rénmín zhījiān de yǒuyì, wǒ jiāng bù làngfèi jīnhòu shēngmìng de
为//了 中日 人民 之间 的 友谊，我 将 不 浪费 今后 生命 的

měi yī shùnjiān.
每 一 瞬间。

(节选自严文井《莲花和樱花》)

【作品 45 号】

Méiyǔtán shǎnshǎn de lǜsè zhāoyǐnzhe wǒmen, wǒmen kāishǐ zhuīzhuō tā nà líhé
梅雨潭 闪闪 的 绿色 招引着 我们，我们 开始 追捉 她 那 离合

de shénguāng le. Jiūzhe cǎo, pānzhe luànshí, xiǎo • xīn tànshēn xià • qù, yòu jūgōng
的 神光 了。揪着 草， 攀着 乱石， 小心 探身 下去， 又 鞠躬

guòle yī gè shíqióngmén, biàn dàole wāngwāng yī bì de tán biān le.
过了 一个 石穹门， 便 到了 汪汪 一碧 的 潭 边 了。

Pùbù zài jīnxiù zhījiān, dànshì wǒ de xīnzhōng yǐ méi • yǒu pùbù le. Wǒ de xīn
瀑布 在 襟袖 之间， 但是 我 的 心中 已 没有 瀑布 了。我 的 心

suí tánshuǐ de lù ér yáodàng. Nà zuìrén de lù ya! Fǎngfú yī zhāng jí dà jí dà de
随 潭水 的 绿 而 摇荡。 那 醉人 的 绿 呀！ 仿佛 一 张 极大极大 的

héyè pūzhe, mǎn shì qíyì de lù ya. Wǒ xiǎng zhāngkāi liǎngbì bàozhù tā, dàn zhè shì
荷叶 铺着， 满 是 奇异 的 绿呀。我 想 张开 两臂 抱住 她，但 这是

zěnyàng yī gè wàngxiǎng a.
怎样 一个 妄想 啊。

Zhàn zài shuǐbiān, wàngdào nà • miàn, jūrán juézhe yǒu xiē yuǎn ne! zhè
站 在 水边， 望到 那面， 居然 觉着 有 些 远 呢！ 这

píngpūzhe、hòujīzhe de lù, zhuóshí kě'ài. Tā sōngsōng de zhòuxiézhe, xiàng shàofù
平铺着、 厚积着 的 绿， 着实 可爱。 她 松松 的 皱缬着， 像 少妇

tuōzhe de qúnfú; tā huáhuá de míngliàngzhe, xiàng túle "míngyóu" yībān, yǒu
拖着 的 裙幅； 她 滑滑 的 明亮着， 像 涂了 "明油" 一般， 有

jīdànqīng nàyàng ruǎn, nàyàng nèn; tā yòu bù zá xiē chénzǐ, wǎnrán yī kuài wēnrùn
鸡蛋清 那样 软， 那样 嫩； 她 又 不 杂 些 尘滓， 宛然 一 块 温润

de bìyù, zhǐ qīngqīng de yī sè —— dàn nǐ què kàn • bùtòu tā!
的 碧玉， 只 清清 的 一色 —— 但 你 却 看不透 她！

Wǒ céng jiànguò Běijīng Shénshāhǎi fú dì de lùyáng, tuō • bùliǎo éhuáng de dǐzi,
我 曾 见过 北京 什刹海 拂地 的 绿杨， 脱不了 鹅黄 的 底子，

shìhū tài dàn le, Wǒ yòu céng jiànguò Hángzhōu Hǔpáosì jìnpáng gāojùn ér shēnmì de
似乎 太 淡 了，我 又 曾 见过 杭州 虎跑寺 近旁 高峻 而 深密 的

"lùbì", cóngdiézhe wúqióng de bìcǎo yú lùyè de, nà yòu sìhū tài nóng le. Qíyú ne,
"绿壁"， 丛叠着 无穷 的 碧草 与 绿叶 的，那 又 似乎 太 浓 了。其余 呢，

Xīhú de bō tài míng le, Qínhuái Hé de yě tài àn le. Kě'ài de, wǒ jiāng shénme lái
西湖 的 波 太 明 了，秦淮 河 的 也 太 暗 了。可爱 的，我 将 什么 来

bǐnǐ nǐ ne? wǒ zěnme bǐnǐ de chū ne? Dàyuē tán shì hěn shēn de, gù néng yùnxùzhe
比拟 你 呢？我 怎么 比拟 得 出 呢？大约 潭 是 很 深 的，故 能 蕴蓄着

zhèyàng qíyì de lù; fǎngfú wèilán de tiān róngle yī kuài zài lǐ • miàn shìde, zhè cái
这样 奇异 的 绿；仿佛 蔚蓝 的 天 融了 一 块 在 里面 似的，这 才

zhèbān de xiānrùn a.
这般 的 鲜润 啊。

Nà zuìrén de lù ya! Wǒ ruò néng cái nǐ yǐ wéi dài, wǒ jiāng zènggěi nà qīngyíng
那 醉人 的 绿 呀！我 若 能 裁 你 以 为 带，我 将 赠给 那 轻盈

de // wǔnǚ, tā bì néng línfēng piāojǔ le. wǒ ruò néng yì nǐ yǐ wéi yǎn, wǒ jiāng
的 // 舞女， 她 必 能 临风 飘举 了。我 若 能 挹 你 以 为 眼，我 将

zènggěi nà shàn gē de mángmèi, tā bì míngmóu-shànlài le. Wǒ shě • bù • dé nǐ, wǒ
赠给 那 善歌 的 盲妹， 她 必 明眸善睐 了。我 舍不得 你，我

zěn shě • dé nǐ ne? Wǒ yòng shǒu pāizhe nǐ, fǔmózhe nǐ, rútóng yī gè shí'èr-sān suì
怎 舍得 你 呢？我 用 手 拍着 你， 抚摩着 你， 如同 一个 十二三 岁

de xiǎogūniang. Wǒ yòu jū nǐ rùkǒu, biàn shì wěnzhe tā le. Wǒ sòng nǐ yī gè
的 小姑娘。 我 又 掬 你 入口， 便 是 吻着 她 了。我 送 你 一个

míngzì, wǒ cóngcǐ jiào nǐ "nǚ'érlù", hǎo ma?
名字， 我 从此 叫 你 "女儿绿"， 好 吗？

Dì-èr cì dào Xiānyán de shíhou, wǒ bùjīn jīngchà yú Méiyǔtán de lù le.
第二次 到 仙岩 的 时候, 我 不禁 惊诧 于 梅雨潭 的 绿 了。

（节选自朱自清《绿》）

【作品 46 号】

Wǒmen jiā de hòuyuán yǒu bàn mǔ kōngdì, mǔ·qīn shuō: "Ràng tā huāngzhe
我们 家 的 后园 有 半 亩 空地, 母亲 说: "让 它 荒着

guài kěxī de, nǐmen nàme ài chī huāshēng, jiù kāipì chū·lái zhòng huāshēng ba."
怪 可惜 的, 你们 那么 爱 吃 花生, 就 开辟 出来 种 花生 吧。"

Wǒmen jiě-dì jǐ gè dōu hěn gāoxìng, mǎi zhǒng, fān dì, bō zhǒng, jiāo shuǐ, méi guò
我们 姐弟 几 个 都 很 高兴, 买 种, 翻 地, 播 种, 浇 水, 没 过

jǐ gè yuè, jūrán shōuhuò le.
几 个 月, 居然 收获 了。

Mǔ·qīn shuō: "Jīnwǎn wǒmen guò yī gè shōuhuòjié, qǐng nǐmen fù·qīn yě lái
母亲 说: "今晚 我们 过 一 个 收获节, 请 你们 父亲 也 来

chángchang wǒmen de xīn huāshēng, hǎo·bù hǎo?" wǒmen dōu shuō hǎo. mǔqīn bǎ
尝尝 我们 的 新 花生, 好 不 好?" 我们 都 说 好。 母亲 把

huāshēng zuòchéngle hǎo jǐ yàng shípǐn, hái fēnfù jiù zài hòuyuán de máotíng·lǐ guò
花生 做成了 好 几 样 食品, 还 吩咐 就 在 后园 的 茅亭 里 过

zhège jié.
这个 节。

Wǎnshang tiānsè bù tài hǎo, kěshì fù·qīn yě lái le, shízài hěn nándé.
晚上 天色 不 太 好, 可是 父亲 也 来 了, 实在 很 难得。

Fù·qīn shuō: "Nǐmen ài chī huāshēng ma?"
父亲 说: "你们 爱 吃 花生 吗?"

Wǒmen zhēngzhe dāying: "Ài!"
我们 争着 答应: "爱!"

"Shéi néng bǎ huāshēng de hǎo·chù shuō chū·lái?"
"谁 能 把 花生 的 好处 说 出来?"

Jiějie shuō: "Huāshēng de wèi měi."
姐姐 说: "花生 的 味 美。"

Gēge shuō: "Huāshēng kěyǐ zhàyóu."
哥哥 说: "花生 可以 榨油。"

Wǒ shuō: "Huāshēng de jià·qián piányi, shéi dōu kěyǐ mǎi·lái chī, dōu xǐhuan
我 说: "花生 的 价钱 便宜, 谁 都 可以 买来 吃, 都 喜欢

chī. zhè jiùshì tā de hǎo·chù."
吃。 这 就是 它 的 好处。"

Fù·qīn shuō: "Huāshēng de hǎo·chù hěn duō, yǒu yī yàng zuì kěguì: Tā de
父亲 说: "花生 的 好处 很 多, 有 一 样 最 可贵: 它 的

guǒshí mái zài dì·lǐ, bù xiàng táozi, shíliu, píngguǒ nàyàng, bǎ xiānhóng nènlǜ de
果实 埋 在 地里, 不 像 桃子、 石榴、 苹果 那样, 把 鲜红 嫩绿 的

guǒshí gāogāo de guà zài zhītóu·shàng, shǐ rén yī jiàn jiù shēng àimù zhī xīn.
果实 高高 地 挂 在 枝头 上, 使 人 一 见 就 生 爱慕 之 心。

Nǐmen kàn tā ǎi'ǎi de zhǎng zài dì·shàng, děngdào chéngshú le, yě bùnéng lìkè
你们 看 它 矮矮 地 长 在 地 上, 等到 成熟 了, 也 不能 立刻

fēnbiàn chū·lái tā yǒu méi·yǒu guǒshí, bìxū wā chū·lái cái zhī·dào."
分辨 出来 它 有 没 有 果实, 必须 挖 出来 才 知道。"

Wǒmen dōu shuō shì, mǔ·qīn yě diǎndiǎn tóu.
我们 都 说 是， 母亲 也 点点 头。

Fù·qīn jiē xià·qù shuō: "Suǒyǐ nǐmen yào xiàng huāshēng, tā suīrán bù hǎokàn,
父亲 接 下去 说："所以 你们 要 像 花生， 它 虽然 不 好看，

kěshì hěn yǒuyòng, bù shì wàibiǎo hǎokàn ér méi·yǒu shíyòng de dōngxi."
可是 很 有用， 不 是 外表 好看 而 没有 实用 的 东西。"

Wǒ shuō: "Nàme, rén yào zuò yǒuyòng de rén, bùyào zuò zhǐ jiǎng tǐ·miàn, ér
我 说："那么， 人 要 做 有用 的 人， 不要 做 只 讲 体面， 而

duì bié·rén méi·yǒu hǎo·chù de rén le."//
对 别人 没有 好处 的 人 了。"//

Fù·qīn shuō: "Duì. Zhè shì wǒ duì nǐmen de xīwàng."
父亲 说："对。 这 是 我 对 你们 的 希望。"

Wǒmen tándào yè shēn cái sǎn. Huāshēng zuò de shípǐn dōu chīwán le, fù·qīn
我们 谈到 夜 深 才 散。 花生 做 的 食品 都 吃完 了， 父亲

de huà què shēnshēn de yìn zài wǒ de xīn·shàng.
的 话 却 深深 地 印 在 我 的 心上。

（节选自许地山《落花生》）

【作品 47 号】

Zài hàohàn wúyín de shāmò·lǐ, yǒu yī piàn měilì de lǜzhōu, lǜzhōu·lǐ cángzhe
在 浩瀚 无垠 的 沙漠 里， 有 一 片 美丽 的 绿洲， 绿洲 里 藏着

yī kē shǎnguāng de zhēnzhū. Zhè kē zhēnzhū jiùshì Dūnhuáng Mògāokū. Tā zuòluò zài
一 颗 闪光 的 珍珠。 这 颗 珍珠 就是 敦煌 莫高窟。 它 坐落 在

wǒ guó Gānsù Shěng Dūnhuáng Shì Sānwēi Shān hé Míngshā Shān de huáibào zhōng.
我 国 甘肃 省 敦煌 市 三危 山 和 鸣沙 山 的 怀抱 中。

Míngshā Shān dōnglù shì píngjūn gāodù wéi shíqī mǐ de yábì. Zài yīqiān liùbǎi duō
鸣沙 山 东麓 是 平均 高度 为 十七 米 的 崖壁。 在 一千 六百 多

mǐ cháng de yábì·shàng, záo yǒu dàxiǎo dòngkū qībǎi yú gè, xíngchéngle guīmó
米 长 的 崖壁 上， 凿 有 大小 洞窟 七百 余 个， 形成了 规模

hóngwěi de shíkūqún. Qízhōng sìbǎi jiǔshí'èr gè dòngkū zhōng, gòng yǒu cǎisè
宏伟 的 石窟群。 其中 四百 九十二 个 洞窟 中， 共 有 彩色

sùxiàng liǎngqiān yībǎi yú zūn, gè zhǒng bìhuà gòng sìwàn wǔqiān duō píngfāngmǐ.
塑像 两千 一百 余 尊， 各 种 壁画 共 四万 五千 多 平方米。

Mògāokū shì wǒ guó gǔdài wúshù yìshù jiàngshī liúgěi rénlèi de zhēnguì
莫高窟 是 我 国 古代 无数 艺术 匠师 留给 人类 的 珍贵

wénhuà yíchǎn.
文化 遗产。

Mògāokū de cǎisù, měi yī zūn dōu shì yī jiàn jīngměi de yìshùpǐn. Zuì dà de yǒu
莫高窟 的 彩塑， 每 一 尊 都 是 一 件 精美 的 艺术品。 最 大 的 有

jiǔ céng lóu nàme gāo, zuì xiǎo de hái bùrú yī gè shǒuzhǎng dà. Zhèxiē cǎisù gèxìng
九 层 楼 那么 高， 最 小 的 还 不如 一 个 手掌 大。 这些 彩塑 个性

xiānmíng, shéntài-gèyì. yǒu címéi-shànmù de pú·sà, yǒu wēifēng-lǐnlǐn de tiānwáng,
鲜明， 神态各异。 有 慈眉善目 的 菩萨， 有 威风凛凛 的 天王，

háiyǒu qiángzhuàng-yǒngměng de lìshì ······
还有 强壮勇猛 的 力士 ······

Mògāokū bìhuà de nèiróng fēngfù-duōcǎi, yǒude shì miáohuì gǔdài láodòng rénmín
莫高窟 壁画 的 内容 丰富多彩， 有的 是 描绘 古代 劳动 人民

· 184 ·

dǎliè、bǔyú、gēngtián、shōugē de qíngjǐng, yǒude shì miáohuì rénmen zòuyuè、wǔdǎo、
打猎、捕鱼、耕田、收割 的 情景, 有的 是 描绘 人们 奏乐、舞蹈、

yǎn zájì de chǎngmiàn, hái yǒude shì miáohuì dàzìrán de měilì fēngguāng. Qízhōng
演 杂技 的 场面, 还 有的 是 描绘 大自然 的 美丽 风光。 其中

zuì yǐnrén-zhùmù de shì fēitiān. Bìhuà•shàng de fēitiān, yǒude bì kuà huālán,
最 引人注目 的 是 飞天。 壁画 上 的 飞天, 有的 臂 挎 花篮,

cǎizhāi xiānhuā; yǒude fǎn tán pípá, qīng bō yínxián; yǒude dǎo xuán shēnzi, zì tiān
采摘 鲜花; 有的 反 弹 琵琶, 轻 拨 银弦; 有的 倒 悬 身子, 自天

ér jiàng; yǒude cǎidài piāofú, màntiān áoyóu; yǒude shūzhǎnzhe shuāngbì,
而 降; 有的 彩带 飘拂, 漫天 遨游; 有的 舒展着 双臂,

piānpiān-qǐwǔ. Kànzhe zhèxiē jīngměi dòngrén de bìhuà, jiù xiàng zǒujìnle cànlàn
翩翩起舞。 看着 这些 精美 动人 的 壁画, 就 像 走进了 // 灿烂

huīhuáng de yìshù diàntáng.
辉煌 的 艺术 殿堂。

Mògāokū•lǐ háiyǒu yī gè miànjī bù dà de dòngkū—— cángjīngdòng. Dòng•lǐ
莫高窟 里 还有 一 个 面积 不 大 的 洞窟—— 藏经洞。 洞 里

céng cángyǒu wǒ guó gǔdài de gè zhǒng jīngjuàn、wénshū、bóhuà、cìxiù、tóngxiàng
曾 藏有 我 国 古代 的 各 种 经卷、 文书、 帛画、 刺绣、 铜像

děng gòng liùwàn duō jiàn. Yóuyú Qīngcháo zhèngfǔ fǔbài wúnéng, dàliàng zhēnguì
等 共 六万 多 件。 由于 清朝 政府 腐败 无能, 大量 珍贵

de wénwù bèi wàiguó qiángdào lüèzǒu. Jǐncún de bùfen jīngjuàn, xiànzài chénliè yú
的 文物 被 外国 强盗 掠走。 仅存 的 部分 经卷, 现在 陈列 于

Běijīng Gùgōng děng chù.
北京 故宫 等 处。

Mògāokū shì jǔshì-wénmíng de yìshù bǎokù. Zhè•lǐ de měi yī zūn cǎisù、měi yī
莫高窟 是 举世闻名 的 艺术 宝库。 这里 的 每 一 尊 彩塑、 每 一

fú bìhuà、měi yī jiàn wénwù, dōushì Zhōngguó gǔdài rénmín zhìhuì de jiéjīng.
幅 壁画、 每 一 件 文物, 都是 中国 古代 人民 智慧 的 结晶。

（节选自小学《语文》第六册中《莫高窟》）

【作品 48 号】

Qíshí nǐ zài hěn jiǔ yǐqián bìng bù xǐhuan mǔ•dān, yīn•wèi tā zǒng bèi rén
其实 你 在 很 久 以前 并 不 喜欢 牡丹, 因为 它 总 被 人

zuòwéi fùguì móbài. Hòulái nǐ mùdǔle yī cì mǔ•dān de luòhuā, nǐ xiāngxìn suǒyǒu
作为 富贵 膜拜。 后来 你 目睹了 一 次 牡丹 的 落花, 你 相信 所有

de rén dōu huì wèi zhī gǎndòng: Yī zhèn qīngfēng xúlái, jiāoyàn xiānnèn de shèngqī
的 人 都 会 为 之 感动: 一 阵 清风 徐来, 娇艳 鲜嫩 的 盛期

mǔ•dān hūrán zhěng duǒ zhěng duǒ de zhuìluò, pūsǎ yīdì xuànlì de huābàn. Nà
牡丹 忽然 整 朵 整 朵 地 坠落, 铺撒 一地 绚丽 的 花瓣。 那

huābàn luòdì shí yīrán xiānyàn duómù, rútóng yī zhī fèng•shàng jìtán de dàniǎo
花瓣 落地 时 依然 鲜艳 夺目, 如同 一 只 奉上 祭坛 的 大鸟

tuōluò de yǔmáo, dīyínzhe zhuàngliè de bēigē líqù.
脱落 的 羽毛, 低吟着 壮烈 的 悲歌 离去。

Mǔ•dān méi•yǒu huāxiè-huābài zhī shí, yàome shuòyú zhītóu, yàome guīyú
牡丹 没有 花谢花败 之 时, 要么 烁于 枝头, 要么 归于

nítǔ, tā kuàyuè wěidùn hé shuāilǎo, yóu qīngchūn ér sǐwáng, yóu měilì ér xiāodùn.
泥土, 它 跨越 萎顿 和 衰老, 由 青春 而 死亡, 由 美丽 而 消遁。

Tā suī měi què bù lìnxī shēngmìng, jíshǐ gàobié yě yào zhǎnshì gěi rén zuìhòu yī cì
它 虽 美 却 不 吝惜 生命， 即使 告别 也 要 展示 给 人 最后 一 次
de jīngxīn-dòngpò.
的 惊心动魄。

　　Suǒyǐ zài zhè yīnlěng de sìyuè·lǐ, qíjī bù huì fāshēng. Rènpíng yóurén sǎoxìng
　　所以 在 这 阴冷 的 四月 里，奇迹 不 会 发生。 任凭 游人 扫兴
hé zǔzhòu, mǔ·dān yīrán ānzhī-ruòsù. Tā bù gǒuqiě、bù fǔjiù、bù tuǒxié、bù mèisú,
和 诅咒， 牡丹 依然 安之若素。 它 不 苟且、不 俯就、不 妥协、不 媚俗，
gānyuàn zìjǐ lěngluò zìjǐ. Tā zūnxún zìjǐ de huāqī zìjǐ de guīlǜ, tā yǒu quánlì wèi
甘愿 自己 冷落 自己。它 遵循 自己 的 花期 自己 的 规律，它 有 权利 为
zìjǐ xuǎnzé měi nián yī dù de shèngdà jiérì. Tā wèishénme bù jùjué hánlěng?
自己 选择 每 年 一 度 的 盛大 节日。它 为什么 不 拒绝 寒冷？

　　Tiānnán-hǎiběi de kàn huā rén, yīrán luòyì-bùjué de yǒngrù Luòyáng Chéng.
　　天南海北 的 看 花 人，依然 络绎不绝 地 涌入 洛阳 城。
Rénmen bù huì yīn mǔ·dān de jùjué ér jùjué tā de měi. Rúguǒ tā zài bèi biǎnzhé shí
人们 不 会 因 牡丹 的 拒绝 而 拒绝 它 的 美。如果 它 再 被 贬谪 十
cì, yěxǔ tā jiù huì fányǎn chū shí gè Luòyáng mǔ·dān chéng.
次，也许 它 就 会 繁衍 出 十 个 洛阳 牡丹 城。

　　Yúshì nǐ zài wúyán de yíhàn zhōng gǎnwù dào, fùguì yú gāoguì zhǐshì yī zì zhī
　　于是 你 在 无言 的 遗憾 中 感悟 到，富贵 与 高贵 只是 一 字 之
chā. Tóng rén yīyàng, huā'ér yě shì yǒu língxìng de, gèng yǒu pǐnwèi zhī gāodī.
差。同 人 一样，花儿 也 是 有 灵性 的，更 有 品位 之 高低。
Pǐnwèi zhè dōngxi wéi qì wéi hún wéi jīngú wéi shényùn, zhǐ kě yìhuì. Nǐ tànfú
品位 这 东西 为 气 为 魂 为 // 筋骨 为 神韵，只 可 意会。你 叹服
mǔ·dān zhuó'ér-bùqún zhī zī, fāng zhī pǐnwèi shì duōme róngyì bèi shìsú hūlüè huò
牡丹 卓尔不群 之 姿，方 知 品位 是 多么 容易 被 世俗 忽略 或
mòshì de měi.
漠视 的 美。

（节选自张抗抗《牡丹的拒绝》）

【作品 49 号】

　　Wǒ zài Éguó jiàndào de jǐngwù zài méi·yǒu bǐ Tuō'ěrsītài mù gèng hóngwěi、
　　我 在 俄国 见到 的 景物 再 没有 比 托尔斯泰 墓 更 宏伟、
gèng gǎnrén de
更 感人 的。

　　Wánquán ànzhào Tuō'ěrsītài de yuànwàng; tā de fénmù chéngle shìjiān zuì měi
　　完全 按照 托尔斯泰 的 愿望；他 的 坟墓 成了 世间 最 美
de, gěi rén yìnxiàng zuì shēnkè de fénmù. Tā zhǐshì shùlín zhōng de yī gè xiǎoxiǎo de
的，给 人 印象 最 深刻 的 坟墓。它 只是 树林 中 的 一 个 小小 的
chángfāngxíng tǔqiū, shàng·miàn kāimǎn xiānhuā—— méi·yǒu shízìjià, méi·yǒu
长方形 土丘， 上面 开满 鲜花—— 没有 十字架， 没有
mùbēi, méi·yǒu mùzhìmíng, lián Tuō'ěrsītài zhè ge míngzi yě méi·yǒu.
墓碑， 没有 墓志铭，连 托尔斯泰 这 个 名字 也 没有。

　　Zhè wèi bǐ shéi dōu gǎndào shòu zìjǐ de shēngmíng suǒ lèi de wěirén, què xiàng
　　这 位 比 谁 都 感到 受 自己 的 声名 所 累 的 伟人，却 像
ǒu'ěr bèi fāxiàn de liúlànghàn, bù wèi rén zhī de shìbīng, bù liú míngxìng de bèi rén
偶尔 被 发现 的 流浪汉，不 为 人 知 的 士兵，不 留 名姓 地 被 人

máizàng le. Shéi dōu kěyǐ tàjìn tā zuìhòu de ānxīdì, wéi zài sìzhōu xīshū de mù
埋葬 了。 谁 都 可以 踏进 他 最后 的 安息地， 围 在 四周 稀疏 的 木

zhàlan shì bù guānbì de—— bǎohù Lièfū • Tuō'ěrsītài déyǐ ānxī de, méi • yǒu rènhé
栅栏 是 不 关闭 的—— 保护 列夫 • 托尔斯泰 得以 安息 的， 没有 任何

biéde dōngxi, wéiyǒu rénmen de jìngyì; ér tōngcháng, rénmen què zǒngshì huáizhe
别的 东西， 惟有 人们 的 敬意； 而 通常， 人们 却 总是 怀着

hàoqí, qù pòhuài wěirén mùdì de níngjìng.
好奇， 去 破坏 伟人 墓地 的 宁静。

　　Zhèlǐ, bīrén de pǔsù jìngù zhù rènhé yī zhǒng guānshǎng de xiánqíng, bìngqiě bù
　　这里， 逼人 的 朴素 禁锢 住 任何 一 种 观赏 的 闲情， 并且 不

róngxǔ nǐ dàshēng shuōhuà. fēng'ér fǔ lín, zài zhè zuò wúmíngzhě zhī mù de shùmù
容许 你 大声 说话。 风儿 俯临， 在 这 座 无名者 之 墓 的 树木

zhījiān sàsà xiǎngzhe, hénuǎn de yángguāng zài féntóu xīxì; dōngtiān, báixuě
之间 飒飒 响着， 和暖 的 阳光 在 坟头 嬉戏； 冬天， 白雪

wēnróu de fùgài zhè piàn yōu'àn de guītǔdì. Wúlùn nǐ zài xiàtiān háishi dōngtiān
温柔 地 覆盖 这 片 幽暗 的 圭土地。 无论 你 在 夏天 还是 冬天

jīngguò zhèr, nǐ dōu xiǎngxiàng bù dào, zhège xiǎoxiǎo de、lóngqǐ de chángfāngtǐ • lǐ
经过 这儿， 你 都 想象 不 到， 这个 小小 的、隆起 的 长方体 里

ānfàngzhe yī wèi dāngdài zuì wěidà de rénwù.
安放着 一 位 当代 最 伟大 的 人物。

　　Rán'ér, qiàqià shì zhè zuò bù liú xìngmíng de fénmù, bǐ suǒyǒu wākōng xīnsī
　　然而， 恰恰 是 这 座 不留 姓名 的 坟墓， 比 所有 挖空 心思

yòng dàlǐshí hé shēhuá zhuāngshì jiànzào de fénmù gèng kòurénxīnxián. Zài jīntiān
用 大理石 和 奢华 装饰 建造 的 坟墓 更 扣人心弦。 在 今天

zhège tèshū de rìzi • lǐ, dào tā de ānxīdì lái de chéng bǎi shàng qiān rén zhōngjiān,
这个 特殊 的 日子//里， 到 他 的 安息地 来 的 成 百 上 千 人 中间，

méi • yǒu yī gè yǒu yǒngqì, nǎpà jǐnjǐn cóng zhè yōu'àn de tǔqiū • shàng zhāixià yī
没有 一 个 有 勇气， 哪怕 仅仅 从 这 幽暗 的 土丘 上 摘下 一

duǒ huā liúzuò jìniàn. Rénmen chóngxīn gǎndào, shìjiè • shàng zài méi • yǒu bǐ
朵 花 留作 纪念。 人们 重新 感到， 世界 上 再 没有 比

Tuō'ěrsītài zuìhòu liúxià de、zhè zuò jìniànbēi shì de pǔsù fénmù, gèng dǎdòng rénxīn
托尔斯泰 最后 留下 的、这 座 纪念碑 式 的 朴素 坟墓， 更 打动 人心

de le.
的 了。

（节选自［奥］茨威格《世间最美的坟墓》）

【作品 50 号】

　　Xiǎngshòu xìngfú shì xūyào xuéxí de, dāng tā jíjiāng láilín de shíkè xūyào tíxǐng.
　　享受 幸福 是 需要 学习 的， 当 它 即将 来临 的 时刻 需要 提醒。

Rén kěyǐ zìrán-érrán de xuéhuì gǎnguān de xiǎnglè, què wúfǎ tiānshēng de zhǎngwò
人 可以 自然而然 地 学会 感官 的 享乐， 却 无法 天生 地 掌握

xìngfú de yùnlù. Línghún de kuàiyì tóng qìguān de shūshì xiàng yī duì luánshēng
幸福 的 韵律。 灵魂 的 快意 同 器官 的 舒适 像 一 对 孪生

xiōngdì, shí'ér xiāngbàng-xiāngyī, shí'ér nányuán-běizhé.
兄弟， 时而 相傍相依， 时而 南辕北辙。

　　Xìngfú shì yī zhǒng xīnlíng de zhènchàn. Tā xiàng huì qīngtīng yīnyuè de ěrduo
　　幸福 是 一 种 心灵 的 振颤。 它 像 会 倾听 音乐 的 耳朵

yīyàng, xūyào bùduàn de xùnliàn.
一样， 需要 不断 地 训练。

　　Jiǎnyánzhī, xìngfú jiùshì méi·yǒu tòngkǔ de shíkè. Tā chūxiàn de pínlǜ bìng bù
　　简言之， 幸福 就是 没有 痛苦 的 时刻。 它 出现 的 频率 并 不
xiàng wǒmen xiǎngxiàng de nàyàng shǎo. Rénmen chángcháng zhǐshì zài xìngfú de jīn
像 我们 想象 的 那样 少。 人们 常常 只是 在 幸福 的 金
mǎchē yǐ·jīng shǐ guò·qù hěn yuǎn shí, cái jiǎnqǐ dì·shàng de jīn zōngmáo shuō,
马车 已经 驶 过去 很 远 时， 才 捡起 地 上 的 金 鬃毛 说，
yuánlái wǒ jiànguo tā.
原来 我 见过 它。

　　Rénmen xǐ'ài huíwèi xìngfú de biāoběn, què hūlüè tā pīzhe lù·shuǐ sànfā
　　人们 喜爱 回味 幸福 的 标本， 却 忽略 它 披着 露水 散发
qīngxiāng de shíkè. Nà shíhou wǒmen wǎngwǎng bùlǚ cōngcōng, zhānqián-gùhòu bù
清香 的 时刻。那 时候 我们 往往 步履 匆匆， 瞻前顾后 不
zhī zài mángzhe shénme.
知 在 忙着 什么。

　　Shì·shàng yǒu yùbào táifēng de, yǒu yùbào huángzāi de, yǒu yùbào wēnyì de,
　　世上 有 预报 台风 的， 有 预报 蝗灾 的， 有 预报 瘟疫 的，
yǒu yùbào dìzhèn de. Méi·yǒu rén yùbào xìngfú.
有 预报 地震 的。 没有 人 预报 幸福。

　　Qíshí xìngfú hé shìjiè wànwù yīyàng, yǒu tā de zhēngzhào.
　　其实 幸福 和 世界 万物 一样， 有 它 的 征兆。

　　Xìngfú chángcháng shì ménglóng de, hěn yǒu jiézhì de xiàng wǒmen pēnsǎ gānlín.
　　幸福 常常 是 朦胧 的，很 有 节制 地 向 我们 喷洒 甘霖。
Nǐ bùyào zǒng xīwàng hōnghōng-lièliè de xìngfú, tā duōbàn zhǐshì qiāoqiāo de pūmiàn
你 不要 总 希望 轰轰烈烈 的 幸福， 它 多半 只是 悄悄 地 扑面
ér lái. Nǐ yě bùyào qǐtú bǎ shuǐlóngtóu nǐng de gèng dà, nà yàng tā huì hěn kuài de
而 来。你 也 不要 企图 把 水龙头 拧 得 更 大， 那样 它 会 很 快 地
liúshī. Nǐ xūyào jìngjìng de yǐ pínghé zhī xīn, tǐyàn tā de zhēndì.
流失。你 需要 静静 地 以 平和 之 心，体验 它 的 真谛。

　　Xìngfú jué dà duōshù shì pǔsù de. Tā bù huì xiàng xìnhàodàn shìde, zài hěn gāo
　　幸福 绝大 多数 是 朴素 的。它 不 会 像 信号弹 似的， 在 很 高
de tiānjì shǎnshuò hóngsè de guāngmáng. Tā pīzhe běnsè de wàiyī, qīnqiè wēnnuǎn
的 天际 闪烁 红色 的 光芒。 它 披着 本色 的 外衣， 亲//切 温暖
de bāoguǒ qǐ wǒmen.
地 包裹 起 我们。

　　Xìngfú bù xǐhuan xuānxiāo fúhuá, tā chángcháng zài àndàn zhōng jiànglín. Pínkùn
　　幸福 不 喜欢 喧嚣 浮华，它 常常 在 暗淡 中 降临。 贫困
zhōng xiāngrúyǐmò de yī kuài gāobǐng, huànnàn zhōng xīnxīn-xiāngyìn de yī gè
中 相濡以沫 的 一 块 糕饼， 患难 中 心心相印 的 一 个
yǎnshén, fù·qīn yī cì cūcāo de fǔmō, nǚyǒu yī zhāng wēnxīn de zìtiáo …… Zhè dōu
眼神， 父亲 一 次 粗糙 的 抚摸， 女友 一 张 温馨 的 字条 …… 这 都
shì qiānjīn nán mǎi de xìngfú a. Xiàng yīlìlì zhuì zài jiù chóuzǐ·shàng de
是 千金 难买 的 幸福 啊。 像 一粒粒 缀 在 旧 绸子 上 的
hóngbǎoshí, zài qīliáng zhōng yùfā yìyì duómù.
红宝石， 在 凄凉 中 愈发 熠熠 夺目。

（节选自毕淑敏《提醒幸福》）

【作品 51 号】

　　Zài Lǐyuērènèilú de yī gè pínmínkū·lǐ, yǒu yī gè nánháizi, tā fēicháng
　　在 里约热内卢 的 一个 贫民窟 里，有 一个 男孩子，他 非常

xǐhuan zúqiú, kěshì yòu mǎi·bùqǐ, yúshì jiù tī sùliàohér, tī qìshuǐpíng, tī cóng
喜欢 足球，可是 又 买不起，于是 就 踢 塑料盒，踢 汽水瓶，踢 从

lājīxiāng·lǐ jiǎnlái de yēziké. Tā zài hútòngr·lǐ tī, zài néng zhǎodào de rènhé yī
垃圾箱 里 拣来 的 椰子壳。他 在 胡同 里 踢，在 能 找到 的 任何 一

piàn kòngdì·shàng tī.
片 空地 上 踢。

　　Yǒu yī tiān, dāng tā zài yī chù gānhé de shuǐtáng·lǐ měng tī yī gè zhū
　　有 一 天，当 他 在 一处 干涸 的 水塘 里 猛 踢 一个 猪

pángguāng shí, bèi yī wèi zúqiú jiàoliàn kàn·jiàn le. Tā fāxiàn zhège nánháir tī de
膀胱 时，被 一位 足球 教练 看见 了。他 发现 这个 男孩儿 踢 得

hěn xiàng shì nàme huí shì, jiù zhǔdòng tíchū yào sònggěi tā yī gè zúqiú.
很 像 是 那么 回 事，就 主动 提出 要 送给 他 一个 足球。

Xiǎonánháiér dédào zúqiú hòu tī de gèng màijìn le. Bùjiǔ, tā jiù néng zhǔnquè de bǎ
小男孩儿 得到 足球 后 踢 得 更 卖劲 了。不久，他 就 能 准确 地 把

qiú tījìn yuǎnchù suíyì bǎifàng de yī gè shuǐtǒng·lǐ.
球 踢进 远处 随意 摆放 的 一个 水桶 里。

　　Shèngdànjié dào le, háizi de māma shuō: "Wǒmen méi·yǒu qián mǎi shèngdàn
　　圣诞节 到 了，孩子 的 妈妈 说："我们 没有 钱 买 圣诞

lǐwù sònggěi wǒmen de ēnrén, jiù ràng wǒmen wèi tā qídǎo ba."
礼物 送给 我们 的 恩人，就 让 我们 为 他 祈祷 吧。"

　　Xiǎonánháir gēnsuí māma qídǎo wánbì, xiàng māma yàole yī bǎ chǎnzi biàn
　　小男孩儿 跟随 妈妈 祈祷 完毕，向 妈妈 要了 一 把 铲子 便

pǎole chū·qù. Tā láidào yī zuò biéshù qián de huāyuán·lǐ, kāishǐ wā kēng.
跑了 出去。他 来到 一座 别墅 前 的 花园 里，开始 挖坑。

　　Jiù zài tā kuài yào wāhǎo kēng de shíhou, cóng biéshù·lǐ zǒuchū yī gè
　　就 在 他 快 要 挖好 坑 的 时候，从 别墅 里 走出 一个

rén·lái, wèn xiǎoháir zài gàn shénme, háizi táiqǐ mǎn shì hànzhū de liǎndànr,
人 来，问 小孩儿 在 干 什么，孩子 抬起 满 是 汗珠 的 脸蛋儿，

shuō: "Jiàoliàn, Shèngdànjié dào le, wǒ méi·yǒu lǐwù sònggěi nín, wǒ yuàn gěi nín
说："教练，圣诞节 到 了，我 没有 礼物 送给 您，我 愿 给 您

de shèngdànshù wā yī gè shùkēng."
的 圣诞树 挖 一个 树坑。"

　　Jiàoliàn bǎ xiǎonánháir cóng shùkēng·lǐ lā shàng·lái, shuō, wǒ jīntiān dédàole
　　教练 把 小男孩儿 从 树坑 里 拉 上来，说，我 今天 得到了

shìjiè·shàng zuìhǎo de lǐwù. Míngtiān nǐ jiù dào wǒ de xùnliànchǎng qù ba.
世界 上 最好 的 礼物。明天 你 就 到 我 的 训练场 去 吧。

　　Sān nián hòu, zhè wèi shíqī suì de nánháir zài dì-liù jiè zúqiú jǐnbiāosài·shàng
　　三 年 后，这 位 十七 岁 的 男孩儿 在 第六 届 足球 锦标赛 上

dú jìn èrshíyī qiú, wèi Bāxī dì-yī cì pěnghuíle jīnbēi. Yī gè yuánlái bù wéi shìrén suǒ
独进 二十一 球，为 巴西 第一 次 捧回了 金杯。一个 原来 不// 为 世人 所

zhī de míngzi ——Bèilì, suí zhī chuánbiàn shìjiè.
知 的 名字 ——贝利，随 之 传遍 世界。

（节选自刘燕敏《天才的造就》）

【作品 52 号】

Wǒ wèishénme fēi yào jiāoshū bùkě? Shì yīn·wèi wǒ xǐhuan dāng jiàoshī de
我 为什么 非要 教书 不可? 是 因为 我 喜欢 当 教师 的
shíjiān ānpáibiǎo hé shēnghuó jiézòu. Qī、bā、jiǔ sān gè yuè gěi wǒ tígòngle jìnxíng
时间 安排表 和 生活 节奏。七、八、九 三个 月 给 我 提供了 进行
huígù、yánjiū、xiězuò de liángjī, bìng jiāng sānzhě yǒujī rónghé, ér shànyú huígù、
回顾、研究、写作 的 良机, 并 将 三者 有机 融合, 而 善于 回顾、
yánjiū hé zǒngjié zhèngshì yōuxiù jiàoshī sùzhì zhōng bùkě quēshǎo de chéng·fèn.
研究 和 总结 正是 优秀 教师 素质 中 不可 缺少 的 成分。

Gàn zhè háng gěile wǒ duōzhǒng-duōyàng de "gānquán" qù pǐncháng, zhǎo
干 这 行 给了 我 多种多样 的 "甘泉" 去 品尝, 找
yōuxiù de shūjí qù yándú, dào "xiàngyátǎ" hé shíjì shìjiè·lǐ qù fāxiàn. Jiàoxué
优秀 的 书籍 去 研读, 到 "象牙塔" 和 实际 世界里 去 发现。 教学
gōngzuò gěi wǒ tígòngle jìxù xuéxí de shíjiān bǎozhèng, yǐjí duō zhǒng tújìng、jīyù
工作 给 我 提供了 继续 学习 的 时间 保证, 以及 多 种 途径、机遇
hé tiǎozhàn.
和 挑战。

Rán'ér, wǒ ài zhè yī háng de zhēnzhèng yuányīn, shì ài wǒ de xuésheng.
然而, 我 爱 这 一 行 的 真正 原因, 是 爱 我 的 学生。
Xuéshengmen zài wǒ de yǎnqián chéngzhǎng、biànhuà. Dāng jiàoshī yìwèizhe qīnlì
学生们 在 我 的 眼前 成长、 变化。 当 教师 意味着 亲历
"chuàngzào" guòchéng de fāshēng—— qiàsì qīnshǒu fùyǔ yī tuán nítǔ yǐ shēngmìng,
"创造" 过程 的 发生—— 恰似 亲手 赋予 一 团 泥土 以 生命,
méi·yǒu shénme bǐ mùdǔ tā kāishǐ hūxī gèng jīdòng rénxīn de le.
没有 什么 比 目睹 它 开始 呼吸 更 激动 人心 的 了。

Quánlì wǒ yě yǒu le: Wǒ yǒu quánlì qù qǐfā yòudǎo, qù jīfā zhìhuì de huǒhuā,
权利 我 也 有了:我 有 权利 去 启发 诱导, 去 激发 智慧 的 火花,
qù wèn fèixīn sīkǎo de wèntí, qù zànyáng huídá de chángshì, qù tuījiàn shūjí, qù
去 问 费心 思考 的 问题, 去 赞扬 回答 的 尝试, 去 推荐 书籍, 去
zhǐdiǎn míjīn. Háiyǒu shénme biéde quánlì néng yǔ zhī xiāng bǐ ne?
指点 迷津。 还有 什么 别的 权利 能 与 之 相 比 呢?

Érqiě, jiāoshū hái gěi wǒ jīnqián hé quánlì zhīwài de dōngxi, nà jiùshì àixīn. Bùjǐn
而且, 教书 还 给 我 金钱 和 权利 之外 的 东西, 那 就是 爱心。不仅
yǒu duì xuésheng de ài, duì shūjí de ài, duì zhīshi de ài, háiyǒu jiàoshī cái néng
有 对 学生 的 爱, 对 书籍 的 爱, 对 知识 的 爱, 还有 教师 才 能
gǎnshòudào de duì "tèbié" xuésheng de ài. Zhèxiē xuésheng, yǒurú míngwán-bùlíng
感受到 的 对 "特别" 学生 的 爱。 这些 学生, 有如 冥顽不灵
de níkuài, yóuyú jiēshòu le lǎoshī de chì'ài cái bófāle shēngjī.
的 泥块, 由于 接受 了 老师 的 炽爱 才 勃发 了 生机。

Suǒyǐ, wǒ ài jiāoshū, hái yīn·wèi, zài nàxiē bófā shēngjī de "tèbié" xuésheng
所以, 我 爱 教书, 还 因为, 在 那些 勃发 生机 的 "特//别" 学生
shēn·shàng, wǒ yǒushí fāxiàn zìjǐ hé tāmen hūxī xiāngtōng, yōulè yǔgòng.
身上, 我 有时 发现 自己 和 他们 呼吸 相通, 忧乐 与共。

(节选自[美]贝得勒《我为什么当教师》)

【作品 53 号】

Zhōngguó xībù wǒmen tōngcháng shì zhǐ Huáng Hé yǔ Qín Lǐng xiānglián yī xiàn
中国 西部 我们 通常 是 指 黄河 与 秦岭 相连 一线

yǐ xī, bāokuò xīběi hé xīnán de shí'èr gè shěng、shì、zìzhìqū. Zhè kuài guǎngmào de
以西， 包括 西北 和 西南 的 十二 个 省、 市、自治区。 这 块 广袤 的

tǔdì miànjī wéi wǔbǎi sìshíliù wàn píngfāng gōnglǐ, zhàn guótǔ zǒng miànjī de bǎi fēn
土地 面积 为 五百 四十六 万 平方 公里， 占 国土 总 面积 的 百分

zhī wǔshíqī; rénkǒu èr diǎn bā yì, zhàn quánguó zǒng rénkǒu de bǎi fēn zhī èrshísān.
之 五十七； 人口 二 点 八 亿， 占 全国 总 人口 的 百 分 之 二十三。

　　Xībù shì Huáxià wénmíng de yuántóu. Huáxià zǔxiān de jiǎobù shì shùnzhe
　　西部 是 华夏 文明 的 源头。 华夏 祖先 的 脚步 是 顺着

shuǐbiān zǒu de: Cháng Jiāng shàngyóu chūtǔguo Yuánmóurén yáchǐ huàshí, jù jīn yuē
水边 走 的： 长 江 上游 出土过 元谋人 牙齿 化石， 距今 约

yībǎi qīshí wàn nián; Huáng Hé zhōngyóu chūtǔguo Lántiánrén tóugàigǔ, jù jīn yuē
一百 七十 万 年； 黄 河 中游 出土过 蓝田人 头盖骨， 距今 约

qīshí wàn nián. Zhè liǎng chù gǔ rénlèi dōu bǐ jù jīn yuē wǔshí wàn nián de Běijīng
七十 万 年。 这 两 处 古 人类 都 比 距今 约 五十 万 年 的 北京

yuánrén zī·gé gèng lǎo.
猿人 资格 更 老。

　　Xībù dìqū shì Huáxià wénmíng de zhòngyào fāyuándì. Qínhuáng Hànwǔ yǐhòu,
　　西部 地区 是 华夏 文明 的 重要 发源地。 秦皇 汉武 以后，

dōng-xīfāng wénhuà zài zhè·lǐ jiāohuì rónghé, cóng'ér yǒule sīchóu zhī lù de tuólíng
东西方 文化 在 这里 交汇 融合， 从而 有了 丝绸 之 路 的 驼铃

shēngshēng, fó yuàn shēn sì de mùgǔ-chénzhōng. Dūnhuáng Mògāokū shì shìjiè
声声， 佛 院 深 寺 的 暮鼓晨钟。 敦煌 莫高窟 是 世界

wénhuàshǐ·shàng de yī gè qíjī, tā zài jìchéng Hàn Jìn yìshù chuántǒng de
文化史 上 的 一个 奇迹， 它 在 继承 汉晋 艺术 传统 的

jīchǔ·shàng, xíngchéngle zìjǐ jiānshōu-bìngxù de huīhóng qìdù, zhǎnxiànchū
基础 上， 形成了 自己 兼收并蓄 的 恢宏 气度， 展现出

jīngměi-juélún de yìshù xíngshì hé bódà-jīngshēn de wénhuà nèihán. Qínshǐhuáng
精美绝伦 的 艺术 形式 和 博大精深 的 文化 内涵。 秦始皇

Bīngmǎyǒng、Xīxià wánglíng、Lóulán gǔguó、Bùdálāgōng、Sānxīngduī、Dàzú shíkè
兵马俑、 西夏 王陵、 楼兰 古国、 布达拉宫、 三星堆、 大足 石刻

děng lìshǐ wénhuà yíchǎn, tóngyàng wéi shìjiè suǒ zhǔmù, chéngwéi Zhōnghuá wénhuà
等 历史 文化 遗产， 同样 为 世界 所 瞩目， 成为 中华 文化

zhòngyào de xiàngzhēng.
重要 的 象征。

　　Xībù dìqū yòu shì shǎoshù mínzú jíqí wénhuà de jícuìdì, jīhū bāokuò le wǒguó
　　西部 地区 又 是 少数 民族 及其 文化 的 集萃地，几乎 包括 了 我国

suǒyǒu de shǎoshù mínzú. Zài yīxiē piānyuǎn de shǎoshù mínzú dìqū, réng bǎoliúle
所有 的 少数 民族。 在 一些 偏远 的 少数 民族 地区， 仍 保留//了

yīxiē jiǔyuǎn shídài de yìshù pǐnzhǒng, chéngwéi zhēnguì de "huó huàshí", rú Nàxī
一些 久远 时代 的 艺术 品种， 成为 珍贵 的 "活 化石"， 如 纳西

gǔyuè、xìqǔ、jiǎnzhǐ、cìxiù、yánhuà děng mínjiān yìshù hé zōngjiào yìshù. Tèsè
古乐、 戏曲、 剪纸、 刺绣、 岩画 等 民间 艺术 和 宗教 艺术。 特色

xiānmíng、fēngfù-duōcǎi, yóurú yī gè jùdà de mínzú mínjiān wénhuà yìshù bǎokù.
鲜明、 丰富多彩， 犹如 一个 巨大 的 民族 民间 文化 艺术 宝库。

　　Wǒmen yào chōngfèn zhòngshì hé lìyòng zhèxiē détiān-dúhòu de zīyuán yōushì,
　　我们 要 充分 重视 和 利用 这些 得天独厚 的 资源 优势，

jiànlì liánghǎo de mínzú mínjiān wénhuà shēngtài huánjìng, wèi xībù dà kāifā
建立 良好 的 民族 民间 文化 生态 环境， 为 西部 大 开发

zuòchū gòngxiàn.
做出　　贡献。

（节选自《中考语文课外阅读试题精选》中《西部文化和西部开发》）

【作品 54 号】

Yǒu zhèyàng yī gè gùshi.
有　这样　一个　故事。

Yǒu rén wèn：Shìjiè · shàng shénme dōngxi de qìlì zuì dà? Huídá fēnyún de hěn,
有人问：世界　上　什么　东西　的气力　最大? 回答　纷纭得很,

yǒude shuō "xiàng", yǒude shuō "shī", yǒu rén kāi wánxiào shìde shuō：Shì
有的　说　"象",　有的　说　"狮",　有人　开　玩笑　似的　说：是

"Jīngāng", Jīngāng yǒu duō · shǎo qìlì, dāngrán dàjiā quán bù zhī · dào.
"金刚",　金刚　有　多少　气力,　当然　大家　全　不　知道。

Jiéguǒ, zhè yīqiè dá'àn wánquán bù duì, shìjiè · shàng qìlì zuì dà de, shì zhíwù
结果,　这　一切　答案　完全　不　对,　世界　上　气力最大的,　是 植物

de zhǒngzi. yī lì zhǒngzi suǒ kěyǐ xiǎnxiàn chū · lái de lì, jiǎnzhí shì chāoyuè yīqiè.
的　种子。一粒　种子　所可以　显现　出来　的力,　简直　是　超越　一切。

Rén de tóugàigǔ, jiéhé dé fēicháng zhìmì yǔ jiāngù, shēnglǐxuéjiā hé jiěpōuxuézhě
人的头盖骨,　结合　得　非常　致密　与　坚固,　生理学家　和　解剖学者

yòngjìnle yīqiè de fāngfǎ, yào bǎ tā wánzhěng de fēn chū · lái, dōu méi · yǒu zhè
用尽了　一切的　方法,　要把它　完整　地分　出来,　都　没有　这

zhǒng lìqì. Hòulái hūrán yǒu rén fāmíngle yī gè fāngfǎ, jiùshì bǎ yīxiē zhíwù de
种　力气。后来　忽然　有人　发明了　一个　方法,　就是　把　一些　植物　的

zhǒngzi fàng zài yào pōuxī de tóugàigǔ · lǐ, gěi tā yǐ wēndù yǔ shīdù, shǐ tā fāyá.
种子　放在　要　剖析的　头盖骨　里,　给它以　温度　与　湿度,　使它发芽。

Yī fāyá, zhèxiē zhǒngzi biàn yǐ kěpà de lì · liàng, jiāng yīqiè jīxièlì suǒ bùnéng
一发芽,　这些　种子　便以　可怕的　力量,　将　一切　机械力　所　不能

fēnkāi de gǔgé, wánzhěng de fēnkāi le. Zhíwù zhǒngzi lì · liàng zhī dà, rúcǐ rúcǐ.
分开　的骨骼,　完整　地分开了。植物　种子　力量　之大,　如此　如此。

Zhè, yěxǔ tèshū le yīdiǎnr, chángrén bù róng · yì lǐjiě. Nàme, nǐ kàn · jiànguò
这,　也许　特殊了一点儿,　常人　不　容易　理解。那么,　你　看见过

sǔn de chéngzhǎng ma? Nǐ kàn · jiànguò bèi yā zài wǎlì hé shíkuài xià · miàn de yī kē
笋的　成长　吗?你　看见过　被压在　瓦砾和　石块　下面　的一棵

xiǎocǎo de shēngzhǎng ma? Tā wèizhe xiàngwǎng yángguāng, wèizhe dáchéng tā de
小草　的　生长　吗? 它　为着　向往　阳光,　为着　达成　它的

shēng zhī yìzhì, bùguǎn shàng · miàn de shíkuài rúhé zhòng, shí yǔ shí zhījiān rúhé
生　之　意志,　不管　上面　的石块　如何　重,　石与石　之间　如何

xiá, tā bìdìng yào qūqū-zhézhé de, dànshì wánqiáng-bùqū de tòudào dìmiàn
狭,　它　必定　要　曲曲折折　地,　但是　顽强不屈　地　透到　地面

shàng · lái. Tā de gēn wǎng tǔrǎng zuān, tā de yá wǎng dìmiàn tǐng, zhèshì yī zhǒng
上来。它的　根　往　土壤　钻,　它的芽　往　地面　挺,　这是一种

bùkě kàngjù de lì, zǔzhǐ tā de shíkuài, jiēguǒ yě bèi tā xiānfān, yī lì zhǒngzi de
不可　抗拒的力,　阻止它的　石块,　结果　也被它　掀翻,　一粒　种子的

lì · liàng zhī dà, rúcǐ rúcǐ.
力量　之大, // 如此　如此。

Méi · yǒu yī gè rén jiāng xiǎocǎo jiàozuò "dàlìshì", dànshì tā de lì · liàng zhī dà,
没有　一个人　将　小草　叫做　"大力士",　但是它的　力量　之大,

díquè shì shìjiè wúbǐ. Zhè zhǒng lì shì yībān rén kàn·bùjiàn de shēngmìnglì. Zhǐyào
的确 是 世界 无比。 这 种 力 是 一般 人 看不见 的 生命力。 只要

shēngmìng cúnzài, zhè zhǒng lì jiù yào xiǎnxiàn. Shàng·miàn de shíkuài, sīháo bù
生命 存在， 这 种 力 就 要 显现。 上面 的 石块， 丝毫 不

zúyǐ zǔdǎng. Yīnwèi tā shì yī zhǒng "chángqī kàngzhàn" de lì; yǒu tánxìng,
足以 阻挡。 因为 它 是 一 种 "长期 抗战" 的 力；有 弹性，

néngqū-néngshēn de lì; yǒu rènxìng, bù dá mùdì bù zhǐ de lì.
能屈能伸 的 力；有 韧性， 不 达 目的 不 止 的 力。

（节选自夏衍《野草》）

【作品 55 号】

　　Zhùmíng jiàoyùjiā Bānjiémíng céngjīng jiēdào yī gè qīngniánrén de qiújiào
　　著名 教育家 班杰明 曾经 接到 一个 青年人 的 求教

diànhuà, bìng yǔ nàge xiàngwǎng chénggōng、kěwàng zhǐdiǎn de qīngniánrén
电话， 并 与 那个 向往 成功、 渴望 指点 的 青年人

yuēhǎole jiànmiàn de shíjiān hé dìdiǎn.
约好了 见面 的 时间 和 地点。

　　Dài nàge qīngniánrén rúyuē'érzhì shí, Bānjiémíng de fángmén chǎngkāizhe,
　　待 那个 青年人 如约而至 时， 班杰明 的 房门 敞开着，

yǎnqián de jǐngxiàng què lìng qīngniánrén pō gǎn yìwài —— Bānjiémíng de fángjiān·lǐ
眼前 的 景象 却 令 青年人 颇 感 意外 —— 班杰明 的 房间 里

luànqībāzāo、lángjí yī piàn.
乱七八糟、 狼藉 一 片。

　　Méi děng qīngniánrén kāikǒu, Bānjiémíng jiù zhāohu dào: "Nǐ kàn wǒ zhè
　　没 等 青年人 开口， 班杰明 就 招呼 道："你 看 我 这

fángjiān, tài bù zhěngjié le, qǐng nǐ zài ménwài děnghòu yī fēnzhōng, wǒ shōushi
房间， 太 不 整洁 了， 请 你 在 门外 等候 一 分钟， 我 收拾

yīxià, nǐ zài jìn·lái ba." Yībiān shuōzhe, Bānjiémíng jiù qīngqīng de
一下， 你 再 进来 吧。" 一边 说着， 班杰明 就 轻轻 地

guān·shàngle fángmén.
关上了 房门。

　　Bù dào yī fēnzhōng de shíjiān, Bānjiémíng jiù yòu dǎkāile fángmén bìng rèqíng de
　　不 到 一 分钟 的 时间， 班杰明 就 又 打开了 房门 并 热情 地

bǎ qīngniánrén ràngjìn kètīng. Zhèshí, qīngniánrén de yǎnqián zhǎnxiàn chū lìng yī
把 青年人 让进 客厅。 这时， 青年人 的 眼前 展现 出 另一

fān jǐngxiàng—— fángjiān nèi de yīqiè yǐ biàn·de jǐngrán-yǒuxù, érqiě yǒu liǎng bēi
番 景象—— 房间 内 的 一切 已 变得 井然有序， 而且 有 两 杯

gānggāng dàohǎo de hóngjiǔ, zài dàndàn de xiāngshuǐ qìxī·lǐ hái yàngzhe wēibō.
刚刚 倒好 的 红酒， 在 淡淡 的 香水 气息 里 还 漾着 微波。

　　Kěshì, méi děng qīngniánrén bǎ mǎnfù de yǒuguān rénshēng hé shìyè de yínán
　　可是， 没 等 青年人 把 满腹 的 有关 人生 和 事业 的 疑难

wèntí xiàng Bānjiémíng jiǎng chū·lái, Bānjiémíng jiù fēicháng kèqi de shuōdào:
问题 向 班杰明 讲 出来， 班杰明 就 非常 客气 地 说道：

"Gānbēi. Nǐ kěyǐ zǒu le."
"干杯。 你 可以 走 了。"

　　Qīngniánrén shǒu chí jiǔbēi yīxiàzi lèngzhù le, jì gāngà yòu fēicháng yíhàn de
　　青年人 手持 酒杯 一下子 愣住 了，既 尴尬 又 非常 遗憾 地

shuō: "Kěshì, wǒ…… wǒ hái méi xiàng nín qǐngjiào ne……"
说：   "可是，我…… 我 还 没 向 您   请教   呢……"

"Zhèxiē…… nándào hái bùgòu ma?" Bānjiémíng yībiān wēixiàozhe yībiān
"这些…… 难道 还 不够 吗？" 班杰明   一边   微笑着   一边

sǎoshìzhe zìjǐ de fángjiān, qīngyán-xìyǔ de shuō, "Nǐ jìn·lái yòu yǒu yī
扫视着   自己 的 房间， 轻言细语 地 说，"你 进来 又 有 一

fēnzhōng le."
分钟 了。"

"Yī fēnzhōng…… yī fēnzhōng……" Qīngniánrén ruòyǒusuǒsī de shuō, "Wǒ dǒng
"一 分钟…… 一 分钟……" 青年人   若有所思 地 说，"我 懂

le, nín ràng wǒ míngbaile yī fēnzhōng de shíjiān kěyǐ zuò xǔduō shìqing, kěyǐ
了，您 让 我 明白了 一 分钟 的 时间 可以 做 许//多 事情，可以

gǎibiàn xǔduō shìqing de shēnkè dào·lǐ."
改变   许多 事情 的 深刻   道理。"

Bānjiémíng shūxīn de xiào le. Qīngniánrén bǎ bēi·lǐ de hóngjiǔ yīyǐn'érjìn, xiàng
班杰明   舒心地 笑 了。 青年人 把 杯里 的 红酒 一饮而尽， 向

Bānjiémíng liánlián dàoxiè hòu, kāixīn de zǒu le.
班杰明   连连 道谢 后，开心 地 走 了。

Qíshí, zhǐyào bǎwò hǎo shēngmìng de měi yī fēnzhōng, yě jiù bǎwòle lǐxiǎng
其实，只要 把握 好 生命 的 每 一 分钟， 也 就 把握了 理想

de rénshēng.
的 人生。

(节选自纪广洋《一分钟》)

【作品 56 号】

Yǒu yī cì, Sū Dōngpō de péngyou Zhāng È názhe yī zhāng xuānzhǐ lái qiú tā xiě
有 一 次，苏 东坡 的 朋友 张 鹗 拿着 一 张 宣纸 来 求 他 写

yī fú zì, érqiě xīwàng tā xiě yīdiǎnr guānyú yǎngshēng fāngmiàn de nèiróng. Sū
一 幅 字，而且 希望 他 写 一点儿 关于 养生   方面 的 内容。苏

Dōngpō sīsuǒle yīhuìr, diǎndiǎn tóu shuō: "Wǒ dédàole yī gè yǎngshēng chángshòu
东坡 思索了 一会儿， 点点 头 说："我 得到了 一 个 养生   长寿

gǔfāng, yào zhǐyǒu sì wèi, jīntiān jiù zènggěi nǐ ba." Yúshì, Dōngpō de lángháo zài
古方，药 只有 四 味，今天 就 赠给 你 吧。"于是， 东坡 的 狼毫 在

zhǐ·shàng huīsǎ qǐ·lái, shàng·miàn xiězhe: "Yī yuē wú shì yǐ dàng guì, èr yuē
纸   上 挥洒 起来，   上面 写着："一 曰 无 事 以 当 贵，二 曰

zǎo qǐn yǐ dàng fù, sān yuē ān bù yǐ dàng chē, sì yuē wǎn shí yǐ dàng ròu."
早 寝 以 当 富，三 曰 安 步 以 当 车，四 曰 晚 食 以 当 肉。"

Zhè nǎ·lǐ yǒu yào? Zhāng È yīliǎn mángrán de wèn. Sū Dōngpō xiàozhe jiěshì
这 哪里 有 药？ 张 鹗 一脸 茫然 地 问。苏 东坡 笑着 解释

shuō, yǎngshēng chángshòu de yàojué, quán zài zhè sì jù lǐ·miàn.
说， 养生   长寿 的 要诀， 全 在 这 四 句 里面。

Suǒwèi "wú shì yǐ dàng guì", shì zhǐ rén bùyào bǎ gōngmíng lìlù, róngrǔ guòshī
所谓 "无 事 以 当 贵"，是 指 人 不要 把 功名 利禄、荣辱 过失

kǎolǜ de tài duō, rú néng zài qíngzhì·shàng xiāosǎ dàdù, suíyù-érān, wú shì yǐ qiú,
考虑 得 太 多，如 能 在 情志 上 潇洒 大度，随遇而安 无 事 以 求，

zhè bǐ fùguì gèng néng shǐ rén zhōng qí tiānnián.
这 比 富贵 更 能 使 人 终 其 天年。

"Zǎo qǐn yǐ dàng fù", zhǐ chīhǎo chuānhǎo、cáihuò chōngzú, bìngfēi jiù néng shǐ
"早　寝　以　当　富",指　吃好　穿好、　财货　充足,　并非　就　能　使

nǐ chángshòu. Duì lǎoniánrén lái shuō, yǎngchéng liánghǎo de qǐjū xíguàn, yóuqí shì
你　长寿。　对　老年人　来　说,　养成　良好　的　起居　习惯,　尤其　是

zǎo shuì zǎo qǐ, bǐ huòdé rènhé cáifù gèngjiā bǎoguì.
早　睡　早　起,比　获得　任何　财富　更加　宝贵。

"Ān bù yǐ dàng chē", zhǐ rén bùyào guòyú jiǎngqiú ānyì、zhītǐ bù láo, ér yīng
"安步　以　当　车",指　人　不要　过于　讲求　安逸、肢体　不　劳,而　应

duō yǐ bùxíng lái tìdài qímǎ chéngchē, duō yùndòng cái kěyǐ qiángjiàn tǐpò,
多　以　步行　来　替代　骑马　乘车,　多　运动　才　可以　强健　体魄,

tōngchàng qìxuè.
通畅　气血。

"Wǎn shí yǐ dàng ròu", yìsī shì rén yīnggāi yòng yǐ jī fāng shí、wèi bǎo xiān zhǐ
"晚　食　以　当　肉",意思　是　人　应该　用　已　饥　方　食、未　饱　先　止

dàitì duì měiwèi jiāyáo de tānchī wú yàn. Tā jìnyībù jiěshì, èle yǐhòu cái jìnshí,
代替　对　美味　佳肴　的　贪吃　无　厌。他　进一步　解释,　饿了　以后　才　进食,

suīrán shì cūchá-dànfàn, dàn qí xiāngtián kěkǒu huì shèngguò shānzhēn; rúguǒ bǎole
虽然　是　粗茶淡饭,　但　其　香甜　可口　会　胜过　山珍;　如果　饱了

háiyào miǎnqiǎng chī, jíshǐ měiwèi jiāyáo bǎi zài yǎnqián yě nányǐ　xiàyàn.
还要　勉强　吃,　即使　美味　佳肴　摆　在　眼前　也　难以　//　下咽。

Sū Dōngpō de sì wèi "chángshòuyào", shíjì·shàng shì qiángdiàole qíngzhì、
苏　东坡　的　四　味　"长寿药",　实际　上　是　强调了　情志、

shuìmián、yùndòng、yǐnshí sì gè fāngmiàn duì yǎngshēng chángshòu de zhòngyàoxìng,
睡眠、　运动、　饮食　四　个　方面　对　养生　长寿　的　重要性,

zhè zhǒng yǎngshēng guāndiǎn jíshǐ zài jīntiān réngrán zhí·dé jièjiàn.
这　种　养生　观点　即使　在　今天　仍然　值得　借鉴。

(节选自蒲昭和《赠你四味长寿药》)

【作品 57 号】

Zhōngguó de dì-yī dàdǎo、Táiwān Shěng de zhǔdǎo Táiwān, wèiyú Zhōngguó
中国　的　第一　大岛、　台湾　省　的　主岛　台湾,　位于　中国

dàlùjià de dōngnánfāng, dìchǔ Dōng Hǎi hé Nán Hǎi zhījiān, gézhe Táiwān Hǎixiá hé
大陆架　的　东南方,　地处　东　海　和　南　海　之间,　隔着　台湾　海峡　和

Dàlù xiāngwàng. Tiānqì qínglǎng de shíhou, zhàn zài Fújiàn yánhǎi jiào gāo de
大陆　相望。　天气　晴朗　的　时候,　站　在　福建　沿海　较　高　的

dìfang, jiù kěyǐ yǐnyǐn-yuēyuē dì wàng·jiàn dǎo·shàng de gāoshān hé yúnduǒ.
地方,　就　可以　隐隐约约　地　望见　岛　上　的　高山　和　云朵。

Táiwān Dǎo xíngzhuàng xiácháng, cóng dōng dào xī, zuì kuān chù zhǐyǒu yībǎi
台湾　岛　形状　狭长,　从　东　到　西,　最　宽　处　只有　一百

sìshí duō gōnglǐ; yóu nán zhì běi, zuì cháng de dìfang yuē yǒu sānbǎi jiǔshí duō
四十　多　公里;　由　南　至　北,　最　长　的　地方　约　有　三百　九十　多

gōnglǐ. Dìxíng xiàng yī gè fǎngzhī yòng de suōzi.
公里。　地形　像　一　个　纺织　用　的　梭子。

Táiwān Dǎo·shàng de shānmài zòngguàn nánběi, zhōngjiān de zhōngyāng
台湾　岛　上　的　山脉　纵贯　南北,　中间　的　中央

shānmài yóurú quándǎo de jǐliang. Xībù wéi hǎibá jìn sìqiān mǐ de Yù Shān shānmài,
山脉　犹如　全岛　的　脊梁。西部　为　海拔　近　四千　米　的　玉　山　山脉,

shì Zhōngguó dōngbù de zuì gāo fēng. Quándǎo yuē yǒu sān fēn zhī yī de dìfang shì
是 中国 东部 的 最 高峰。 全岛 约有 三分之一的地方是
píngdì, qíyú wéi shāndì. Dǎonèi yǒu duàndài bān de pùbù, lánbǎoshí shìde húpō,
平地，其余 为 山地。 岛内 有 缎带 般 的 瀑布， 蓝宝石 似的 湖泊，
sìjì chángqīng de sēnlín hé guǒyuán, zìrán jǐngsè shífēn yōuměi. Xīnánbù de Ālǐ
四季 常青 的 森林和 果园， 自然 景色 十分 优美。 西南部 的 阿里
Shān hé Rìyuè Tán, Táiběi shìjiāo de Dàtúnshān fēngjǐngqū, dōushì wénmíng shìjiè de
山 和日月 潭， 台北 市郊 的 大屯山 风景区， 都是 闻名 世界 的
yóulǎn shèngdì.
游览 胜地。

　　Táiwān Dǎo dìchǔ rèdài hé wēndài zhījiān, sìmiàn huán hǎi, yǔshuǐ chōngzú,
　　台湾 岛 地处 热带和 温带 之间， 四面 环海， 雨水 充足，
qìwēn shòudào hǎiyáng de tiáojì, dōng nuǎn xià liáng, sìjì rú chūn, zhè gěi shuǐdào
气温 受到 海洋 的 调剂， 冬 暖 夏 凉， 四季如春， 这给 水稻
hé guǒmù shēngzhǎng tígòngle yōuyuè de tiáojiàn. Shuǐdào、gānzhe、zhāngnǎo shì
和 果木 生长 提供了 优越 的 条件。 水稻、 甘蔗、 樟脑 是
Táiwān de "sān bǎo". Dǎo·shàng hái shèngchǎn xiānguǒ hé yúxiā.
台湾 的 "三 宝"。 岛 上 还 盛产 鲜果 和鱼虾。

　　Táiwān Dǎo háishì yī gè wénmíng shìjiè de "húdié wángguó". Dǎo·shàng de
　　台湾 岛 还是 一个 闻名 世界 的 "蝴蝶 王国"。 岛 上 的
húdié gòng yǒu sìbǎi duō gè pǐnzhǒng, qízhōng yǒu bùshǎo shì shìjiè xīyǒu de zhēnguì
蝴蝶 共 有 四百 多个 品种， 其中 有 不少 是 世界 稀有 的 珍贵
pǐnzhǒng. Dǎo·shàng háiyǒu bùshǎo niǎoyǔ-huāxiāng de húdiégǔ, dǎo·shàng
品种。 岛 上 还有 不少 鸟语花香 的 蝴//蝶谷， 岛 上
jūmín lìyòng húdié zhìzuò de biāoběn hé yìshùpǐn, yuǎnxiāo xǔduō guójiā
居民 利用 蝴蝶 制作 的 标本 和 艺术品， 远销 许多 国家

　　　　　　　　　　　　　　　　　　　　（节选自《中国的宝岛——台湾》）

【作品 58 号】

　　Duìyú Zhōngguó de niú, wǒ yǒuzhe yī zhǒng tèbié zūnjìng de gǎnqíng.
　　对于 中国 的 牛，我 有着 一 种 特别 尊敬 的 感情。

　　Liúgěi wǒ yìnxiàng zuì shēn de, yào suàn zài tiánlǒng·shàng de yī
　　留给 我 印象 最 深 的，要 算 在 田垄 上 的 一
cì "xiāngyù".
次 "相遇。"

　　Yī qún péngyou jiāoyóu, wǒ lǐngtóu zài xiázhǎi de qiānmò·shàng zǒu, zěnliào
　　一 群 朋友 郊游，我 领头 在 狭窄 的 阡陌 上 走， 怎料
yíngmiàn láile jǐ tóu gēngniú, xiádào róng·bùxià rén hé niú, zhōng yǒu yīfāng yào
迎面 来了 几 头 耕牛， 狭道 容 不下 人和 牛， 终 有 一方 要
rànglù. Tāmen hái méi·yǒu zǒujìn, wǒmen yǐ·jīng yùjì dòu·bù·guò chùsheng,
让路。 它们 还 没有 走近， 我们 已经 预计 斗 不过 畜牲，
kǒngpà nánmiǎn cǎidào tiándì níshuǐ·lǐ, lòng de xiéwà yòu ní yòu shī le. Zhèng
恐怕 难免 踩到 田地 泥水 里， 弄 得 鞋袜 又 泥 又 湿了。 正
chíchú de shíhou, dàitóu de yī tóu niú, zài lí wǒmen bùyuǎn de dìfang tíng xià·lái,
踌躇 的 时候， 带头 的 一 头 牛， 在 离 我们 不远 的 地方 停 下来，
táiqǐ tóu kànkan, shāo chíyí yīxià, jiù zìdòng zǒu·xià tián qù. Yī duì gēngniú, quán
抬起 头 看看， 稍 迟疑 一下， 就 自动 走 下 田 去。一 队 耕牛， 全

gēnzhe tā líkāi qiānmò, cóng wǒmen shēnbiān jīngguò.
跟着 它 离开 阡陌， 从 我们 身边 经过。

Wǒmen dōu dāi le, huíguo tóu · lái, kànzhe shēnhèsè de niúduì, zài lù de jìntóu
我们 都 呆 了，回过 头 来，看着 深褐色 的 牛队，在 路 的 尽头

xiāoshī, hūrán jué · de zìjǐ shòule hěn dà de ēnhuì.
消失， 忽然 觉得 自己 受了 很 大 的 恩惠。

Zhōngguó de niú, yǒngyuǎn chénmò de wèi rén zuòzhe chénzhòng de gōngzuò.
中国 的 牛， 永远 沉默 地 为 人 做着 沉重 的 工作。

Zài dàdì · shàng, zài chénguāng huò lièrì · xià, tā tuōzhe chénzhòng de lí, dītóu yī
在 大地 上， 在 晨光 或 烈日 下， 它 拖着 沉重 的 犁，低头 一

bù yòu yī bù, tuōchūle shēnhòu yī liè yòu yī liè sōngtǔ, hǎo ràng rénmen xià zhòng.
步 又 一 步， 拖出了 身后 一 列 又 一 列 松土， 好 让 人们 下 种。

Děngdào mǎndì jīnhuáng huò nóngxián shíhou, tā kěnéng hái děi dāndāng bānyùn
等到 满地 金黄 或 农闲 时候， 它 可能 还 得 担当 搬运

fùzhòng de gōngzuò, huò zhōngrì ràozhe shímò, cháo tóng yī fāngxiàng, zǒu bù
负重 的 工作， 或 终日 绕着 石磨， 朝 同 一 方向， 走 不

jìchéng de lù.
计程 的 路。

Zài tā chénmò de láodòng zhōng, rén biàn dédào yīng dé de shōucheng.
在 它 沉默 的 劳动 中， 人 便 得到 应 得 的 收成。

Nà shíhou, yěxǔ, tā kěyǐ sōng yī jiān zhòngdàn, zhàn zài shù · xià, chī jǐ kǒu
那 时候， 也许， 它 可以 松 一 肩 重担， 站 在 树 下， 吃 几 口

nèn cǎo. Ǒu'ěr yáoyao wěiba, bǎibai ěrduo, gǎnzǒu fēifù shēn · shàng de cāngying,
嫩 草。 偶尔 摇摇 尾巴， 摆摆 耳朵， 赶走 飞附 身上 的 苍蝇，

yǐ · jìng suàn shì tā zuì xiánshì de shēnghuó le.
已经 算 是 它 最 闲适 的 生活 了。

Zhōngguó de niú, méi · yǒu chéngqún bēnpǎo de xíguàn, yǒngyuǎn chénchén-shíshí de.
中国 的 牛， 没有 成群 奔跑 的 习//惯， 永远 沉沉实实 的。

mòmò de gōngzuò, píngxīn-jìngqì. Zhè jiùshì Zhōngguó de niú!
默默 地 工作， 平心静气。 这 就是 中国 的 牛！

（节选自小思《中国的牛》）

【作品 59 号】

Bùguǎn wǒ de mèngxiǎng néngfǒu chéngwéi shìshí, shuō chū · lái zǒngshì
不管 我 的 梦想 能否 成为 事实， 说 出 来 总是

hǎowánr de:
好玩儿 的：

Chūntiān, wǒ jiāng yào zhù zài Hángzhōu. Èrshí nián qián, jiùlì de èr yuè chū,
春天， 我 将 要 住 在 杭州。 二十 年 前， 旧历 的 二 月 初，

zài Xīhú wǒ kàn · jiànle nènliǔ yǔ càihuā, bìlàng yǔ cuìzhú. Yóu wǒ kàndào de nà
在 西湖 我 看见了 嫩柳 与 菜花， 碧浪 与 翠竹。 由 我 看到 的 那

diǎnr chūnguāng, yǐ · jīng kěyǐ duàndìng, Hángzhōu de chūntiān bìdìng huì jiào rén
点儿 春光， 已经 可以 断定， 杭州 的 春天 必定 会 教 人

zhěngtiān shēnghuó zài shī yǔ túhuà zhīzhōng. Suǒyǐ, chūntiān wǒ de jiā yīngdāng shì
整天 生活 在 诗 与 图画 之中。 所以， 春天 我 的 家 应当 是

zài Hángzhōu.
在 杭州。

Xiàtiān, wǒ xiǎng Qīngchéng Shān yīngdāng suànzuò zuì lǐxiǎng de dìfang. Zài
夏天， 我 想 青城 山 应当 算作 最 理想 的 地方。 在
nà·lǐ, wǒ suīrán zhǐ zhùguo shí tiān, kěshì tā de yōujìng yǐ shuānzhùle wǒ de xīnlíng.
那里， 我 虽然 只 住过 十 天， 可是 它 的 幽静 已 拴住了 我 的 心灵。
zài wǒ suǒ kàn·jiàn guò de shānshuǐ zhōng, zhǐyǒu zhè·lǐ méi·yǒu shǐ wǒ shīwàng.
在 我 所 看见 过 的 山水 中， 只有 这里 没有 使 我 失望。
Dàochù dōu shì lù, mù zhī suǒ jí, nà piàn dàn ér guāngrùn de lùsè dōu zài qīngqīng
到处 都 是 绿，目 之 所 及，那 片 淡 而 光润 的 绿色 都 在 轻轻
de chàndòng, fǎngfú yào liúrù kōngzhōng yǔ xīnzhōng shìde. Zhège lùsè huì xiàng
地 颤动， 仿佛 要 流入 空中 与 心中 似的。 这个 绿色 会 像
yīnyuè, díqīngle xīnzhōng de wànlù.
音乐， 涤清了 心中 的 万虑。

Qiūtiān yīdìng yào zhù Běipíng. Tiāntáng shì shénme yàngzi, wǒ bù zhī·dào,
秋天 一定 要 住 北平。 天堂 是 什么 样子， 我 不 知道，
dànshì cóng wǒ de shēnghuó jīngyàn qù pànduàn, Běipíng zhī qiū biàn shì tiāntáng.
但是 从 我 的 生活 经验 去 判断， 北平 之 秋 便 是 天堂。
Lùn tiānqì, bù lěng bù rè. Lùn chīde, píngguǒ、lí、shìzi、zǎor、pú·táo, měi yàng dōu
论 天气，不 冷 不 热。论 吃的， 苹果、 梨、 柿子、 枣儿、 葡萄， 每 样 都
yǒu ruògān zhǒng. Lùn huācǎo, júhuā zhǒnglèi zhī duō, huā shì zhī qí, kěyǐ jiǎ
有 若干 种。 论 花草， 菊花 种类 之 多， 花式 之 奇， 可以 甲
tiānxià. Xīshān yǒu hóngyè kě jiàn, Běihǎi kěyǐ huáchuán—— suīrán héhuā yǐ cán,
天下。 西山 有 红叶 可 见， 北海 可以 划船—— 虽然 荷花 已 残，
héyè kě háiyǒu yī piàn qīngxiāng. Yī-shí-zhù-xíng, zài Běipíng de qiūtiān, shì
荷叶 可 还有 一 片 清香。 衣食住行， 在 北平 的 秋天， 是
méi·yǒu yī xiàng bù shǐ rén mǎnyì de.
没有 一 项 不 使 人 满意 的。

Dōngtiān, wǒ hái méi·yǒu dǎhǎo zhǔyi, Chéngdū huòzhě xiāngdāng de héshì,
冬天， 我 还 没有 打好 主意， 成都 或者 相当 的 合适，
suīrán bìng bù zěnyàng hénuǎn, kěshì wèle shuǐxiān, sù xīn làméi, gè sè de cháhuā,
虽然 并 不 怎样 和暖， 可是 为了 水仙， 素 心 腊梅， 各色 的 茶花，
fǎngfú jiù shòu yīdiǎnr hánlěng, yě pō zhí·dé qù le. Kūnmíng de huā yě duō, érqiě
仿佛 就 受 一点儿 寒//冷， 也 颇 值得 去 了。 昆明 的 花 也 多， 而且
tiānqì bǐ Chéngdū hǎo, kěshì jiù shūpù yǔ jīngměi ér piányi de xiǎochī yuǎn bù·jí
天气 比 成都 好， 可是 旧 书铺 与 精美 而 便宜 的 小吃 远 不及
Chéngdū nàme duō. Hǎo ba, jiù zàn zhème guīdìng: Dōngtiān bù zhù Chéngdū biàn
成都 那么 多。 好 吧， 就 暂 这么 规定： 冬天 不 住 成都 便
zhù Kūnmíng ba.
住 昆明 吧。

Zài kàngzhàn zhōng, wǒ méi néng fā guónàn cái. Wǒ xiǎng, kàngzhàn shènglì
在 抗战 中， 我 没能 发 国难 财。我 想， 抗战 胜利
yǐhòu, wǒ bì néng kuò qǐ·lái. Nà shíhou, jiǎruò fēijī jiǎnjià, yī-èrbǎi yuán jiù néng
以后， 我 必 能 阔 起来。 那 时候， 假若 飞机 减价， 一二百 元 就 能
mǎi yī jià de huà, wǒ jiù zìbèi yī jià, zé huángdào-jírì mànmàn de fēixíng.
买 一架 的 话， 我 就 自备 一 架， 择 黄道吉日 慢慢 地 飞行。

（节选自老舍《住的梦》）

【作品 60 号】

Wǒ bùyóude tíngzhùle jiǎobù.
我 不由得 停住了 脚步。

Cóngwèi jiànguo kāide zhèyàng shèng de téngluó, zhǐ jiàn yī piàn huīhuáng de
　　从未　见过　开得　这样　　盛　的　藤萝，只　见　一　片　辉煌　的

dàn zǐsè, xiàng yī tiáo pùbù, cóng kōngzhōng chuíxià, bù jiàn qí fāduān, yě bù jiàn
淡　紫色，像　一　条　瀑布，从　　空中　　垂下，不　见　其　发端，也　不　见

qí zhōngjí, zhǐshì shēnshēn-qiǎnqiǎn de zǐ, fǎngfú zài liúdòng, zài huānxiào, zài
其　终极，只是　　深深浅浅　　的　紫，仿佛　在　流动，在　欢笑，在

bùtíng de shēngzhǎng. Zǐsè de dà tiáofú·shàng, fànzhe diǎndiǎn yínguāng, jiù
不停　地　　生长。　紫色　的　大　条幅　上，　泛着　　点点　银光，就

xiàng bèngjiàn de shuǐhuā. Zǐxì kàn shí, cái zhī nà shì měi yī duǒ zǐhuā zhōng de zuì
像　进溅　的　水花。仔细　看　时，才　知　那　是　每　一　朵　紫花　中　的　最

qiǎndàn de bùfen, zài hé yángguāng hùxiāng tiǎodòu.
浅淡　的　部分，在　和　阳光　　互相　　挑逗。

　　Zhè·lǐ chúle guāngcǎi, háiyǒu dàndàn de fāngxiāng. Xiāngqì sìhū yě shì qiǎn
　　这里　除了　光彩，还有　淡淡　的　芳香。　香气　似乎　也　是　浅

zǐsè de, mènghuàn yībān qīngqīng de lǒngzhàozhe wǒ. Hūrán jìqǐ shí duō nián qián,
紫色　的，梦幻　　一般　轻轻　地　笼罩着　　我。忽然　记起　十　多　年　前，

jiā mén wài yě céng yǒuguo yī dà zhū zǐténgluó, tā yībàng yī zhū kū huái pá de hěn
家　门　外　也　曾　有过　一　大　株　紫藤萝，它　依傍　一　株　枯槐　爬　得　很

gāo, dàn huāduǒ cónglái dōu xīluò, dōng yī suì xī yī chuàn língdīng de guà zài
高，但　花朵　从来　都　稀落，东　一　穗　西　一　串　伶仃　地　挂　在

shùshāo, hǎoxiàng zài cháyánguānsè, shìtàn shénme. Hòulái suǒxìng lián nà xīlíng de
树梢，　好像　在　　察颜观色，　试探　什么。后来　索性　连　那　稀零　的

huāchuàn yě méi·yǒu le. Yuán zhōng biéde zǐténg huājià yě dōu chāidiào,
花串　也　没有　了。园　中　别的　紫藤　花架　也　都　拆掉，

gǎizhòngle guǒshù. Nàshí de shuōfǎ shì, huā hé shēnghuó fǔhuà yǒu shénme bìrán
改种了　　果树。那时　的　说法　是，花　和　生活　腐化　有　什么　必然

guānxì. Wǒ céng yíhàn de xiǎng: Zhèlǐ zài kàn·bùjiàn téngluóhuā le.
关系。我　曾　遗憾　地　想：这里　再　看　不见　　藤萝花　了。

　　Guòle zhème duō nián, téngluó yòu kāihuā le, érqiě kāi de zhèyàng shèng,
　　过了　这么　多　年，藤萝　又　开花　了，而且　开　得　这样　盛，

zhèyàng mì, zǐsè de pùbù zhēzhùle cūzhuàng de pánqiú wòlóng bān de zhīgàn,
这样　密，紫色　的　瀑布　遮住了　　粗壮　的　盘虬　卧龙　般　的　枝干，

bùduàn de liúzhe, liúzhe, liúxiàng rén de xīndǐ.
不断　地　流着，流着，　流向　人　的　心底。

　　Huā hé rén dōu huì yùdào gèzhǒng-gèyàng de bùxìng, dànshì shēngmìng de
　　花　和　人　都　会　遇到　　各种各样　　的　不幸，但是　　生命　的

chánghé shì wú zhǐjìng de. Wǒ fǔmōle yīxià nà xiǎoxiǎo de zǐsè de huācāng, nà·lǐ
长河　是　无　止境　的。我　抚摸了　一下　那　小小　的　紫色　的　花舱，　那里

mǎn zhuāngle shēngmìng de jiǔniàng, tā zhāngmǎnle fān, zài zhè　shǎnguāng de huā
满　装了　　生命　的　酒酿，它　张满了　　帆，在　这//　闪光　的　花

de héliú·shàng hángxíng. Tā shì wàn huā zhōng de yī duǒ, yě zhèngshì yóu měi yī
的　河流　上　　航行。它　是　万　花　中　的　一　朵，也　正是　由　每　一

gè yī duǒ, zǔchéngle wàn huā cànlàn de liúdòng de pùbù.
个　一　朵，组成了　　万　花　灿烂　的　流动　的　瀑布。

　　Zài zhè qiǎn zǐsè de guānghuī hé qiǎn zǐsè de fāngxiāng zhōng, wǒ bùjué
　　在　这　浅　紫色　的　光辉　和　浅　紫色　的　芳香　　中，我　不觉

jiākuàile jiǎobù.
加快了　　脚步。

（节选自宗璞《紫藤萝瀑布》）

第四章　普通话水平测试说话概要

第一节　说话的要求

《普通话水平测试大纲》(教语用〔2003〕2 号)对"命题说话"的测试目的是这样表述的:测查应试人在无文字凭借的情况下说普通话的水平,重点测查语音标准程度、词汇语法规范程度和自然流畅程度。

"命题说话"作为普通话水平测试第四个测试项,分值所占的比重最大,要求也最高。"命题说话"是唯一一项无文字凭借的口语表达测试,在普通话水平测试中具有相当重要的地位。

"命题说话"不是即兴演讲,不是考查应试人的口才,它在主题的鲜明性、材料的新颖性和语言的感召力等方面没有严格的要求,只要求应试人围绕一个中心,流畅地说上一段用时 3 分钟的话,内容集中,表达有条有理即可。"命题说话"其实更像谈话,应试人交谈的对象就是测试员,"命题说话"所使用的语言多为交谈式的口语。但是,"命题说话"又比日常谈话要求高得多,它要围绕一个中心去说,不能随随便便,毫无约束;选词造句必须是规范化的口语,禁用方言词和方言句式;同时还要克服自然口语中的一些不良习惯,尽可能地不出现无意义的重复,不出现半截话。所以"命题说话"测试有一定的难度,应试人要想顺利地通过"命题说话"项测试,首先就必须了解普通话水平测试对"说话"的要求。

一　语音清楚自然

"命题说话"项评分标准中,语音标准程度占了 25 分。评分时主要是按照应试人在该项测试中所反映出来的错误音节量和方音的严重程度进行定档,错误音节量越多,方音越明显,扣分越多。语音标准程度的最大扣分量为 14 分。

语音清楚,是指吐字要清晰,发音要到位,发音方法要准确,并且要注意变音、变调。这样做是为了避免发出错误的或有缺陷的音。如果发音时把声音停留在喉咙里,就会给人含混不清的感觉;速度太快,就会产生滑音、叠字现象。这些都是发音错误或缺陷的成因。

语音自然,是指能按照日常口语的语音、语调来说话,不要带着朗诵或背诵的腔调,否则会体现方音色彩。

方言区人在日常生活中大多是讲地方话,只在背书、读报时才用普通话,因此在说普通话时难免会比较生硬。许多人把朗读作为学习普通话的主要手段,再加上较少有机会听到规范的日常口语,久而久之,就把戏剧、朗诵的发音当做楷模来效仿。这就造成了在说话时的朗诵腔。

其实,说话是一种交际手段。人与人之间的交往贵在真诚,人们希望听到的是亲切、自然、朴实无华的语言。朗诵是一种艺术表演。由于表演的特殊环境(如场子大、观众多、表演者与听众距离远等），它需要进行艺术加工，也允许夸张、美化。这两种语音在发声、共鸣甚至吐字、节奏等方面都是各有特点的。它们各有各的用途，不能相互代替。一名演员下台回家之后，对家人使用的必然是日常口语发音而绝对不可能仍是台词的发音，就是这个道理。

在测试时，还有的应试人把说话变成了背诵，这也是语音不自然的一种表现。其原因主要是应试人在说话测试前早已对《大纲》所提供的说话题目进行了书面"创作"，一到测试时由于多种原因（如紧张、习惯等）的影响，仍不能把书面的语言转化为口头语言。这种背诵和说话相比虽然有许多相似之处，如语速较快、口头语词也很适当，但它语流平直呆板，语速缺少变化，所以给人一种生硬、不自然的感觉。

二 词汇、语法规范

词汇、语法规范是《大纲》对"命题说话"项的基本要求之一，它的分值共有 10 分。当应试人有较多的词汇、语法不规范情况出现时，最大失分值将达到 4 分。

要做到在词汇、语法规范程度上不失分，应注意以下三个方面：

（一）不使用方言词语、语法

由于词汇的变化非常快，新词新语层出不穷，词语的规范工作又相对较弱，这给方言区的人学习普通话带来了很多麻烦。初学普通话的人，由于对普通话词汇与方言词汇分辨不清，口语中经常出现"家私"（家具）、"好背"（合算）、"妈咪"（妈妈）、"脚踏车"（自行车）等不规范词语；同时由于对普通话口语语法认识的欠缺，说话时难免会出现"他用抹布擦擦桌子"，"我好不好进来"，"他是两年前毕业下来的"等不规范的句子。这些现象都要避免。

（二）多用口语词

在说话时，要尽可能多用口语词，少用"之乎者也"之类的文言词和"兹有"、"为荷"、"诸如"之类的书面语、公文用语，也应尽量少用专业术语。因为在书面语中用这些词语可使文章显得雅致、精练，有些还能使语言增加庄重的色彩，但是在口语表达中却会使句子显得生硬、别扭。"命题说话"作为口头表达形式，语言要求直观、生动、形象，使用的语言材料应是生活气息浓郁的口头语。

（三）不用粗俗语、时髦语

社会上常常出现一些非方言却在小范围、小圈子里流行的"行话"。如这些年在年轻人中流行用"酷"、"毙了"等词；在文娱圈里也常有"做秀"、"八卦"之说。虽然这些词对某些人来说是很流行、很时髦的口语，但它毕竟只是在一定年龄、一定层次的人群中流行。还有一些词语，如"去一号"（上厕所）、"三八"（女人）等，虽然流传得很广，也很口语化，但在正式的场合（如"命题说话"测试）还是不宜使用，因为它毕竟有粗俗之嫌。对比较特殊的网络语言，使用时也要注意规范。

用词恰当贴切，还应注意以下几个方面的问题：

其一，准确选择动词、形容词。动词是表示人或事物动作行为、发展变化的词，形容词是表示人或事物性质、状态的词。要把人和事物表现得具体形象、生动逼真，就必须选用贴切的动词和形容词。

其二，注意词语色彩的选择。词语的色彩包括感情色彩和语体色彩。从感情色彩来看，词语有褒义、贬义、中性之分。《大纲》所提供的话题大多是要求应试者表现出自己鲜明情感的话题，如"我尊敬的……"、"我喜爱的……"、"谈谈……"等。所以，恰当地选用感情色彩鲜明的褒义词或贬义词,巧妙地使用中性词在我们的说话中就显得特别重要。

其三,注意声音的选择。"命题说话"中声音的选择主要包括两个方面,一是尽量避免使用自己说起来拗口,别人听起来别扭的这样一些词语组合,如非叠音词的叠音现象:"我们的城市没有喧嚣嘈杂,也没有灰尘弥漫;它有的只是安静和清洁,优美和和谐。"加点的词和后面的词就构成了叠音现象,所以最好把它换成"与"字。二是尽量避免同音词。因为说话是没有文字凭借的口头表达,如果遇到同音现象,就容易造成听话者误解或费解的现象。如"期终"容易听成是"期中","向前看"容易被误听为"向钱看"等。

三　语句自然流畅

在口语表达中,语句是否合乎语法标准,是否通顺流畅,对表达效果影响很大。语句流畅,如行云流水,听起来非常容易理解,而且很有吸引力,也不易使人疲劳;语句不流畅,听上去断断续续,不但语义不易使人领会,而且容易使人疲劳或烦躁,表达效果就很差了。

"自然流畅程度"在"命题说话"项中共占 5 分。《大纲》规定,应试人在测试"命题说话"项时如语言不连贯,语调生硬,可以扣 2 分或 3 分。如有背稿子的现象,或口语化较差,或语言做到基本流畅等情况,可以扣 0.5 分或 1 分。

要做到在表达时语句自然流畅、标准规范,应注意以下几点:

(一)多用短句,少用长句

在口语中,人们接受信息不像看书那样可以一目十行,即使句子很长也能一眼扫到。听话时语音是按线性次序一个挨一个进入人的耳朵的。如果句子长了,不仅会影响听话人的理解,而且会影响说话人的表达。因为一方面说话时一般没有经过书面文字而是直接将思维转化为口语,因此说话的人不可能在深入考虑要表达内容的同时赋予它最完美的结构。另一方面,说话主要是诉诸听觉,句子结构过长,过于复杂,会造成听话者记忆困难,有可能当句子末尾进入脑海时,句子的开头已经印象不深了。句子过长、结构复杂还容易出现语法上、逻辑上的错误。所以,在口语中要尽量避免使用长句。

(二)冗余适当,避免口头禅

口头表达时,有时为了强调某个意思,加深听众的印象,可以有目的地重复某个句子。但是有些人在说话时频频出现机械的无意义的重复,会严重影响表达效果。例如有的人老是重复一句话的末尾几个音节,甚至不管这个音节是否是一个词,这样重复多了就会令人生厌。还有一种现象就是有些人总是不自觉地在句子中间夹入一些口头禅,如"嗯"、"啊"、"这个"、"的话"、"就是说"等。这是一种典型的毫无意义的冗余成分,它使语句断断续续,听话人听起来很不流畅,因此一定要避免这种口头禅。

但是,我们并不反对在口语表达中适当加进一些冗余成分。冗余成分在口语中适当地穿插可以使句子语气舒缓,还可以有助于听众理解。例如以下的几种冗余成分是有积极作用的:

(1)提顿性质的冗余。在语句的主语谓语之间,或者在话题说出之后加一个语气词"呢"(当然不能重读),可以起到提顿作用,使句中多一个停顿,使语气变得舒缓和亲切。例如:

这个时候呢活动筋骨也是必要的,所以我就喜欢打乒乓球。

不去呢有点抱歉,去呢实在没有兴趣。

这两句话中的"呢"都起了提顿的作用,并且也使语句变得舒缓亲切了。

(2)强调性的冗余。这种冗余成分是为了强调句中某一个词。多半用重复的方法来加强信息。例如：

何况我们都是同龄人，我们同龄人相处应该是非常融洽的。

这句话中后半句重复了"同龄人"，是为了强调。

（3）解释性的冗余

这种冗余是为了使听众更加清楚明白。例如：

近日的上海街头出现了无人售报摊，无人售报摊就是没有人卖报纸的，是靠每一个读者自觉地把钱投进箱子里然后拿一份报纸。

这段话里"无人售报摊"如果写在书面上，应该说很容易理解，但在口头一晃而过时，就难免抓不住要领，特别是一个新出现的、不熟悉的事物。所以，说话的人先重复了这个词，再加上一段说明，这是因为解释的需要。

有时候，在脱口而出之后，觉得说得不够清楚，也可以用原来的语词加上修饰语再重复的方法来对自己的话作某些注解，这也是一种解释性的冗余。例如：

就在那天我花了半天的时间制作了，亲手制作了一张卡片。

这句话中后半句"亲手制作"就是说话人为了进一步说明不是一般制作而临时加上去的。口语与书面语相比，最大的优越性就是可以边说边修正。这种修正部分常常是通过冗余成分来完成的。

（三）注意克服几种常见的语法错误

（1）成分残缺，丢掉一些必要成分。

（2）搭配不当，主要表现为动宾搭配不当，修饰词与中心词搭配不当等。

（3）语序不当，主要表现为定、状、补等句子成分位置不当。

（4）结构混乱，主要是指一个句子当中，两种句子格式套用。

第二节　说话的准备

一　"篇章"完整得体

要使说话达到较好的效果，"篇章"完整得体是重要的一点。审题不当、跑题偏题、无的放矢是不可能说好的；剪裁不当、详略不当就会表达不清；结构不完整不行，结构混乱也不符合要求。因此，要表达好一个完整的话题，就必须在审题、选材、组织结构等方面下工夫。

（一）审题准确，不跑题偏题，做到有的放矢

审题也称解题，就是要详细周密地考虑、了解、认识题意，使说话的内容切合话题的要求，符合话题的旨意。话说千言，离题万里，则只会使自己徒劳无功。根据《浙江省普通话水平测试评分细则》，凡应试人说话离题，主试人可以在"命题说话"项中单独扣分，最高扣分分值可以达到 5 分。

（1）审题时应注意话题所揭示的中心和范围。如"童年的记忆"中的"童年"和"记忆"就分别从时间和事件两个方面规定了范围。

（2）审题要认清话题所暗示的表达类型（体裁）特点。说话话题可以归纳为记叙类，如"我的业余生活"；议论类，如"谈谈卫生与健康"；评述类，如"我喜欢的明星"；说明类，如"我喜爱的动物"等。有的话题体裁明显，如"难忘的旅行"；有的话题体裁不明显，如"我向往的地方"。有的话题可跨几类体裁,如"我所在的集体"既可作记叙类,又可作评述类等。

(3)审题要认清话题所涉及的人称。有的话题人称明显,有的话题人称不明显,如"学习普通话的体会"、"购物的感受",并不一定要用第一人称。

(4)审题要注意题外的附加成分。如"我喜爱的文学(或其他)艺术形式"就有相应的提示。

(二)剪裁合理,要详略得当、点面结合

"说话"中,如果材料不分主次巨细,平均使用"笔墨",次要的材料谈得太详,听话者就抓不到中心;如果主要的材料谈得太略,轻描淡写,主题便得不到充分具体的体现。因此,必须做到剪裁合理,详略得当。具体的要求有:

(1)材料紧扣话题中心,无关紧要的不要,毫无意义的更不要。

(2)材料富有典型性。普通话说话测试题都是紧扣自我、紧扣生活的,对说话人来说,肯定有材可取,有话可说。但由于时间的限制,应试人不可能逢材就取,想说就说,必须选取最有代表性、又能揭示事物深度的典型材料来表达。

(3)材料准确、真实,最好富有新意。普通话说话测试题大多是评述性、说明性的,这就要求应试人的取材必须准确,否则就会给人不学无术、夸夸其谈的感觉。同时,由于是口语表达,既要有语言的生动自然,也要有材料(内容)的新颖活泼,所以最好是选取一些充满生活气息的、富有鲜明个性的材料。

(4)组织材料的有效办法之一是点面结合,即以大材料带小材料、总说统率分说的形式来组织材料。

(5)避免加入一些为了拖延时间或掩盖语音错误的材料,如唱歌、跳舞、说外语、背一些人名等;或是采用重复某一句话或某一个词等不符合命题说话要求的方式。《浙江省普通话水平测试评分细则》对此规定,如应试人出现以上情况,在经主试人提醒后,仍不予改正的,主试人有权结束考试,并按"时间不足"扣分。

(三)结构完整,要层次清楚、善始善终

"命题说话"的结构就是说话人的主观思路和事物客观逻辑性相结合的产物。它具有以下三方面的特点:

(1)完整性。"命题说话"内容的各个局部(尤其是语段)应结合成一个严谨的统一体(这在语段部分已论述),且各局部也应齐备,不可残缺。有的应试人由于时间的原因,结尾草率行事,甚至没有结尾部分,即出现人们平时所说的"虎头蛇尾"现象,这样的说话是不完整的。

(2)层次性。"命题说话"是无文字凭借的口头表达,相对于听话人来说就是无文字凭借的听觉理解。因此所说之话必须有明晰的层次,才能使听话者心领神会,把握全"文"。

(3)灵活性。说话不可能像写文章一样在谋篇布局上深思熟虑,长时间推敲。因此只要注意整个过程的完整性和层次性,其结构可以随机应变,不必机械呆板,否则就会影响说话的流畅性,甚至使自己局促不安而思路混乱。

"命题说话"虽然是无文字凭借的口头表达,但由于它所提供的话题的具体性(从数量到范围)和预示性(应试人早已预先得知),所以,应试人不仅可以一边在平时进行有针对性、有步骤的"命题说话"训练,而且还可以直入话题的"篇章",即根据话题,利用比较充足的时间去搜集材料,编写提纲甚至书面文章,以便平时练习之用。但应注意以下几点:

(1)所写的提纲或文章,必须合乎口语表达、"命题说话"测试的要求,即上面所提的要求。口头表达能力较强的人,平时就应根据已有材料和书面提纲反复进行模拟"命题说话";口头表达能力较差的人，可先根据完整的书面文章练习说话，再慢慢过渡到根据提纲练习说话。按提纲说话最大的好处是既能使说话人说话时有据可依，又能有效防止背诵、朗诵现象的发生。

（2）要注意说话话题的类型（文体）和内容有些是能互相转换的，如"谈谈科技发展与社会生活"既可以作为说明类的文章来说写，又可以作为评述类的文章来说写；如"我尊敬的人"就可以替换"我的朋友"、"我喜欢的明星（或其他知名人士）"等不同的话题。话题的类型和内容的转换一般是由难到易，变抽象的议论为具体的叙述，这实际上就缩小了话题的范围，降低了"命题说话"的难度。

普通话水平测试指定的说话话题可以按照不同的内容进行分类，如"谈谈……"类、"我的……"类、"我喜爱（喜欢）的……"类等。

二　语段内紧外连

完整的"命题说话"中，语段既是语句的组合，又是直接构成篇的组织部件。对内，它要求句与句之间互相联系，共同表达一个中心意思；对外，它承上启下，使整个"命题说话"完整严密，所以语段在整个"命题说话"中意义重大。

（一）思路清晰，合乎逻辑，做到"内紧"

要让句与句之间思路清晰、合乎逻辑，就必须了解和掌握句与句之间的事理关系。我们按"命题说话"中主要运用和经常出现的几种句子关系归纳如下：

（1）总分关系。在一个语段中，往往有一个纲领性的或概括性的句子统摄其他句子。这个句子有时在前（口语中常用），有时在后。主要关联词有"有的……有的……"、"总而言之"、"归根结底"等。

（2）因果关系。句子之间表明事理或事物变化、发展的前因后果，这在议论文和说明文中经常使用。主要关联词除书面经常用的"因为……所以……"、"由于"等以外，在口语中还经常使用"看样子"、"为什么……是因为……"等关联词。

（3）转折关系。这是指前面的句子说一个意思，后续句不是顺着前一句的意思说下去，而是作了一个转换，朝着另一个方面的意思说下去。关联词除了书面用的"虽然……但是……"等以外，在口语中还经常使用"幸而"、"可惜"、"不过"、"其实"等。

（4）解证关系。这是指有的句子提出某种道理、看法，反映出某种事实和现象，另外的句子进行解释、说明、引申、补充等。这主要是在记叙文和说明文中出现，特别是说明文。主要的关联词有"如"、"比方说"、"也就是说"、"意思是说"等。

（5）并列关系。这是指几个句子分别说明相关的几件事情、几种情况，或同一事物的几个方面。在说话中，它常常和总分关系套在一块，即分说的几个方面一般就是一种并列关系。主要关联词有"有的……有的……"、"一方面……另一方面……"、"首先……其次……"、"第一……第二……"、"同时"等。

此外，还有承接关系、假设关系、条件关系、选择关系、递进关系等。

（二）承上启下，建构全文，做到"外连"

每一个语段都应是一个完整的"说话"中的一个有机的组织部件，这就要求每个语段一方面要独自完成所要表达的整个"说话"中某一层面的中心意思；另一方面又必须在语意（内容）上和上下文互相联系，语流（形式）上和上下文保持通畅。要做到这一点就应注意以下两个方面：

（1）中间语段的衔接与过渡。在"说话"中，衔接和过渡就是指利用某些关联词语或意思有关联的词语巧妙的连接，使段与段之间前后贯通，脉络分明，从而使没有文字依据的听话人容易理解说话人的思路，说话人也因此不会出现逻辑上的混乱。

（2）开头结尾段的交代和照应。一个完整的"命题说话"，特别是记叙类、议论类的，一般来说，开头如果有交代（往往就是说话的中心内容或观点的交代），那么在结尾就有相应的照应。这样就使整个"命题说话"显得结构完整，主题突出。

三　足时足量

由于应试人年龄、性格、职业等的差异，"命题说话"规定的 3 分钟时间内所表达的音节量会有一定差异。按照一般的语速，3 分钟的口语表达应该有 600 左右音节量。音节量不足，会影响对普通话水平等级的评判。

《大纲》规定，应试人说话时有难以继续的表现时，主试人应提示或引导，但不采用双向对话方式进行该项测试。如应试人无法完成 3 分钟的口语表达，则需要根据"时间不足"评分项的要求和应试人的具体情况进行扣分，最大扣分值可以达到 40 分，即本项测试成绩可判为 0 分。

按照这个要求，应试人在准备命题说话话题时应做到有充足的量，足够达到 3 分钟的口语表达需要。

附录　普通话水平测试用话题

1. 我的学习生活
2. 我的业余生活
3. 我的假日生活
4. 我的朋友
5. 我尊敬的人
6. 我的成长之路
7. 我的愿望（或理想）
8. 我的家乡（或熟悉的地方）
9. 我喜爱的动物（或植物）
10. 我喜爱的职业
11. 我喜爱的文学（或其他）艺术形式
12. 我喜欢的季节（或天气）
13. 我喜欢的节日
14. 我喜欢的明星（或其他知名人士）
15. 我喜爱的书刊
16. 我知道的风俗
17. 我所在的集体（学校、机关、公司等）
18. 我向往的地方
19. 我和体育
20. 谈谈服饰
21. 谈谈科技发展与社会生活
22. 谈谈美食
23. 谈谈社会公德（或职业道德）
24. 谈谈个人修养
25. 谈谈对环境保护的认识
26. 谈谈卫生与健康
27. 童年的记忆
28. 难忘的旅行
29. 学习普通话的体会
30. 购物（消费）的感受

附　录

中华人民共和国国家通用语言文字法

（2000 年 10 月 31 日第九届全国人民代表大会
常务委员会第十八次会议通过）

第一章　总　则

第一条　为推动国家通用语言文字的规范化、标准化及其健康发展，使国家通用语言文字在社会生活中更好地发挥作用，促进各民族、各地区经济文化交流，根据宪法，制定本法。

第二条　本法所称的国家通用语言文字是普通话和规范汉字。

第三条　国家推广普通话，推行规范汉字。

第四条　公民有学习和使用国家通用语言文字的权利。

国家为公民学习和使用国家通用语言文字提供条件。

地方各级人民政府及其有关部门应当采取措施，推广普通话和推行规范汉字。

第五条　国家通用语言文字的使用应当有利于维护国家主权和民族尊严，有利于国家统一和民族团结，有利于社会主义物质文明建设和精神文明建设。

第六条　国家颁布国家通用语言文字的规范和标准，管理国家通用语言文字的社会应用，支持国家通用语言文字的教学和科学研究，促进国家通用语言文字的规范、丰富和发展。

第七条　国家奖励为国家通用语言文字事业做出突出贡献的组织和个人。

第八条　各民族都有使用和发展自己的语言文字的自由。

少数民族语言文字的使用依据宪法、民族区域自治法及其他法律的有关规定。

第二章　国家通用语言文字的使用

第九条　国家机关以普通话和规范汉字为公务用语用字。法律另有规定的除外。

第十条　学校及其他教育机构以普通话和规范汉字为基本的教育教学用语用字。法律另有规定的除外。

学校及其他教育机构通过汉语文课程教授普通话和规范汉字。使用的汉语文教材，应当符合国家通用语言文字的规范和标准。

第十一条　汉语文出版物应当符合国家通用语言文字的规范和标准。

汉语文出版物中需要使用外国语言文字的，应当用国家通用语言文字作必要的注释。

第十二条　广播电台、电视台以普通话为基本的播音用语。

需要使用外国语言为播音用语的，须经国务院广播电视部门批准。

第十三条　公共服务行业以规范汉字为基本的服务用字。因公共服务需要，招牌、广告、告示、标志牌等使用外国文字并同时使用中文的，应当使用规范汉字。

提倡公共服务行业以普通话为服务用语。

第十四条　下列情形，应当以国家通用语言文字为基本的用语用字：

（一）广播、电影、电视用语用字；

（二）公共场所的设施用字；

（三）招牌、广告用字；

（四）企业事业组织名称；

（五）在境内销售的商品的包装、说明。

第十五条 信息处理和信息技术产品中使用的国家通用语言文字应当符合国家的规范和标准。

第十六条 本章有关规定中，有下列情形的，可以使用方言：

（一）国家机关的工作人员执行公务时确需使用的；

（二）经国务院广播电视部门或省级广播电视部门批准的播音用语；

（三）戏曲、影视等艺术形式中需要使用的；

（四）出版、教学、研究中确需使用的。

第十七条 本章有关规定中，有下列情形的，可以保留或使用繁体字、异体字：

（一）文物古迹；

（二）姓氏中的异体字；

（三）书法、篆刻等艺术作品；

（四）题词和招牌的手书字；

（五）出版、教学、研究中需要使用的；

（六）经国务院有关部门批准的特殊情况。

第十八条 国家通用语言文字以《汉语拼音方案》作为拼写和注音工具。

《汉语拼音方案》是中国人名、地名和中文文献罗马字母拼写法的统一规范，并用于汉字不便或不能使用的领域。

初等教育应当进行汉语拼音教学。

第十九条 凡以普通话作为工作语言的岗位，其工作人员应当具备说普通话的能力。

以普通话作为工作语言的播音员、节目主持人和影视话剧演员、教师、国家机关工作人员的普通话水平，应当分别达到国家规定的等级标准；对尚未达到国家规定的普通话等级标准的，分别情况进行培训。

第二十条 对外汉语教学应当教授普通话和规范汉字。

第三章 管理和监督

第二十一条 国家通用语言文字工作由国务院语言文字工作部门负责规划指导、管理监督。

国务院有关部门管理本系统的国家通用语言文字的使用。

第二十二条 地方语言文字工作部门和其他有关部门，管理和监督本行政区域内的国家通用语言文字的使用。

第二十三条 县级以上各级人民政府工商行政管理部门依法对企业名称、商品名称以及广告的用语用字进行管理和监督。

第二十四条 国务院语言文字工作部门颁布普通话水平测试等级标准。

第二十五条 外国人名、地名等专有名词和科学技术术语译成国家通用语言文字，由国务院语言文字工作部门或者其他有关部门组织审定。

第二十六条 违反本法第二章有关规定，不按照国家通用语言文字的规范和标准使用语言文字的，公民可以提出批评和建议。

本法第十九条第二款规定的人员用语违反本法第二章有关规定的,有关单位应当对直接责任人员进行批评教育;拒不改正的,由有关单位作出处理。

城市公共场所的设施和招牌、广告用字违反本法第二章有关规定的,由有关行政管理部门责令改正;拒不改正的,予以警告,并督促其限期改正。

第二十七条 违反本法规定,干涉他人学习和使用国家通用语言文字的,由有关行政管理部门责令限期改正,并予以警告。

第四章 附 则

第二十八条 本法自 2001 年 1 月 1 日起施行。

浙江省实施《中华人民共和国国家通用语言文字法》办法

第一条 为加强语言文字工作,推广普通话,推行规范汉字,根据《中华人民共和国国家通用语言文字法》及有关法律、法规,结合本省实际,制定本办法。

第二条 本省行政区域内的单位和个人从事语言文字工作和使用语言文字,均须遵守本办法。法律、法规另有规定的,从其规定。

第三条 使用语言文字应当符合国家通用语言文字规范和标准。

本办法所称国家通用语言文字的规范和标准,主要包括《汉语拼音方案》、《简化字总表》、《汉语拼音正词法基本规则》、《现代汉语通用字表》、《标点符号用法》等规范和标准。

第四条 县级以上人民政府应当加强对语言文字工作的领导,将推广普通话和推行规范汉字事业纳入国民经济和社会发展规划,所需经费列入本级财政预算。

各级人民政府及其有关部门应当有计划地对农民(包括进城务工人员)等人员开展普通话培训和规范汉字推广使用工作。

第五条 县级以上人民政府及有关部门对在推广普通话和推行规范汉字工作中作出显著成绩的组织和个人,应当给予表彰和奖励。

第六条 县级以上人民政府语言文字工作主管部门履行下列职责:

(一)宣传贯彻语言文字法律制度,依法制定工作规划并组织实施;

(二)监督检查国家通用语言文字规范和标准的执行情况;

(三)指导、协调各部门、各行业推广使用普通话和推行使用规范汉字工作;

(四)组织实施语言文字工作的评估;

(五)管理、监督普通话和规范汉字的培训、测试工作;

(六)受委托对因语言文字的歧义、误解引起纠纷提出鉴别意见;

(七)组织做好本系统推广使用普通话和推行使用规范汉字工作;

(八)本级人民政府规定的有关语言文字的其他职责。

第七条 教育、人事、民政、工商、质量技监、城管、公安、交通、建设、文化、体育、卫生、旅游、广播电视、新闻出版等行政管理部门和铁路、民航、银行、保险、证券、邮政、电信等行业监督管理机构,应当做好本系统、本行业推广使用普通话和推行使用规范汉字工作,并配合语言文字工作主管部门做好普通话和规范汉字的有关监督检查和测试、评估工作。

第八条 国家机关和具有管理公共事务职能的事业组织的工作用语,应当使用普通话。

学校及其他教育机构的教育教学用语,广播、电视等新闻媒体用语,公共服务行业直接面向公众的服务用语,各类会议、展览、大型活动的工作用语,应当以普通话为基本用语。

广告、汉语文出版物用语,应当使用普通话。

第九条 下列人员的普通话水平应当达到相应等级要求:

(一)省级广播电台、电视台的播音员、主持人达到一级甲等,其他广播电台、电视台的播音员、主持人达到一级乙等;

（二）影视话剧演员达到一级乙等；

（三）学校及其他教育机构的汉语语音教师达到一级乙等，语文教师和对外汉语教学教师达到二级甲等，其他教师达到二级乙等；

（四）高等学校、中等职业学校的播音与主持艺术专业、影视话剧表演专业毕业生达到一级乙等，师范类中文专业毕业生达到二级甲等，其他与口语表达密切相关专业毕业生达到二级乙等；

（五）国家机关和具有管理公共事务职能的事业组织的工作人员达到三级甲等，经省公务员主管部门认定属特殊情况的，不得低于三级乙等；

（六）直接面向公众服务的公共服务行业工作人员根据国家行业主管部门的规定达到三级乙等以上，其中播音员、话务员、解说员、导游员等公共服务岗位人员达到二级乙等以上。

前款规定的人员尚未达到相应等级要求的，所在单位应当组织其参加培训。

第十条　有关单位招聘、录用本办法第九条第一款规定岗位的工作人员，应当对应聘人员的普通话水平提出具体要求。

第十一条　普通话水平测试应当执行国家统一的普通话水平测试管理规定、测试大纲和等级标准。普通话培训、测试的具体实施办法由省语言文字工作主管部门会同有关部门制定，报省人民政府备案。

普通话水平达到相应等级标准的人员，由省语言文字工作主管部门颁发等级证书。

第十二条　依照本办法第八条规定应当使用普通话或者以普通话为基本用语的，有下列情形，可以使用方言：

（一）国家机关和具有管理公共事务职能的事业组织工作人员执行公务时确需使用的；

（二）地方戏剧、曲艺、影视作品等艺术形式中需要使用的；

（三）出版、教学、研究中确需使用的。

广播电视播音确需使用方言的，应当报经国家或省广播电视行政管理部门依法批准，并在规定时间内播放；电视播放的，还应当加配规范汉字字幕。

第十三条　下列情形应当使用规范汉字：

（一）各类名称牌、指示牌、标志牌、招牌、标语（牌）等牌匾用字；

（二）各类公文、公务印章、信笺、信封、档案、合同、广告、公务名片、票据、报表、宣传材料等用字；

（三）各类报纸、期刊、图书、电子出版物和网络出版物、音像制品等出版物的用字；

（四）各类企业名称，国内销售的商品名称、包装、标志、说明等用字；

（五）各类电子屏幕用字；

（六）各类汉语文教材、讲义、讲稿、试卷、板报、板书等用字；

（七）各类证件、徽章、旌旗、奖状、奖牌等用字；

（八）广播、电影、电视等用字；

（九）医疗机构出具的病历、处方、检验报告等用字；

（十）电子信息处理和信息技术产品等用字；

（十一）公共场所用字，建筑物及其他设施面向公众的用字；

（十二）山川、河流、岛、礁等自然地理实体名称，行政区划名称，居民地名称，以及路名、街名、巷名、站名、名胜古迹、纪念地、游览地等名称用字；

（十三）法律、法规、规章规定应当使用规范汉字的其他情形。

第十四条 下列情形可以保留、使用繁体字和异体字：

(一)文物、古迹；

(二)历史名人、革命先烈的手迹；

(三)姓氏中的异体字；

(四)老字号牌匾的原有字迹；

(五)已有的题词和招牌的手书字；

(六)已注册的商标用字；

(七)书法、篆刻等艺术作品用字；

(八)出版、教学、研究中确需的用字；

(九)涉及港澳台与华侨事务确需使用的情形。

第十五条 新作手书招牌或者为公共场所题词，应当使用规范汉字；已有的题词和手书招牌使用繁体字、异体字的，应当在适当的位置配有规范汉字。

人名用字提倡使用规范汉字、常用字。

第十六条 公共场所用字，地名标志牌、建筑物及其他设施面向公众的用字，应当规范完整，缺损时应当及时修复或者拆除。

在广告中不得使用错别字、繁体字、异体字等不规范汉字和窜改成语的谐音字。

第十七条 《汉语拼音方案》是普通话和规范汉字的拼写和注音工具。不便使用或不能使用汉字的领域，可以单独使用汉语拼音。

各类名称牌、指示牌、标志牌、招牌、标语(牌)、广告牌等牌匾不得单独使用汉语拼音；对规范汉字加注汉语拼音的，应当加注在汉字的下方。

第十八条 外商投资企业依法使用外国文字名称的，应当与规范汉字同时使用。

公共场所用字，建筑物及其他设施面向公众的用字，确需使用外国文字的，应当与规范汉字、汉语拼音同时使用。

第十九条 学校及其他教育机构应当加强普通话和规范汉字的培训工作，并将其作为教育教学和教师学生技能训练的基本内容纳入工作计划和教学计划，切实提高教师学生的普通话水平和使用规范汉字的能力。

各级人民政府教育督导机构，应当把学校及其他教育机构推广使用普通话和推行使用规范汉字工作，作为教育督导的重要内容。

第二十条 任何单位和个人有权对不规范用语用字行为提出批评，并有权向语言文字工作主管部门或者其他有关行政主管部门举报投诉，提出意见和建议；接到举报投诉的部门应当进行调查处理，并及时予以答复。

新闻媒体应当加强推广普通话和推行规范汉字工作的宣传报道，对社会用语用字的行为进行督促，对违法使用语言文字的行为予以批评。

第二十一条 国家机关和具有管理公共事务职能的事业组织、学校及其他教育机构、公共服务单位等违反本办法规定用语用字的，由县级以上人民政府语言文字工作主管部门或者其他有关行政主管部门责令其限期改正；拒不改正的，予以通报批评，并依法追究其主管负责人和直接责任人的责任。

第二十二条 广播、电视、网站等媒体和各类出版物的用语用字，违反本办法规定的，由县级以上人民政府语言文字工作主管部门或者其他有关行政主管部门责令相关单位限期改正，并予以通报批评；拒不改正的，由有关部门依法对其主管负责人和直接责任人员给予行政或者纪律处分。

第二十三条 企业名称、商品名称、商品包装、产品说明、广告以及电子信息处理和信息技术产品的用语用字等,违反本办法规定的,由工商、质量技监等有关部门依法予以查处。

公共场所用字,地名标志牌、建筑物及其他设施面向公众的用字,违反本办法规定的,由民政、城管等有关部门依法予以查处。

第二十四条 语言文字工作主管部门、其他有关行政主管部门和行业监督管理机构及其工作人员,不履行职责或者滥用职权、徇私舞弊的,由有关部门依法予以查处。

第二十五条 对妨碍、阻挠语言文字工作主管部门和其他有关行政主管部门、行业监督管理机构及其工作人员依法履行职责的行为,由所在单位或者有关部门依法予以查处;违反治安管理法律、法规规定的,由公安机关依法给予行政处罚。

第二十六条 本办法自 2007 年 4 月 1 日起施行。

普通话水平测试管理规定

（中华人民共和国教育部令第 16 号　2003 年 5 月 21 日）

第一条　为加强普通话水平测试管理，促其规范、健康发展，根据《中华人民共和国国家通用语言文字法》，制定本规定。

第二条　普通话水平测试（以下简称测试）是对应试人运用普通话的规范程度的口语考试。开展测试是促进普通话普及和应用水平提高的基本措施之一。

第三条　国家语言文字工作部门颁布测试等级标准、测试大纲、测试规程和测试工作评估办法。

第四条　国家语言文字工作部门对测试工作进行宏观管理，制定测试的政策、规划，对测试工作进行组织协调、指导监督和检查评估。

第五条　国家测试机构在国家语言文字工作部门的领导下组织实施测试，对测试业务工作进行指导，对测试质量进行监督和检查，开展测试科学研究和业务培训。

第六条　省、自治区、直辖市语言文字工作部门（以下简称省级语言文字工作部门）对本辖区测试工作进行宏观管理，制定测试工作规划、计划，对测试工作进行组织协调、指导监督和检查评估。

第七条　省级语言文字工作部门可根据需要设立地方测试机构。

省、自治区、直辖市测试机构（以下简称省级测试机构）接受省级语言文字工作部门及其办事机构的行政管理和国家测试机构的业务指导，对本地区测试业务工作进行指导，组织实施测试，对测试质量进行监督和检查，开展测试科学研究和业务培训。

省级以下测试机构的职责由省级语言文字工作部门确定。

各级测试机构的设立须经同级编制部门批准。

第八条　测试工作原则上实行属地管理。国家部委直属单位的测试工作，原则上由所在地区省级语言文字工作部门组织实施。

第九条　在测试机构的组织下，测试由测试员依照测试规程执行。测试员应遵守测试工作各项规定和纪律，保证测试质量，并接受国家和省级测试机构的业务培训。

第十条　测试员分省级测试员和国家级测试员。测试员须取得相应的测试员证书。

申请省级测试员证书者，应具有大专以上学历，熟悉推广普通话工作方针政策和普通语言学理论，熟悉方言与普通话的一般对应规律，熟练掌握《汉语拼音方案》和常用国际音标，有较强的听辨音能力，普通话水平达到一级。

申请国家级测试员证书者，一般应具有中级以上专业技术职务和两年以上省级测试员资历，具有一定的测试科研能力和较强的普通话教学能力。

第十一条　申请省级测试员证书者，通过省级测试机构的培训考核后，由省级语言文字工作部门颁发省级测试员证书；经省级语言文字工作部门推荐的申请国家级测试员证书者，通过国家测试机构的培训考核后，由国家语言文字工作部门颁发国家级测试员证书。

第十二条　测试机构根据工作需要聘任测试员并颁发有一定期限的聘书。

第十三条 在同级语言文字工作办事机构指导下,各级测试机构定期考查测试员的业务能力和工作表现,并给予奖惩。

第十四条 省级语言文字工作部门根据工作需要聘任测试视导员并颁发有一定期限的聘书。

测试视导员一般应具有语言学或相关专业的高级专业技术职务,熟悉普通语言学理论,有相关的学术研究成果,有较丰富的普通话教学经验和测试经验。

测试视导员在省级语言文字工作部门领导下,检查、监督测试质量,参与和指导测试管理和测试业务工作。

第十五条 应接受测试的人员为:

1.教师和申请教师资格的人员;

2.广播电台、电视台的播音员、节目主持人;

3.影视话剧演员;

4.国家机关工作人员;

5.师范类专业、播音与主持艺术专业、影视话剧表演专业以及其他与口语表达密切相关专业的学生;

6.行业主管部门规定的其他应该接受测试的人员。

第十六条 应接受测试的人员的普通话达标等级,由国家行业主管部门规定。

第十七条 社会其他人员可自愿申请接受测试。

第十八条 在高等学校注册的港澳台学生和外国留学生可随所在校学生接受测试。

测试机构对其他港澳台人士和外籍人士开展测试工作,须经国家语言文字工作部门授权。

第十九条 测试成绩由执行测试的测试机构认定。

第二十条 测试等级证书由国家语言文字工作部门统一印制,由省级语言文字工作办事机构编号并加盖印章后颁发。

第二十一条 普通话水平测试等级证书全国通用。等级证书遗失,可向原发证单位申请补发。伪造或变造的普通话水平测试等级证书无效。

第二十二条 应试人再次申请接受测试同前次接受测试的间隔应不少于 3 个月。

第二十三条 应试人对测试程序和测试结果有异议,可向执行测试的测试机构或上级测试机构提出申诉。

第二十四条 测试工作人员违反测试规定的,视情节予以批评教育、暂停测试工作、解除聘任或宣布测试员证书作废等处理,情节严重的提请其所在单位给予行政处分。

第二十五条 应试人违反测试规定的,取消其测试成绩,情节严重的提请其所在单位给予行政处分。

第二十六条 测试收费标准须经当地价格部门核准。

第二十七条 各级测试机构须严格执行收费标准,遵守国家财务制度,并接受当地有关部门的监督和审计。

第二十八条 本《规定》自 2003 年 6 月 15 日起施行。

普通话水平测试等级标准（试行）

（国家语言文字工作委员会 1997 年 12 月 5 日颁布，国语〔1997〕64 号）

一 级

甲等 朗读和自由交谈时，语音标准，词语、语法正确无误，语调自然，表达流畅。测试总失分率在 3% 以内。

乙等 朗读和自由交谈时，语音标准，词语、语法正确无误，语调自然，表达流畅。偶尔有字音、字调失误。测试总失分率在 8% 以内。

二 级

甲等 朗读和自由交谈时，声韵调发音基本标准，语调自然，表达流畅。少数难点音（平翘舌音、前后鼻尾音、边鼻音等）有时出现失误。词语、语法极少有误。测试总失分率在 13% 以内。

乙等 朗读和自由交谈时，个别调值不准，声韵母发音有不到位现象。难点音（平翘舌音、前后鼻尾音、边鼻音、fu—hu、z—zh—j、送气不送气、i—ü 不分、保留浊塞音和浊塞擦音、丢介音、复韵母单音化等）失误较多。方言语调不明显。有使用方言词、方言语法的情况。测试总失分率在 20% 以内。

三 级

甲等 朗读和自由交谈时，声韵母发音失误较多，难点音超出常见范围，声调调值多不准。方言语调较明显。词语、语法有失误。测试总失分率在 30% 以内。

乙等 朗读和自由交谈时，声韵调发音失误多，方音特征突出。方言语调明显。词语、语法失误较多。外地人听其谈话有听不懂的情况。测试总失分率在 40% 以内。

浙江省语委办公室 浙江省教育厅办公室关于转发《国家普通话水平测试等级证书管理办法(试行)》的通知

(浙语办〔2010〕36 号)

各设区市及义乌市语委、教育局:

现将教育部语用司《关于印发〈国家普通话水平测试等级证书管理办法(试行)〉的通知》(教语用司〔2010〕2 号)转发给你们,并补充如下意见,请一并贯彻执行。

一、证书的管理

(一)省语委办公室负责本省辖区内国家普通话水平测试等级证书(以下简称等级证书)的管理工作。各市和建有普通话水平测试站的高校(以下简称高校)语委办公室负责各市(高校)等级证书的管理工作。

(二)自 2010 年 8 月 1 日起,启用新版等级证书(内面式样见附件1)。2010 年 12 月 31 日前仍可继续核发旧版等级证书;2011 年 1 月 1 日起一律核发新版等级证书。

(三)各市(高校)语委办公室和省级(含行业,下同)普通话培训测试中心应按实际需要申领证书,原则上每季度第一个月的第一周向省语委办公室申报。申领证书应填写《浙江省普通话水平测试等级证书申领单》(附件2),并传真至省语委办公室。省语委办公室审核汇总后统一向国家证书管理部门申领。

(四)各市(高校)语委办公室和省级普通话培训测试中心要加强对等级证书的管理。作废的证书应在每年年底如数交回省语委办公室。

二、新版等级证书的填写

(一)证书照片原则上应在考试时采集应试人数码照片并打印。如确实暂不具备此条件的,短期内仍可采用粘贴应试人近期正面免冠照片的办法(尺寸:42mm×30mm,像素不低于600×400),照片右下角加盖浙江省语言文字工作委员会钢印。

(二)证书由省语委办公室统一编号,具体编号办法如下:

1. 等级证书编码规则

序号	1	2	3	4	5	6	7	8	9	10	11	12	13
含义	本省编码		年份编码		测试机构编码			类别编码		流水号			

(1)本省编码:浙江省的代码为 33。

(2)年份编码:取当年度的最后两位数字,例如 2010 年为 10。

(3)测试站编码:省语委办公室确定的测试站(中心)的排序编码。

(4)类别编码:应试人类别代码(学生为1,教师为2,媒体工作人员为3,公务员为4,公共服务行业从业人员为5,其他社会人员为6)。

(5)流水号:为对应测试站当年度应试人领取证书的流水号。

(6)举例:编号为3310201200001的证书含义为:浙江2010年浙江大学测试站教师类第00001号证书。

2.省内测试机构编码

(1)各市测试中心(站)代码

城市	代码	城市	代码	城市	代码	城市	代码
杭州	010	宁波	020	温州	030	湖州	040
嘉兴	050	绍兴	060	金华	070	衢州	080
舟山	090	台州	100	丽水	110	义乌	120

(2)省普通话培训测试中心代码

省普通话培训测试中心	150

(3)高校测试站代码

高等学校	代码	高等学校	代码
浙江大学	201	宁波大学	203
浙江师范大学	202	浙江传媒学院	204
绍兴文理学院	205		

(4)行业测试站代码

浙江广播电影电视局	301

(三)测试机构为经省语委办公室批准、具体实施测试行为的普通话水平测试站(中心)。测试站设置的审批程序按照省语委浙语〔2009〕9号文件执行。

(四)发证单位为浙江省语言文字工作委员会,并加盖公章。

(五)等级证书一律使用计算机打印填写,手工填写无效。填写的文字必须使用规范汉字,不得使用繁体字、异体字(个人姓名用字须与身份证一致);等级分别用一级、二级、三级表示,其他数字均使用阿拉伯数字。

三、证书的核发

(一)普通话等级水平测试成绩根据国家规定进行抽查。

各市(高校)、行业测试中心(站)测定的普通话等级水平测试成绩为初始成绩,各测试站应在10个工作日内把测试成绩表以电子文档的形式报省普通话培训测试中心。省普通话培训测试中心决定是否抽查,并在15个工作日内反馈抽查意见(格式见附件4)。

省普通话培训测试中心直接测定的初始成绩,由省语委办公室负责抽查。

一级甲等、一级乙等的成绩如复审,时间适当延长。

经抽查复核后的成绩为最终测试成绩。

(二)经测试达到三级及以上等级者,由各测试站(中心)在25个工作日内完成证书的审核、打印、整理工作后报送省语委办公室,省语委办公室在收到验审材料之日起 15 个工作日内核发等级证书。

(三)普通话水平测试等级证书由各测试站(中心)负责报送省语委办公室验审。送审时,必须提供验印申请表(格式见附件 3)、浙江省普通话水平测试成绩表(经测试员签名)、成绩汇总表原件(需经本市、校语委办公室盖章)、成绩表电子文档(暂用 EXCEL 格式)和已经打印好的证书。

(四)等级证书遗失,可向省语委办公室申请补发,补发程序另行通知。

附件:1. 国家普通话水平测试等级证书(新版)范本(略)
     2. 浙江普通话水平测试等级证书申领单
     3. 浙江省普通话水平测试等级证书验印申请表
     4. 浙江省普通话水平等级测试成绩抽查意见书

教育部语用司关于印发《国家普通话水平测试等级证书管理办法(试行)》的通知(略)

二〇一〇年十二月二十四日

浙江省普通话水平测试等级证书申领单

申领 单位			申领 数量		申请单位公章
联系人		办公 电话	手机		
联系 地址			传真 号码		负责人（签字）： 　　年　　月　　日
需求 说明					
备注	证书由市级（高校）语委办公室负责申领				

浙江省普通话水平等级证书验印申请表

申请单位		经办人	
申请验印日期		联系方法	
实测人数		验印人数	
分类 实测 人数	学生		
	教师		
	媒体人员		
	公务员		
	公共服务行业人员		
	其他人员		

以下由省语委办公室填写

申请验印人数	验印通过人数	实际验印数
验印未通过者及原因 （如不够,可另附纸）		
备注		

经办人：　　　　审核人：　　　　　年　　月　　日

（此表一式三份,申请单位和省、市语委办公室各留存一份）

附件4　　　　　　　**浙江省普通话水平等级测试成绩抽查意见书**

_____普通话水平测试站(中心):

你站(中心)于　　年　　月　　日上报的测试初始成绩,现已抽查。

本次抽查情况为:测试数　　人,抽查数　　人,成绩变动数　　人。

成绩变动名单如下:

准考证号	姓名	身份证号	初始成绩	复核成绩	备注

抽查单位:

年　　月　　日

浙江省语委办关于普通话水平测试等级证明书办理事项的通知

（浙语办〔2011〕11号）

各设区市及义乌市语委、教育局，各高等学校：

　　根据普通话水平测试等级证书管理办法的规定，对因遗失或损毁普通话水平测试等级证书者，经本人申请，并提供相应证明材料，可到省语委办公室办理《普通话水平测试等级证明书》（样式见附件1）。现就办理的具体事项通知如下：

　　一、办理《普通话水平测试等级证明书》需提供以下材料：

　　1.《普通话水平测试等级证明书申请表》（见附件2）；

　　2. 本人有效身份证件复印件；

　　3. 本人近期正面免冠照片1张（尺寸：42mm×30mm，像素不低于600×400，不能使用大头贴）；

　　4.《浙江省普通话水平测试成绩表》复印件，或其他有效证明材料。

　　二、《浙江省普通话水平测试成绩表》复印件，由申请人向原普通话水平测试机构（机构名单见附件3）申请。

　　《浙江省普通话水平测试规程》规定，普通话水平测试应试人档案保存期为2年。申请办理《普通话水平测试等级证明书》的时间，距原发证时间在2年以内的，原测试机构有义务向申请人提供《浙江省普通话水平测试成绩表》复印件；超过2年的，原测试机构也要尽可能为申请人提供帮助。

　　各测试机构对本机构提供的《浙江省普通话水平测试成绩表》复印件审核盖章。

　　三、其他有效证明材料指原证书复印件、个人人事档案等相关佐证材料。

　　附件：1.普通话水平测试等级证明书（样式）
　　　　　2.普通话水平测试等级证明书申请表
　　　　　3.浙江省普通话水平测试机构名单

浙江省语言文字工作委员会办公室

二〇一一年六月八日

普通话水平测试等级证明书(样式)

普通话水平测试等级证明书存根		普通话水平测试等级证明书

普通话水平测试等级证明书存根

姓　　名＿＿＿＿＿＿＿＿＿

性　　别＿＿＿＿＿＿＿＿＿

身份证号＿＿＿＿＿＿＿＿＿

测试时间＿＿＿＿＿＿＿＿＿

成　　绩＿＿＿＿＿＿＿＿＿

等　　级＿＿＿＿＿＿＿＿＿

测试机构＿＿＿＿＿＿＿＿＿

原证书编号＿＿＿＿＿＿＿＿

因原证书遗失(损坏),特此证明。

浙江省语言文字工作委员会　经办人：

　　　　　　　　　　　　　签发人：

　　　　　　　　　　　　　年　月　日

浙语(补)证号:33000001

盖骑缝章有效

普通话水平测试等级证明书

姓　　名＿＿＿＿＿＿＿＿＿

性　　别＿＿＿＿＿＿＿＿＿

身份证号＿＿＿＿＿＿＿＿＿

测试时间＿＿＿＿＿＿＿＿＿

成　　绩＿＿＿＿＿＿＿＿＿

等　　级＿＿＿＿＿＿＿＿＿

测试机构＿＿＿＿＿＿＿＿＿

原证书编号＿＿＿＿＿＿＿＿

照片

因原证书遗失(损坏),特此证明。

浙江省语言文字工作委员会

　　　　　　年　月　日

浙语(补)证号:33000001

普通话水平测试等级证明书申请表

姓　　名		性　　别	
身份证号		测试时间	
原证书编号			
等　　级		分　　数	
原测试机构		原发证时间	
申请人承诺	1.因本人遗失(损坏)普通话水平测试等级证书,特此申请办理普通话水平测试等级证明书。 2.其他事由： 以上信息准确无误,本人愿承担法律责任。 　　　　　　　　　　申请人签名：　　　年　月　日		
以下内容由核发部门填写			
省语委办公室审核意见	□1.同意核发。 □2.不同意核发,理由：　　　　　　　　　　　　　　　。 　　　　　　　负责人签名： 　　　　　　　　(公章)　　　年　月　日		
备　　注			

浙江省普通话等级水平测试机构名单

（经省语委批准，截至 2011 年 6 月）

测试机构名称	测试机构代码
浙江省普通话培训测试中心	150
杭州市普通话测试中心	010
宁波市普通话培训测试中心	020
温州市普通话培训测试中心	030
湖州市普通话培训测试中心	040
嘉兴市普通话培训测试中心	050
绍兴市普通话培训测试中心	060
金华市普通话培训测试中心	070
衢州市普通话培训测试中心	080
舟山市普通话培训测试中心	090
台州市普通话培训测试中心	100
丽水市普通话培训测试中心	110
义乌市普通话培训测试中心	120
浙江大学普通话培训测试站	201
浙江师范大学普通话培训测试站	202
宁波大学普通话培训测试站	203
浙江传媒学院普通话培训测试站	204
绍兴文理学院普通话培训测试站	205
浙江省广电局普通话培训测试中心	301

浙江省语言文字工作委员会关于进一步加强
普通话水平测试员队伍建设和管理的通知

(浙语〔2011〕10号)

各设区市及义乌市语委,各普通话培训测试中心(站):

　　普通话水平测试员是普通话水平测试工作的主要实施者,加强普通话水平测试员队伍建设是确保普通话水平测试质量的重要措施。根据教育部《普通话水平测试管理规定》和《浙江省实施〈中华人民共和国国家通用语言文字法〉办法》,结合我省普通话测试工作实际,现就进一步加强普通话水平测试员队伍建设和管理通知如下,各地可根据实际情况贯彻实施。

一、加强资格审查

　　根据国家规定,申请省级测试员资格的,应具有大专以上学历,熟悉推广普通话工作方针政策和普通语言学理论,熟悉方言与普通话的一般对应规律,熟练掌握《汉语拼音方案》和常用国际音标,有较强的听辨音能力,普通话水平达到一级。通过省级测试员资格培训和考核,合格者由省语委颁发浙江省普通话水平测试员资格证书。申请国家级测试员资格者,一般应具有中级以上专业技术职务和两年以上省级测试员资历,具有一定的测试科研能力和较强的普通话教学能力。经省语委推荐,通过国家测试机构的培训考核后,由国家语言文字工作部门颁发国家级测试员证书。

　　持有外省省级普通话水平测试员资格证书者,须通过省语委委托相关部门组织的测评能力考核,合格者颁发浙江省普通话水平测试员资格证书。未具备普通话水平测试员资格者,不得进行普通话水平测试的面测、听测和成绩评定。

　　自2011年开始,省语委对浙江省普通话水平测试员资格进行定期审查。

二、加强聘任管理

　　各级语委要加强对测试员聘任管理工作的指导,各测试机构(专指经省语委批准成立的普通话培训测试中心、测试站点,下同)要根据工作需要聘任本辖区(或高校)内国家级、省级测试员承担测试工作。正式获聘的测试员方能上岗执行聘任单位分配的测试任务。因故未聘任的测试员,要求聘任时,需由本人提出申请,并参加由省或市(高校)语委办公室、普通话测试机构组织的考核,考核合格后方可被聘任。

　　各市和高校测试机构原则上应聘任本辖区内测试员,如聘任本辖区外的测试员,应征得测试员所在市(高校)测试机构的同意。省直测试机构可直接聘任省内测试员,聘任情况需及时告知测试员所在市(高校)。

　　各级语委、各测试机构要进一步加强测试员队伍建设,积极创造条件为受聘测试员承担测试任务提供支持。对测试员完成的测试工作量要按有关规定提供相应报酬。各测试员所在单位,要在政治上、工作上、生活上关心受聘测试员,积极支持其参加测试业务培训、承担测试任务。

测试员聘任 2 年一次,本聘任可从 2012 年上半年开始。

三、严格测试纪律

各级语委、各测试机构要加强对测试员的测试纪律教育。测试纪律重点突出以下内容:

(一)测试员不得以个人名义组织测试,不得以营利为目的进行有偿考前培训。

(二)测试员从事测试时,如涉及本人亲友、直接授课对象、本部门工作人员,应主动申请回避。

(三)测试员执行测试任务时,要严格按照测试规程和测试标准,独立测试 ,不得以任何理由变动测试内容、缩减测试篇目或测试时间。

(四)测试员要秉公办事,公正打分,不得徇私舞弊,不得泄露试卷及未公开的成绩,不得借测试机会提出不正当要求。

对违反工作纪律的测试员,聘任单位应视情节予以通报批评、暂停测试工作、解除聘任、建议取消其测试员资格等处理,情节严重的可建议其所在单位给予行政处分。

四、加强业务培训与考核

各市(高校)语委、各测试机构要制定测试员培训与测试业务考核的具体实施办法,对受聘测试员定期进行培训和测试业务考核(每两年 1 次考核),考核结果上报省语委。测试业务考核内容包括测试工作态度、测试质量、测试工作量、业务培训和遵守测试纪律等情况,对业务精、表现好、考核优秀的测试员,各级语委、测试机构要予以表彰和奖励。测试员业务培训包括参加测试业务的培训、进修或教研、科研活动,一般每两年累计不少于 8 个学时(折算)。

各市(高校)外聘的测试员原则上由原所在市(高校)考核。外聘单位需向测试员所在市(高校)提供该测试员在聘任期间的测试量及工作表现等情况。省聘以及省市共聘的测试员,由省属测试机构考核。

测试员所在单位,要把测试员参加普通话测试业务的工作量,适当计入本单位业务工作量之中,把测试员测试业务考核情况纳入其综合考核范围,综合平衡。省语委将定期公布经考核合格、继续具有普通话水平测试资格的测试员名单。

对出现下列情况之一的测试员,经各市(高校)语委同意,各测试机构可报请省语委(或由省语委转报国家语委)取消其省级(或国家级)测试员资格:

(一)无正当理由,连续 2 年不参加测试工作;或连续 4 年测试业务工作量不足。

(二)连续 2 次测试业务考核不合格。

(三)无正当理由,连续 2 次不参加测试考核。

(四)无特殊情况拒聘。

(五)连续 4 年参加测试业务培训学时不足,测试业务水平明显下降。

(六)严重违法违纪,或出现其他明显不能胜任或无法履行测试员职责的情况。

各市(高校)语委、各测试机构要坚持实事求是、客观公正的原则,以高度负责的精神,严谨、慎重的态度,依法办事。报请省语委(或由省语委转报国家语委)取消省级(或国家级)测试员资格时,事实要清楚,证据要确凿,材料要充分,程序要到位。根据各地上报的材料,省语委在调查核实的基础上,依法依规提出相应处理意见。

二〇一一年九月十五日

教育部语用司关于推进计算机辅助
普通话水平测试工作等有关问题的通知

(教语用司函〔2010〕72号)

各省、自治区、直辖市教育厅、语委,新疆生产建设兵团教育局、语委,语言文字应用研究所:

从2007年1月起,科大讯飞公司(安徽科大讯飞信息科技股份有限公司)研发的计算机辅助普通话水平测试及其信息管理系统,正式应用于国家普通话水平测试。三年多来,全国接受计算机辅助测试的人员已突破100万人次。开展计算机辅助普通话水平测试,是普通话水平测试模式发展进程中的根本性改革和历史性跨越,是语言文字应用水平测试发展的方向。为进一步推动国家普通话水平测试工作健康快速发展,现就继续做好计算机辅助测试的有关事项通知如下:

一、全面开展计算机辅助测试试点工作

尚未开展计算机辅助普通话水平测试试点的省份,应积极创造条件,充分利用现有资源,尽快开展试点工作。要求在2010年年底前,所有尚未开展试点的省份都要开展试点工作。到目前为止,经我司批准,全国已有上海、安徽、江苏、贵州等18个省(区、市)相继开展计算机辅助测试试点工作,其中部分省(市)已经全部实现计算机辅助测试和管理。试点工作的开展对该测试和管理系统的进一步完善,发挥了积极的促进作用,同时也使普通话水平测试工作效率大大提高。各试点地区普遍反映,该系统界面友好,操作方便,能较客观地反映被测人的语音面貌,评分准确性基本达到国家普通话水平测试大纲要求。与人工测试相比,该系统在评测结果客观准确、运行高效、便于管理等方面优点突出,已经具备了在全国范围内进行推广的条件。

二、全面实行计算机辅助测试

从现在开始到2012年年底,争取用两年的时间,国家普通话水平测试全部实行计算机辅助测试,测试信息全部实现计算机系统管理。各省(区、市)应严格按照《计算机辅助普通话水平测试操作规程》(试行)(教语用司函〔2008〕23号)和《计算机辅助普通话水平测试试行办法》(教语用司函〔2009〕5号)的规定,积极扩大试点面,认真总结经验,加强管理,采取有力措施优化相应设施建设,保证工作的健康有序推进。

为配合计算机辅助测试工作,我司决定于2010年8月1日起启用新版《普通话水平测试等级证书》,原版证书停止使用。

三、统一计算机辅助测试技术服务费标准

经与科大讯飞公司协商一致,从2010年8月1日起,凡经我司批准实施计算机辅助普通话水平测试的地区,由各省级测试机构(或语言文字工作机构)与科大讯飞签署相关协议,科大讯飞统一按照3.50元/人次的标准收取技术服务费。此前已与科大讯飞签署过合同(协议)的省份,待原合同履行完毕后,再按照本通知标准执行。该计算机辅助普通话水平测试和管理系统,不为未经我司同意的单位或个人提供服务。

教育部语言文字应用管理司

二〇一〇年七月二十一日

教育部语用司关于印发
《计算机辅助普通话水平测试评分试行办法》的通知

（教语用司函〔2009〕5号）

各省、自治区、直辖市教育厅（教委）语言文字工作处（语委办），新疆生产建设兵团语委办：

　　为加强对计算机辅助普通话水平测试工作的管理，进一步提高测试质量，2008年，国家语委普通话培训测试中心组织课题组在征求部分试点地区意见和建议的基础上，研究制订了《计算机辅助普通话水平测试评分试行办法》，并在2008年12月召开的计算机辅助普通话水平测试业务研讨和质量分析会上就《试行办法》进行了研讨和修订。经我司审定，现将《试行办法》印发你们，请通知本辖区测试实施机构遵照执行。在试行过程中如有改进的意见和建议，请与国家语委普通话培训测试中心联系，以便今后适时对《试行办法》进行修订完善。

　　附件：计算机辅助普通话水平测试评分试行办法

教育部语言文字应用管理司

二〇〇九年一月九日

计算机辅助普通话水平测试评分试行办法

　　一、根据《普通话水平测试大纲》（教语用〔2003〕2号），结合计算机辅助普通话水平测试实际，制定本试行办法。

　　二、读单音节字词、读多音节词语、朗读短文三项，由国家语言文字工作部门认定的计算机辅助普通话水平测试系统评定分数。

　　三、命题说话项由测试员评定分数。

　　（1）语音标准程度，共25分。分六档：

　　一档：语音标准，或极少有失误。扣0分、1分、2分。

　　二档：语音失误在10次以下，但方音比较明显。扣3分、4分。

　　三档：语音错误在10次以下，但方音比较明显；或语音错误在10—15次之间，有方音但不明显。扣5分、6分。

　　四档：语音错误在10—15次之间，方音比较明显。扣7分、8分。

　　五档：语音错误超过15次，方音明显。扣9分、10分、11分。

　　六档：语音错误多，方音重。扣12分、13分、14分。

　　（2）词汇语法规范程度，共10分。分三档：

　　一档：词汇、语法规范。扣0分。

　　二档：词汇、语法偶有不规范的情况。扣1分、2分。

　　三档：词汇、语法屡有不规范的情况。扣3分、4分。

　　（3）自然流畅程度，共5分，分三档：

一档:语言自然流畅,扣 0 分。

二档:语言基本流畅,口语化较差,有背稿子的表现。扣 0.5 分、1 分。

三档:语言不连贯,语调生硬。扣 2 分、3 分。

(4)说话不足 3 分钟,酌情扣分:缺时 1 分钟以内(含 1 分钟),扣 1 分、2 分、3 分;缺时 1 分钟以上,扣 4 分、5 分、6 分;说话不满 30 秒(含 30 秒),本测试项成绩计为 0 分。

(5)离题、内容雷同,视程度扣 4 分、5 分、6 分。

(6)无效话语,累计占时酌情扣分:累计占时 1 分钟以内(含 1 分钟),扣 1 分、2 分、3 分;累计占时 1 分钟以上,扣 4 分、5 分、6 分;有效话语不满 30 秒(含 30 秒),本测试项成绩计为 0 分。

四、本试行办法由国家语委普通话培训测试中心负责解释。

计算机辅助普通话水平测试操作规程(试行)

根据《普通话水平测试管理规定》(教育部令第16号),结合计算机辅助普通话水平测试的特点和要求,制定本操作规程。

一、考点

1.考点设置的总体要求是:考场相对封闭、布局合理、设施完善、整洁肃静、标志清晰,应在适当位置张贴《计算机辅助普通话水平测试考场规则》、《计算机辅助普通话水平测试应试指南》。

2.考点应设置考务办公室、候测室、备测室、测试室,具备宽带上网条件。测试用服务器、测试用电脑应预装国家普通话水平测试信息管理系统(以下简称"管理系统")软件。

3.考务办公室负责相应的考务工作,须设在考点醒目位置。

4.候测室供参加测试的人员(以下称"应试人")等候测试用。候测室应能容纳半天测试的1/3应试人数。

5.备测室供应试人取得试卷、准备测试用。备测室须临近测试室,室内座位数应不少于测试用机位数,并为每位应试人备《普通话水平测试实施纲要》1本。

6.测试室供应试人测试用。专用测试室应有独立测试机位若干,测试机位应为2平方米以上独立空间,隔音效果良好,内置测试设备1套。利用常规教室或语音室作为测试室的,其室内各机位的间隔不得少于3米。

7.考点应配备考点负责人、系统管理员和其他考务人员。考务人员须佩戴工作证进入考点执行测试,无证人员不得进入。

二、报名

8.普通话水平测试报名地点和时间应提前向社会公告。

9.办理报名时须查验报名者有效身份证件,进行电子采像(或提交报名者近期照片),登记相关信息并配发《普通话水平测试准考证》。对代他人办理报名手续者,除查验报名者有效身份证件外,还需查验代办者的有效身份证件并记录相关信息。

三、组织流程

10.测试站负责人应至少提前10个工作日向省级测试机构提交测试申请。申请内容应包括测试时间、地点、人数、机位数及应试人信息,按照省级测试机构批复的计划组织考试。

11.测试结束后,系统管理员应按要求填写测试情况记录,并向省级测试机构报送测试信息和数据。

四、测试流程

12.在应试人报到时应核对应试人身份,引导应试人进入候测室,并提示应试人了解应试过程操作和遵守《考场规则》。

13.按照编组顺序引导应试人进入备测室,随机分配(或由应试人抽取)试卷后开始测试准备,备测时间为 15 分钟。

14.安排应试人在相应的机位顺序测试,每个测试机位只允许 1 人应试。

15.测试结束,检查应试现场确认无问题后允许应试人离开测试室。

五、试卷

16.测试试卷由《国家普通话水平测试题库》提供。

17.试卷由专人负责,做好保密工作。测试使用的纸质试卷,使用后应及时销毁,不得泄露、外传。计算机内试卷应按照国家《计算机信息系统国际互联网保密管理规定》的要求进行管理。

六、成绩评定

18.评定测试成绩,应严格按照《普通话水平测试大纲》和省级测试实施机构制定,并经国家测试机构审订的《普通话水平测试评分细则》执行。

19.试卷的"读单音节字词"、"读多音节词语"和"朗读短文"测试项,由计算机辅助普通话水平测试评分系统(以下简称"辅评系统")评定。

20.试卷的"选择判断"和"说话"测试项,由省级测试机构通过管理系统分配至 2 名测试员审听评分。

21.测试各项得分通过辅评系统合成,合成后的分数为应试人测试初始成绩。在一级乙等以下(含一级乙等)范围的初始成绩,经省级测试机构审核通过后,确认为最终成绩。在一级甲等范围内的初始成绩,须经省级测试机构上报,由国家测试机构组织复审确认。

七、证书

22.《普通话水平测试等级证书》(以下简称"《证书》")由国家语言文字工作部门统一印制。

23.省级语言文字工作机构为应试人(包括未入级者)颁发《证书》。一级甲等成绩的《证书》,由国家测试机构加盖复审印章后,交省级语言文字工作机构颁发。

24.省级测试机构应按规定为因《证书》遗失、损毁而提出申请者补办证书。

八、档案管理

25.测试档案由省级测试机构负责管理。测试档案包括文书档案和电子档案。文书档案包括报名表、第三项"选择判断"和第五项"说话"评分记录表、复审记录表、应试人成绩单、证书签收单等。电子档案包括完整的应试人个人信息、测试录音和试卷。文书档案保存期不少于两年;电子档案在线保存不少于 6 个月,并通过备份永久保留。

九、附则

26.本规程自颁布之日起试行。

教育部语言文字应用管理司

二〇〇八年五月十二日

浙江省普通话水平测试评分细则(试行)

(本评分细则依据 2003 版《普通话水平测试大纲》拟定)

一、试卷构成和评分标准

试卷包括四个组成部分,满分为 100 分。

1. 读单音节字词(100 个音节,不含轻声、儿化音节),限时 3.5 分钟,共 10 分。

(1)语音错误,每个音节扣 0.1 分。

(2)语音缺陷,每个音节扣 0.05 分。

(3)超时 1 分钟以内,扣 0.5 分;超时 1 分钟以上(含 1 分钟),扣 1 分。

2. 读多音节词语(100 个音节),限时 2.5 分钟,共 20 分。

(1)语音错误,每个音节扣 0.2 分。

(2)语音缺陷,每个音节扣 0.1 分。

(3)超时 1 分钟以内,扣 0.5 分;超时 1 分钟以上(含 1 分钟),扣 1 分。

3. 朗读短文(1 篇,400 个音节),限时 4 分钟,共 30 分。

(1)每错 1 个音节,扣 0.1 分;漏读或增读 1 个音节,扣 0.1 分。

(2)声母或韵母的系统性语音缺陷,视程度扣 0.5 分、1 分。

(3)语调偏误,视程度扣 0.5 分、1 分、2 分。

(4)停连不当,视程度扣 0.5 分、1 分、2 分。

(5)朗读不流畅(包括回读),视程度扣 0.5 分、1 分、2 分。

(6)超时扣 1 分。

4. 命题说话,限时 3 分钟,共 40 分。

(1)语音标准程度,共 25 分。分六档:

一档:语音标准,或极少有失误。扣 0 分、0.5 分、1 分、1.5 分、2 分。

二档:语音错误在 10 次以下,有方音但不明显。扣 3 分、4 分。

三档:语音错误在 10 次以下,但方音比较明显;或语音错误在 10—15 次之间,有方音但不明显。扣 5 分、6 分。

四档:语音错误在 10—15 次之间,方音比较明显。扣 7 分、8 分。

五档:语音错误超过 15 次(16—45 次),方音明显。扣 9 分、10 分、11 分。

六档:语音错误多(45 次以上),方音重。扣 12 分、13 分、14 分。

(2)词汇语法规范程度,共 10 分。分三档:

一档:词汇、语法规范。扣 0 分。

二档:词汇、语法偶有(1—3 次)不规范的情况。扣 1 分、2 分。

三档:词汇、语法屡有(4 次及以上)不规范的情况。扣 3 分、4 分。

(3)自然流畅程度,共 5 分。分三档:

一档:语言自然流畅。扣 0 分。

二档:语言基本流畅,口语化较差,有背稿子的表现。扣 0.5 分、1 分。

三档:语言不连贯,语调生硬。扣 2 分、3 分。

说话不足 3 分钟,酌情扣分:

缺时 0—1 分钟(含 1 分钟),扣 1 分、2 分、3 分;

缺时 1 分 01 秒至 2 分 29 秒,扣 4 分、5 分、6 分;

说话不满 30 秒(含 30 秒),扣 40 分。

说话离题,酌情扣 3—5 分。

二、评分项内涵及操作

1. 语音错误是指把一个音(或语音成分)误读作另一个音(或语音成分)的情况。

当一个音节的声、韵、调出现一项或一项以上的读音错误时,此音节均以一个语音错误记评。

2. 语音缺陷的类型较多;声母的语音缺陷主要指发音部位不够准确,但还不是把普通话里的某一类声母读成另一类声母;或者把普通话里的某一类声母的正确发音部位用较接近的部位代替等。韵母读音的缺陷多表现为合口呼、撮口呼的韵母圆唇度明显不够,语感差;或者开口呼的韵母开口度明显不够,听感性质明显不符;或者复韵母舌位、动程不够等。声调的缺陷主要指声调调形、调势基本正确,但调值明显偏低或偏高等,特别是四声的相对高点或低点明显不一致等情况。语音缺陷还包括变调、轻声、儿化韵读音不完全合要求的情况。

当一个音节的声、韵、调出现一项或一项以上的读音缺陷时,此音节均以一个语音缺陷记评。

3. 某类声调读音缺陷数量较多(一般超过 10 次)时,可判定此类声调读音成系统缺陷。在第一、第二题中,成系统缺陷的一类声调可以按 5 个单音错误一次性扣分,也可按音节个数单独扣分。

4. 如应试人将第一题的某一字词读成轻声或儿化音节,该音节以"语音错误"记评。如将第二题的多音节词语切割开,明显按字分读,可以将第一个音节之外的其他音节作为"语音缺陷"记评。

5. 增读、漏读的音节作错误计。

6. 应试人在读字词时,如重复某一字词,可以以最后一遍读音为记评音。

7. 朗读评分以短文的前 400 个音节(不含标点和括注的音节)为限,但应试人应将第 400 个音节所在的句子读完整。

8. 朗读项测试时,声母或韵母的系统性语音缺陷,应视程度扣分:系统性语音缺陷较少可扣 0.5 分;系统性语音缺陷较多则扣 1 分。这里应注意的是扣分项目是"系统性语音缺陷",即一是成系统的,二是语音缺陷。不可随意扩大扣分范围。

9. "语调偏误"主要指字调、句调、轻重音格式、音变的失误,应视程度扣分:略有反映,可扣 0.5 分;偏误较多可扣 1 分;偏误多则扣 2 分。

10. "停连不当"指朗读时肢解词语、或造成言语误解、形成歧义等情况,也包括朗读时节律不当,当断不断,当连不连,或字化、词化等情况,按照应试人反映出来的情况,视程度扣分。

11. "朗读不流畅(包括回读)"主要反映应试人朗读短文的熟练程度。不太流畅可扣 0.5 分;明显不流畅可扣 1 分;结结巴巴,频繁回读则扣 2 分。对回读部分的音节语音以最后一遍为准,如有漏读、增读、读错的音节均以错误记评。

12. 命题说话评分项中的"方音"主要指应试人说话时反映出来的语音错误和语音缺陷（尤其是成系统的）。如果有零散的不成系统的语音错误或缺陷，可判定为"有方音但不明显"；如果有成系统的语音错误或缺陷，则根据量的多少判定为"方音比较明显"，或"方音明显"，或"方音重"。

前三个测试项的语音错误（缺陷）记评情况，可作为判断方音轻重程度的参考。

13. 词汇不规范主要指使用方言词、生造词的情况；语法不规范一般指带方言性质的与普通话的语法不一致的现象。

14. "口语化较差"一般指表达比较生硬，有类似背稿的表现，书面语气过重等情况。

15. 应试人命题说话离题，主试人可在命题说话的总分中单独扣分，扣分最多不得超过5分。

16. 命题说话项测试时，应试人说话时间不足，主试人可以加以提醒，经提醒后应试人能继续说话至 3 分钟，可以不扣"时间不足"分；如应试人较多使用外语、方言，或用唱歌、肢体语言等替代普通话言语表达，主试人应加以提醒，如提醒后应试人进入正常表达，可以不扣分。处理这两种情况产生的时间缺失应适当延时补足。

17. 对以上两种情况，如提醒无效，应结束考试，并同时对这一测试项按照说话"时间不足"扣分。

18. "时间不足"的扣分是单独评分项目，要在"命题说话"的总得分中操作。

19. 说话时间不足，除扣"时间不足"分以外，对应试人"语音标准程度"的语音错误次数应进行加权处理。

20. 每一评分项的累计扣分不得超过该评分项的最高分值。

三、应试人普通话水平等级评定

按照评分标准对应试人的四项测试进行评分，根据应试人的总得分评定其普通话水平等级。

普通话水平等级划分为三个级别，每个级别内划分为两个等次。其中：

97 分及其以上，为一级甲等；

92 分及其以上但不足 97 分，为一级乙等；

87 分及其以上但不足 92 分，为二级甲等；

80 分及其以上但不足 87 分，为二级乙等；

70 分及其以上但不足 80 分，为三级甲等；

60 分及其以上但不足 70 分，为三级乙等。

浙江省普通话培训测试机构简介

浙江省普通话培训测试中心
  杭州市西湖区黄龙路 5 号恒励大厦 4H1 座   0571－87630658
杭州市普通话培训测试中心
  杭州市下城区孩儿巷 6 号市教育综合楼   0571－85812044
杭州市普通话培训中心
  杭州下城区狮虎桥路 2 号   0571－87028245
宁波市普通话培训测试中心
  宁波翠柏路丰柏街 7 号教育考试中心 307 室（现在地址） 0574－87323004
温州市普通话培训测试中心
  温州市鹿城区鼓楼街 134 号   0577－88290536
嘉兴市普通话培训测试中心
  嘉兴市南湖区双溪路 1798 号嘉兴教育学院   0573－82681267
湖州市普通话培训测试中心
  湖州市吴兴区吉山北路 6 号市教育考试中心   0572－2899015
绍兴市普通话培训测试中心
  绍兴市井巷 18 号市教育局   0575－85134544
金华市普通话培训测试中心
  金华市婺城区古楼里 76 号   0579－82312649
衢州市普通话培训测试中心
  衢州市西区九华路衢州中等专业学校   0570－3053235
丽水市普通话培训测试中心
  丽水市莲都区万丰东路 92 号市教育局   0578－2202909
台州市普通话培训测试中心
  台州市经济开发区康平路 188 号市教育局   0576－88582087
舟山市普通话培训测试中心
  舟山市定海区临城新区定沈路 423 号市教育局 0580－2026217
义乌市普通话培训测试中心
  义乌市学院路 9 号市教育局   0579－85378012
浙江广播电影电视局测试站
  杭州莫干山路 111 号省广电局人事处   0571－56353139
浙江省语言文字工作者协会普通话测试站
  杭州文晖路 321 号浙江教育大厦 1312 室   0571－88008882
浙江大学普通话测试站
  杭州市西湖区天目山路 148 号西溪校区教学主楼 0571－88273706

浙江工业大学普通话测试站

　　杭州市西湖区小和山留和路 228 号人文学院　　　　　0571－85290155/85290295

浙江师范大学普通话测试站

　　金华市婺城区迎宾大道 688 号人文学院　　　　　　　0579－82298898

宁波大学普通话测试站

　　宁波市江北区风华路 818 号校语委办　　　　　　　　0574－87600317

浙江传媒学院普通话测试站

　　杭州市下沙高教园区学源街 998 号播音主持艺术学院　0571－86832628

绍兴文理学院普通话测试站

　　绍兴市越城区环城西路 508 号校语委办　　　　　　　0575－88341289

主要参考书目

[1] 国家语言文字工作委员会普通话培训测试中心.普通话水平测试实施纲要.北京:商务印书馆,2004.

[2] 傅国通.现代汉语.杭州:浙江人民出版社,1982.

[3] 宋欣桥.普通话语音训练教程.长春:吉林人民出版社,1993.

[4] 傅国通,方松熹等.浙江吴语分区.语言学年刊,1985(3).

[5] 戴梅芳.普通话水平测试指南.北京:语文出版社,1993.

[6] 马显彬.普通话水平测试纲要.广州:暨南大学出版社,2001.

[7] 徐世荣.普通话语音知识.北京:文字改革出版社,1991.

[8] 《汉语拼音词汇》编写组.汉语拼音词汇.北京:语文出版社,1991.

[9] 浙江省语言文字工作委员会.浙江人学普通话测试训练手册.杭州:杭州大学出版社,1995.

[10] 浙江省语言文字工作委员会.普通话训练与测试.杭州:浙江摄影出版社,2001.

[11] 浙江省语言文字工作委员会.普通话培训测试指南.杭州:浙江大学出版社,2004.

[12] 傅国通,殷作炎.普通话导学.杭州:浙江教育出版社,1998.

[13] 屠国平.普通话水平测试研究.杭州:浙江大学出版社,2010.